Francis Gillery

Lady Died

Francis Gillery

Lady Died

Das letzte Geheimnis der Prinzessin von Wales

Aus dem Französischen von Andrea Wöhr

Herbig

Claude Seignolle

für seine Theorie der bedeutungsvollen Zufälle

Besuchen Sie uns im Internet unter
www.herbig-verlag.de

Die Originalausgabe erschien unter dem Titel
»Lady Died« bei Éditions Fayard, Paris

Umschlaggestaltung: Wolfgang Heinzel
Umschlagmotiv: Gamma/eydea/laif
Redaktion: Dr. Rainer Schöttle (DRSVS), Neufinsing
Herstellung und Satz: VerlagsService Dr. Helmut Neuberger
& Karl Schaumann GmbH, Heimstetten
Gesetzt aus der 12/15 Punkt Minion
Drucken und Binden: GGP Media GmbH, Pößneck
Printed in Germany
ISBN 978-3-7766-2529-5

Inhalt

1
»Ich ging über die Brücke, und dann kam mir ein Gespenst entgegen.«

(Nach *Nosferatu* von F. W. Murnau)

August 2006. Feierlichkeiten? – Fehlanzeige.

Das britische Königshaus plante keine besondere Gedenkveranstaltung zum neunten Todestag der Princess of Wales, Lady Diana Frances Mountbatten-Windsor, geborene Spencer, der ganzen Welt bekannt als Lady Di.

Auch im Vorjahr hatte der Pressesprecher von Clarence House gemeldet: »Prinz William und Prinz Harry werden ihren gewöhnlichen Beschäftigungen nachgehen.« Clarence House war Prinz Charles' offizielle Residenz. (Namensgeber des Palastes war ein Bruder König Georgs V., Herzog Clarence, der seinerzeit von vielen verdächtigt wurde, Jack the Ripper zu sein.) 2005 hatte ein denkwürdiges Ereignis stattgefunden, das einen Wendepunkt im bewegten Schicksal Charles Windsors anzeigte: seine Heirat mit Camilla Parker Bowles, der Rivalin Dianas. Seit dem Tod der »Prinzessin der Herzen« hatte ein vom britischen Presserat, der Press Complaints Commission, ausgearbeiteter Verhaltenskodex die Privatsphäre der jungen Prinzen geschützt. Sie durften nur mit Charles' Erlaubnis vor die Kameras treten. Inzwischen hatte William jedoch die Schule abgeschlossen. Er hatte eine gewisse Selbstständigkeit gewonnen und begann von nun ab gewisse Pflichten zu übernehmen, zu denen ihn die Windsors und die Spencers bestimmt hatten. Sein bestens vorbereitetes Debüt im Rampenlicht der Medien konnte mit einer gewissen Freiheit im Ausdruck einhergehen, bei der er sich in einiger Hinsicht wohl vom Beispiel seiner Mutter und deren Geisteshaltung hatte leiten lassen. Zur selben Zeit, als Prinz William mündig wurde, gab es auch gewisse Anzeichen, dass sich das Image seiner Mutter, die seit ihrer Scheidung von Charles im Jahr 1996 nicht mehr im Familienalbum der Royals aufgetaucht war, besserte. Anlässlich des 80. Geburtstags der Queen, der von Feierlichkeiten begleitet war, die vom April bis in den Juni 2006 hinein andauerten, räumte Königin Elizabeth Lady Di mit drei Aufnahmen, die sie auf ihrer Website veröffentlichte, eine zentrale Stellung ein. Noch saß Dianas Sohn William allerdings nicht auf dem englischen Thron. Möglicherweise hatte er sich wie sein Vater auf eine lange Wartezeit einzustellen. Später, als Monarch, würde er lernen, sich in der Öffentlichkeit über alle Angelegenheiten des Königshauses in Schweigen zu hüllen, wie seine Großmutter es seit über einem halben Jahrhundert tat. Bis dahin jedoch konnte William ein Doppelleben führen, so wie Lady Diana Spencer es ihm vorgelebt hatte: Man war Teil der Aristokratie, mit allen dazugehörigen Privilegien, blieb jedoch gleichzeitig auf Distanz zur etablierten Ordnung. Man gehörte dazu – und auch wieder nicht: Eine königliche Wahl, die die Kolumnisten der Regenbogenpresse als Linienrichter flankierten. Denn die Pressefotografen, denen nun seit neuestem erlaubt war, die Geschichte des künftigen Königs zu »illustrieren«, waren unverzüglich bei der Hand, ihre Spekulationen anzustellen, sobald die ersten Anzeichen eines Flirts im Blickfeld ihrer Teleobjektive auftauchten. Niemand klopfte den Journalisten mehr auf die Finger, und die Medienmaschinerie schien wieder bestens auf Touren zu kommen und produzierte verkaufsträchtige Schlagzeilen. Den ersten Spatenstich an der Goldgrube, die sich hier neu auftat, machten zu Beginn des Frühjahrs 2006 die *Daily Mail* und der *Daily Express* mit den Fotos einer jungen Dame, der 24-jährigen Kate Middleton, die nicht abgeneigt zu sein schien, das Herz des Prinzen zu erobern.

Neun Jahre zuvor hatten sich zwei Millionen Briten entlang des

Weges gedrängt, den der Trauerzug für Diana nehmen sollte. Weitere 31 Millionen Briten hingen vor ihren Bildschirmen, genauso wie zweieinhalb Milliarden Fernsehzuschauer auf der ganzen Welt – also fast die Hälfte der Menschheit. Sie alle gaben der, die Tony Blair als »Prinzessin des Volkes« bezeichnet hatte, ein letztes und bewegendes Geleit.

Diana starb in der Nacht vom 30. auf den 31. August 1997 im Straßentunnel unter der Place de l'Alma in Paris. Nach der offiziellen von den französischen Behörden verbreiteten Version hat es sich um einen Autounfall gehandelt. Ein ganz gewöhnlicher Verkehrsunfall. Dabei wurden in den ersten Kommuniqués ausdrücklich die Sensationsreporter aufs Korn genommen: Sie hätten dem Mercedes, in dem die Prinzessin saß, eine wilde Verfolgungsjagd durch Paris geliefert. Von offizieller britischer Seite kam kein Dementi, sondern die Darstellung wurde in dieser Form übernommen. Emad Fayed, genannt Dodi Al-Fayed, der an Dianas Seite gesessen hatte, verstarb etwa zehn Minuten nach dem Aufprall. Henri Paul, der Fahrer der Limousine, war auf der Stelle tot. Der einzige Überlebende dieses »Pariser Verkehrsunfalls« war Dodis Bodyguard, Trevor Rees-Jones; er wurde mit schwersten Verletzungen auf die Intensivstation eingeliefert. Später, bevor er bei den Medien in Vergessenheit geriet, veröffentlichte er seine Erinnerungen, in denen er vor allem über den »grässlichen Unfall« berichtete – keine schlechte Leistung für einen Menschen, der sein Gedächtnis verloren hatte, zumal wenn jene Bereiche von der Amnesie betroffen waren, in denen die Erinnerung an die verhängnisvollen Minuten gespeichert war.

Am Morgen des 31. August 2005 wurden zwei Bronzestatuen enthüllt, die Diana und Dodi Al-Fayed darstellen. Dodis Vater Mohammed Al-Fayed hatte sie in London in Auftrag gegeben. Mit dieser Aktion zielte der ägyptische Milliardär und Eigner des berühmten Londoner Nobelkaufhauses Harrods darauf ab, die Beziehung zwischen seinem Sohn und Diana zu einem modernen

Mythos zu glorifizieren. Al-Fayed lief unermüdlich Sturm gegen die offizielle Version des Geschehens, das Paar sei bei einem »ganz normalen« Verkehrsunfall umgekommen. Die beiden von Bill Mitchell, Bildhauer und künstlerischer Berater von Harrods, unter dem Titel »Die unschuldigen Opfer« geschaffenen Plastiken waren bis ins letzte Detail identisch und zeigten Prinzessin Diana und ihren Gefährten im Tanz, über ihnen ein in die Lüfte entschwebender Albatros. Als Aufstellungsorte waren Paris und das große Warenhaus an der Brompton Road vorgesehen.

Auch heute noch hatte die »Prinzessin der Herzen« ihre Fans. Am letzten Tag des Augusts 2005 hatten sich diese wie üblich vor dem Kensington-Palast, dem prunkvollen ehemaligen Sitz der Prinzessin in der britischen Hauptstadt, versammelt. Die Atmosphäre des Treffens war diesmal von einer ganz besonderen Bitternis geprägt, denn Prinz Charles hatte am 9. April 2005 wieder geheiratet: seine »alte« Geliebte Camilla Parker Bowles. Im Anschluss an die standesamtliche Trauung hatten sich die Brautleute beim live im Fernsehen übertragenen kirchlichen Segen gegenseitig die Treue gelobt. Diana war nun endgültig von der Bühne abgetreten. Immerhin hatte ihr Tod es bewirken können, Charles' eheliche Verbindung mit ihrer Rivalin, die bereits seit der Aufsehen erregenden Scheidung des berühmtesten englischen Kronprinzenpaares im Raum gestanden hatte, um acht Jahre zu verzögern.

Sentimentale Massen

Wie in den 60er Jahren beim Attentat auf J. F. Kennedy konnten sich auch in diesem Fall die Menschen überall in der Welt an das erinnern, was sie gerade getan hatten, als sie die Nachricht vom plötzlichen Tod Dianas, der Mutter des zukünftigen Königs von

England, erhielten. Doch hiermit waren die Parallelen bereits zu Ende. Niemand hatte bei dem spektakulären Geschehnis von Dallas in Frage gestellt, dass es sich um ein Mordattentat handelte. Die Versionen gingen lediglich hinsichtlich der Person des Täters oder der Täter und ihrer Auftraggeber auseinander. 1997 indes platzte die Todesnachricht in einen Sonntagmorgen, und eine unübersehbare Masse emotional reagierender Menschen sah sich beim Aufwachen unvermittelt überflutet von einem Gemisch aus fassungslosem Entsetzen und aufgeputschten Emotionen, welches der Welt aus den entfesselten Medien entgegengespült wurde.
In den zur Mittags- und Abendzeit ausgestrahlten Tagesnachrichten im Fernsehen, den Kurznachrichten im Radio, den Extrabeilagen der Tagespresse und den Sonderausgaben der Zeitschriften schien es kein anderes Thema mehr zu geben. Doch eine andere Frage war, ob sich aus dem aufgeregten Geschnatter der Regenbogenpresse und dem zur Schau gestellten Mitgefühl echte Informationen über den tatsächlichen Hergang des Geschehnisses beziehen ließen oder ob die Öffentlichkeit nur einen Aufguss aus gezielt zusammengestellten Informationen erhielt, mit dem die Presse von den Ermittlungsbehörden über die offizielle Untersuchung versorgt wurde.
Die aufgebauschte Berichterstattung, die Dianas Tod in den Medien ausgelöst hat, hat spürbar dazu beigetragen, die Fakten unter einer bleischweren Schicht zu begraben und weiteren Nachforschungen zu entziehen. Manche Seiten stellen es heute allzu gerne so dar, als ob die Wahrheit nicht mehr zugänglich wäre. Kämen nun aber einige der unterdrückten Informationen ans Licht, so würden dieselben Personen nicht zögern, die »Entdecker« als geistig verwirrt hinzustellen oder Verjährungsfristen ins Feld zu führen, wobei ihnen die Zeit in die Hände spielt. In vielerlei Hinsicht muss das merkwürdige Ende des Lebens Prinzessin Dianas wohl definitiv den Reiseveranstaltern überlassen werden, die die nahe des Unfallorts stehende Flame of Liberty am Alma-Platz – eine

Nachbildung der Flamme der Freiheitsstatue in New York als Zeichen der amerikanisch-französischen Freundschaft – zum festen Programmpunkt ihrer Stadtrundfahrten gemacht haben, als Attraktion für gefühlsselige Touristen. Flammend und gleichzeitig in Stein erstarrt, trägt dieses Denkmal einen Hauch Ewigkeit an sich, mit dem es sich letzten Endes gar nicht einmal so schlecht zum Gedenken an die Prinzessin eignet, auch wenn es ursprünglich gar nichts mit ihr zu tun hatte. Es scheint auszudrücken: »Mein Schicksal ist nicht mehr zu ändern, doch unter der Asche schwelt die Glut und wartet nur darauf, angefacht zu werden.«
Es beschleicht einen ein eigenartiges Gefühl, wenn man sich über die Brüstung des Straßentunnels an der Alma-Brücke beugt. Hier, wo der Verkehrslärm dröhnt, könnte man sich gut ein Unwesen vorstellen, das Diana getötet hat. Man hört sein Grollen und denkt, dass dieses Monster noch nicht vernichtet ist und dass die tief verschüttete Wahrheit immer noch Spalten in dem Betongewölbe sucht, um ins Freie, an die frische Luft zu gelangen – sofern man in diesem Fall von frisch sprechen kann …
Die Ereignisse und die Skandale im Bereich von Finanz und Politik, die seit 1997 einer auf den anderen folgten und von den Medien einmal mehr und einmal weniger stark aufgegriffen wurden, haben bei mir und vielen anderen Mitbürgern die Überzeugung verstärkt, dass man uns davon abhalten will, mehr über die Dinge zu erfahren als eben das, was man uns gerne darüber mitteilen möchte. Welche Mittel stehen jedem von uns zur Verfügung, um sich eine Meinung über die Geschehnisse und über die Entscheidungen zu bilden, von denen unser Leben bestimmt wird? Auch der Fall Diana wirft auf seine Art die Frage nach der Freiheit der Information und nach deren Glaubwürdigkeit auf.
Das Gefühl der Verständnislosigkeit und Ohnmacht, das wir kollektiv angesichts von Ereignissen empfinden, über welche nur eindimensional berichtet wird, hat in der Bevölkerung nach und nach Desinteresse und schließlich Ablehnung gegenüber dem öffent-

lichen Geschehen entstehen lassen. Der Graben zwischen dem Bürger in der Zuschauerrolle und jenen, die entscheiden oder so tun, als ob sie dies täten, vertieft sich von Tag zu Tag mehr. Heute lassen wir uns in der Masse nur mehr von Katastrophen oder großen Sportereignissen berühren, oder wenn es um Prominente geht. Der Titel des einschlägigen Magazins *People* ist ein Widerspruch in sich selbst: Ein Wort, das »Leute« bedeutet, womit also im Grunde der Durchschnittsbürger, der Mensch wie du und ich, gemeint ist, erfährt hier wie selbstverständlich eine Bedeutungsverschiebung und bezeichnet die wohlhabende Schicht, insbesondere ihre Partys und Liebesgeschichten, mit denen die Normalbürger von den Klatschkolumnisten gefüttert werden. Über all den »Insidergeschichten« auf Hochglanzpapier vergisst es sich leicht, dass wir letztendlich nicht übermäßig viel von der Kaste der Mächtigen wissen, die die Welt lenkt und daraus Profit schlägt. Wir wissen zumindest nicht mehr als gerade einmal das, was in den Illustrierten steht. Viele Menschen haben sich damit abgefunden, »gerade einmal dies und nichts anderes« als Information zu bekommen, sie nehmen es sogar hin, dass exakt dies mit dem Begriff »Information« bezeichnet wird, da »der Rest« angeblich sowieso nur aus Mauscheleien und Lügen besteht. Doch mit diesen »Szeneinformationen« wird die Öffentlichkeit gleichzeitig belogen: Man lullt sie nicht nur ein und zeigt ihr bei der Gelegenheit gleich, wo jeder seinen Platz hat, sondern man manipuliert sie auch, indem man ihr die Existenz anderer Realitäten verbirgt, die sie nichts anzugehen haben.

Bilder von zerbeultem Blech, ein Straßentunnel, Paparazzi, wirre Erklärungen, welche Rolle die eine oder die andere Seite gespielt haben soll, dazu ein Bilderreigen, der Dianas Leben noch einmal Revue passieren lässt … Welche Meinung hätten wir uns unter diesen Umständen zu der offiziellen These über Dianas Tod bilden sollen? All dies wurde ja als wahr präsentiert und es bestand angeblich kein Anlass, alles noch einmal neu aufzurollen, da es doch von offizieller Seite bestätigt worden war. Unwahrscheinliches, Widersprüchliches und Mysteriöses sammelte sich allerdings rasch in einem solchen Ausmaß an, dass daraus eine ganze Anzahl von Gerüchten über den Tod der Lady Diana Spencer entstand. Kam nun nicht in diesen Gerüchten, zumindest einigen davon, eine ganz andere Art von Information zum Vorschein? In entstellter Form freilich und so bruchstückhaft und anekdotisch, dass ihr oft nicht weiter nachgegangen wurde? Natürlich steht außer Frage, dass sich mit Gerüchten und dem Anspruch, Enthüllungen über Verschwörungen aller Art zu liefern, auch ein sehr rentables Geschäft betreiben lässt. Doch kann es nicht angehen, dass ein Journalist sofort unter ein bestimmtes Genre eingeordnet wird, bloß weil er den Gerüchten einmal nachgeht. Ich halte es für an der Zeit, eine Vorgehensweise anzuprangern, mit deren Hilfe Informationen abgeblockt werden: Sie besteht darin, alles sofort als reines Gerücht abzutun, wenn es stören könnte oder möglicherweise dazu beitragen würde, unter fragwürdigen Umständen gewonnene Erkenntnisse in Zweifel zu stellen. »Man wird niemals die Wahrheit wissen« ist eine verbreitete Vorstellung über die Diana-Affäre. Medienmacher wie Medienkonsumenten wissen, dass nichts wirklich so ist, wie man es uns sehen lässt, und dass jedes Ereignis, das behandelt, und jedes Thema, das diskutiert wird, sich weitaus komplexer darstellt, als es die Kurzfassung ist, die man davon in den Nachrichten findet. In der Skepsis, die die Öffentlichkeit gegenüber der offiziellen Darstellung der Umstände von Dianas Tod an den Tag legt, kommt ein umfassendes Misstrauen gegenüber den Repräsentanten der Macht zum Ausdruck: Die Befugnisse, die die Bürger der Polizei oder den gerichtlichen Institutionen übertragen haben, scheinen nicht korrekt ausgeübt worden zu sein. Darüber hinaus hat sich die Vorstellung durchgesetzt, dass die Zweifel, die über dieser Affäre schweben, niemals zerstreut werden können und dass man niemals gegen eine offizielle Entscheidung wird angehen können, die man doch gerne in Frage stellen möchte. Liegt das an der Ehrfurcht vor den politischen

Strukturen und der Justiz oder drückt sich darin ein träges Ohnmachtsgefühl aus, eine Laissez-faire-Haltung ohne Biss, die nichts Gutes für die Zukunft verheißt?

Zeit der Enthüllungen

Die Gedenkfeiern für Diana waren Vergangenheit geworden. Eine Einstellung des Verfahrens stand am Ende der düsteren Phase der Ermittlungen über ihren Tod. Ende 2002 jedoch, fünf Jahre nach dem tödlichen Aufprall in der Alma-Unterführung, begann, während doch alles definitiv geregelt und eingeordnet schien, das schon erloschen geglaubte Feuer wieder zu knistern.

Es begann mit einer Anklage wegen eines gemeinen Diebstahls. Der Butler der Prinzessin, ihr Vertrauter – sie hatte ihn ihren »Felsen« genannt – wurde vor Gericht gebracht. Während man ihm offiziell das Verschwinden von Sachen, die Diana gehört hatten, zum Vorwurf machte, wurde sehr schnell klar, dass die britischen Behörden in Wirklichkeit auf der Suche nach kompromittierenden Schriftstücken waren. Kurze Zeit später enthüllte die englische Presse einen anklagenden Brief, den Diana geschrieben hatte. Im Januar 2004 leitete die britische Justiz gegen alle Erwartungen eine offizielle Untersuchung über die Umstände von Dianas und Dodi Al-Fayeds Tod ein. Am 28. April 2004 wurde der französische Staat durch den Appellationsgerichtshof von Paris verurteilt, da er in dieser Sache Ermittlungen bewusst unterlassen habe.

Dieses Wiederaufleben der Aktivität ließ mich nicht gleichgültig. Es fand in der französischen Presse allerdings nur sehr wenig Widerhall – ein krasser Unterschied zu der Situation, wie sie in den Monaten nach dem Tod der Princess of Wales herrschte. Damals hatte ein unbeschreiblicher Medienrummel eingesetzt. Er führte im Endeffekt zu einem selten erlebten Grad an Uninformiertheit in einer Angelegenheit, die gleichzeitig wahrscheinlich die umfangreichste Medienberichterstattung des ausgehenden 20. Jahrhunderts erfahren hat. In dieselbe Kategorie fiel zu Beginn des 21. Jahrhunderts ein anderes Ereignis, das die Medien ebenfalls um die Welt trugen und bei dem die – in höchstem Maße gerechtfertigten – Emotionen sich ebenfalls gegenüber der Information in den Vordergrund schoben: die Attentate vom 11. September 2001. Doch im letzteren Fall ging es nicht um die Welt der Society, und die terroristische Absicht war eine offenkundige Tatsache. Zwei Ereignisse mit so unterschiedlichem Schweregrad zueinander in Bezug zu setzen, mag eigenartig erscheinen. Ich erlaube es mir hier dennoch, und zwar aufgrund des ziemlich ähnlichen Widerhalls, den sie in den Medien gefunden haben. Abgesehen davon zeigen sie hinsichtlich des Umgangs mit der Information eine gute Anzahl von Gemeinsamkeiten. Also noch einmal: Was mich an der Diana-Affäre interessierte, war haargenau diese Diskrepanz zwischen dem Zuviel an Medienecho und dem Zuwenig an Information.

Der Zufall wollte es, dass mir der Sender *France 5* in eben jenem September 2001, als die beiden Flugzeuge in die Zwillingstürme des World Trade Centers rasten, mutig seine Zustimmung zur Erstellung eines Dokumentarfilms mit dem Titel *Lady Died* gab. Mein Vorschlag an den Sender war gewesen, in diesem Film aufzuzeigen, dass es die sogenannte seriöse Presse versäumt hatte, sich auf Recherchearbeiten, die diesen Namen auch verdienten, zu stützen, um ihrerseits zu der Erkenntnis zu gelangen, dass sich im Alma-Tunnel tatsächlich ein ganz simpler und alltäglicher Verkehrsunfall abgespielt hatte. Während ich den Versuch anging, die wirklichen Umstände von Dianas Tod in ihren Umrissen zu erfassen, stellte ich bald fest, dass sich die Angelegenheit, auch wenn scheinbar beinahe völlige Einmütigkeit herrschte, nicht für jeden so klar darstellte. So traf ich auch weniger überzeugte Journalisten, die ihre Zweifel für sich behalten hatten. Zweifel zu haben und sich dann aufzuraf-

fen, diese auch zum Ausdruck zu bringen und sie öffentlich anzusprechen, geht nämlich nicht immer miteinander Hand in Hand. Was jedoch nicht in meiner Absicht lag, waren naive Analogieschlüsse vom Fall Diana auf alle anderen Fälle, in denen die Berichterstattung fragwürdig gewesen ist. Ich wollte höchstens gewisse Vergleiche ziehen und im Übrigen jenen Aspekten stärker nachspüren, die bei näherer Betrachtung Skepsis hervorrufen mussten. Meine Fragestellung lautete: Mit Hilfe welcher gezielter offizieller Indiskretionen hat sich die Presse eine Meinung bilden können, ohne ihrerseits echte, tiefschürfende Nachforschungen anzustellen? Um die Geschehnisse im Alma-Tunnel war mit allen in Sachen Geheimhaltung zur Verfügung stehenden Mitteln ein Schutzwall aufgebaut worden: Geheimhaltungspflicht der Strafermittlungsbehörden, ärztliche Schweigepflicht, Wahrung von Staatsgeheimnissen – lauter Hürden, die zugegebenermaßen ausreichend waren, um so manchen bei seiner Recherchearbeit zu entmutigen.
Wer in Zweifel stellte, was als gesichert galt, war darüber hinaus verurteilt, gegen den Strom zu schwimmen: Gegen eine »amtliche« Version, die allgemein akzeptiert wurde, selbst wenn sie einige Fragen in der Schwebe ließ, und gegen den Konsens, welche Themen als relevant betrachtet werden dürfen und welche nicht. Ich spreche von der Grenzziehung, die nötigenfalls vorgenommen wird zwischen Themen, die vorrangig journalistische Recherchen verdienen und anderen wie dem Fall Diana, die in die Kolumne der vermischten Nachrichten abgeschoben oder aber in das Repertoire von Zeitschriften, die von Geschichten über die High Society leben, verwiesen werden. Genau diese Grenzziehung war es, die mich interessierte. Eine Affäre wie diese ausschließlich unter einem Blickwinkel der Society-News zu betrachten bedeutete, dass man von Anfang an jeden anderen Ansatz ausschloss, der angesichts der Persönlichkeit der Verstorbenen und der merkwürdigen Beziehung, in der sie zueinander standen, eigentlich näher gelegen hätte. Man sah hier einen perversen Mechanismus am Werk, der

darin bestand, den ganzen Raum mit einer reinen Ereignis-Berichterstattung auszufüllen, um eine andere Realität zu verschleiern und andere Hinweise abzublocken, hinter denen etwas zum Vorschein hätte kommen können, was ich hier die Angelegenheiten »der anderen Welt« nennen werde: Ich meine damit nicht das Jenseits, sondern die Welt der Mächtigen – eine Welt, die manchmal wie zufällig in unseren Alltag hineindrängt.
Die Ereignisse, welche am Ursprung dessen stehen, was man gewöhnlich als »Affären« bezeichnet, spielen sich im Grunde meist außerhalb unseres bescheidenen Lebensumfelds ab. Nur wenn der Zufall die Sphäre der Macht und die der gewöhnlichen Sterblichen zusammenbringt, öffnet sich der schwere Vorhang, der sie scheidet, einen Spalt breit. Zu viele Ängste und Vorbehalte dürfen einem nicht im Kopf herumspuken, wenn man vorhat, durch diesen Spalt zu schauen und an die sich auftuenden politischen und finanziellen Interessenkämpfen zu rühren, um vielleicht ein Geschehnis zu begreifen, das doch gerade als etwas hingestellt wird, was jeden Tag hätte passieren können. Oft blickt man in trübes Wasser – eine Sphäre, in der, geschützt vor indiskreten Blicken, so manche schmutzige Rechnung beglichen wird.
Selbst wenn die Diana-Affäre inzwischen Geschichte ist, halte ich es für wichtig, die Mechanismen zu erkennen, welche in diesem Fall am Wirken waren, denn dies könnte unter Umständen Aufmerksamkeit auf gewisse »Affären« unserer Zeit lenken, über die die Öffentlichkeit noch nicht einmal gerüchtehalber informiert ist, da bisher niemand den Skandal als solchen erkannt hat.
Unter den zahlreichen Begegnungen im Zuge meiner Nachforschungen ist mir unter anderem ein Treffen mit dem inzwischen verstorbenen Wladimir Wolkow, einem Fachmann in Sachen Desinformation, in Erinnerung geblieben, der mir einige Ratschläge gegeben hat. Dabei zitierte er die folgende Redensart aus der Picardie: »Ein gesundes Misstrauen schadet nie. – Misstraue allem, was zu dir kommt und sich Information nennt, denn in jeder Informa-

tion steckt ein Quäntchen Desinformation, selbst dann, wenn sie nicht darauf abzielt, den Empfänger hinters Licht zu führen. Man betreibt zwangsläufig Desinformation, und zwar deswegen, weil man einen bestimmten Eindruck hat und weil man subjektiv wahrnimmt, auch wenn man behauptet, objektiv zu sein. Man verdreht die Realität. Ganz zu schweigen von all jenen, die ein Interesse daran haben, die Wahrheit wissentlich zu verzerren, weil sie Meinungsmanipulation betreiben wollen. Sei also wachsam!« Im Anschluss erläuterte er mir eine bestimmte Methode der Desinformation, welche ein Licht auf die Wirkmechanismen werfen könnte, die für die Berichterstattung über den Unfall im Alma-Tunnel bestimmend waren. Der Ansatz besteht darin, die allgemeine Aufmerksamkeit auf die Person Dianas zu fokussieren: »Eines der Geheimnisse der Desinformation ist so simpel, dass es von den meisten Menschen übersehen wird. Desinformation ist nämlich nicht immer gleich Lüge. Sie beruht in der Regel vielmehr darauf, dass über einen bestimmten Punkt zu viel und über einen anderen zu wenig Information gegeben wird: Schaut *dies hier* an, vor allem aber, schaut *das hier* nicht an – während *das hier* das eigentlich Wichtige ist.«

Der Tod prominenter Persönlichkeiten lässt fast zwangsläufig Gerüchte entstehen, die von unbegründeten Vermutungen genährt werden. So wird es uns gesagt. Diese Behauptung zielt darauf ab, uns weiszumachen, dass hinter den offiziell verbreiteten Darstellungen immer der Wunsch steckt, der Öffentlichkeit die »Wahrheit« mitzuteilen. Die Geschichte ist jedoch reich an Gegenbeispielen, bei denen die amtlichen Erklärungen widerlegt oder zumindest in Frage gestellt worden sind. Man denke nur an den Tod von Papst Johannes Paul I. (Krankheit), von Robert Boulin, einem Minister der Regierung Raymond Barre zu Zeiten der Präsidentschaft Giscard d'Estaings (Selbstmord), von Bernard Borrel, einem französischen Untersuchungsrichter (Selbstmord) und von Didier Imbot, einem französischen Geheimdienstagenten (Selbstmord). Auf den Status beiläufiger Mitteilungen unter der Rubrik

»Vermischtes« reduziert, werden gewisse Selbstmorde oder Unfälle, die in den Affären der »anderen Welt« gründen, in der Medienberichterstattung ihres Sinnes entleert, indem man sie mit banalen, beschwichtigenden Erklärungen garniert. Im Übrigen, ich habe das Gefühl, dass entgegen der landläufigen Meinung wenige Menschen wirklich die Wahrheit wissen wollen.

Die Verschwörungstheorie

Im gewöhnlichen Leben ist es unmöglich, jedes Mal persönliche Nachforschungen anzustellen, wenn man Zweifel hinsichtlich einer Information empfindet, die von den Medien verbreitet wird. Mir jedoch wurde eine solche Gelegenheit von *France 5* geboten, dem einzigen Sender, der mein Projekt für einen Dokumentarfilm über die Affäre Diana akzeptiert hatte. Es war nicht so sehr eine Frage der finanziellen Mittel – sie waren bescheiden – als vielmehr der Zeit, die ich damit zur Verfügung hatte, um meine Recherchen anzustellen. Ich hatte zudem praktisch die Sicherheit, dass meine Arbeit öffentlich ausgestrahlt werden würde. Damit war ich in einer begünstigten Lage im Vergleich zu jener, in der sich ansonsten Zeitungsleser, Radiohörer und Fernsehzuschauer befanden. Denn die Diana-Affäre hat wie so viele andere auch unter der Sensationsberichterstattung gelitten – einem Vorgehen, das darin bestand, allem, was Unterhaltungscharakter hatte, den ganzen Platz einzuräumen, um leichter vermeiden zu können, dass an den Hintergründen einer Affäre gekratzt wurde.
Ich machte mich also an den Versuch, zu überprüfen, ob ein Laie, also jemand, der weder die Möglichkeiten der Polizei (mit ihren amtlichen Ermittlungsbefugnissen) noch die eines Journalisten (Presseausweis) hatte, zu denselben Erkenntnissen über diese

»Affäre« kommen würde wie die »Profis«, die hier von der These eines simplen Verkehrsunfalls überzeugt waren.
2001 hatte noch niemand Lady Di's Aufsehen erregenden Tod vergessen. Ebenso wenig waren die Zweifel in Vergessenheit geraten, zu denen die gerichtliche Untersuchung Anlass gegeben hatte. Ich musste mir zunächst einen exakten Überblick über die Informationen verschaffen, die die Presse während der Tage, Wochen und Monate, die auf den Unfall folgten, verbreitet hatte. Diese Meldungen wollte ich mit meinen Recherchen und meinen Erkenntnissen aus der Lektür der Ermittlungsakte vergleichen. Zur Abrundung des Ganzen war es mir aber auch wichtig, bis zum Anfang des Sommers 1997 zurückzugehen und die Tage und Wochen, die dem Drama vorhergingen, vor meinem inneren Auge wieder zum Leben zu erwecken, indem ich alles las, was im Juli und sogar etwas früher geschrieben worden war. Ich wurde nicht enttäuscht: Es war beunruhigend zu sehen, wie das Bühnenbild, die Figuren und die Intrigen Schritt für Schritt Gestalt annahmen wie in einem Roman von Agatha Christie, der plötzlich in eine Spionagegeschichte à la John Le Carré umschlägt. Des Weiteren wollte ich auch die Chronologie des Auftauchens und Wieder-Verschwindens der widersprüchlichen Neuigkeiten überprüfen, die ich, damals noch zu wenig aufmerksam, am 1. und 2. September aus dem Radio erfahren hatte. Sie waren dabei häufig mit einem Fragezeichen versehen gewesen, wurden aber dennoch für alle Fälle gemeldet, manchmal unter Bezugnahme auf Artikel von Berufskollegen, vorzugsweise aus dem angelsächsischen Raum. Um mir eine Vorstellung von der Affäre machen zu können, wollte ich außerdem die damaligen Informationsmacher treffen, mich mit der 6000 Seiten dicken Ermittlungsakte und den Gutachten auseinandersetzen und mich mit Zeugen, Rechtsanwälten und den Angehörigen der Opfer unterhalten, die ziemlich schnell Einwände gegen die Ausrichtung der Beweiserhebung vorgebracht hatten. So ging ich ans Werk – ohne einen Redaktionsleiter, dem ich Rechenschaft hätte ablegen

müssen, ungebunden in meinen Recherchen, dafür aber auch als freier Autor ohne Rückendeckung. Mein Vorgehen war nicht so sehr das eines üblichen Journalisten, sondern ähnelte eher dem eines Detektivs aus einem Roman von Arthur Conan Doyle ...
Was ich hingegen nicht in all seinen Folgen abgesehen hatte, als ich an diese Arbeit ging, war die Dimension eines Phänomens, das von Jahr zu Jahr mehr an Bedeutung gewann, und zwar die »Verschwörungstheoretiker-Hatz«, also die Diffamierung kritischer Geister als Verschwörungsgläubige. Als ich angesichts mancher unstimmiger Beweisführungen, auf die ich stieß, Zweifel zum Ausdruck brachte, sah ich dementsprechend zunächst nicht die Gefahr heraufziehen, man könnte mich als Adepten der nebulösen »Theorie von der Weltverschwörung« abstempeln. Genau diesen Stempel aber bekommt man aufgedrückt, wenn man es sich heute einfallen lässt, die amtliche Version vom Tode Prinzessin Dianas, Dodi Al-Fayeds und Henri Pauls, des Vize-Sicherheitschefs des Pariser Ritz-Hotels, zu bestreiten oder von den technischen Erklärungen und der Unfallthese nicht überzeugt zu sein. Die Theorie von der totalen Verschwörung – die weit weniger populär ist, als man uns glauben machen will – ist propagandistisch eingesetzt worden, um jene abzuschrecken, die nicht bereit waren, die Ungereimtheiten der Ermittlung und gewisse Fakten über den Unfall fraglos zu akzeptieren.
Die geistigen Urheber der Bezeichnung »Verschwörungstheorie« haben natürlich mitbekommen, dass sie zwar in den traditionellen Medien die Diskussion abwürgen können, dass diese Blockade jedoch im Internet, wo das Beste wie das Schlechteste frei kursieren, nicht wirksam ist. So drücken sie einfach allem, was dort an Störendem geschrieben wird, in Bausch und Bogen ihren ehrenrührigen Stempel auf. Sie versuchen die Vorstellung zu verbreiten, dass »sämtliche« Berichte, die im Internet in Umlauf sind, miteinander in Verbindung stehen, so als seien sie alle von ein und derselben Quelle inspiriert. Hinter diesem Vorgehen steht das Ziel,

echte Skandale in der Masse untergehen zu lassen. Wer diesen Affären nachzuspüren versucht, hat die größten Schwierigkeiten, Gehör zu finden, da seine Bemühungen frühzeitig diskreditiert werden, zumal auch noch jene bei den Meinungsmachern immer sehr willkommene Spezies, die andere Leute gern belehrt, in dieselbe Kerbe haut. Pierre-André Taguieff weist – leider zu wenig ausführlich – in seinem umfangreichen Werk über die »Weltverschwörung« auf diesen Umstand hin: »Verschwörungsfantasien – die es gibt und die sich als weit verbreitet herausstellen – können wiederum von echten Verschwörern instrumentalisiert werden, um eventuelle Nachforschungen, die störend oder gar gefährlich geworden sind, zu disqualifizieren.«[1] Der Soziologe Hans-Jürgen Krysmanski, der eher von konspirationistischen »Erzählungen« als von »Theorien« spricht, weist seinerseits darauf hin, dass »die Herrschenden« mehr Verschwörungstheorien produzieren als irgendwer sonst. Daneben seien auch Verschwörungstheorien, die »von unten« kommen, »ein erster, wenn man so will naiver Zugriff auf die Geheimnisse der Macht und Autorität. Man sollte sie immer im Plural einsetzen und mehrere davon parat haben. Dann befreien sie die Fantasie, dann können sie eine Stufe zur Erkenntnis sein, zu wirklichen Theorien über die Handlungen der Mächtigen.« Weiter äußerte Krysmanski in diesem für die Internetseiten des Senders Arte bestimmten Interview im Umfeld des Themenabends über »Verschwörungstheorien«[2]: »Der Mangel an seriösen Informationen geht aber letztlich auf den geradezu skandalösen Verzicht etablierter Wissenschaftler – z. B. aus der Soziologie, Politikwissenschaft, Rechtswissenschaft – zurück, sich mit den meist legitimen und interessanten Fragen zu beschäftigen, welche nicht nur die Verschwörungstheoretiker, sondern auch die Normalbürger umtreiben. Die Menschen wollen wissen, was hinter den Kulissen passiert. Übrigens sollte man immer aufmerken, wenn am lautesten gerufen wird: ›Das ist eine Verschwörungstheorie!‹ Dann hat sie meist ein Zipfelchen der Wahrheit erfasst.« Er sieht den

unruhigen internationalen Kontext unserer Tage als Nährboden für simplifizierende Verschwörungstheorien, gibt aber auch zu bedenken: »Die Wissenschaft ist voller Menschen, die aus einer falschen Theorie richtige Teilerkenntnisse gezogen haben. Schlimm ist nur der Fanatismus, die Einteilung der Welt in das Gute und das Böse, der Manichäismus.«
In der Diana-Affäre hat ein Einziger offen, unermüdlich und beharrlich von Verschwörung gesprochen – allerdings nicht von »großer Weltverschwörung«. Es handelt sich dabei um Dodis Vater, dem man am wenigsten das Recht absprechen kann, mit diesem Begriff zu operieren. Seither wird eine jede Infragestellung der amtlichen Version mit Mohammed Al-Fayeds Betrachtungsweise und infolgedessen im weiteren Sinne mit der Theorie von der »Weltverschwörung« gleichgesetzt. Ein praktisches und ziemlich wirkungsvolles Vorgehen. Doch ist festzustellen, dass all diese Bemühungen nicht darüber hinwegtäuschen konnten, mit welch unglaubwürdigen Erklärungen die These von einem »simplen« Verkehrsunfall erhärtet werden sollte. Weit davon entfernt, gleich von »Komplott« zu sprechen, ging es mir hier zunächst einmal um die Zurückweisung dieser offiziellen Darstellung. Erst danach sollte es gegebenenfalls zum Thema werden, welche Motive hinter dem Handeln der Unfallverursacher gestanden haben mochten – sofern sich herausstellte, dass der Unfall geplant gewesen war. Als weitere denkbare Themen boten sich für diesen Fall die Hintermänner, Mittäter und Interessengeflechte sowie die Vorgehensweise der Täter an.
Diese Klarstellungen hinsichtlich der »Verschwörungstheorie« sind beileibe nicht belanglos. Ich halte eine Ächtung dieser gegen Zweifler gerichteten »Vernichtungswaffe« für dringend notwendig, die so geschickt von bestimmten Polizeibeamten, Journalisten und Soziologen gehandhabt wird und zu der – pauschaler gesehen – die Herrschenden und die Beherrschten gleichermaßen greifen, wenn es ihren Zwecken dienlich scheint.

Dem »Vernichtungspotenzial« dieser illegitimen Streitkräfte stellen sich kleine »Widerstandsnester« entgegen. Meistens handelt es sich dabei um mutige Journalisten, die sich prompt der Anschuldigung gegenübersehen, »Verschwörungsideen anzuhängen«. Die amerikanische Journalistin und Filmproduzentin Kristina Borjesson ist eine von denen, die es bezeugen können: Sie war während ihrer Recherchen über den TWA-Flug Nr. 800 für das Magazin »60 Minuten« (im amerikanischen Sender *CBS*) massiv unter Druck gesetzt worden. Dies brachte sie auf die Idee, aufschlussreiche Berichte namhafter amerikanischer Berufskollegen zusammenzustellen, die alle wie sie ihre Stellung verloren hatten.[3] Einer davon, Gary Webb, war nach einer explosiven Reportage unter dem Titel *Dark Alliance* über die Verbindungen zwischen der CIA und den südamerikanischen Kokain-Bossen gezwungen worden, bei der Zeitung, für die er arbeitete, zu kündigen. Kristina Borjesson bemerkte dazu: »Sobald man seinen Bericht als unseriös diskreditiert hatte, wollten die Medien nichts mehr davon wissen. In den Köpfen hat sich festgesetzt, dass es sich bei *Dark Alliance* um eine krude Verschwörungsstory handelt, die zwar im Internet verbreitet wird, die in der ›seriösen‹ Presse aber klar widerlegt worden ist. Warum haben diese Enthüllungen ein solches Schicksal erlitten? Weil die Thesen, die Gary Webb hier präsentiert, gefährlich sind.«

Im Jargon des französischen Auslandsgeheimdiensts DGSE (der im Volksmund auch das »Schwimmbad« genannt wird) und anderer Geheimdienste gibt es den Begriff der »Legende«, die ausgesponnen wird, um einem Spion oder Lockvogelagenten eine glaubwürdige Tarnung zu geben. Was ich im September 2001 in Angriff nahm, war der Versuch, eine »Legende« aufzudröseln: die Legende vom Unfalltod Dianas, Dodi Al-Fayeds und des stellvertretenden Sicherheitschefs des Pariser Ritz. Ich ging die Sache von der Wurzel her an, anders gesagt, ich begann zu recherchieren, wie die Dinge überhaupt ihren Anfang genommen hatten.

Die Unfalltheorie

Gehen wir zurück ins Jahr 1997. Im Mai hatte in Frankreich ein Regierungswechsel stattgefunden, nachdem das französische Parlament, die Nationalversammlung, auf Verlangen Präsident Chiracs aufgelöst worden war. Chiracs bürgerliche Partei RPR verlor dabei die Mehrheit, und er machte nun seinerseits wie ehemals François Mitterrand die Erfahrung der »Kohabitation«, bei der ihm als Staatspräsidenten eine Regierung aus dem anderen politischen Lager gegenüberstand. Mittlerweile hatten Minister aus der Linkskoalition wichtige Ressorts übernommen, als Paris Ende August von diesem tragischen und folgenreichen Unglück, bei dem ein Wagen mit mehreren britischen Insassen gegen einen Pfeiler raste, aus dem Dämmerschlaf gerissen wurde. Das französische Innenministerium, das vor dem Regierungswechsel in der Hand von Charles Pasqua gewesen war, einer bekannten Größe, wenn es sich um die Erforschung profitabler Einkommensquellen in Schwarzafrika handelte, musste später in diesem Zusammenhang tätig werden, was dem neuen Amtsinhaber Jean-Pierre Chevènement zufiel.

An der Spitze Englands hatte es mit der Machtübernahme von Tony Blair ebenfalls einen Wechsel gegeben. Der New-Labour-Politiker sah sich von einer Welle getragen, bei der es sich zwar noch nicht um einen sozialdemokratischen Schub handelte, die am 1. Mai 1997 aber immerhin zur Ablösung von John Majors Kabinett geführt hatte. Am Ursprung dieses Wahlsiegs über die Konservativen sollten, wie es in Großbritannien hieß, Mohammed Al-Fayed und die Affäre »Cash for Questions«[4] gestanden haben, auf die ich an späterer Stelle zurückkommen werde.

Der Sommer 1997 war unbestreitbar vom großen Comeback Dianas auf der Bühne der internationalen Medien geprägt gewesen. Sie kehrte aus einem Fegefeuer zurück, in das sie ein allzu freimütiges

Interview für die *BBC* im Jahr 1995, die Enthüllung ihrer Liebesaffären und die Scheidung von Prinz Charles im Jahr 1996 gestürzt hatten. Nachdem sie sich aus den 400 karitativen Ämtern zurückgezogen hatte, die früher zu ihren Verpflichtungen als »Königliche Hoheit« gezählt hatten (dieser Titel war ihr bei der Scheidung aberkannt worden), hatte sie viel Energie aufgewendet, um in den Augen ihrer Anhänger als Ikone der großen humanitären Angelegenheiten, insbesondere der von Mutter Teresa initiierten Anti-Landminen-Kampagne, zu erscheinen. (Mutter Teresa verstarb übrigens still und unauffällig kurz nach Diana, am 5. September, als der weltweite Gefühlssturm gerade auf seinem Höhepunkt angelangt war.) In ihrem letzten Interview, das sie der französischen Zeitung *Le Monde*[5] gab, unterstützte Diana offen die Politik Tony Blairs, was in Großbritannien beträchtliche Aufregung hervorrief. In einem vom 29. August (der vorletzte Tag ihres Lebens) datierten Artikel über die Prinzessin, ebenfalls in *Le Monde*, zitiert Marc Roche die Aussagen David Starckeys, eines Spezialisten für die Geschichte der Royals an der London School of Economics: »Ich erinnere mich nicht, dass es seit der Zeit, als der Prinzregent und zukünftige König Georg III. im 18. Jahrhundert für die Konservativen eingetreten ist, eine so eindeutige Positionsnahme eines Vertreters der königlichen Familie zugunsten einer politischen Gruppierung oder zuungunsten einer anderen gegeben hätte!«

Vor allem aber machte Diana Furore an der Glamour-Front, und die Zeitungen, einschließlich der sogenannten »seriösen« Presse, widmeten ihr ständige Aufmerksamkeit und erreichten Rekordauflagen. Während Charles Camilla zu deren 50. Geburtstag eine rauschende Party spendierte, zeigte sich die schöne Prinzessin allein, frei und – zumindest dem Anschein nach – gut gelaunt. Im Juli machte sie mit ihren Söhnen, den Prinzen William und Harry, Ferien in Saint-Tropez auf dem riesigen Besitz ihres wohlwollenden Gastgebers Mohammed Al-Fayed. Ein Wohlwollen, das Neugier erweckte, und zwar so sehr, dass die allgegenwärtigen Papa-

razzi (man möchte fast sagen: die eingeladen waren, allgegenwärtig zu sein) allmählich Spekulationen anstellten. So vertraute mir Elisabeth Andanson, die Witwe des französischen Paparazzo James Andanson, später an[6]: »Man fragte sich – aber dies war eine entsetzliche Vorstellung –, ob sie nicht etwa eine Liaison mit Mohammed Al-Fayed hatte«, sozusagen als Remake der Love Story zwischen Jackie Kennedy und dem griechischen Milliardär Aristoteles Onassis. Eine Wiederverheiratung Dianas war zwar noch nicht aktuell, doch regte bereits die Phantasie der Journalisten, High-Society-Schreiber und sogar Romanautoren an.
So veröffentlichte die Zeitschrift *Gala* in der letzten Juliwoche des Jahres 1997 eine literarische Erzählung von Max Gallo unter dem Titel »Dianas neuer Ehemann«. Darin ließ der Historiker Lady Diana im Jahr 2006 (!), zehn Jahre nach ihrer Scheidung, mit ihrem PR-Berater diskutieren, der ihr nahe legte, eine Wiederverheiratung in Fürstenkreisen ins Auge zu fassen, denn sie müsse Publicity für sich machen – in letzter Zeit werde es zu still um sie ... Eine solche Gefahr war der realen Diana sehr wohl bewusst, wovon sie sich in den Wochen, die die letzten ihres Lebens werden sollten, vielleicht in ihren Entscheidungen hat leiten lassen. In Max Gallos fiktivem Szenario fungierte Prinz Albert von Monaco als Dianas »Erwählter«. »Die Exgattin des Königs von England würde für das Fürstentum und die Journalisten der ganzen Welt das sein, was Grace Kelly für Alberts Vater, Fürst Rainier, gewesen war«, schrieb der Autor in diesem Zukunftsbild, das er wesentlich optimistischer ausmalte, als sich Dianas Schicksal in Wirklichkeit gestalten sollte. Ein Geist, der zu makabren Gedankenkombinationen neigte, hätte darüber hinaus Parallelen zwischen Dianas Tod und dem tragischen Tod Fürstin Gracia Patricias ziehen können. Eine der letzten Episoden in Dianas Leben stellte tatsächlich eine Verbindung her, die zwar nur auf einem Zufall beruhte, sich jedoch 24 Stunden später als unglaublich symbolträchtig erweisen sollte: Diana war es am Abend des 29. August 1997 ein Anliegen gewesen, das Grab von

Fürstin Gracia zu besuchen, die 1982 bei einem Verkehrsunfall, dessen Ursachen niemals eindeutig geklärt worden sind, am Steuer ihres Mercedes umkam. Um diesen Tod hatte es seinerzeit übrigens einen enormen Medienrummel gegeben. Bernard Langlois, ein Nachrichtensprecher beim Sender *Antenne 2*, hatte in Zusammenhang damit seinen Hut nehmen müssen, da er zu äußern gewagt hatte, man räume diesem Ereignis übertrieben viel Platz ein und betreibe insofern Missbrauch mit dem Mitgefühl der Menschen ... Es wirkte in gewisser Hinsicht wie eine Art Generalprobe.

Diana präsentierte sich also in Saint Tropez an der sonnigen Côte d'Azur den Objektiven der Paparazzi von allen Seiten – eine Freiwilligkeit, die ganz bestimmt nicht den Wunsch nach Diskretion, Ruhe und Alleinsein demonstrierte. Vor den Augen der Jetset-Welt zeigte sich die Prinzessin auf dem Präsentierteller, wie sie zusammen mit den jungen Prinzen einen Traumurlaub im »Castel Sainte-Thérèse« verbrachte, dem unweit von Brigitte Bardots ehemaligem Domizil »La Madrague« gelegenen Landgut Al-Fayeds, eines der reichsten Geschäftsmänner des anglo-arabischen Business.

Währenddessen gönnte sich Dodi, der Sohn des Milliardärs, auf einer Yacht der Familie Al-Fayed, die in der Bucht von Saint-Tropez vor Anker lag, ein paar ruhige Tage in Gesellschaft des kalifornischen Mannequins Kelly Fisher. Doch plötzlich trübte sich der Himmel für die junge Amerikanerin ein. Bald würden sich die Ereignisse überstürzen und sie würde behaupten, dass im August ihre Hochzeit mit Dodi hätte stattfinden sollen. Als sich ihr die Türen verschlossen, meinte sie der internationalen Presse, die bereits nicht mehr wusste, wo ihr der Kopf stand, ihren Verlobungsring – einen in Diamanten gefassten Saphir – vorzeigen zu müssen. Für die Familie Fayed stellten jedoch Ferien auf einer Yacht im Mittelmeer, ein Verlobungsring und sogar die Ankündigung einer Hochzeit keine rechtmäßig verbriefte Sicherheit hinsichtlich einer ehelichen Verbindung dar. Das Mannequin Kelly Fisher würde später noch lange Pressekonferenzen mit dem Thema bestreiten ...

Mohammed Al-Fayed – im Poloshirt statt mit Anzug und Krawatte – verhandelte weiter in seriösen Geschäften. Bei seinem Aufenthalt an der französischen Riviera hielt nicht nur eine Armada von Bodyguards, sondern ein ebenso großes Bataillon Paparazzi, die von der Gegenwart der Prinzessin angelockt worden waren, ein Auge auf ihn. Letztere warteten offensichtlich auf etwas und sahen ihre Geduld durch das Warten stark strapaziert. So stellten sie Spekulationen über Dianas Rundungen an, die sie fotografisch festgehalten hatten, Fotos, die in der englischen Presse mit unzweideutigen Kommentaren versehen wiedergegeben wurden. Ende Juli 1997 hatte sich die Frage, ob Diana schwanger war, bereits zu einem eigenen Thema ausgewachsen. Laurence Payron gab im Magazin *Voici* vom 28. Juli Äußerungen wieder, die Diana Anfang Juli zu Freunden, die ihren 36. Geburtstag mit ihr feierten, gemacht haben soll: »Bald habe ich eine große Überraschung für euch.« Gut informierte Kreise wussten von einer Beziehung, die Prinzessin Diana seit September 1995 mit Hasnat Khan, einem in London praktizierenden pakistanischen Chirurgen unterhielt, was auch die amerikanische Autorin Sally Bedell Smith in *Diana in Search of Herself: Portrait of a Troubled Princess*[7] bestätigt. Smith behauptet, dass Diana zu jener Zeit davon sprach, von England wegzugehen, um Hasnat Khan zu folgen, und dass sie sogar zum Islam übertreten wollte! (Man brachte dieses Vorhaben später in Verbindung zu Dianas kurzer Liaison mit Dodi Al-Fayed.) Sally Bedell Smith deckt auf, dass Diana anscheinend selbst die Beziehung ins Wanken gebracht hat, indem sie um jeden Preis die Eltern ihres Geliebten kennenlernen wollte, während gleichzeitig der *Sunday Mirror* enthüllte, dass sich das Paar soeben verlobt habe – da habe es ihm gereicht. Tags darauf sei die Prinzessin ratlos nach Südfrankreich geflogen und habe sich bei Mohammed Al-Fayed einquartiert.

Einen aufmerksamen Beobachter stimmten die reißerischen Berichte über Dianas Idylle mit Dodi, an der sich die Paparazzi, insbesondere der italienische Sensationsjournalist Mario Brenna, eine goldene Nase verdienten, nachdenklich. Mohammed Al-Fayeds ältester Sohn Dodi wurde als Hollywood-Produzent vorgestellt. Er soll Diana am 14. Juli auf der *Jonikal* begegnet sein. Diese 60-Meter-Luxusyacht Mohammed Al-Fayeds war ein Nachbau der *Britannia*, von der sich die Königin von England wegen der hohen Unterhaltskosten hatte trennen müssen. Während des traditionellen Feuerwerks zum französischen Nationalfeiertag hat angeblich alles begonnen. Nach einem kurzen Aufenthalt in Paris Ende Juli sollen sich Diana und Dodi einige Wochen später im August allein auf der *Jonikal* wieder getroffen haben, um zu einer Mittelmeer-Kreuzfahrt aufzubrechen, mit der sie auf die Titelseiten der Weltpresse gelangten. Zuvor hatte Diana die Söhne in Highgrove Prinz Charles anvertraut, um dann mit ihrer Freundin Rosa Monckton zu einem Urlaub aufzubrechen und sich anschließend nach Bosnien zu begeben, wo Verpflichtungen im Rahmen der Anti-Landminen-Kampagne auf sie warteten.

Die Paparazzi-Maschinerie lief nun auf Hochtouren. Mario Brenna fotografierte den berühmten »Kuss«. Die Aufnahme ist trotz ihres hohen Bekanntheitsgrades kein Meisterwerk, weit gefehlt: Das Bild ist unscharf, was ihm den Charakter eines »unerlaubten Schnappschusses« verleiht. Als der *Sunday Mirror* damit am Sonntag, den 10. August, alle Zeitungskiosks überschwemmte, war es der Knüller. Jeder wollte das Foto haben, und Mario Brennas englischer Kollege und Agent Jason Frayser schlug drei Millionen Pfund (viereinhalb Millionen Euro) dafür heraus.[8] Dodi ist darauf zu sehen, wie er Diana auf der Brücke der Yacht umarmt. Nicht gerade umwerfend leidenschaftlich, aber immerhin war bei der Soap des Sommers nun endlich Fleisch am Knochen. Jetzt ging's los! Der Wille, Dodis Beziehung zu Diana publik zu machen, war greifbar zutage getreten. Die berühmten »Kuss«-Schnappschüsse, die aus einem Hubschrauber aufgenommen worden sind, der die Yacht bei Sardinien überflog, wären eindeutig nicht möglich gewesen, wenn das Paar sich nicht absichtlich exponiert hätte …

Ist dies unter Umständen eine gezielte Aktion seitens Diana oder der Familie Al-Fayed gewesen?
Dodi kam genau zum richtigen Zeitpunkt, um alle Vermutungen in Bezug auf eine ohnehin wenig wahrscheinliche Verbindung zwischen Mohammed Al-Fayed und Diana auszuräumen. Nicht nur, dass sein Erscheinen auf der Bühne das Interesse der Medien aufrechterhielt, es fachte es sogar noch an. Die Erregung der internationalen Presse war auf dem Siedepunkt, und in gewissen Boulevardzeitschriften wurden Heiratspläne kolportiert, die angeblich gleich zu Beginn geschmiedet worden waren. Manche gingen sogar so weit, davon zu sprechen, dass Mohammed Al-Fayed den beiden die Villa Windsor, die er dank der Vermittlung Jacques Chiracs im Pariser Bois de Boulogne seit Jahren mietete, zur Verfügung stellen wollte. Vielleicht wird es etwas klarer, um welche Problematiken es bei dieser unheilvollen Geschichte ging, wenn man den Hintergrund dieser Pläne, sich in Frankreich anzusiedeln, erfährt.
Dodi und Diana hatten den Behauptungen gewisser Beobachter zufolge vor, in das prunkvolle Palais einzuziehen, welches von 1952 an das Domizil des ehemaligen englischen Königs Eduard VIII. gewesen war. Dieser führte den Titel »Herzog von Windsor«, seitdem er zugunsten seiner Liebe zu der geschiedenen Wallis Simpson abgedankt hatte. Alle – die Regierung, das britische Parlament und der Commonwealth – hatten sich damals gegen diese Verbindung gestellt. Der Symbolcharakter war deutlich greifbar: Hoffte Mohammed Al-Fayed, der Verbindung Dodi-Diana, zu deren Zustandekommen er beigetragen hatte, einen besonderen Sinn zu geben, indem er sie in das Umfeld dieser alten Geschichte von dem in Ungnade gefallenen königlichen Paar stellte? Sei's drum, die Ähnlichkeiten zwischen den beiden Paaren waren damit noch nicht zu Ende. Seinerzeit wurde der Rückzug des Herzogs von Windsor vom englischen Thron den Untertanen des Königreichs nämlich ebenfalls mit einer »offiziellen Version« erklärt, die gut in eine populäre Familienserie gepasst hätte. Sie

war erfunden worden, um die wahren Motive der Abdankung Eduards VIII. zu verschleiern. In Wirklichkeit stand dahinter etwas anderes. Der älteste Sohn Georgs V. hegte – ebenso wie andere Mitglieder des Hauses Battenberg (Windsor) – ausgeprägte, wenn auch diskret versteckte Sympathien für das Hitlerregime. Die Heirat mit einer engen Freundin des damaligen deutschen Botschafters Joachim von Ribbentrop hätte seine Verbindungen zum nationalsozialistischen Regime allzu deutlich gezeigt. So berief sich die britische Regierung darauf, dass eine Heirat des Königs mit einer zweimal geschiedenen Amerikanerin nicht denkbar sei, um ihre Ablehnung gegenüber dieser Verbindung zu begründen und die Abdankung des Königs herbeizuführen!
Die Paparazzi taten ihre Arbeit und versäumten keine Gelegenheit, dem momentan berühmtesten Paar der Welt nachzustellen, wo immer am Mittelmeer es vor Anker ging. Unter ihnen war auch der bekannte französische Paparazzo James Andanson, dessen Namen mit dem tragischen Ende der Romanze verbunden bleiben wird. Für ihn ging es indessen eher darum, Diana und Dodi pausenlos zu folgen, um vor Ort zu sein, falls etwas Unerwartetes passierte. Vielleicht auch, um sie zu überwachen? Dies war keine besonders schwierige Aufgabe, wie mir Guy Croussy, ein Spezialist der britischen Krone und der Autor des Werks *Les Chagrins du prince Charles*[9] (Prinz Charles' Nöte) bestätigen sollte. Er hatte die Ereignisse, die dem Drama vorhergingen, von einer privilegierten Warte aus verfolgt: »In den letzten vier Tagen informierte ihr PR-Dienst die Presse mehr als gewöhnlich über all ihre Bewegungen. Es war eine Lawine von Faxmitteilungen, in denen daran erinnert wurde, dass sie am Montag, den 1. September, ihren Sohn gemeinsam mit Prinz Charles zum Schulanfang nach Eton begleiten würde. In diesen Kommuniqués waren die geplanten Stationen präzise aufgeführt: Sardinien, Saint-Jean Cap Ferrat, Saint-Tropez (mit genauen Ankunftszeiten), danach Rückkehr über Paris, mit kurzem Aufenthalt im Ritz und in der Villa Wind-

sor im Bois de Boulogne. Der Wunsch, in der Presse zu erscheinen, war deutlich ersichtlich.« Hinter den ganzen detaillierten Ankündigungen verbarg sich eine Unruhe, die man später zu Unrecht auf den Druck der Medien zurückführen sollte. Diana brauchte die Presse scheinbar ebenso sehr, wie die Al-Fayed es taten. Die Unruhe hatte mit Sicherheit andere Wurzeln.

Einige Kabellängen vom Felsen des Fürstentums Monaco entfernt spielt sich die »Ring-Story« ab. Das Paar empfängt die Leiter zweier renommierter Juweliergeschäfte. Die Wahl soll auf den Ring *Sag Ja zu mir!* von Repossi gefallen sein. Doch Diana ist in Gedanken anscheinend bereits woanders. Sie bereitet ihre Rückkehr nach London vor, zu Williams erstem Schultag in Eton, und freut sich darauf, wieder mit ihren beiden Söhnen zusammen zu sein, die sie seit drei Wochen nicht gesehen hat. Paul Burrell, ihr Butler und Vertrauter, den sie ihren »Felsen« nennt, erwartet sie für Sonntag, den 31. August, im Kensington-Palast.

Doch sie muss zunächst in Paris Station machen – ich werde auf diesen zwingenden Programmpunkt, das zentrale Element des Dramas, noch zurückkommen. Lady Di hatte diesen Aufenthalt ursprünglich gar nicht vorgesehen, und die Medien mussten in ihrer öffentlichen Darstellung der Romanze irgendeine plausible Erklärung dafür finden, wobei allerdings der emotionale Schock, den der Unfall auslöste, für lange Zeit die wirklichen Fakten überdeckte.

So gehen die Berichte weiter mit Schilderungen, die in einen Groschenroman gepasst hätten: Am Samstag, den 30. August, frühstücken Diana und Dodi auf der Brücke der *Jonikal* und verlassen die Yacht gegen Mittag, um eine firmeneigene *Gulfstream IV* des großen Londoner Warenhauses Harrods zu besteigen und nach Paris abzufliegen. Sie treffen um 15.30 Uhr am Flughafen Le Bourget ein, wo sie, eskortiert von Dodis beiden Bodyguards Trevor Rees-Jones und Kes Wingfield, durch Henri Paul, den Vize-Sicherheitschef des Pariser Ritz-Hotels, in Empfang genommen werden. Ein Begleitwagen und eine Motorradeskorte der französischen Polizei sind

anwesend und vermitteln das Gefühl von Sicherheit. Das Paar steigt in eine gepanzerte Limousine, einen schwarzen Mercedes 600, der vom Pariser Chauffeur der Familie Al-Fayed, Philippe Dourneau, gesteuert wird. Die Paparazzi sind seltsamerweise nicht sehr zahlreich. Der Kontrast zu dem ganzen Aufruhr an der Côte d'Azur ist auffällig. Dodi und Diana lassen sich zur Villa Windsor fahren, und ihr Gepäck wird in Dodis Wohnung an der Rue Arsène-Houssaye im Stadtteil Champs-Élysées gebracht, wo das Paar die Nacht verbringen will. Gegen 16.30 Uhr begeben sich die Princess of Wales und Mohammed Al-Fayeds Sohn in die Kaisersuite im ersten Stock des Ritz. Zu dieser Station des Aufenthalts wird keine Erklärung geliefert. In der romantischen Version der Geschichte wird diese Lücke einige Zeit nach dem Unfall gefüllt: Angeblich wurde der in Monaco ausgewählte Ring *Sag Ja zu mir!* hier an der Place Vendôme vom Juwelier Repossi an Dodi geliefert.
Um 19 Uhr verlässt das Paar das Ritz, nicht über den Paradeeingang der Nobelherberge, sondern über einen »Hinterausgang«, der auf die Rue Cambon führt. Die beiden fahren wieder zur Rue Arsène-Houssaye und ziehen sich für den Abend um, den sie im Restaurant »Chez Benoît« im vierten Arrondissement von Paris, in der Nähe des Pariser Rathauses, verbringen wollen.
Von diesem Moment an läuft der Countdown für den verhängnisvollen Unfall. Das Abendessen in diesem Restaurant findet nicht statt. Man hat später diese Planänderung mit der Belagerung durch die Paparazzi, die nun nicht mehr willkommen sind, zu erklären versucht. Dodi bittet seinen Fahrer, die Reservierung zu stornieren und das Ritz von ihrem Eintreffen zu verständigen. Gerade vor dem Ritz haben sich jedoch, schon bevor Diana und Dodi dort ankommen, Fotografen und außerdem diverse Autogrammjäger und Schaulustige versammelt. Ganze Trauben von Menschen stehen herum, als das Paar an der Place Vendôme eintrifft! Die Bilder der Drehtür des Grandhotels sind um den ganzen Erdball gegangen: Man sieht, wie Dodi, Diana und Trevor

Rees-Jones einer nach dem anderen hindurchgehen. Diana hat keine sehr fröhliche Miene aufgesetzt, ganz als sei sie von diesem Pariser Zwischenaufenthalt genervt, der sie so wenig betrifft und der allmählich zur Last wird. Sie beginnen ihr Dinner im Restaurant des Ritz und setzen es in der Kaisersuite fort.

Was dann folgt, ist die vielfach wiedergegebene Geschichte von der »Flucht aus dem Ritz«, in deren Mittelpunkt eine List Dodis steht, die ihnen ermöglichen soll, unerkannt aus dem Nobelhotel seines Vaters zu entwischen. Angeblich wird entschieden, dass Dodis Fahrer Philippe Dourneau mit dem leeren Mercedes 600 von der Place Vendôme abfahren soll, gefolgt vom Bodyguard Kes Wingfield in dem Begleitfahrzeug, einem Range Rover. Sie sollen in Richtung der Rue Arsène-Houssaye fahren. In der Zwischenzeit würde Henri Paul, der nach ein paar Stunden Abwesenheit wieder an seinem Posten im Ritz eingetroffen ist, mit einem anderen Auto zum Hintereingang in der Rue Cambon kommen. Dort soll er Dodi und Diana abholen und sie diskret zur Rue Arsène-Houssaye bringen, wo allerdings das Risiko besteht, dass die paar Fotografen, die sich von der »List« mit dem Fahrzeugwechsel haben täuschen lassen, sie erwarten.

Um 0.20 Uhr steigt das Paar in einen Mercedes S 280. Es sind die letzten Videobilder von Diana, die hier von zwei Überwachungskameras des Ritz gefilmt wird. Die Limousine entfernt sich in gemäßigtem Tempo, gefolgt von einigen Fotografen. Um 0.24 Uhr oder 0.25 Uhr prallt der Wagen gegen den 13. Pfeiler des Alma-Tunnels. Drei Insassen werden sterben.

Um 0.37 Uhr an diesem Sonntag, den 31. August, verbreitete die Nachrichtenagentur *Agence France Presse* eine Depesche: »Lady Di wurde soeben bei einem Unfall im Alma-Tunnel in Paris schwer verletzt. Wie von der Polizeipräfektur zu erfahren ist, wurde der arabische Prinz [?], der sich an Dianas Seite befand, ebenfalls verletzt. Der Polizeipräfekt befindet sich derzeit am Ort des Geschehens. Nach den ersten Informationen sollen Paparazzi Lady Di auf

Motorrädern verfolgt und den Unfall verursacht haben.« Diese pauschale Behauptung lieferte bereits eine Erklärung für das Drama: eine Flucht, mit der Prinzessin Diana und ihr Begleiter um jeden Preis vermeiden wollten, dass weitere Fotos geschossen wurden. Die Vorstellung, dass Lady Di von Reportern der Regenbogenpresse verfolgt worden ist, nahm hier ihren Ausgang. Mühelos setzte sich diese Interpretation durch und ließ den Glauben entstehen, dass die meistfotografierte Person der Welt – wobei es häufig auf Dianas eigene Initiative oder mit ihrer Einwilligung geschah, dass sie fotografiert wurde – ihr Leben bei einer wahnwitzigen Flucht vor Verfolgern gelassen hatte, da sie vermeiden wollte, noch ein paar Mal mehr fotografiert zu werden.

»Ein Foto zu viel« – so titelte die französische Tageszeitung *Libération* am 1. September 1997. Bei meiner Begegnung mit dem damaligen Redaktionsleiter räumte dieser ein, die Überschrift sei »etwas gewagt« gewesen. Doch stand die *Libération* mit dieser Schuldzuweisung an die Fotografen nicht allein: Die gesamte nationale und internationale Presse stellte die nächtliche Verfolgungsjagd, welche Pressefotografen Dianas Mercedes geliefert haben sollen, bis es zum tragischen Ausgang im Alma-Tunnel kam, in den Mittelpunkt ihrer Schlagzeilen. Informationen, die geradeheraus die Schuldigen bezeichneten. Und deren Name lautete: Paparazzi.

Damit sich das noch besser eingrub, wurden die Paparazzi darüber hinaus beschuldigt, die Rettungsmannschaften behindert zu haben, indem sie die Verunglückten fotografierten. Dieser Umstand ist in dem Bericht erwähnt, den der Leiter der Kriminalbrigade am 31. August um zwei Uhr morgens abgab, nachdem er die ersten polizeilichen Befragungen im Tunnel vorgenommen hatte.

»Wenn Prinzessin Gracia Patricia von Monaco am Tag, als sie verunglückte, Paparazzi auf den Fersen gehabt hätte, so hätte man diese beschuldigt, sie in den Tod getrieben zu haben.« Diese Äußerung, die der Chef einer großen Pariser Fotoagentur einige Stunden nach Dianas Tod gemacht hat und die in der Zeitschrift *L'Express* vom

4. September 1997 (ohne eine Namensnennung) wiedergegeben ist, drückte einen Gedanken aus, der nur zu nahe lag. Man hat den Fotografen den schwarzen Peter zugeschoben, weil alle damit gut leben konnten. Die anklagenden Meldungen, die im Handumdrehen formuliert waren und die sich in der gesamten Morgenpresse wiederfanden, konnten weder das Ergebnis einer polizeilichen Untersuchung sein – die ja kaum mehr als zehn Minuten gedauert hatte – noch journalistischen Nachforschungen entstammen – für die noch weniger Zeit vorhanden gewesen war.

Ein Kommuniqué des Buckingham-Palasts, das um 1.24 Uhr (mitteleuropäischer Zeit), also eine Stunde nach dem Unfall, von *Agence France Presse* verbreitet wurde, tat ein Weiteres, um der Öffentlichkeit diese Idee einzuhämmern. Es trug die Überschrift »Ein vorhersehbarer Unfall« und begann mit der Aussage: »Wie ein Sprecher des Buckingham-Palasts erklärt, war der Unfall, bei dem Prinzessin Diana in Paris in der Nacht von Samstag auf Sonntag schwer verletzt wurde, als sie von Paparazzi verfolgt wurde, ›vorhersehbar‹.«

Mir schien es sinnvoll, die Gründe herauszufinden, aus denen man die Fotografen zunächst als die Unfallverursacher hingestellt hat. Vielleicht gelänge es mir, ein Element aus einer Strategie zu erfassen, die darauf abzielte, die Aufmerksamkeit abzulenken und gewisse Verfahrensschritte zu begründen.

Ich verabredete mich zu einem Interview mit Laurent Joffrin, der zur Zeit des Geschehens der Redaktionschef der *Libération* gewesen war. Er empfing mich am 13. Februar 2002 an der Place de la Bourse, wo er heute in der Redaktion des *Nouvel Observateur* dieselbe Funktion ausübt. Das Verfahren gegen die Fotografen wegen fahrlässiger Tötung war vor kurzem eingestellt worden. »Man beschuldigt die Medienleute gewöhnlich, sie seien eine verschworene Gemeinschaft, die zusammenhält und ihresgleichen nie fallen lässt. Hier ist das Gegenteil passiert.« Es war ihm wichtig, mich das gleich von Anfang an wissen zu lassen. »Die Fotografen sind angeklagt worden, Dianas Tod verursacht zu haben. Sie war eine Persönlichkeit, die von den Medien so hartnäckig verfolgt wurde, dass dies schließlich zu einem Unfall geführt hat, ohne dass es speziell den Fotografen zuzuschreiben wäre, die an jenem Abend vor Ort waren ... Was sofort belegbar war, war die Tatsache, dass sie sehr schnell abgefahren war, um die Fotografen abzuhängen, die die beiden seit Beginn des Abends verfolgten.« Ich sagte ihm, ich sei skeptisch gegenüber dieser Vorstellung von einer Verfolgungsjagd – für die übrigens die Ermittlungen nie definitive Beweise erbracht hätten – und fragte, ob die Zeitung Recherchen angestellt habe, sodass er eine solche Behauptung aufstellen könne. Joffrin verwies mich daraufhin an Patricia Tourancheau, die Journalistin, die damals für die Angelegenheit zuständig gewesen war. Diese gestand mir einige Tage später ihre Verlegenheit ein: Sie hatte in den 24 Stunden, als sich die Sache ereignete, dienstfrei gehabt. Bei der weiteren Unterhaltung erfuhr ich, dass die Journalisten keinen Kontakt mit den Zeugen einer möglichen Verfolgungsjagd gehabt hatten und dass es sich somit um Behauptungen handelte, die aus polizeilichen Quellen stammten, deren Informationen man einfach abgeschrieben hatte.

Der »Unfall« wird zum Kriminalfall

Rasch werden die Ermittlungen zu dem »Unfall« – eine Bezeichnung, von der die Behörden niemals mehr abgehen werden – von der Polizei übernommen, doch nicht von der Abteilung, die für Verkehrsunfälle zuständig ist, sondern von der Kriminalbrigade, also jenem Dezernat der Kriminalpolizei, das sich mit Kapitaldelikten befasst. Der Pariser Polizeipräfekt Philippe Massoni und der Chef der Kriminalpolizei Patrick Riou sind bereits so lange vor Ort, dass man meinen könnte, sie seien in den allerersten Minuten auf-

getaucht. Staatsanwältin Maud Coujard von der 1. Abteilung der Staatsanwaltschaft Paris trifft ebenfalls sehr frühzeitig am Ort des Geschehens ein und bestätigt nach einer ersten Lagebeurteilung, »weil es sich bei einem Opfer um eine Persönlichkeit des öffentlichen Lebens handelt«, die Einschaltung der Kriminalbrigade. Die Ankunft der Chefin der Kriminalbrigade, Polizeidirektorin Martine Monteil, ist offiziell für zwei Uhr morgens belegt. Man kann diese Details dem Bericht von Jean-Claude Mulès entnehmen, der als diensttuender Polizeioffizier – also ein Beamter im gehobenen Polizeivollzugsdienst, nach der Diana-Affäre wurde er zum Polizeikommandanten befördert – bei der Kriminalbrigade seinerseits um 2.30 Uhr vor Ort eingetroffen ist. Vor allem aber entdeckt man in diesem Bericht die allerersten Aussagen, von gerade einmal vier Zeugen, nicht mehr, auf die sich die Behörden stützen werden.
Es ist bereits nach zwei Uhr morgens, als diese Aussagen protokolliert werden. Die These von der »Verfolgungsjagd« ist bereits offiziell in den Medien verkündet worden. Jean-Claude Mulès hält fest, dass er unmittelbar nach seinem Eintreffen gemeinsam mit Polizeikommissar Bonnefond, der bereits zuvor, ab 0.50 Uhr, als erster höherer Polizeibeamter im Tunnel war, die Ermittlungen aufgenommen hat. Bonnefond ist der in diesem Bereich von Paris zuständige Kommissar. Vor ihm sind zwei für das achte Arrondissement zuständige Bezirkspolizisten da gewesen, die zum Tunnel gefahren sind, nachdem sie gegen 0.30 Uhr von Passanten verständigt wurden. Kommissar Bonnefond soll Mulès *mündlich* anvertraut haben, dass laut den ersten Zeugenaussagen »der Fahrer des Wagens von Journalistenfahrzeugen, die auf ihn *eine regelrechte Treibjagd veranstalteten*, verfolgt und behindert worden ist. Der Fahrer, der wohl die Gewalt über sein Fahrzeug verloren hatte, konnte es nicht mehr unter Kontrolle bekommen.«
Dies würde bedeuten, dass Bonnefond es war, der als Erster den Begriff von der »Verfolgungsjagd«, der ab da in aller Munde war, aufgebracht hat und die Verfolger sofort als »Journalistenfahrzeu-

ge« – also mehrere – identifiziert hat. Doch es ist auch sehr wohl vermerkt, dass dies nur eine »mündliche« Äußerung war. Was die vier Zeugen angeht, so haben diese alle erklärt, sie hätten ein Motorrad hinter Dianas Mercedes gesehen – allerdings nur ein einziges! In diesem Punkt stimmen ihre Aussagen überein. Es gibt einen anderen Punkt, über den sie sich einig sind und auf den ich wegen seiner Wichtigkeit noch zurückkommen werde: Vor der Limousine fuhr ein Kleinwagen, dessen Farbe die einen als »schwarz«, die anderen als »dunkel« bezeichnen ...

Es gibt drei große weltweit tätige Presseagenturen, die in Paris akkreditiert sind: *AFP (Agence France Presse), Reuters* und *AP (Associated Press).* Ich setzte mich mit zweien davon in Verbindung. Pierre Ausseil[10] von der *AFP* erklärte ohne Umschweife: »Unsere Arbeit – das muss ganz klar gesagt sein – bestand vielmehr darin, so schnell wie möglich eine grobe Vorstellung von dem zu bekommen, was die Ermittler entdeckten. So läuft das eben meistens ab, wenn es um Recherchen in Justizangelegenheiten geht. Es ist wirklich ein Wettlauf mit der Zeit. Wobei die Zielsetzung nicht unbedingt ist, *die* Wahrheit aufzudecken und unter Lebensgefahr Nachforschungen anzustellen, sondern möglichst rasch zu erfahren, was der Untersuchungsrichter, die Polizisten, ein Anwalt oder eine andere Person, die mit der Angelegenheit zu tun hat, herausgefunden haben. Journalisten haben keine Befugnis, Durchsuchungen vorzunehmen, Bankkonten zu überprüfen oder all die anderen Möglichkeiten, über die das Gericht und die Polizei verfügen.«

Auch seitens der Zeitungsredaktionen war kein Chef vor Ort gewesen, und Laurent Joffrin[11] teilte mir mit, er habe es verstanden, in den darauf folgenden Tagen dafür zu sorgen, dass sich seine Zeitung nicht zu weit vorwagte: »Wir haben den Ablauf nicht minutengenau geschildert. Wir sind vorsichtig geblieben. Wir hatten zum einen die Agenturmeldungen der *AFP*. Und wir hatten die Erklärungen, die die Fotografen abgegeben haben. Wir ließen sie erzählen. Es existierte da so ein Gerücht, das Ganze sei inszeniert worden, um Trash-Fotos zu bekommen ... Eine Vorstellung, die nach einem Kriminalfilm oder Western aussieht. Dass die Öffentlichkeit ein solches Bild hat, ist nicht anormal, denn so etwas [Verfolgungsjagden] kommt da ja ständig vor.« Die Öffentlichkeit trüge in gewisser Hinsicht stillschweigend die falsche Darstellung mit und sei beinahe verantwortlich für deren Verbreitung ...

Ich fuhr mit meinen Fragen fort, ziemlich neugierig geworden angesichts dieser Munkeleien über eine »Inszenierung für Trash-Fotos«, über die ich jedoch nie Näheres in Erfahrung bringen konnte – es handelte sich also wirklich nur um ein Gerücht. Ich ging besonders auf den Umstand ein, dass die Medien sich so auf die Fotografen eingeschossen hatten, und betonte die Belastung, der man diese Reporter aussetzte, indem man sie vor den Augen und Objektiven ihrer Kollegen, die sich eingestellt hatten, um den Unfall zu dokumentieren, festnahm und in einen Polizeitransporter verfrachtete. So entstanden die weltweit verbreiteten Bilder von Schuldigen, die man bereits zu kennen glaubte. Ich erinnerte auch daran, dass man sie 48 Stunden lang in Polizeigewahrsam gehalten hatte und dass zwei Jahre lang die Anklage wegen fahrlässiger Tötung über ihnen schwebte, bis sie endlich von diesem Vorwurf entlastet wurden. Schließlich erwähnte ich, dass einige von ihnen sogar ihren Beruf aufgeben und manche Agenturen ihre Tätigkeit einstellen mussten. Joffrin pflichtete mir bei, als ich ihm mitteilte, dass ich Zweifel an der offiziellen Darstellung hätte und die Gründe herauszufinden versuchte, die dazu geführt – oder zumindest dazu beigetragen hatten –, dass in den Medien eine falsche Vorstellung von den Ereignissen verbreitet wurde. Als ich jedoch auf die »Beweise«, die Mohammed Al-Fayed an die Öffentlichkeit gebracht hatte, zu sprechen kam, war die Reaktion des ehemaligen Redaktionschefs der *Libération* klar und eindeutig[12]: »Al-Fayeds Erklärungen entbehren jeglicher Grundlage. Wir haben ihn zitiert und auf die Weise wiedergegeben, was er gesagt hat. Aber seine Erklärungen können nicht als Ausgangspunkt für Nachforschungen dienen. Man wendet sich

in dem Fall an jemanden, der über die Ermittlungen auf dem Laufenden ist. Wir sind nicht von der Vermutung ausgegangen, dass die französische Polizei und Justiz, die Fotografen und die Zeugen alle an einer umfangreichen Verschwörung beteiligt sind, die darauf abzielt, die Wahrheit zu entstellen. Es stimmt, die Zeugenaussagen sind etwas unsicher. Aber hier war doch alles transparent. Was für ein Komplott sollte es hier denn geben? Nein, wir haben uns dem angeschlossen, was die Untersuchung erbracht hat.«
Da war es gefallen, das Wort »Komplott«. Ich hatte keinen Ton von Verschwörung gesagt, aber dass ich die Objektivität der »seriösen« Presse bezweifelte und mir Fragen über deren offenkundigen Mangel an Widerspruchsgeist stellte, hatte mich wahrscheinlich als Anhänger der berühmt-berüchtigten »Verschwörungstheorie« erscheinen lassen. Laurent Joffrin fuhr fort: »Es ist sehr gefährlich, was Sie sagen. Denn das würde im Kern bedeuten, dass das Informationssystem der Demokratien von A bis Z manipuliert ist. Der Unterschied zwischen demokratischen Staaten und Diktaturen wäre damit rein formell. ›Sie‹ – wer das sein soll, wird nicht gesagt – dirigieren angeblich alles aus dem Hintergrund, so als gebe es eine Art Kommandozentrale, die die Meinung in der einen oder anderen Richtung manipuliert. Solche Ideen haben in Extremistenkreisen Konjunktur. Es heißt dann zum Beispiel, ›man‹ habe uns glauben machen wollen, dass in den Konzentrationslagern der Nazis sechs Millionen Juden umgebracht worden seien. *Man* – wer soll das sein? Was dahinter steckt, ist die grundlegende Annahme, dass die Medien per definitionem lügen. Dies ist eine unsinnige und gefährliche Hypothese. Die Medien können sich irren und es gibt Fälle, wo sie gelogen haben oder bei einem nicht ganz sauberen Vorgehen ertappt worden sind. Trotzdem entspricht 90 Prozent von dem, was in die Öffentlichkeit gegeben wird, im Großen und Ganzen der Realität. Wer ständig Verschwörungen hinter den Dingen vermutet, unterstellt damit, dass die Demokratie nicht echt, sondern Blendwerk und bloße Fassade ist, während in den Kulis-

sen Bösewichte mit üblen Absichten sitzen, die alles manipulieren und die Fäden ziehen. Dies ist eine Weltsicht, die falsch ist und die eine bestimmte Funktion hat – und diese Funktion ist gefährlich.«
Ich war gewarnt. Während ich aus dem Gebäude des *Nouvel observateur* wieder auf die Place de la Bourse hinaustrat, konnte ich ermessen, mit welch überfeiner Sensibilität die Presse auf das Thema, ob die Vertrauenswürdigkeit der Medien angezweifelt werden dürfe, reagierte. Die Antwort lautete natürlich »Nein«. Sich in diesen Steilhang hineinzuwagen, war gleichbedeutend mit einem Angriff auf die Demokratie an sich. Dass man »uns« etwas verbergen könnte? Uns, der Öffentlichkeit, der Bevölkerung, den Staatsbürgern? Zu gefährlich, dieser Gedanke.
Doch ich wusste, dass in dieser Geschichte andere Gefahren lauerten. Ich musste an die Schlusszeilen von Thomas Sanctons und Scott McLeods Werk *Der Tod einer Prinzessin*[13] denken, mit denen sie einen ihrer Informanten zitierten: »Ein Geheimnis lastet erschreckend auf diesem Fall«. In diesem ein Jahr nach dem Unfall erschienenen Buch stellten die beiden Journalisten des amerikanischen Magazins *Time* die amtliche Version zwar noch nicht in Zweifel, doch warfen sie, nachdem sie ihre eigenen Nachforschungen angestellt hatten, einige unangenehme Fragen auf. Sogar *Paris Match* deutete in einer Schlagzeile, wenn auch vorsichtig, an: »Warum ein Attentat nicht auszuschließen ist«. Auch *VSD,* um noch ein weiteres der Magazine zu nennen, die über gekrönte Häupter berichten, befasste sich mit der Möglichkeit eines Komplotts. Nichtsdestotrotz haben diese Zweifel insgesamt in der französischen Tagespresse kaum ernsthaft die Runde gemacht. Man kann Journalisten aus der damaligen Zeit antreffen, die die Sache für dubios hielten. Ihre Recherchen sind jedoch nur sehr selten veröffentlicht worden. Im angelsächsischen Raum dagegen stellten *Newsweek, Time Magazine* und eine Reihe anderer Printmedien in ihren Kolumnen deutlich die Ungereimtheiten des französischen Untersuchungsverfahrens heraus. Besorgniserregend ist vor allem,

dass Journalisten zur gleichen Zeit Zeugen in Misskredit brachten und sich dabei auf offiziöse Informationen aus Polizeiquellen stützten – wertvolle »Kontakte«, die nicht preisgegeben werden durften, da man von ihnen auch für zukünftige Artikel, sei es zu diesem Fall, sei es zu anderen, vertrauliche Hinweise bekommen wollte.

Fotos, die Angst machen

Das Schicksal der Fotografen lässt einem keine Ruhe. Sie mochten in den ersten Tagen des Medienrummels der ideale Sündenbock gewesen sein; dass jedoch von der Polizei ein solcher Druck auf sie ausgeübt wurde, der für manche von ihnen schier unerträglich wurde, muss einen anderen Grund gehabt haben. Mir schien, dass es bei den Ermittlungen gar nicht so sehr darum ging, inwiefern sie dafür verantwortlich gemacht werden konnten, dass der Fahrer die Kontrolle über den Mercedes verlor, sondern dass nach den Fotos gesucht wurde, die sie oder andere, unbekannte, Paparazzi vermutlich gemacht hatten. Oder dass man schlicht und einfach herausfinden wollte, was sie vielleicht gesehen hatten.
Die zweite Besonderheit, die angesichts der vorgeblichen Aufdringlichkeit der Fotografen meine Neugier weckte, war der Umstand, dass sich unter den Reportern, die hier in der grünen Minna abtransportiert wurden, keiner der gnadenlosen Paparazzi von der Côte d'Azur befand, egal ob Italiener, Briten oder auch Franzosen wie James Andanson. Dagegen fand sich unter ihnen ein anerkannter Pressefotograf wie Jacques Langevin (der 1989 die Aufnahmen vom Tiananmen-Platz gemacht hat). So etwas fiel einem allerdings erst auf, wenn man die Liste der Angeklagten genauer in Augenschein nahm: Nur französische oder in Frankreich akkreditierte Fotografen waren dort vertreten. Wobei natürlich manche

anderen Reporter den Ort bereits vor der Festnahmeaktion der Polizei verlassen hatten, um ihre Fotos an die Presseagenturen weiterzuleiten. Drei von ihnen meldeten sich einige Tage später bei der Polizei. Auch sie alle Franzosen! Einer davon, Fabrice Chassery, der zu den wenigen gehörte, die am Nachmittag vor dem Drama auf dem Flughafen Le Bourget gewesen waren, vertraute mir über die polizeiliche Vernehmung Folgendes an: »Sie wollten anscheinend glauben machen, dass die Fotografen halb durchgedreht waren und um jeden Preis Fotos von dem Paar haben wollten.« Die Polizei hat nämlich auch – ohne Erfolg – nachzuweisen versucht, dass die von den Paparazzi hervorgerufene Anspannung seit der Landung des Harrods-Jets auf dem Flughafen Bourget sehr stark gewesen sei. Der Fall Jacques Langevin spricht vielmehr für ganz andere Gegebenheiten: Es gab an diesem Abend im Gegenteil *nicht genügend* Fotografen! Tatsächlich standen nach der ersten Hälfte des Abends die Dinge eher so, dass *man* dabei war, zum Abmarsch zu blasen. (Nur: Welche Person oder Personen verbargen sich hinter diesem »man«? Das war der entscheidende Punkt.)

Bei seiner Entlassung aus dem Polizeigewahrsam erklärte Jacques Langevin[14]: »Ich hatte an dem Samstagabend Bereitschaftsdienst, was heißt, dass ich die ganze Zeit auf meinem Handy erreichbar sein musste. Ich war zum Abendessen bei Freunden eingeladen, als man mich gegen 22.30 Uhr über Lady Di's Eintreffen verständigte. Da ich das nicht übermäßig spannend fand, habe ich es laufen lassen, doch eine halbe Stunde später hat mich der Anruf eines Freundes überzeugt, zur Place Vendôme zu fahren.« (Wer war dieser Freund?) Später erzählte Langevin[15], er habe mit einigen anderen Berufskollegen in der Rue Cambon Stellung bezogen, während sein Freund vorn auf dem Platz stand. (Eine übliche Aufstellung: der eine vorne, der andere hinten. Nur stand das im Widerspruch zur Geschichte vom wenig glaubwürdigen »Täuschungsmanöver«.)

Um 0.20 Uhr kamen Diana und Dodi aus dem Hotel. Langevin schoss seine Fotos, der Mercedes entfernte sich, und der Journa-

list beschloss, zu seinem Abendessen zurückzukehren. Kurze Zeit verging noch, bis er wieder bei seinem Auto angelangt war (ein VW Golf, aber es hätte auch ein Fiat Uno sein können, dieses Modell wurde damals viel gefahren) – und nun überschlugen sich die Ereignisse. Zu seinem Pech lag der Alma-Tunnel auf seinem Rückweg! Er, der meinte, für diesen Abend mit seinem Job fertig zu sein, sah plötzlich vor sich eine Umleitung. Durch die Blitzlichter neugierig geworden, fuhr er heran und hielt an, um sich die Sache anzusehen. All das spielte sich zehn, fünfzehn Minuten nach dem Unfall ab. Er erkannte ein paar Gesichter von Fotografen wieder, die er beim Ritz gesehen hatte, es wurde ihm klar, was geschehen war, und er machte selbst noch einmal weitere Aufnahmen. Seine Schilderung im *Nouvel Observateur* setzt sich so fort:
»Ein Polizeibeamter in Zivil verlangte die Presseausweise der Fotografen, wir gaben sie ihm. Er verhielt sich uns gegenüber nicht feindselig, sondern sagte: ›Okay, tun Sie Ihre Arbeit ...‹ In meiner Gegenwart fand keinerlei Auseinandersetzung zwischen der Presse und der Polizei statt. Es war eine öffentliche Straße, die von den Rettungsmannschaften und der Polizei kontrolliert wurde, ich arbeitete in voller Legalität.«
Es hinderte also niemand die Fotoreporter, Aufnahmen von dem Unfall zu machen. Danach wurde die Polizeipräsenz deutlicher bemerkbar, Verstärkung traf ein, die Sicherheitszone wurde erweitert und die Fotografen sahen sich nun auf die Gegenfahrbahn und auf 30 Meter Abstand von dem verunglückten Wagen abgedrängt. »Und nun hinderte man uns auf einmal, den Ort zu verlassen. Man verbot uns, unsere Agenturen anzurufen, durchsuchte uns, nahm uns die Kameras und Fototaschen ab. Man forderte uns auf, auf dem Gehsteig zu warten und steckte uns dann in einen Polizeitransporter, ohne irgendwelche Erklärungen zu geben. Ich dachte, die Polizei wird unsere Zeugenaussagen brauchen und damit hat es sich. Erst als wir beim Polizeikommissariat an der Rue de Courcelles ankamen, erfuhren wir, dass wir seit

0.40 Uhr vorläufig festgenommen sind. Ohne dass uns jemand davon in Kenntnis gesetzt hätte, befanden wir uns also bereits im Tunnel in Polizeigewahrsam!«

Kommissar Olivier Bonnefond vermerkte in seinem Vernehmungsprotokoll, dass es sich »bei den sieben Personen, die vor Ort um 0.40 Uhr festgenommen wurden, um Paparazzi handelt, die das Fahrzeug verfolgt haben«. William Bourdon, der Rechtsanwalt eines der verhafteten Fotografen von der Agentur *Sipa*, erzählte mir das Folgende, wobei er mir wenig Hoffnungen machte, dass ich mit meinen Nachforschungen erfolgreich sein würde[16]: »Es gab geheime Absprachen auf sehr hoher Ebene und dabei fiel eine Entscheidung: vorläufige Festnahme. Warum und auf wessen Veranlassung das geschehen ist, ob es eine Idee des Staatsanwalts gewesen ist oder ob sich die Politik eingemischt und gesagt hat: ›Es muss der Eindruck geschaffen werden, dass man die Verantwortlichen, die Schuldigen benannt hat‹, wer kann das sagen? Jetzt noch den roten Faden bis zu jenem Gehirn zurückzuverfolgen, das diese glänzende Idee gehabt hat – dazu haben weder Sie noch ich die Möglichkeit.«

Der Polizeigewahrsam dauerte nicht nur 24 Stunden, sondern ganze 48, ohne dass die Festgenommenen Gelegenheit bekommen hätten, einen Anwalt hinzuzuziehen. Mir ist es nicht gelungen, von diesen Fotografen auch nur die kleinste vertrauliche Mitteilung zu erhalten, was während ihrer Haft geschehen ist. Doch ich weiß, dass ihre Freilassung nicht zustande gekommen ist, ohne dass eine Abmachung getroffen wurde – das englische Wort »Deal« trifft es genauer. Aus dem Schneider waren sie damit noch lange nicht. Gegen sie wurde Anklage wegen Totschlags und fahrlässiger Körperverletzung sowie wegen unterlassener Hilfeleistung erhoben – dabei waren die Rettungsmannschaften gerade deswegen so schnell eingetroffen, weil die Fotografen selbst sie verständigt hatten. Einige der Reporter wurden nur verpflichtet, sich regelmäßig bei der Polizei zu melden, anderen wurden zudem Reisebeschränkungen und ein Berufsverbot auferlegt und man zwang sie, ihren Presseausweis zurückzugeben. Die Anklageerhebung gab ihnen einen triftigen Grund, sich ruhig zu verhalten und zu schweigen – inzwischen konnten die Dinge ins Lot kommen. Ich erinnere noch einmal daran, dass die zweite Version hinsichtlich des »Unfall«-grunds – in Erwartung des Auftauchens einer dritten – gerade zu der Zeit publik gemacht wurde, als die Fotografen noch in Polizeigewahrsam saßen. Eben diese Version gilt heute als die amtliche Erklärung für den Unfall: Der Fahrer des Unfallfahrzeugs war betrunken. Eigentlich hätte diese sensationelle »Entdeckung« ausreichen müssen, um die Anklage fallen zu lassen, stattdessen dauerte es geschlagene zwei Jahre, bis die Einstellung des Verfahrens verfügt wurde. Zwei Jahre, in denen ein gerichtliches Verfahren lief, bei dem nahezu alle anderen Arbeitshypothesen ignoriert oder verworfen wurden und bei dem die Aufnahme von Ermittlungen wegen vorsätzlicher Tötung gegen jede Logik zurückgewiesen wurde.

Was für die Kriminalbrigade den großen Anlass zur Beunruhigung darstellte, waren die Fotos, welche im Tunnel von Reportern aufgenommen worden waren, die ihnen noch vor der Festnahmeaktion entwischt waren. Diese Fotos wollte man um jeden Preis in die Hand bekommen. Doch um welche Art von Fotos mochte es sich handeln? Sensationsbilder der Prinzessin und der anderen Autoinsassen? Entsetzliche, makabere Fotografien? Nicht unbedingt, denn diese Art von Bildern ist auf den Servern zahlreicher Redaktionen auf der ganzen Welt aufgetaucht, und dies noch in der Nacht des Unfalls. Angesichts des Gefühlssturms, den der Tod der Prinzessin auslöste, so hat man uns gesagt, haben alle Zeitungen, denen diese Aufnahmen angeboten wurden, abgelehnt, sie zu kaufen. Alex Duval Smith, eine Journalistin des *Guardian*, hat dies in einer von Yves Calvi moderierten Sendung von *France 5* bestätigt, die in der Sendereihe »C dans l'air« (»Es liegt in der Luft«) zum Thema: »Diana – ermordet?« ausgestrahlt wurde.

Kurze Zeit nach dem Ereignis im Alma-Tunnel spielten sich an verschiedenen Orten bedeutsame Zwischenfälle ab. Einer davon ist der Einbruch in die Wohnung von Lionel Cherruault, einem in London tätigen *Sipa*-Korrespondenten, in der Nacht auf den 1. September 1997. Cherruault hatte, wie viele andere Korrespondenten, über E-Mail Fotos von dem Unfall zugeschickt bekommen. Doch anscheinend wurde er verdächtigt, auch eine ganz besondere Sendung erhalten zu haben, für die sich die Geheimdienste interessierten. Denn es waren keine gewöhnlichen Einbrecher, die bei ihm eindrangen: Sie stahlen keinen einzigen Wertgegenstand, sondern nahmen seinen Computer und zwei externe Festplatten mit. Weniger als eine halbe Stunde, nachdem Cherruault bei der Polizei angerufen hatte, suchten ihn zwei Polizeibeamte in seiner Wohnung auf, nahmen wie üblich den Tatbestand auf und gingen wieder. Am nächsten Tag kam ein Beamter persönlich zu dem Fotografen und verkündete ihm, »dass es kein Einbruchdiebstahl gewesen sei«! Cherruault entgegnete geistesgegenwärtig, ob es sich dann um eine Operation des britischen Geheimdienstes MI 5 gehandelt haben könnte. Doch alles, was er an Kommentar bekam, war: »Es war kein Einbruchdiebstahl.«
Was die im Tunnel beschlagnahmten Fotos betraf, zirka 60 an der Zahl, so wurden sie alle der Ermittlungsakte beigefügt und den Parteien, sofern diese es beantragten, in Form von Fotokopien ausgehändigt. Als der amerikanische Sender *CBS* am 21. April 2004 in seiner Reihe »48 Stunden« angeblich unveröffentlichte Bilder zeigte, die nach dem Unfall in der Alma-Unterführung aufgenommen worden sind, gab er lediglich Fotos aus dieser Akte wieder. Sie zeigen Diana bewusstlos auf dem Rücksitz, während ein Arzt ihr beisteht. Mit solchen vermeintlichen Sensationsfotos, vor deren Verwendung bis zu diesem Zeitpunkt alle Abstand genommen hatten, sollte ein reißerisch aufgemachter Fernsehbeitrag aufgepeppt werden. Das Ziel dieser Sendung bestand in Wirklichkeit darin, die Gerüchte, die sich nach dem Tod von Prinzes-

sin Diana vervielfältigt hatten, zu zerpflücken und zu dementieren und der Version vom »simplen Verkehrsunfall« erneut Geltung zu verschaffen. Auch hier fand wieder dieselbe Fokussierung auf Diana statt, welche zwar sehr verständlich war, doch auch hier nicht genügte, um ein wirkliches Verständnis zu vermitteln. Die Wahrheit ist jedenfalls, dass in der Sendung kein einziges neues Bild, kein einziges unveröffentlichtes Foto gezeigt wurde.

Während die Vernehmung der inhaftierten Fotografen fortgesetzt wurde, intensivierte sich die Suche nach potenziell »brisanten« Bildern. Die *Libération* teilte in ihrer Ausgabe vom 4. September 1997 mit, dass »die Agenturen bereits am Sonntag von den Kriminalinspektoren eine Warnung erhalten hatten, sie riskierten eine strafrechtliche Verfolgung wegen Behinderung der Justiz, wenn sie Beweismittel zurückhielten.« Eine klarere Bezeichnung hätte man für die gesuchten Fotos, auf denen möglicherweise die Unfallszene zu sehen war, gar nicht finden können: Es waren tatsächlich Beweisstücke. Nun ist es aber so, dass solche Fotos niemals gefunden worden sind. Man könnte auch die Vermutung anstellen, dass ihre eventuelle Entdeckung niemals öffentlich bekannt gemacht wurde. Diese Frage sollte sich mir übrigens während der ganzen Zeit, in der ich mit meinen Untersuchungen zu diesem Verfahren beschäftigt war, regelmäßig wieder stellen: Hat man nichts gefunden, oder hat man vielleicht nur nichts über das, was gefunden wurde, mitgeteilt?

Ab Januar 2002 hatte ich Gelegenheit, regelmäßig Einsicht in eine Kopie der Ermittlungsakten zu nehmen. Ein guter Teil der hier folgenden Informationen entstammt diesen Unterlagen. Leider fand ich dort keine präzisen Angaben hinsichtlich des exakten Zeitpunkts des Eintreffens der ersten Fotografen im Alma-Tunnel, wo nach dem Aufprall der ohrenbetäubende Dauerhupton von Dianas Mercedes durch die Nacht schallte. Auch über die eventuelle Anwesenheit von Augenzeugen oder Fotografen vor dem schicksalhaften Moment wird nichts gesagt – diese Zeit *vor* dem Aufprall wäre mir gerade wichtig gewesen. Am Rande der widersprüchlichen ersten Zeugenaussagen, die von den Polizeibeamten etwa zwei Stunden nach dem Unfall aufgenommen wurden, findet man weitere Schilderungen von Personen, die Untersuchungsrichter Stephan später, an den folgenden Tagen, vernommen hat. Diese Aussagen enthalten kurze Beschreibungen des Kommens und Gehens, das sich in den ersten Minuten gegen 0.25 Uhr abspielte, als die Polizei noch nicht vor Ort eingetroffen war.

Am 30. September 1997 nahm Stephan den Bericht Amel Samers auf: »Als ich mich dem Alma-Tunnel näherte, fiel mir ein schwerer Wagen auf, der mit ausgeschalteten Scheinwerfern auf der Gegenfahrbahn stand, als ob er auf der rechten Spur geparkt sei. Es war eine große Limousine, die an einen großen Audi erinnerte. [...] Die Stellung dieses Fahrzeugs war sehr ungewöhnlich, darum habe ich es mir so genau gemerkt ... Als ich auf Höhe des Hindernisses [d. h. nahe bei der Unfallstelle] war, habe ich zwei Männer wahrgenommen, die sich in dem Halbkreis befanden, den die Zeugen bildeten; einer von ihnen war ziemlich kräftig und nicht sehr groß; der andere war klein, ziemlich mager, hatte braunes Haar und trug einen Fotoapparat mit einem zehn Zentimeter langen Objektiv. Der eine Mann stieg auf der Fahrerseite in den Wagen. Der Wagen verschwand. Ich fuhr weiter. Es waren weder Polizeibeamte noch Feuerwehrleute anwesend, auch kein Wagen mit Blaulicht.«

In seiner Aussage vom 16. September 1997 berichtete Jacques Morel folgende Details: »Ich habe geparkt und hinter mir hielt dann ein schwarzes Fahrzeug an, ein Kleinwagen, in sehr gutem Zustand. Ein 35 bis 40 Jahre alter Mann stieg aus, sehr elegant, groß, schlank, rotblond, mit Sommersprossen, irischer Typ, er sprach akzentfrei. Er machte Zeichen in Richtung einer Gruppe von Personen, die in die Unterführung herunterkam. Er schien sie aufzufordern, sich zu entfernen. Dann stieg der Mann wieder in sein Auto und fuhr weg.«

Ein »gesäuberter« Tatort

Dieses Kommen und Gehen von Personen, die offensichtlich weder Neugierige noch Fotografen waren, ist auffällig. Ich schließe nicht aus, dass diese Personen einen Bezug zum Verschwinden von Dodis persönlichen Gegenständen haben könnten. In dem Protokoll, das Polizeikommandant Jean-Claude Mulès von der Kriminalbrigade aufgenommen hat, hieß es nämlich, dass Mohammed Al-Fayeds Sohn lediglich 1000 Franc in Bargeld bei sich hatte. Ansonsten keinerlei Papiere, kein Handy und auch nicht den Terminkalender, den man auf Fotos, wo er aus dem Haus an der Rue Arsène-Houssaye auf die Straße kommt, noch in seiner Hand sieht. Die Liste all dessen, was man bei Diana gefunden hat, ist dagegen ziemlich lang. Für Henri Paul gab es eine detaillierte Aufzählung seiner Bankkarten, Dokumente und Ausweispapiere, auch eine stattliche Bargeldsumme war genannt: 12 560 Franc. Diese Entdeckung gab übrigens zu einer ganzen Reihe von Fragen und Vermutungen Anlass.

Die Kripobeamten standen dieser Betriebsamkeit im Tunnel, bevor die Polizei die Kontrolle über den Ort übernommen hatte, natürlich nicht gleichgültig gegenüber. Man sah in den Fotografen bereits die Hauptzeugen des Unfalls und der darauf folgenden Minuten. Auf ihren Filmen hätten unter Umständen auch Personen festgehalten sein können, über deren Anwesenheit die Behörden lieber nur alleine Bescheid wussten. Trotz der Erklärungen, mit denen das Ereignis auf den Rang eines simplen Verkehrsunfalls heruntergespielt wurde, leitete man dennoch ein Ermittlungsverfahren ein. Nach den vertraulichen Mitteilungen, die zusammenzutragen ich Gelegenheit hatte, sieht es ganz so aus, als ob die Kriminalbrigade nicht die einzige gewesen ist, die ermittelt hat. Man müsste schon sehr naiv sein, um zu glauben, dass der britische wie der französische Geheimdienst, um nur sie zu nennen, sich abseits gehalten und Däumchen gedreht hätten, während die ganze Welt in Aufruhr war. Diese Limousine war in Paris nicht inkognito unterwegs. Die Observierung von VIPs ist eine Realität, genauso wie heute dank der Technologie auch der einzelne Autofahrer überwacht werden kann. Was »man« zu erfahren versuchte, hatte nichts mehr mit dem Strafverfahren zu tun und hat nie etwas dargestellt, was an die breite Öffentlichkeit weitergegeben wurde. Die Hypothese, dass hier ein terroristischer Akt oder ein Attentat auf die Mutter des zukünftigen Königs von England verübt worden war, war von den zuständigen Diensten im Innenministerium offenbar ernst genommen worden.

Nach dem Unfall herrschte in der Unterführung eine heillose Verwirrung, und als die Kriminalbrigade eintraf, war der Schauplatz – des Verbrechens? des Unfalls? – weit davon entfernt, an eine Szenerie aus einem Simenon-Krimi zu erinnern, in der Kommissar Maigret an die Ermittlungen geht. Mulès' Bericht macht übrigens gar keinen Hehl daraus: »An dem Ort waren einige Veränderungen vorgenommen worden, um den Notarzteinsatz zu ermöglichen«, dann, weiter unten: »Bei unserem Eintreffen waren die Insassen bereits aus dem Wagen befreit worden. Wir fanden das Fahrzeug in stark verändertem Zustand vor, wodurch jegliche genaue Spurensicherung unmöglich geworden war.« Es wurde sogar gegen fünf Uhr morgens die Entscheidung getroffen, die Limousine abzutransportieren und ordnungsgemäß versiegelt in die zentrale Garage der Polizeipräfektur zu bringen. Den Abtransport übernahm die DGSE (Zentrale Direktion für Äußere Sicherheit), der französische Auslandsgeheimdienst: Noch eine weitere Dienststelle, deren Einschaltung immer schwerer nachvollziehbar wurde, wenn es angeblich doch nur ein simpler und »alltäglicher« Verkehrsunfall gewesen war! Später mussten die mit den Untersuchungen an dem Mercedes beauftragten Gutachter Unterschlupf bei den Gendarmen suchen, um in Ruhe arbeiten zu können und vor nicht identifizierten Gestalten sicher zu sein, die ersichtlich den Versuch machten, ihre eigenen Ermittlungen zu führen.

In der Alma-Unterführung hatte man bereits begonnen, das Gelände zu räumen und zu säubern! Man verzichtete also auf spätere Spurensicherungsmaßnahmen und nahm sich nicht die Zeit, bis zur Ankunft eines Fachmanns zu warten. Die Polizeipräfektur von Paris verfügte über drei Spezialisten für Kriminaltechnik und Spurensicherung an Unfallorten. Es war schwierig gewesen, sich mit ihnen in Verbindung zu setzen. Schließlich fuhr einer von ihnen in den frühen Morgenstunden zum Alma-Tunnel. Zu spät! Die Kehrmaschine war bereits durchgefahren und der Verkehr hatte wieder eingesetzt ...

Gegen sieben Uhr morgens kam Christopher Dickey, der Chef des *Newsweek*-Büros in Paris, persönlich in den Alma-Tunnel, um dort seine journalistischen Recherchen durchzuführen, wie er es so oft in den Vereinigten Staaten und in Israel getan hatte. Er war sicher, den Bereich um die Unfallstelle für mehrere Tage gesperrt vorzufinden. Seine Überraschung war groß angesichts des vollkommenen Verschwindens aller Unfallspuren. Während der Tod Prinzessin Dianas großes Aufsehen erregte und die Ermittlungen der Kriminalbrigade anvertraut worden waren, hatte man die Unterführung wieder für den Verkehr freigegeben, als wäre nichts gewesen. Als ob es das Wichtigste wäre, dass die Pariser an diesem Sonntag, 31. August, morgens wieder ungehindert durch den Tunnel fahren konnten ...

Trotz dieser Eile hatte jemand die Zeit gefunden, »Paparazzi, feige Mörder!« an eine der Tunnelwände zu sprühen. Ein Bild, das die sich vor Ort drängenden Fernsehreporter bereitwillig wiedergaben und damit ihren Beitrag zur Etablierung der offiziellen Version leisteten. Doch es sollte nicht die einzige visuelle Botschaft bleiben. Neben den Bildern der Paparazzi-Kollegen, wie sie in der grünen Minna sitzen, lag die stärkste Aussage, wie mir schien, in den Bildern des Mercedes, der nur noch ein Haufen Schrott war. Gemeinsam mit ihren Reporterkollegen, die nach dem Drama im Tunnel eintrafen, um der Neugier einer sprachlosen Öffentlichkeit

Nahrung zu geben, überschwemmten sie die Zeitungen und das Fernsehen mit Bildern des zerknautschten Mercedes, die man sie zuvorkommend hatte filmen und fotografieren lassen. Eine eindrucksvolle visuelle Aussage, die vermittelt, dass der Wagen in einem irrwitzigen Tempo gefahren sein muss und der Tod unausweichlich war. Franck Herriot hat in *France Inter* von 196 Stundenkilometern gesprochen! Ohne einen Nachweis dafür zu haben, ohne ein Gutachten, ohne eine Radarmessung der Polizei oder Aufnahmen von einer Überwachungskamera, denn offiziell wurde gesagt, dass die Geräte der Polizeipräfektur keine Bildaufzeichnung erlaubt hatten.

Das Problem mit den Aufnahmen des verunglückten Mercedes, die entstanden sind, während die DGSE seinen Abtransport auf einem Abschleppwagen vorbereitete, liegt darin, dass sie den Betrachter täuschen. Eine Täuschung, die sich in den Köpfen nachhaltig festgesetzt hat, genauso wie die Anschuldigungen gegen die Fotografen, sie hätten eine Verfolgungsjagd veranstaltet. Der Mercedes, den man auf diesen Bildern sah, war ganz und gar nicht mehr in dem Zustand, in dem ihn die Rettungsmannschaften direkt nach dem Aufprall vorgefunden hatten! Die Beschädigung der Motorhaube war natürlich bereits vorhanden, doch das Wagendach, das man nur noch als demoliertes Blech erkannte, das halb in den Fahrgastraum hing, war erst durch die Blechschere so zugerichtet worden. Es war komplett abgehoben worden, um Leibwächter Trevor Rees-Jones, den einzigen Überlebenden des Unglücks, der wie durch ein Wunder davongekommen ist, obwohl er eigentlich auf dem »Todesplatz« saß, aus dem Wagen zu befreien. Danach wurde es grob wieder auf das Fahrzeug aufgesetzt. Effekt garantiert!

Man musste bis November 2003 warten, um auf der Titelseite von *Paris Match* einige Fotos der »Rettungsaktion« im Alma-Tunnel zu entdecken, auf denen die Hinterseite des Mercedes vor dem Anrücken der Blechschere erkennbar war: Sie war intakt! Aus diesem Aufnahmewinkel würde man nicht einmal gedacht haben, dass es sich um ein verunglücktes Fahrzeug handelte. Nur seine anormale Position auf der Fahrbahn und die Pariser Feuerwehr und ein paar Polizisten, die sich um den Wagen herum betätigte, deuteten auf ein Problem hin. Im November 2003 sorgte die Diana-Affäre in England wieder für Unruhe, und auch in französischen Mediziner- und Polizeikreisen herrschte ein gewisses Unbehagen. *Paris Match* schien damals die Erlaubnis erhalten zu haben, von Feuerwehrleuten aufgenommene und bis dahin nicht veröffentlichte Fotos zu publizieren. Man sah auf diesen Aufnahmen deutlich, dass die Aufmerksamkeit der Sanitäter dem Insassen auf dem Beifahrersitz galt und dass die hinteren Türen geschlossen waren. Diana und Dodi waren bereits aus dem Wagen geholt worden. Der klinische Zustand von Trevor Rees-Jones war so bedenklich, dass sein Überleben den Notärzten am meisten Sorge machte, um einiges mehr als der von Diana, die bereits behandelt wurde. Eine nicht unwichtige Kontroverse entspann sich später um den Punkt, ob Rees-Jones, während Diana und Dodi eindeutig nicht angeschnallt gewesen waren, seinen Sicherheitsgurt angelegt hatte oder nicht. Denn wahrscheinlich war es das, was dem Bodyguard das Leben gerettet hat. Doch ein Bodyguard, der in jedem Moment zum Eingreifen bereit sein musste, legte normalerweise den Sicherheitsgurt nicht an …

Dass viele Beschädigungen erst bei der Bergung aus dem Wagen entstanden sind, war jedenfalls allen Beobachtern bekannt. Man hatte den Einsatz der Blechschere sogar als Argument herangezogen, um einen Teil der langen Zeitspanne zu erklären, die zwischen dem Eintreffen der Rettungskräfte im Tunnel und der Ankunft des Rettungswagens mit Diana im Pitié-Salpêtrière-Krankenhaus lag: eine Stunde und 45 Minuten! Wieder einmal war diese Erklärung nicht schlüssig, denn Diana musste nicht »herausgeschnitten« werden! Die Aussage von Sergeant Philippe Boyer, Leiter des Sportgerätebereichs in der Malar-Kaserne, die einige Hundert Meter vom Alma-Tunnel entfernt liegt, bestätigte dies. Er berichtete, dass er die Kaserne um 0.30 Uhr verließ und bei seinem Eintreffen am Tunnel sah, dass man den Körper eines Mannes (Dodi) aus dem Wagen holte. Er wurde sofort gebeten, sich um die Frau zu kümmern. Sie bewegte den Kopf heftig nach rechts und nach links. Alles, was er von dem verstand, was sie auf Englisch sagte, war: My God! Sie bewegte die unteren Gliedmaßen und versuchte ihren Rücken zu bewegen. Ihr Puls war gut und sie atmete normal. Dann gab ihm der Notfallarzt den Befund: junge Frau, bewusstlos, *am Arm eingeklemmt.* Ab da betätigte sich das Notarztteam im Inneren des Wagens und Sergeant Boyer sah nicht mehr genau, was geschah, außer dass eine Infusion gelegt wurde. Dr. Jean-Marc Martino, Facharzt für Anästhesie und Reanimation, der in dieser Nacht beim Pariser Rettungsdienst als Ambulanzfahrer Bereitschaft hatte, sagte aus, dass Diana schrie und etwas auf Englisch sagte, was verständlich, aber unzusammenhängend war. Was mag sie den Notfallärzten, die natürlich anderes zu tun hatten, als ihre Aussagen aufzunehmen, mitzuteilen versucht haben? Gerne hätte man gewusst, was jene unzusammenhängenden Sätze Dianas, die schon in den nächsten Minuten nicht mehr sprechen konnte, bedeutet haben. Was hat sie gesehen? Was hat sie gesagt? Sie bewegte also das linke Bein und den linken Arm. Der rechte Arm war hinten eingeklemmt. Sie bewegte auch den Kopf. Man hatte sie mit Gewalt festhalten müssen, um ihr die Infusion zu legen, doch Diana schlug um sich und riss so die Nadel wieder heraus, die noch einmal neu gelegt werden musste. Da man sie aus dem Wagen herausholen musste, sie aber um sich schlug und jede Hilfe abwehrte, stellte man sie mit Hypnovel (2 mg) und Fentanyl (150 mg) ruhig, eine ihrem Körpergewicht und ihrem klinischen Zustand angemessene Dosis. Diana beruhigte sich dann und wurde mit Hilfe der Feuerwehrleute aus dem Mercedes geholt. *Dann erst traf die Blechschere ein.*

Was geschah im Rettungswagen?

Die Kontroversen sind zahllos, entsprechend den zahlreichen Dunkelzonen in diesem Fall und den Ungenauigkeiten und Ungereimtheiten, die eine auf die andere folgten. Die heftigste Polemik sollte um die ärztliche Behandlung Prinzessin Dianas und die in Frankreich übliche Handhabung von Notfällen entbrennen. Das Pulverfass zum Explodieren brachte das bereits erwähnte Werk der beiden Amerikaner Scott McLeod und Thomas Sancton von der Pariser Redaktion des *Time*-Magazins, die ihrem Befremden Ausdruck gaben: Wieso war Diana nicht sofort in ein Krankenhaus gebracht worden, wie dies in den USA geschehen wäre? Die Autoren vermieden es, von Inkompetenz oder ärztlichem Versagen zu sprechen, doch hielten sie die Mittel, die eingesetzt wurden, um Diana zu retten, für fragwürdig. Abseits jeder Polemik darüber, ob die amerikanische Methode besser als die französische sei, behaupteten sie, dass die einzige Chance, Prinzessin Dianas Leben zu retten, darin bestanden hätte, sie unverzüglich in einen OP zu bringen. Ich befragte[17] Professor Philippe Dartevelle, einen französischen Fachmann für Thorax- und Vaskulärchirurgie, und er bestätigte mir, dass die Journalisten des *Time Magazine* mit ihrer Analyse recht hatten: »In einem Notfallwagen sind die Reanimationsmöglichkeiten sehr begrenzt. In einem Fall wie diesem muss man die verletzte Person sofort in die Abteilung für Thoraxchirurgie bringen, denn hier sind nicht die üblichen medizinischen Wiederbelebungsmaßnahmen gefragt, sondern eine sofortige Öffnung des Brustkorbs, um die Blutung zum Stillstand zu bringen. Reißt ein Gefäß, das aus dem Herzen kommt oder ins Herz mündet, wie das bei einem solchen Unfall geschehen kann, so muss ganz eindeutig der Brustraum eröffnet werden. Bei einem solchen Trauma kann keine Bluttransfusion, keine Medikamentengabe, keine Beatmung etwas ausrichten.«

Was mich noch mehr stutzig machte, war der von Dr. Martino angegebene Grund, warum Diana in einem Ambulanzwagen transportiert wurde: Die zahlreichen Schaulustigen, die nachfragten, was passiert sei, hätten ihn gestört und er hätte sich vor indiskreten Blicken schützen wollen, um die Prinzessin untersuchen zu können! Wann sank ihr Blutdruck ab, geschah dies wirklich im Rettungswagen? Fest steht, dass um 1.20 Uhr, also beinahe eine Stunde nach dem Unfall, noch immer nicht bekannt war, in welches Krankenhaus Diana gebracht werden sollte. Diese Tatsache wurde von Dr. Arnaud Derossi bezeugt, der an dem Abend in der Leitstelle des Pariser Rettungsdienstes als Dispatcher eingesetzt war. Seinen Angaben nach kam das »Okay« des Pitié-Salpêtrière-Krankenhauses erst um 1.30 Uhr. Der mit medizinischem Equipment ausgestattete Notfallwagen traf dort um 2:06:58 Uhr ein. Eine Genauigkeit, die unglaubhaft erscheinen mag (aber amtlich ist), während ansonsten die Angaben vage blieben. Hinsichtlich der Zeit des Transports zur Pitié-Salpêtrière – zufällig übrigens das nächstgelegene Krankenhaus zum Gerichtsmedizinischen Institut von Paris, wo man sich darauf vorbereitete, die Leichen von Dodi Al-Fayed und von Henri Paul in Empfang zu nehmen – wurde alles vollkommen in der Schwebe gelassen. Was Dr. Martino anging, so führte dieser aus, dass er wegen des »instabilen hämodynamischen Zustands« der Prinzessin darum gebeten hatte, extra langsam zu fahren und den Wagen sogar auf der Höhe der Gare d'Austerlitz anhalten zu lassen. Dieser penibel befolgte Auftrag zeigte, welche Welten zwischen dem in Frankreich und dem in den USA praktizierten Vorgehen bei Notfällen lagen. Es blieb nichtsdestoweniger immer noch die Frage offen: Wann trat bei Diana der tödliche Herzstillstand ein? Im Rettungswagen – oder bei ihrem Eintreffen im Salpêtrière-Krankenhaus? Ich habe über die Vermittlung der Pressestelle des Ärztlichen Notdiensts von Paris versucht, den Beteiligten diese Frage zu stellen, stieß aber, wie vor mir schon Thomas Sancton und Scott McLeod und andere, auf eine Wand des Schweigens. Totaler Blackout.

Um 5.30 Uhr gab Professor Riou vor laufenden Kameras offiziell

Lady Di's Tod bekannt. Er versäumte dabei nicht, genau wie ein Sprecher der offiziellen Theorie es getan hätte, präzise die Umstände anzugeben: »Heute Nacht wurde Prinzessin Diana in Paris Opfer eines Verkehrsunfalls durch überhöhte Geschwindigkeit.« An seiner Seite befanden sich Professor Pavie und Innenminister Jean-Pierre Chevènement, schweigend. Nicht weit von ihnen stand Polizeipräfekt Massoni. Professor Riou verlas öffentlich eine Erklärung, die verkündete, dass Diana um vier Uhr morgens gestorben sei. Genauer gesagt sprach er davon, dass der Tod um diese Zeit »festgestellt« worden sei. Eine medizinische beziehungsweise verwaltungstechnische Genauigkeit im Ausdruck, die es ihm ersparte, sich genauer auf Details einzulassen: »Bei ihrer Ankunft im Krankenhaus litt sie unter einem massiven hämorrhagischen Schock, der von einer Verletzung im Brustraum herrührte, danach trat rasch ein Herzstillstand ein. Bei der unverzüglich erfolgten Thoraktomie wurde eine schwere Verletzung der linken Lungenvene festgestellt. Obwohl diese Wunde geschlossen werden konnte und über zwei Stunden externe sowie anschließend interne Herzmassage betrieben wurde, konnte die zirkulatorische Effizienz nicht wieder hergestellt werden, und um vier Uhr morgens wurde der Tod festgestellt.«

Dr. Dahman, Facharzt für allgemeine Chirurgie und in dieser Nacht im Bereitschaftsdienst, führte im Auftrag von Professor Riou, Facharzt für Anästhesie und Reanimation, die Thoraxeröffnung als Notoperation direkt auf der Trage des Rettungsdienstes durch, auf der Diana im Gaston-Cordier-Flügel des Salpêtrière-Krankenhauses angeliefert wurde. Dies muss um 2.10 Uhr geschehen sein. Prof. Riou und Prof. Pavie nähten daraufhin die verletzte Vene und versuchten, das Herz, indem sie es »voll in die Hände nahmen«, wieder zum Schlagen zu bringen. Vergeblich. Die Vernehmungen, die auf Verlangen des Untersuchungsrichters durchgeführt wurden, waren in diesem Punkt ziemlich unklar, und die in der Presse verbreiteten Meldungen gaben alle die Information wieder, dass die Herzmassage zwei Stunden gedauert habe. Zwar wurde als Todeszeitpunkt vier Uhr

morgens »festgestellt«, doch ansonsten fand sich keine Bemerkung oder Beschreibung über irgendeinen weiteren ärztlichen Eingriff. Zweifel bezüglich des wirklichen Todeszeitpunkts waren mir gekommen, als ich mich (am 6. Dezember 2001) mit Anne Corpey, einer Journalistin bei *RFI* (*Radio France Internationale*), unterhielt, die in der Nacht vom 30. auf den 31. August im Einsatz gewesen war. Was sie mir erzählte, unterschied sich massiv von dem, was die offiziellen Schilderungen zu verstehen gaben. Corpeys Worten nach war Diana bereits viel früher gestorben. Warum hat man dann einen späteren Zeitpunkt genannt und den Tod erst um fünf Uhr morgens bekannt gegeben, und warum haben die Ärzte eingewilligt, diese Darstellung zu bestätigen? Anne Corpey erinnert sich, dass sie wie viele andere Journalisten zum Alma-Tunnel gefahren war, um zu versuchen, aus den anwesenden Beamten ein paar Informationen herauszubekommen. Gegen 2.45 Uhr erhielt sie einen Anruf von einer ihrer *RFI*-Kolleginnen, die ihr eine Sensationsmeldung berichtete: Diana sei gestorben. Niemand im Tunnel, aus dem der Rettungswagen des Notdienstes vor mehr als einer Stunde abgefahren war, schien darüber informiert zu sein. Die Kollegin war soeben von einem nahen Verwandten, Professor L. aus dem Salpêtrière-Krankenhaus, angerufen worden. Dieser hatte gerade einen wiederherstellungschirurgischen Eingriff am Gesicht Dianas, die bei ihrer Ankunft im Krankenhaus verstorben war, abgeschlossen. Über diese Gesichtsverletzung hatte auch Dr. Martino berichtet. Sie war zudem auf seinem Transportzettel erwähnt, wo stand: »Faziales Trauma (frontal).« Der diensthabende Chefredakteur von *RFI* lehnte ab, die Nachricht im Radio zu senden, solange keine Agentur sie bestätigt habe.
Ich nahm Kontakt mit Anne Corpeys Kollegin auf, diese bestätigte mir die Information. Als ich sie ein zweites Mal ansprach – auch hier wieder telefonisch –, um sie um ein Interview zu bitten, nahm sie ihre Erklärung zwar nicht zurück, doch gab sie mir zu verstehen, ihr Verwandter hätte bereits genügend Probleme wegen der

Sache gehabt, und es käme natürlich nicht in Frage, dass sie in meinem Film aufträte, um darüber zu sprechen.

Das Unbehagen war greifbar, die Zeugen wichen aus. Die Rätsel der Salpêtrière waren damit noch nicht zu Ende. Bald machte ein vermutlich gefälschtes Attest die Runde. Es war auf den 31. August 1997 datiert, auf einem Blatt mit dem Briefkopf des Krankenhauses geschrieben und von Professor C. unterzeichnet. Oder war es echt? Als Adressaten waren drei französische Ministerien angegeben: das Innenministerium, das Außenministerium und das Gesundheitsministerium. Das Attest besagte, dass bei den Blutuntersuchungen festgestellt worden sei, dass Diana schwanger gewesen war. Tatsächlich waren zuvor bereits Gerüchte in Umlauf gewesen, sie sei in der neunten oder zehnten Woche schwanger. Die Tests sollen mit Blutproben durchgeführt worden sein, die der Prinzessin beim Eintreffen der Notärzte entnommen worden waren. Dabei wurde eine hohe Konzentration von Beta-HCG im Plasma festgestellt, was nur bei Schwangerschaften vorkam. Es musste eine undichte Stelle gegeben haben. Als am 29. Dezember 1997 eine Fotokopie des »Attests« in dem spanischen Magazin *Interviú* erschien (keine französische Zeitschrift hat sie übernommen), brachte dies die französischen Behörden zum Reagieren, nachdem sie sich bislang im Namen des ärztlichen Berufsgeheimnisses in Schweigen gehüllt hatten. Das Salpêtrière-Krankenhaus teilte nach dieser Publikation offiziell mit, dass es sich bei dem Schriftstück um eine Fälschung handle und dass keine Blutuntersuchung »zur Feststellung einer Schwangerschaft« durchgeführt worden sei.

Eine gefälschte Urkunde in Umlauf zu bringen ist ein Vergehen, das strafrechtlich verfolgt wird. Doch ist deswegen nie Anzeige gegen Unbekannt erstattet worden. Niemand hat gegen den Fälscher Ermittlungen eingeleitet. Chris Lafaille, ein Journalist von *Paris Match*, erzählte mir[18], dass er für sich Klarheit schaffen wollte, sobald er von dieser Sache erfahren habe. Deshalb habe er versucht, Professor C. zu treffen. Ihm hatte zu denken gegeben, dass

die Urkunde für die ziemlich kurze Zeit, innerhalb derer sie hatte abgefasst werden müssen, eigentlich zu gut gemacht war, um eine Fälschung zu sein. Nun, weder Chris Lafaille noch irgendeinem anderen Journalisten ist es je gelungen, mit Professor C. Kontakt aufzunehmen und bei ihm anzufragen, ob er bestätigen könne – ohne deswegen gleich ein Geheimnis zu verletzen –, dass er dieses Attest vom 31. August tatsächlich unterschrieben hatte. Zwei Fotografen hatten von Professor C. an dem Tag Fotos zu machen versucht, als in *Paris Match* ein Artikel erschien, in welchem dieses Attest erwähnt wurde. Sie berichteten Chris Lafaille, wie der Professor vorgegangen war, um neugierigen Nachfragen zu entkommen und Frankreich zu verlassen. Nachdem die Reporter C.s Adresse herausgebracht hatten, hängten sie sich an seine Fersen, als er seine Wohnung verließ. Sie folgten ihm bis Roissy zum Flughafen Charles-de-Gaulle. Unglücklicherweise verloren sie ihn am El-Al-Terminal aus den Augen. Sie mussten einer Bodenstewardess eine kleine Lügengeschichte auftischen, um Einblick in die Passagierliste zu erhalten. Der Name des Professors stand nicht darauf, obwohl er eindeutig für diesen Flug eingecheckt hatte. Chris Lafaille erzählte mir diese Geschichte seinerseits in einem Café an der Place de l'Alma. Sie ließ ihm immer noch keine Ruhe und er deutete mir an: »Um heimlich – in Anführungszeichen – eine El-Al-Maschine zu besteigen, braucht man Helfershelfer.«
Der Zufall brachte es mit sich, dass mir die Sache mit Professor C.s falschem Attest bei meinen Nachforschungen erneut unterkam. Ich versuchte den Journalisten Michel Peyrard bei *Paris Match* zu erreichen – bisher hatte mir immer die Zeit gefehlt, ihn zu kontaktieren –, um mit ihm über seinen Artikel »Warum ein Attentat nicht auszuschließen ist«[19] zu sprechen. Ein Praktikant war am Telefon.[20] Voller Interesse für meine Recherchen erzählte er mir spontan eine Begebenheit. Er erklärte mir, dass er seinerzeit eine freundschaftliche Beziehung zu Professor C.s Tochter unterhalten habe. Er erinnerte sich, dass der Professor eines Tages einen Dankbrief

erhielt, der zumindest überraschend war. Natürlich hätte er über die Briefe, die in der Wohnung des Vaters seiner Freundin eintrafen, eigentlich gar nichts erfahren dürfen. Wahrscheinlich hatte jemand zu viel geschwätzt, doch der Grund dafür lag auf der Hand und war verständlich, da es sich bei dem Absender des Briefes um niemanden anderen als Mohammed Al-Fayed handelte. Mehr wollte mir der junge Praktikant nicht sagen. Was er dennoch hinzufügte, war, dass Professor C. der einzige war, der medizinisch bestätigen konnte, ob Diana nun schwanger gewesen war oder nicht.

Über diesen Aspekt der Affäre um den Crash im Alma-Tunnel ist endlos viel geschrieben worden. Ich habe mich jedoch lange gesträubt – zu Unrecht wahrscheinlich –, ihm eine Bedeutung beizumessen. Einerseits, weil sich auch hier die Aufmerksamkeit wieder einmal auf Diana konzentrierte. Andererseits, weil man darin einen der wichtigsten Beweise für die Theorie eines Attentats sah – doch eines Attentats, das Lady Di galt: Angeblich wurde sie umgebracht, weil sie schwanger war. Diese spektakuläre Hypothese löste die Gerüchte ab, die sich gleich nach der Mitteilung von Dianas Tod verbreitet hatten. Aus dem Foreign Office wurde bald Empörung darüber laut, dass im Internet aus dem Irak oder aus Ägypten stammende Verschwörungsthesen verbreitet würden. Übrigens war London zufolge auch der polternde Oberst Muammar Al-Ghaddafi zu weit gegangen, indem er den britischen Geheimdienst beschuldigte, ein rassistisches Verbrechen begangen zu haben. Der libysche Staatschef hatte behauptet, der Unfall in Paris sei in Wirklichkeit ein Attentat gewesen, welches die britischen Geheimdienste mit dem stillschweigenden Einverständnis ihrer französischen Amtskollegen verübt hätten, »um einen Staatsbürger arabischer Herkunft zu hindern, eine englische Prinzessin zu heiraten«! Diese Anklagen, die unbewiesen in die Welt hinausgeschickt wurden, schienen mir von derselben Art zu sein wie die Version vom »simplen«, durch eine Verfolgungsjagd verursachten Verkehrsunfall, welche die französischen Behörden kategorisch als Tatsache zu verkaufen versuchten.

2
Das Kartenhaus

Einer nach dem anderen erscheinen die Hauptpersonen der Konstruktion, die um die »Unfalltheorie« herum entsteht, auf dem Plan. Der erste dürfte Philippe Massoni gewesen sein, ehemaliger Kommissar beim französischen Geheimdienst und zum Zeitpunkt der Ereignisse Polizeipräfekt von Paris, ein hochsensibler Posten, den er acht Jahre lang innehaben wird, bevor ihn Präsident Jacques Chirac als Berater für Sicherheitsfragen in den Élysée-Palast beruft. Philipp Massoni ist wahrscheinlich der bekannteste Freimaurer bei der staatlichen Polizei, wenn er auch, wie es heißt, den »Tempel« nicht mehr häufig besucht. Er erhält 1997 den Rang eines Souveränen General-Groß-Inspektors des 33. Grades und gehört damit zur Spitze der französischen Großloge.
Bei der zweiten Person, auch nicht gerade eine Unbekannte, handelt es sich um Martine Monteil. Sie ist eine Frau, deren Eleganz und entschiedenes Auftreten hervorgehoben wird. Ursprünglich kommt sie aus dem Dezernat für die Bekämpfung der organisierten Kriminalität und leitet seit 1996 die Kriminalbrigade. Nach der Diana-Affäre wird sie zur Leiterin der Pariser Kriminalpolizei und später zur zentralen Chefin der französischen Kriminalpolizei befördert.
In den Polizeiprotokollen ist ihr Eintreffen im Alma-Tunnel gegen zwei Uhr morgens vermerkt. Eine ihrer alten Freundinnen erinnert sich jedoch anscheinend, ihr wesentlich früher begegnet zu sein … Diese Hinweise bestätigen, dass die Kriminalbrigade sofort in eine Angelegenheit, die immer als »simpler« Verkehrsunfall hingestellt wird, eingeschaltet worden ist.

Ich suchte diese »alte Freundin« im Februar 2002 in ihren Diensträumen auf, wo sie mir unter dem Schutz der Anonymität ausführlich erzählte, wie es kam, dass sie sich kurz vor ein Uhr morgens auf der Grünfläche über dem Alma-Tunnel aufhielt. Sie stand zu der Zeit Journalistenkreisen nahe und war außerdem die Lebensgefährtin eines hochgestellten Mitarbeiters einer »Sonderabteilung« des Innenministeriums – dies sind ihre eigenen Worte –, die sich mit Terrorismus und organisierter Kriminalität befasste. In der Nacht vom 30. auf den 31. August wird sie vom Läuten des Telefons geweckt. Aus dem Innenministerium, es ist noch nicht 0.30 Uhr, verlangt man ihren Partner zu sprechen. Dieser übernimmt das Gespräch und erfährt, dass etwas sehr Schwerwiegendes passiert ist. Knapp eine Viertelstunde später ruft ihn Innenminister Jean-Pierre Chevènement auf seinem Handy an. »Gewöhnlich erzählte mir dieser Herr nie etwas, hier aber eröffnete er mir, dass Diana einen schweren Unfall gehabt hatte«, berichtete mir meine Gesprächspartnerin. Die beiden verlassen kurz darauf ihre Wohnung. Um ein Uhr morgens ist der Eingang des Alma-Tunnels »das reinste Tollhaus. Reporter vom Fernsehen und von *CNN* und weitere Fotografen treffen ein. Der Notarzt ist bereits da. Und Martine Monteil ist stocksauer, als sie mich sieht.« Sie sieht sich am Ort des Geschehens um, soweit dies möglich ist, da inzwischen bereits Sicherheitsabsperrungen eingerichtet sind, und versucht vergeblich, auf Zeugen zu treffen. Sie wird die Angelegenheit daraufhin viele Monate lang weiter verfolgen und mich in meiner Vermutung bestärken, dass gewisse Zeugen in dem Verfahren zumindest in der ersten Zeit mehr oder weniger mit Absicht ausgeschaltet worden sind. Später erfasst sie aus »dem Wenigen«, was ihr ihr Freund anvertraut, dass die von der Kommission für Terrorismus und organisiertes Verbrechen geführten Ermittlungen nach einer Woche abgebrochen worden sind und deren Schlussbericht niemals ans Innenministerium übermittelt wurde.

Während den Reportern klar wird, dass sie noch länger im Polizeigewahrsam ausharren und ein Verhör nach dem anderen über sich ergehen lassen müssen – sie verlangen die Hinzuziehung eines Anwalts, was man ihnen verweigert –, erscheint eine dritte Persönlichkeit auf der Bühne: Dominique Lecomte, die Leiterin des Gerichtsmedizinischen Instituts von Paris (IML); sie wird als stilvoll und couragiert auftretende Dame beschrieben. In ihrer Amtszeit als Chefin des IML wird sie auch in einer unglaublichen Affäre um ein Gutachten in Djibouti von sich reden machen, bei dem sich gerichtsmedizinische und politische Zielsetzungen vermengen. Ich werde später auf diese Angelegenheit zurückkommen, da sie Ähnlichkeiten mit manchen Aspekten der Diana-Affäre aufweist.[21] Das gerichtsmedizinische Institut, eine namhafte Institution, die forensische Gutachten erstellt, ist mit seinem Gebäude am Quai de la Rapée gleichzeitig ein Leichenschauhaus, in dem täglich die unterschiedlichsten Toten angeliefert werden: Selbstmörder, Verunglückte, auf öffentlichen Straßen und Plätzen Verstorbene. Nach meinen Erkundigungen ist in der fraglichen Nacht an 23 Leichen eine Autopsie vorzunehmen gewesen.

Promillefahrt in den Tod?

Die sterblichen Überreste von Dodi Al-Fayed und Henri Paul sind soeben eingetroffen. Von Dodis Leiche werden Proben entnommen, eine Autopsie wird jedoch nicht durchgeführt. Bei Henri Paul hingegen schreitet man zur Leichenöffnung. Auf dieser Autopsie und insbesondere den entnommenen Blutproben basiert die zweite Version der Unfallthese; hier taucht nun das Element auf, welches als einziges genügend Beweiskraft zu haben scheint, um bei Untersuchungsrichter Hervé Stephan eine feste innere Überzeugung entstehen zu lassen. Dieser französische

Untersuchungsrichter, die vierte Person in diesem Prolog, wird zu dem Schluss kommen, hier habe ein »simpler« Verkehrsunfall vorgelegen – verursacht durch den Trunkenheitszustand des Fahrers. In der Nacht eröffnet Dominique Lecomte den Ermittlern[22], dass bei Henri Paul ein Blutalkoholgehalt von 1,75 g/l vorliegt. Von diesem Moment an erklärt sich alles von selbst und es fällt uns wie Schuppen von den Augen: Wir sind in Frankreich, es ist Samstagabend, die Leute haben ihre Arbeitswoche hinter sich gebracht und spannen aus, man trinkt und setzt sich anschließend angetrunken ans Steuer. Nichts Überraschendes, im Gegenteil. Bedauerlich, aber alltäglich. Diana und Dodi wären hiermit Opfer eines weit verbreiteten Delikts geworden, der Trunkenheit am Steuer, einer Unsitte, welche die französischen Verantwortlichen in der Zwischenzeit auszurotten beschlossen haben und dies als große »nationale Sache« propagieren.

Eine neue offizielle Version zeichnet sich also ab, sie wird indes erst am Montag, dem 1. September, öffentlich gemacht. Die diesbezügliche Agenturmeldung der *AFP* stammt von 16.06 Uhr. Wieso hat man so lange gewartet? Die Ergebnisse der Blutprobe sollten spätestens am Morgen des 31. August bekannt gewesen sein, also mehr als einen vollen Tag, bevor sie in den Medien bekannt gegeben wurden. Doch man weiß ja, die Fotoreporter befinden sich noch in Polizeigewahrsam und hätten in dieser Information einen Hoffnungsschimmer sehen können, dass sich hier ein Ausweg auftut, der für alle akzeptabel wäre. Doch sie erfahren nicht gleich davon. Man lässt sie warten, erhöht sogar noch den Druck auf sie und gibt ihnen zu verstehen, dass ihre Haft verlängert werden könnte.[23] Es ist nicht auszuschließen, dass sich ihre Aussagen über das Verhalten des stellvertretenden Sicherheitschefs des Ritz gewandelt haben, nachdem sie die Auskunft über dessen Blutalkoholspiegel erhielten. Manche Beobachter haben die Fotografen sogar verdächtigt, Henri Paul mit beschuldigenden Aussagen, er sei eindeutig betrunken gewesen, belastet zu haben, so wie man sich an einen Rettungsring klammert, der einem in aufgewühlter See zugeworfen wird, während der Sturm rast.

Diese neue Version zeichnet das Bild eines trivialen und unglücklich verlaufenen Geschehens: Diana und Dodi, die sich vor der unmittelbaren Bedrohung, die die Meute der Paparazzi darstellt, schützen möchten, beschließen zu ihrem Pech, ihr Leben nicht einem der berufserfahrenen Top-Chauffeure des Ritz anzuvertrauen, sondern einem betrunkenen 40-Jährigen, der seinen Zustand zu verbergen versteht … Bis dahin ist sich nämlich niemand über dessen fortgeschrittenen Trunkenheitsgrad bewusst geworden, vor allem Dodi nicht, der ihm sogar Anweisung gegeben haben soll, zu beschleunigen. Denn die überhöhte Geschwindigkeit des Wagens bleibt weiter ein aktuelles Thema, auch wenn dieser Faktor durch zahlreiche Gutachten relativiert wird. Das Wesentliche ist, dass man nun für das in Gang gekommene Ermittlungsverfahren ein konkretes, für alle Seiten unanfechtbares Merkmal in der Hand hat, mit dessen Hilfe sich ein neuer Schuldiger bezeichnen lässt: Henri Paul. Und so titelt die *Libération* am Dienstag, den 2. September: »Dianas Fahrer war betrunken«, ohne übermäßig verwundert zu sein, dass die Ermittler sich mit dieser Mitteilung so viel Zeit gelassen haben. Dafür wird ein anderes Gerücht im selben Artikel verworfen: dass ein anderes Fahrzeug den Mercedes ausgebremst habe. Die Polizei, heißt es in der Zeitung, schließt die These aus, dass ein Fahrzeug vor dem Mercedes gefahren sei und diesen möglicherweise behindert habe. Das darf man so ergänzen: … und damit der Grund gewesen sei, dass der Fahrer beim Versuch, diesem Fahrzeug auszuweichen, die Kontrolle über den Wagen verloren hat. Denn der Verdacht, der auf den Fotoreportern lastet, ist noch nicht ausgeräumt. Immer noch werden sie beschuldigt, den Fahrer zu einem Schlenker genötigt zu haben, um ihnen auszuweichen. Als Dreingabe wird dann wieder von ihrem »untragbaren« Verhalten gesprochen: Sie seien eifrig damit beschäftigt gewesen, Fotos zu machen, anstelle den Opfern Hilfe zu leisten … Diese Debatten über das Verhalten der

Journalisten nehmen in der Tagespresse weiterhin auf Kosten einer wirklichen journalistischen Recherche viel Raum ein – 2006 werden übrigens drei Fotoreporter endgültig wegen »Verletzung der Privatsphäre« zur Zahlung von einem symbolischen Euro Schadensersatz verurteilt.[24] Dieser außergewöhnlich lang anhaltende Schwebezustand, zu der auch die Staatsanwaltschaft ihren Teil beigetragen hat, hat bereits seinerzeit Göksin Sipahioglu[25], damals Leiter der Agentur *Sipa Press*, zu der Bemerkung veranlasst: »In Frankreich will man dem Fotojournalismus den Garaus machen. Als Bob Kennedy nach dem auf ihn verübten Attentat auf dem Boden lag, haben zwei Fotografen Aufnahmen von ihm gemacht. Sie sind nicht unter Anklage gestellt worden, sondern ihre Bilder wurden überall veröffentlicht. Es ist einfach schändlich, was mit Langevin hier angestellt wird, während er lediglich eine ausgezeichnete Reaktion als Journalist gezeigt hat.«

Der Richter Hervé Stephan betritt zur selben Zeit die Bühne, wie das Ergebnis der Blutprobe zur Feststellung des Blutalkoholspiegels des Fahrers eintrifft. Stephan ist ein zurückhaltender, ziemlich unscheinbar wirkender Mann, dessen Bestellung unweigerlich hier und dort zu Fragen Anlass gegeben hat. Man hat die Mächtigen in Frankreich lange beschuldigt, je nach Fall »ihre« Richter auszusuchen. Um dieser Praxis abzuhelfen, ist ein neues System zur Bestellung der Untersuchungsrichter eingeführt worden, mit einer Dienstliste, nach der die Richter turnusmäßig bestimmt werden. An diesem Abend ist die Richterin Marie-Christine Devidal eingeteilt. Obwohl sie zur Verfügung steht, um in der Alma-Angelegenheit zu ermitteln, erfährt sie über ihre Vorgesetzten, dass man beschlossen habe, abweichend von der Dienstliste ihren Kollegen Hervé Stephan mit dem Fall zu betrauen. Sie gibt ihrer Verwunderung in aller Höflichkeit Ausdruck und besteht darauf, dass dieser Fall ihr zugeteilt werde. Schließlich wird sie als »zweite Richterin« beigezogen, doch die tatsächliche Verantwortung für das Untersuchungsverfahren scheint vollständig in den Händen des Richters

Stephan zu verbleiben. Hervé Stephan wird später im Verfahren gegen die Fotografen eine allgemeine Einstellungsverfügung erlassen, womit er den Anträgen der Staatsanwaltschaft folgt. Nach dem Abschluss der ganzen Angelegenheit wird er einige Zeit später in Paris zum Kammervorsitzenden beim französischen Berufungsgericht befördert. Hier ist also ungewöhnlicherweise ein als Untersuchungsrichter tätiger Richter zum Präsidenten einer Kammer desselben Gerichts aufgestiegen – an die Spitze eben jener 17. Strafkammer, die für Pressedelikte wie zum Beispiel Diffamierung zuständig ist. Falls es in Zusammenhang mit der Affäre um Dianas Tod zu Verleumdungsklagen käme, würden die Angeklagten also unweigerlich auf ihn als Gegenüber treffen.

Die Aufgaben des Untersuchungsrichters waren klar umrissen. In welchen Grenzen er zu ermitteln hatte, wurde ihm durch die Staatsanwaltschaft von Paris vorgegeben, in deren Eröffnungsbeschluss für das Verfahren der Tatvorwurf auf »fahrlässige Tötung und unterlassene Hilfeleistung« lautete. Ich werde nicht auf den anhaltenden Druck eingehen, der auf die Fotografen und damit indirekt auf die Presse ausgeübt wurde, will mich aber näher mit diesem so eng gefassten Ermittlungsauftrag beschäftigen, bei dem lediglich die Gründe untersucht werden sollten, die zu einem Unfall mit Todesfolge geführt hatten. Die Beweiserhebung richtete sich somit auf den Sachverhalt einer »fahrlässigen« Tötung. Die Antiterror-Kommission war einsatzbereit vor Ort, die Kriminalbrigade leitete die Untersuchungen, die Geheimdienste wurden aktiv. Für die Staatsanwaltschaft von Paris jedoch galt es von Anfang an als erwiesen, dass kein Anlass gegeben war, Ermittlungen wegen »vorsätzlicher« Tötung einzuleiten. Nun, wenn man keine Indizien in dieser Richtung suchte, riskierte man auch nicht, welche aufzuspüren! Das hatte immerhin den Vorteil, dass man so das Hauptaugenmerk auf eine Entscheidung lenken konnte, von der man den Anschein hat, dass sie bereits in den ersten Stunden gefallen ist: Es habe sich um einen Verkehrsunfall gehandelt und die Ermittlungen sollten die nötigen Beweise dafür erbringen. Man kann sich leicht vorstellen, wie diese »Botschaft« auch über das übliche System der »undichten Stellen«, über welches gewisse Polizeikreise ihre Verbindung zu den Korrespondenten der Pariser Tageszeitungen und Magazine unterhielten, nach draußen weitergeleitet wurde. Bislang war die Öffentlichkeit ja noch fassungslos und die Medien standen in Wartestellung, bis sie ihre Kommentare über den Fortgang der Ermittlungen abgeben und Informationen präsentieren konnten, die sie von einer Person, die »in engem Kontakt zu dem Fall stand«, erhalten hatten.

Bekanntlich kamen Widerstände gegen die Unfallthese schließlich von Mohammed Al-Fayed. Der Inhaber des Pariser Ritz-Hotels opponierte gegen die technischen Erklärungen rund um den Tod seines Sohnes, die ziemlich rasch abgegeben worden waren. Dianas Mutter hingegen, die ja ebenfalls ein Kind verloren hatte, sollte niemals Zweifel gegen die vom Untersuchungsrichter und der Kriminalbrigade gelieferten Erklärungen erheben. Sie erstattete weder gegen das Ritz-Hotel noch gegen Unbekannt Anzeige. Ebensowenig tat es der einzige Überlebende, Trevor Rees-Jones. Er hatte einen Gedächtnisverlust zu beklagen, und sein Schweigen, das einen schwarzen Vorhang vor den Crash zog, den er direkt miterlebt hatte, war medizinisch gerechtfertigt. Ging man indessen von der Hypothese aus, dass Dianas Tod kein »Unfalltod« war, so stellte dieses Schweigen für den Leibwächter unter Umständen eine Art Lebensversicherung dar. War ihm doch dieses Leben wie durch ein Wunder erhalten geblieben, und nichts konnte rechtfertigen, dass er es noch einmal aufs Spiel setzte. Schließlich war das Umfeld dieser Geschichte ziemlich unheimlich – er wäre kein ehemaliger Angehöriger des britischen Special Air Service Regiment (SAS) gewesen, wenn er dies nicht gewusst oder zumindest geahnt hätte!

Was Henri Pauls Eltern betraf, die von den Nachrichten über den Tod ihres Sohnes und die später gegen ihn erhobenen Beschuldigungen in der Bretagne überrascht wurden, wo sie in Lorient ihren

Lebensabend verbrachten, so blieben sie zwar diskret im Hintergrund, reagierten aber dennoch nachdrücklich in dem Rahmen, den ihre bescheidenen finanziellen Mittel zuließen. Ich werde an späterer Stelle über die weitere Entwicklung berichten, zunächst aber zu Mohammed Al-Fayed zurückkehren.

Druck auf die Ermittlungsbehörden

Es dürften in der Rechtsgeschichte nur wenige Fälle existieren, in denen ein einzelner Mann in einer Angelegenheit, die in den Zeitungen doch eher unter die vermischten Nachrichten fiel, eine solche Kampfmaschine gegen die Justiz eines souveränen Staates aufgefahren hat. In der Geschäftswelt ist dies eher geläufig, im Fall eines Verkehrsunglücks jedoch außergewöhnlich, umso mehr, als die beeindruckenden Verfahren, die Mohammed Al-Fayed in Gang brachte, sich nicht auf Frankreich beschränkten, sondern ebenso die USA und Großbritannien betrafen. Die Justiz, welche sich im Genuss ihrer Vorrechte und der Macht der Wahrheit wähnte, die ihren Entscheidungen von Rechts wegen zugestanden wurde, hatte ihr Handeln bislang nur selten in einem solchen Maße angefochten gesehen, zumal sie es normalerweise mit Rechtssubjekten zu tun hatte, die über deutlich geringere finanzielle Mittel verfügten. Das Außergewöhnliche war hier – es sei noch einmal wiederholt – die Verbissenheit, mit der Mohammed Al-Fayed dagegen ankämpfte, dass der Fall ad acta gelegt wurde. Unablässig entwarfen seine Anwälte trotz des deutlichen Widerstrebens der Behörden immer neue Ermittlungsanträge. Dieses hartnäckige Prozessieren wurde übrigens von den Gegnern des Harrods-Inhabers gern ins Lächerliche gezogen, wobei der Begriff »Verschwörungstheorie« in ihren Reden ausgiebig herumspukte.

Mohammed Al-Fayed machte ab Mitte September 1997 Dauerdruck auf die Untersuchungsbehörden. Zu diesem Zeitpunkt war ihm klar geworden, dass die Ermittlungen eine Wendung genommen hatten, die das Wesen des Vorgefallenen verdunkelte und einer – in seinen Augen eindeutig erforderlichen – Suche nach den Urhebern des »Attentats« keine Chance geben würde. Ich denke, dass sich die Dinge für Al-Fayed in den ersten Stunden nach dem Crash noch nicht sehr klar gestalteten. Gewiss, er war vom Tod seines Sohnes und der Prinzessin zutiefst schockiert. Doch anfangs trat er noch nicht besonders vehement auf den Plan. Er hatte keinerlei Informationen darüber, wie die Täter bei dem Attentat, um das es sich seiner aufrichtigen Überzeugung nach handelte, vorgegangen sein mochten. Unmittelbar nach dem Geschehnis stellte er die Zuverlässigkeit der Auskünfte, die er als Nebenkläger erhielt, noch nicht in Frage – Informationen der Art, wie sie auch an die breite Öffentlichkeit weitergegeben wurden. Wie alle anderen beschuldigte er die Paparazzi, Anschuldigungen, die er übrigens niemals zurückgenommen hat, auch dann nicht, als er die »sensationelle« Neuigkeit vom alkoholisierten Zustand des Vize-Sicherheitschefs seines Hotels erfuhr, worauf er mit britischer Unterkühltheit reagierte. Zu genau waren dem Eigentümer des Ritz die Fähigkeiten bekannt, die Henri Paul in jeder Lebenslage bewiesen hatte. In diesem Punkt war die Erklärung eines seiner Anwälte, Bernard Dartevelles, welche in der Zeitschrift *Voici* wiedergegeben wurde[26], ganz klar: »Die Informationen, dass der Fahrer – im Hinblick auf seinen erhöhten Promillewert – ein Verkehrsdelikt begangen hat, ändern nichts an der Verantwortlichkeit der Fotoreporter, die den Wagen eingekreist und später verfolgt haben. Sie haben sich strafbar gemacht, und zwar wegen versuchter Verletzung der Privatsphäre, und haben den Unfall heraufbeschworen.« Im weiteren übernahm Dartevelle die auch von den Behörden angeführte Version mit dem »Täuschungsmanöver«, welches organisiert worden sei, um aus dem Ritz herauszukommen. Al-Fayeds Stab neigte damals deutlich zu der Vermutung, dass verdächtige Personen, die sich den Anschein von Fotoreportern gaben, mitgemischt hätten. Doch dann schloss der Anwalt mit der Behauptung: »Wenn die Fotografen keine Verfolgungsjagd gestartet hätten, wäre er [Henri Paul] aller Wahrscheinlichkeit nach auch nicht mit überhöhter Geschwindigkeit gefahren. Wir wünschen, dass die Staatsanwaltschaft ein Verfahren wegen tödlicher Körperverletzung eröffnet.« Al-Fayed stellte die offizielle Version also vorläufig nicht in Frage, da sie in seinen Augen eine Chance auf Untersuchungen bot, in deren Ergebnis womöglich ein vorsätzliches Handeln nachgewiesen werden konnte. Dartevelle sprach übrigens ab diesem Zeitpunkt von »tödlicher Körperverletzung«.

Dodis Vater war noch voller Zuversicht. In einer Erklärung, die die *AFP* am 23. Januar 1998 verbreitete, verkündete er: »Frankreich ist meine zweite Heimat« und fügte hinzu: »Ich habe wirklich bedauert, dass ich mich vor 35 Jahren nicht für Frankreich entschieden habe!« Al-Fayed stand sich ausgezeichnet mit dem Präsidenten der Republik, Jacques Chirac, der ihm seinerzeit als Bürgermeister von Paris und Parteivorsitzender der RPR die Ehrenmedaille der Stadt Paris überreicht hatte. Auch Chiracs Vorgänger im Präsidentenamt, der verstorbene François Mitterrand, zählte zu seinen Kontakten, und Al-Fayeds wichtigster Anwalt, Georges Kiejman, hatte zu Zeiten Mitterrands die Funktion eines Ministers mit Sonderaufgaben im Finanzministerium innegehabt. Kiejman stand der sozialistischen Partei nahe und nahm ab Mai 1997 in Frankreich wieder eine Schlüsselposition ein. Er war als Rechtsanwalt sehr bekannt und sehr medienerfahren. Mohammed Al-Fayed glaubte, dass er bei seinen Bemühungen, die Wahrheit an den Tag zu bringen, auf ihn zählen könne.

Doch ihr Verhältnis trübte sich ein. Ihre Sicht des Geschehnisses sollte sich immer weiter auseinander entwickeln. Nach der im September 1999 verfügten Einstellung des Verfahrens bestand keine Gemeinsamkeit mehr. Im Anschluss an eine wichtige Anhörung vor Richter Stephan am 12. März 1998 überraschte Kiejman alle mit der Erklärung, er habe sich, was den von Mohammed Al-Fayed erhobenen Attentatsvorwurf angehe, »diese These seit dem ersten Tag nach dem Unfall zu eigen gemacht«, doch sei er nun zu der Ansicht gekommen, dass man von einem »tragischen Unfall« sprechen müsse. »Wir bleiben im Rahmen dessen, wovon man zu Beginn ausgegangen ist: Eine durch Journalisten, die den Wagen verfolgten, ausgelöste Wettfahrt mit überhöhter Geschwindigkeit, an deren Ende ein tragischer Unfall stand. Wer genau dafür die Verantwortung trägt – damit haben sich die Ermittlungsbehörden und eines Tages vielleicht das Gericht zu befassen.« Damit nahm der Staranwalt eine klare Gegenposition zu den jüngsten Stellungnahmen Al-Fayeds ein, der in einem Interview mit der britischen Tageszeitung *The Mirror* am 12. Februar 1998 geäußert hatte, dass er sich »zu 99,9 Prozent sicher« sei, der Tod seines Sohnes gehe auf ein Komplott zurück. Kiejman hingegen meinte: »Bei aller Bereitschaft, keine These unberücksichtigt zu lassen, besteht doch keine Veranlassung, allzu abwegigen Hypothesen nachzujagen.« Hatte es mit seiner Stellung als ehemaliger Minister und insofern mit seinen engen Beziehungen zu den französischen Behörden zu tun oder war es seine innere Überzeugung, wenn er jetzt nur noch von der »emotionalen Verblendung« sprach, die Mohammed Al-Fayed dazu triebe, weiterhin die Erkenntnisse der französischen Justizbehörden in Frage zu stellen und von einem Attentat zu sprechen? Jedenfalls legte er sein Mandat als Anwalt des Ritz-Inhabers nieder. Al-Fayed stützte sich in Zukunft auf den angesehenen und sehr bedächtig agierenden Anwalt Dartevelle. Eine Bedächtigkeit, die besonders auffällig im Fall der Blutproben des Fahrers zutage trat, bei denen sehr bald der Eindruck entstand, dass hier etwas eigenartig sei, ohne dass der Anwalt deswegen die Erstellung eines Gegengutachtens gefordert hätte. Ganz anders dann im Jahr 2005, als das bewusste Abblocken seiner Ermittlungsanträge klar zutage getreten war und die dagegen angestrengten Verfahren zum Erfolg geführt hatten. Doch die Tatsache blieb, dass Dartevelle seinerzeit nicht als derjenige erscheinen wollte, der an allen Fronten Opposition machte. Die in Gang befindlichen Ermittlungen und die anderen, die immer noch nicht eingeleitet worden waren – speziell hinsichtlich des Verhaltens gewisser Fotoreporter an der Côte d'Azur – hielten ihn genügend auf Trab. Sein gegenüber dem Richter Stephan wenig aggressives Vorgehen zielte darauf ab, zu diesem ein annehmbares Verhältnis aufrechtzuerhalten.

Nichtsdestotrotz war die Frage der Blutproben von größter Wichtigkeit. Für die Beweisführung der Anklage gegen Henri Paul stellten sie die Trumpfkarte dar. Wenn sich die Vertreter der Unfalltheorie auf etwas stützen konnten, so waren es vor allem sie. Diese These würde eines Tages die letzte sein, die in sich zusammenbrach, so wie alle anderen zuvor ebenfalls auf Sand gebaut gewesen waren: die Geschichte von der Verfolgungsjagd, von der wahnwitzigen Geschwindigkeit (190 km/h), von der Notbremsung und last but not least die von dem mysteriösen Fiat Uno, der angeblich am Unfallort gesehen worden war!

Es dürfte wenig wahrscheinlich sein, dass irgendjemand, der sich für die neuesten Nachrichten zum Fall Diana interessierte, nicht auf das Rätsel »Fiat Uno« gestoßen wäre. Dagegen schien dieser Fiat der Kriminalbrigade glatt entgangen zu sein ... Die sensationellen Meldungen über die irrsinnige Geschwindigkeit und die Bremsspuren, welche die Polizei am Unfallort festgestellt hatte, wurden durch die späteren Gutachten ganz von alleine widerlegt – was zeigte, dass die Unfalltheorie zu ihrer Stützung eines betrunkenen Fahrers bedurfte. Doch um das Szenario eines Abkommens von der Spur in der Kurve des Alma-Tunnels glaubwürdig zu machen, bildete der alkoholisierte Zustand des Fahrers allein keinen ausreichend plausiblen Grund. Für die offizielle Version musste der Nachweis geführt werden, dass Henri Paul durch jemanden behindert worden war – und dies musste inzwischen jemand anders gewesen sein als ein Reporter. Die Ermittler sahen sich in der Bredouille, nachdem sie vor-

schnell die Hypothese – und die Gerüchte – verworfen hatten, ein anderes Fahrzeug hätte den Fahrer ausgebremst. Die Presse hatte dies sogleich nachgebetet. Mit den Untersuchungen, die die Gutachter an der Karosserie des Mercedes durchführten, und vor allem mit den rätselhaften Splittern, die vor Ort aufgelesen worden waren, tauchte jedoch das Phantomfahrzeug, das den Mercedes angefahren haben sollte, wieder in den Ermittlungen auf.
Der Untersuchungsrichter Hervé Stephan hatte beim Gutachterbüro Amouroux-Nibodeau-Frindel ein umfassendes Gutachten in Auftrag gegeben. Diese Aufgabe war sehr langwierig, und das Ergebnis lag erst ein Jahr später vor. Bei Mercedes in Stuttgart waren Crashtests durchgeführt worden und auf der Rennstrecke von Montlhéry südlich von Paris hatte man den Unfall nachgestellt und dafür viel Kritik geerntet. Dieses in der Ermittlungsakte enthaltene Sachverständigengutachten zeichnet im Vergleich zu den Behauptungen, die zuvor in den Raum gestellt worden waren, ein erheblich anderes Bild. Das geschätzte Tempo im Moment des Aufpralls betrug zwischen 95 und 109 Stundenkilometer (mit einer Abweichungstoleranz von plus/minus zehn Prozent), und das Fahrzeug hatte höchstwahrscheinlich nicht gebremst. Wenn die Fahrgeschwindigkeit nun aber zwischen 95 und 109 km/h betragen hatte, so stand man vor einer neuen, bedeutenden Frage: Warum hatte der Fahrer nicht gebremst? Ich wollte Genaueres zu diesen Aussagen erfahren, von denen kaum etwas in die Medien gedrungen war. Es gelang mir schließlich, einen der Sachverständigen zu treffen, doch gab er seine Zustimmung nur sehr zögernd und unter der Bedingung, dass keine Kamera dabei sein dürfe. Die Gutachter hatten es erreicht, dass der Mercedes aus dem Depot der Polizeipräfektur, wo er eingelagert war, ins Labor des IRCGN – des forensischen Instituts der nationalen Gendarmerie in Rosny-sous-Bois (Departement Seine-Saint-Denis) – überstellt wurde, wo sie arbeiten konnten, ohne unnötigem Druck ausgesetzt zu sein. Was die Bremsspuren anging, die man unter den bereits beschriebenen

Umständen auf der Fahrbahn des Tunnels festgestellt hatte, so brachte die Begutachtung der Reifen Aufschlussreiches zutage. Es war von 19 Meter, dann von 61 Meter langen Gummiabriebspuren auf dem Asphalt die Rede gewesen – Zahlen, die dafür sprachen, dass jemand in einer kritischen Situation voll auf die Bremse gestiegen war. Nun zeigte sich aber bei der Untersuchung der vier Reifen, dass weder eine »scharfe Bremsung« noch ein Schleudern oder Blockieren der Reifen (ABS-System) stattgefunden hatte, bevor der Wagen gegen den Pfeiler prallte. Die in den Polizeiberichten festgehaltenen parallelen Streifen konnten, wenn man die Fahrzeugabmessungen in Betracht zog, noch nicht einmal von dem Mercedes stammen. Es war dort von »parallelen, leicht nach links verlaufenden Reifenspuren auf einer Länge von 32 Metern« die Rede gewesen. Nach Meinung des Sachverständigen hatte der Mercedes nicht gebremst, denn im Bordcomputer fand sich keinerlei Hinweis auf eine scharfe Bremsung. Im Übrigen, so stellte er mir gegenüber klar, konnte man mit diesem Mercedes-Modell keine höhere Geschwindigkeit als 160 Stundenkilometer erreichen. Dass es keine Bremsung gegeben hatte, war eine Erkenntnis, die mir keine Ruhe mehr lassen sollte, und erst wesentlich später, als sich das Material, das ich bei meinen Nachforschungen zusammengetragen hatte, zu einem klareren Bild fügte, kristallisierte sich bei mir eine Erklärung heraus.

Wie verhielt es sich nun laut dem Gutachten mit jenem Fahrzeug, das den Mercedes angeblich behindert hatte? Der Sachverständige verwarf diese These zwar nicht völlig, im Bordcomputer fanden sich aber auch keine Hinweise auf einen Geschwindigkeitsverlust infolge der Berührung mit dem hypothetischen Fiat Uno. Denn es musste sich um einen Fiat Uno handeln. Diese Überzeugung hatte sich anhand der »Spuren« von weißer Farbe herausgebildet, die an den linken Türen und am linken Rückspiegel des Mercedes gefunden worden waren. Wohlgemerkt, es war von »Spuren« und von nichts anderem die Rede, denn es wurde eine zu flüchtige

Berührung beschrieben, als dass man von einem »Zusammenstoß« zweier Fahrzeuge hätte sprechen können. Ein »leichtes Streifen« nur, das interessanterweise jedoch gerade einen Beweis darstellen würde, dass mit dem Reaktionsvermögen des Fahrers alles in Ordnung gewesen war, denn ihm wäre in diesem Fall die Meisterleistung gelungen, einen heftigen Zusammenprall zu vermeiden, vor allem wenn er nicht gebremst hatte!
Bevor die Gutachter jedoch auf die oft diskutierten weißen Schleifspuren stießen, hatten sie die Splitter von Bremslichtern zu analysieren, welche nahe der Stelle aufgelesen worden waren, an der die vermutete Kollision im Tunnel stattgefunden hatte. Die Untersuchung ergab, dass es sich um Teile des hinteren Bremslichts eines Fiat Uno handelte. Von ihnen – und anderen Splittern – war bereits im ersten Polizeibericht die Rede gewesen, den Polizeikommandant Mulès von der Kriminalbrigade unterzeichnet hatte. Polizeikommandant Farcy und die beiden Polizeibrigadiere Clotteaux und Brunet, die den Sachverhalt aufzunehmen hatten, protokollierten: »Auf der rechten Fahrbahn Bruchstücke bzw. Splitter von Plastik und Glas und von Komponenten der Fahrzeugbeleuchtung (rot und weiß)«, und schlossen mit der merkwürdigen Hinzufügung: »von denen einige gruppiert sind und Rückschlüsse auf die Stelle zulassen, wo sie auf die Fahrbahn gefallen sind.« Dieser Begriff »gruppiert« in Zusammenhang mit den Splittern von Bremslichtern, welche bei der Berührung zweier Fahrzeuge zu Bruch gegangen waren, war mir schon beim ersten Lesen ins Auge gesprungen. Ich las die Aussage noch einmal. Ich hatte mich nicht getäuscht. Die Splitter waren tatsächlich beschrieben wie etwas, das man dort hingelegt hatte, gruppiert hatte – ich wäre versucht zu sagen: sorgfältig gruppiert. Der Protokollführer war so vorsichtig gewesen, hinzuzufügen: »Am Ort sind einige Veränderungen vorgenommen worden, um die Rettungsmaßnahmen zu ermöglichen.« Wenn ich dieses »kleine Detail« aus der Akte erwähne, so deshalb, weil eine vertrauliche Mitteilung, die mir zugetragen wurde, auf eigenartige Weise

mit ihm korrespondiert. Es scheint nämlich, dass diese Polizeibeamten, die die ersten Feststellungen aufnehmen sollten, die Splitter nicht bemerkt haben. Bei all dem Hin und Her jener Nacht auf der Place de l'Alma soll sich, so wurde mir bedeutet, ein Kriminalkommissar, der nicht im Dienst war, seinen Kollegen in der Unterführung angeschlossen haben, und er soll die besagten Splitter entdeckt haben. Angeblich hat er sie aufgelesen und den Einsatzbeamten eigenhändig übergeben. Es gelang mir nicht, Genaueres über diesen Vorgang zu erfahren, der die Unterscheidung, was wahr und was unwahr ist, noch komplizierter machte. Ich hatte jedenfalls einmal die Gelegenheit, durch den Alma-Tunnel zu laufen, wo wir eine Einstellung für meinen Film zu drehen hatten, während der Verkehr für eine große Reinigungsaktion zeitweise unterbrochen war. Die Unterführung wird tatsächlich regelmäßig für den Verkehr gesperrt, um alles aufzusammeln, was dort auf der Fahrbahn herumliegt. Stoßstangensplitter, Scheinwerferabdeckungen, Rückspiegelgehäuse und Bremslichterglas – das alles konnte ich aufsammeln wie Muscheln am Strand bei Ebbe! Seit diesem Spaziergang habe ich gewisse Schwierigkeiten, das von den Ermittlern konstruierte Szenario mit dem Fiat Uno ernst zu nehmen, den die Kriminalbrigade ihren Worten nach niemals gefunden hat. Genügen die Splitter, die man aufgefunden hat, schon als Beweis für die Beteiligung eines behindernden Fahrzeugs an dem Unfall? Doch da nun einmal von einem Fiat Uno die Rede ist, wollen wir gleich mit den Indizien weitermachen, die das Karosseriegutachten erbrachte. Es gab tatsächlich Spuren weißer Farbe, welche die Gendarmen als eine Farbe identifizierten, die von Fiat zwischen 1983 und 1989 für das Uno-Modell verwendet wurde. An den Türen des Mercedes zeigten sich jedoch auch andere Kratzer, von denen man niemals mehr gehört hat, und zwar Spuren von nachtblauer Farbe, einem dunklen Farbton, der viel besser zu einigen Zeugenaussagen passte, die ein »dunkles« Fahrzeug erwähnen, das vor der Limousine her fuhr. Die Zeugenaussagen sind allerdings so widersprüchlich, dass offensichtlich entschieden worden ist, das von den Zeugen bemerkte Auto hätte, obwohl seine Farbe als dunkel beschrieben wurde, für die Ermittlungen weiß zu sein! So haben die weißen Spuren, welche als wichtiger beurteilt wurden, die dunkelblauen Spuren vergessen lassen, ebenso eine weitere Farbspur auf dem vorderen rechten Kotflügel ... Der Mercedes, der Diana und Dodi in den Tod riss, war wahrscheinlich in keinem so tadellosen Zustand wie die große gepanzerte Limousine, die ihnen eigentlich bis zum Ende ihres Aufenthalts in Paris hätte zur Verfügung stehen sollen. Die besagten Kratzer waren übrigens schon vor dem Crash von einigen Ritz-Angestellten bemerkt worden, doch wurde dies für die Nutzung des Fahrzeugs als unerheblich angesehen. Eine *AFP*-Meldung vom 27. Juli 1998 berichtete von der Vernehmung Olivier Lafayes, der üblicherweise den Mercedes fuhr, durch Untersuchungsrichter Stephan. Das Fahrzeug gehörte zum Fuhrpark der Pariser Firma Étoile Limousine, die Servicepartner des Ritz-Hotels war. Es schien nicht in fehlerlosem Zustand gewesen zu sein, denn Lafaye erklärte gegenüber dem Richter, dass am Armaturenbrett von Zeit zu Zeit die Kontrollanzeige für eine Funktionsstörung der Bremsen aufgeleuchtet hatte ... Diese Information war jedoch nicht von der Art, dass sie am Ergebnis des Gutachtens hätte rütteln können, welches aussagte, dass das ABS-System voll funktionsfähig gewesen war. Da dieses kurz zuvor anlässlich einer Fahrzeugreparatur überholt worden war, war dies auch nicht weiter verwunderlich.

Diese Reparatur erfolgte, nachdem die Limousine unter Umständen gestohlen worden war, die zumindest merkwürdig erscheinen müssen, bei den Ermittlern jedoch offensichtlich kein Interesse weckten. Es geschah am helllichten Tag vor dem Pariser Restaurant Taillevent. Ein bewaffneter Raubüberfall, am 20. April 1997, vor den Augen einiger Passanten, die schleunigst das Weite suchten. Der Wagen wurde einige Zeit später, am 6. Juni, wieder aufgefunden; unter anderem fehlte sein »elektronisches Gehirn« (es handelte sich um ein für die damalige Zeit hochmodern ausgestattetes Fahrzeug). Dieser ungewöhnliche Raub hätte die Profis von der Ermittlung eigentlich stutzig machen müssen, doch sie interessierten sich ausschließlich für die weißen Farbspuren, die unter Umständen schon vorher da gewesen waren, Spuren, bei denen man keinerlei Eindellung des Blechs festgestellt hatte. Nach der Reparatur hatte Étoile Limousine den Mercedes S 280 wieder in den Fuhrpark aufgenommen. Womöglich waren Mohammed Al-Fayed bereits Zweifel gekommen, als er erklärte,[27] der Wagen sei nicht »sicher« gewesen, denn es habe sich um ein Fahrzeug gehandelt, »das nicht zum Fuhrpark gehörte. Niemand weiß, bei wem dieser Wagen zuvor war und wer ihn unter Umständen in der Werkstatt manipuliert hat.« Doch die Gutachter meldeten keinerlei konkreten verdächtigen Hinweis, der den Weg für eine Untersuchung im Hinblick auf die Möglichkeit der Sabotage freigemacht hätte. Das »Erscheinungsbild« des Mercedes war das eines Fahrzeugs, das technisch in einem Top-Zustand war.

Ich habe festgestellt, dass außer diesem Generalgutachten kaum eine andere Aussage zu dem Mercedes existierte, einer Marke, deren Image nicht unnötig durch schlechte Publicity leiden sollte. So fand ich erst bei der Durchsicht der Glamour-Blätter eine Episode beschrieben, die mich hinsichtlich der Limousine auf eine neue Spur brachte. Mehr noch als von dem Fahrzeug, welches Dodi und Diana transportierte, war hier vom »Augenblick des Aufpralls« die Rede, von Fotoreportern und – indirekt – von einem behindernden Fahrzeug.

In diesem Artikel des Magazins *Voici*[28] war der Bericht eines jungen Motorradfahrers wiedergegeben, über dem als Schlagzeile stand: »Sein Augenzeugenbericht ist eine Bombe: Dieser Mann war der Erste am Unfallort …« Tatsächlich handelte es sich dabei um einen in vielerlei Hinsicht lehrreichen Beitrag, insbesondere weil diese Aussagen aus dem Verfahren komplett ausgeklammert worden sind! Bei dem Augenzeugen handelt es sich um Éric Pétel. Was er erlebt hat, scheint die These zu untermauern, dass der Wille bestand, Tatsachen von den Ermittlern fernzuhalten, Kontrolle über Aussagen auszuüben und die »Konstruktion« einer offiziellen Wahrheit zu begünstigen.

Der geisterhafte Motorradfahrer

Während die großen Tageszeitungen sich eng an die Verlautbarungen der offiziellen Ermittlungen anhängten und sich in die Fiat-Uno-Story verbissen, ließ man die dazu in eklatantem Widerspruch stehende Aussage des erwähnten Motorradfahrers unbeachtet, obwohl sich der junge Mann noch in der Unfallnacht bei den Polizeibehörden gemeldet hatte. Ich werde mich hier nicht zum soundsovielten Mal über das Problem der Glaubwürdigkeit von Aussagen auslassen. Dies ist eine immer wieder auftretende Frage, mit der sich der Untersuchungsrichter bei seiner Suche nach Beweisen für die offizielle Unfallthese ständig konfrontiert gesehen haben dürfte. Die hier folgende Erzählung belegt indessen voll und ganz, wie wichtig es ist, sich von seinem Bürosessel wegzubewegen, wenn man Zweifel daran hat, dass die bisher gesammelten Informationen den Sachverhalt vollständig wiedergeben. Sie ist außerdem ein aufschlussreiches Anschauungsbeispiel für die Methoden, die eingesetzt werden, um eine Zeugenaussage absichtlich beiseitezuschieben. In diesem Fall stellt sich nicht mehr die Frage nach der Glaubwürdigkeit des Zeugen, sondern nach dem, was hier verborgen werden sollte.
Am 31. Januar 2002 traf ich mich in einem Café am Alma-Platz, das inzwischen zu meinem Stammcafé geworden war, mit dem Zeugen zu einem Interview. Ich war allein und hatte meine Minikamera dabei. Es war ziemlich kompliziert gewesen, Pétel mehr als vier Jahre nach dem Geschehen aufzuspüren. Es hatte der Inter-

vention seines Anwalts Deguines bedurft, um ihm die Vorbehalte gegenüber meinem Ansinnen zu nehmen. Ich möchte hier ausdrücklich festhalten, dass er im Gegensatz zu den Behauptungen böser Zungen kein Geld dafür bekommen hat, dass er vor meiner Kamera noch einmal die unglaublichen Szenen jener verrückten Nacht aufblätterte. Er hat mir seinen Beitrag unentgeltlich, ohne eine Gegenleistung, zur Verfügung gestellt und ich denke, dass er ehrlich zu mir gewesen ist. Ich sah mich einem Menschen gegenüber, der vor allem einmal große Angst hatte. Diese Angst stieg auch jetzt immer wieder in ihm hoch. Da war zunächst die Erinnerung an den Augenblick des Aufpralls. Er deutete es mir nur an – beziehungsweise sagte es eher indirekt –, aber jedenfalls glaube ich, dass der Gedanke für ihn schrecklich gewesen ist, er könnte unter Umständen unfreiwillig den Unfall verursacht haben. Er wusste inzwischen, dass er keine Schuld trug, doch hatte seine Angst seither ein anderes Gesicht: das der Polizei. Es war ihm klar geworden, dass er ein Schlüsselzeuge war – und seine Aussage immer noch ein Störfaktor.

Der junge Mann arbeitete als Kellner in einer Pariser Brasserie. In der Nacht auf den 31. August 1997 fuhr er auf seinem Motorrad von der Arbeit nach Hause und kam gegen 0.25 Uhr durch den verhängnisvollen Alma-Tunnel. Als er in die Kurve einfuhr, kündigte ihm ein Lichthupenzeichen das Herannahen eines Mercedes links von ihm an, der ihn überholte: »Denn das Fahrzeug, das stimmt schon, ist im Grunde ziemlich schnell gefahren, das ist mir gar nicht so bewusst gewesen. In dem Moment, als es auf meiner Höhe angelangt ist, höre ich so eine Art Implosion. Obwohl mein Auspuff frisiert war, habe ich dieses Geräusch gehört. Ich dachte zuerst, es kommt von meinem Motorrad. Was mache ich also: Ich fahre langsamer und schaue, ob meine Maschine was hat, und in dem Moment macht's Bumm: Das Auto war gegen den Pfeiler gekracht.« Was Éric Pétel mir hier erzählte, warf die allgemein verbreitete und akzeptierte Version des Geschehens über den Haufen.

Mehr als alle anderen war er praktisch der direkte Zeuge des Unfalls. Kein anderes Fahrzeug als das seine war in der Nähe der Limousine gewesen. Vor allem hatte er deutlich ein dumpfes Geräusch gehört, das von dem Mercedes kam – ein Geräusch, das er im Nachhinein als Implosion einstufte, während er es im ersten Moment seinem knatternden Motorrad zuschrieb, ohne zu begreifen, was vorging. Dann krachte es. Er war nun wieder auf gleicher Höhe mit dem Mercedes, der sich halb um sich selbst gedreht hatte, angelangt, wegen der vorherigen Bremsung mit beträchtlich verminderter Geschwindigkeit. Doch den entscheidenden Moment hatte er nicht mitbekommen, da er auf sein Motorrad konzentriert gewesen war, um die Ursache des Geräusches zu suchen. »Mein erster Gedanke war, den Notarzt zu verständigen«, sagte Pétel, immer noch belastet von einem Gedanken, den er nie mehr ganz losgeworden ist: Hatte er, ohne zu verstehen, auf welche Weise, das Drama verursacht?
Wenn seine Aussagen über die Abfolge der Ereignisse verworren sind, so deshalb, weil sein Verhalten seit dem damaligen Zeitpunkt immer von diesem Gedanken besessen gewesen ist. Vielleicht hatte er zunächst sogar den Impuls, zu fliehen. Ungesehen, unerkannt. Da er kein Handy besaß, rief er aus der Telefonzelle, die sich an der Ecke Alma-Platz/Avenue Marceau befand, die Notrufnummer 17 an. Doch er hatte nicht das Gefühl, dass man ihn am anderen Ende der Leitung ernst nahm. Er hatte sich vermutlich nicht sehr deutlich ausgedrückt und auch nicht unmissverständlich klargemacht, dass er eine Zeugenaussage machen wollte. Ohne weiter nachzudenken, fuhr Pétel zum Kommissariat an der Avenue Mozart im 16. Arrondissement, welches er kannte, da es in der Nähe seiner Wohnung lag. Er war ziemlich durcheinander. Der für seinen Geschmack zu spöttische Empfang, den man ihm dort bereitete, sobald er Lady Di erwähnte, ließ ihn die Grenzen dessen überschreiten, was auf einem Polizeirevier als angemessen erachtet wird. So fand er sich in Handschellen wieder.

Ab hier geriet Pétel in ein Schlamassel, das Anlass zum Nachdenken gibt. Ein Polizeiinspektor befragte ihn über das, was er gesehen hatte. Dies nahm eine gewisse Zeit in Anspruch. Éric Pétel begriff zweifellos, dass er verdächtig war. Und den schlimmen Verdacht teilte er ja mehr oder weniger selbst! Die Nacht schritt fort. Die Neuigkeit von Dianas Unfall hatte sich bereits in der ganzen Welt verbreitet, und es fanden in Frankreich und Großbritannien auf höchster Staatsebene, bei den Geheimdiensten sowie bei der Polizei Bewegungen aller möglichen Art statt. Eine Aktivität, bei der nichts darauf hinwies, dass sie durch übereinstimmende Interessen motiviert gewesen wäre.

Kurz darauf trafen Polizisten in Zivil beim Polizeirevier an der Avenue Mozart ein und eröffneten Pétel, dass sie ihn mitnehmen würden, um eine Zeugenvernehmung durchzuführen. Sie brachten ihn zum Erkennungsdienst am Quai de l'Horloge – eine Örtlichkeit, die zur Polizeipräfektur gehörte und normalerweise nicht für Vernehmungen bestimmt war. Dem Motorradfahrer wurde bald klar, dass es den Untersuchungsbeamten nicht so sehr darum ging, was er mit seinem Motorrad verursacht haben könnte. Sie interessierten sich vielmehr für das, was er gesehen hatte und vor allem für das, was er seiner Behauptung nach nicht gesehen hatte! Denn er wiederholte von Anfang an ein und dasselbe: Sein Fahrzeug war das einzige in der Nähe des Mercedes gewesen, sonst hatte er niemanden gesehen (auch keinen Fiat Uno, von dem im Übrigen damals noch nicht die Rede war). Dass keine Paparazzi um den Wagen herum gewesen waren, schien den Polizeibeamten ein Problem zu machen.

Diese mysteriöse Episode sorgte in der Presse für Verwirrung, als das Magazin *Voici* davon berichtete. Denn bei einer Nachprüfung konnte nirgendwo mehr ein Nachweis gefunden werden, dass Éric Pétel vernommen worden war. Schlimmer noch: Das, was bestenfalls nichts als eine Zeugenaussage unter anderen gewesen wäre, fand sich nirgendwo in den Ermittlungsakten und ebenso wenig

beim Polizeikommissariat an der Avenue Mozart. Beim Erkennungsdienst natürlich auch nicht. »Éric Pétel existiert nicht«, sagte man bei der Kriminalbrigade jenen Journalisten, die gewohnheitsmäßig den Stoff für ihre Artikel aus dieser Quelle bezogen. Éric Pétel erinnerte sich: »Die Polizisten fragten mich besonders über die ›Implosion‹ aus und sagten mir dabei, dass sich ›das nicht so abgespielt habe‹!« Dieser Satz, den sich der junge Motorradfahrer gemerkt hat, ist mit einem anderen, lakonischeren, verbunden, den später sein »Befreier« fallen ließ. Nach einer Zeit, die Pétel endlos lang erschien, stürmte nämlich plötzlich eine wichtige Person in den Raum, in dem er festgehalten wurde. Jemand, der über eine gewisse Autorität verfügte, wenn man von dem respektvollen Verhalten ausging, das die Polizisten ihm gegenüber an den Tag legten. Er unterhielt sich mit ihnen. Pétel konnte nicht verstehen, was sie sagten, erzählte mir jedoch: »Da kam eine offizielle Persönlichkeit, deren Namen ich nicht nennen werde, und sagte mir kurz und bündig, es sei besser, wenn niemand von mir erfährt ... Ganz einfach diese Drohung – weiter nichts ... Damals wusste ich aber noch nicht, wer das war.«
Als Pétel um vier Uhr morgens nach Hause kam, verständigte er telefonisch seinen Vater, einen Geschäftsmann, der sich in Mittelamerika niedergelassen hatte. Dieser konnte die Geschichte, die ihm sein Sohn hier servierte, nur schwer glauben und entschied beunruhigt, die Angelegenheit seinem französischen Rechtsanwalt Deguines, der der Vorsitzende der Anwaltskammer von Calais war, anzuvertrauen. Dieser nahm am 1. September 1997 mit dem jungen Mann Kontakt auf. Noch viereinhalb Jahre nach der Geschichte weigerte sich Pétel, mir den Namen der erwähnten »offiziellen Persönlichkeit« – um seine eigenen Worte zu verwenden – zu nennen. Jener von ihm als Drohung empfundene Satz »Es ist besser, wenn niemand von Ihnen erfährt« veranlasste ihn weiterhin, vorsichtig zu sein. So hatte es ihm sein Anwalt geraten – ein Rat, über den ich eingestandenermaßen ziemlich perplex war. »Es war nicht

Chevènement«, erwiderte Pétel immerhin auf meine spontane Vermutung. Als ich ihn weiter ausfragte, wurde mir klar, dass er den Mann selbst nicht gekannt hatte. Er hatte dessen Gesicht nie gesehen und war in dem Augenblick nicht fähig gewesen, es zuzuordnen. Im Laufe unseres Gespräches erfuhr ich dann, dass er ihn erst einige Zeit später in den Fernsehnachrichten im Rahmen einer Reportage über tödliche Schüsse in der Pariser Banlieue, denen mehrere Polizisten zum Opfer gefallen waren, wiedererkannt hatte. Doch Pétel wollte nicht das Risiko eingehen, den Namen dieser Person zu nennen. Ich fragte daraufhin rasch beim INA (Nationales Institut für audiovisuelle Medien) an, wo man mir mehrere Reportagen über diesen von Pétel erwähnten Vorfall heraussuchte, der die Polizisten das Leben gekostet hatte. Man sah hier Innenminister Jean-Pierre Chevènement, der am Ort des Geschehens Journalistenfragen beantwortete, und an seiner Seite den Pariser Polizeipräfekten Massoni, der heute Sonderberater für Sicherheitsfragen im Élysée ist. Handelte es sich also bei Letzterem um den Mann, der Éric Pétel am Quai de l'Horloge »befreit« und ihm geraten hatte, dass besser nichts von ihm bekannt würde?
Als mein Film *Lady Died* vom Sender *France 5* ausgestrahlt wurde – das erste und einzige Mal, denn die geplanten Wiederholungen wurden gestrichen –, war die *Libération*[29] rasch mit der Kritik bei der Hand, ich würde mich darauf beschränken, »über der Angelegenheit den Schatten einer ›hochgestellten‹ Persönlichkeit schweben zu lassen, ohne deren Namen zu nennen«, und ich nähre damit hinterlistig die Vorstellung, dass hier ein Komplott vorgelegen habe. Das Fehlen eines Namens entlarve meine Absicht, die Spannung aufrechtzuerhalten, um den Umstand zu überspielen, dass es mir an Beweisen fehlte. Hier musste ich die Erfahrung machen, wie in der Presse bisweilen eine Bezichtigung in den Raum gestellt wurde, ohne dass man sie vorher nachgeprüft oder in dem Fall einfach nachgefragt hätte, ob mir die Identität der besagten Person bekannt sei. Anders die *Voix du Nord*. Henri Dud-

zinskis Blatt berichtete am selben Tag, als der *Libération*-Artikel erschien, Philippe Massonis Name sei »in der Sequenz des Films, die dem geisterhaften Motorradfahrer gewidmet war, sehr wohl vorgekommen, doch musste diese Passage auf Aufforderung von *France 5* herausgenommen werden, mit der Begründung, sie gefährde die Ausstrahlung der Dokumentation auf dem Sender – diese könnte gestoppt werden«. Von diesem Schnitt einmal abgesehen, widerstand *France 5* einer anderen Drohung – um nicht zu sagen einem Einschüchterungsversuch – am Vorabend der Ausstrahlung, als sich eine Anwaltskanzlei im Namen von Journalisten, die ich interviewt hatte und die nicht in meinem Film vorkommen wollten, an den Sender wandte. Sie behaupteten dort, Pétel sei ein Spinner und Mythomane. Das typische Journalistenschicksal, wenn man seine Nachforschungen betrieb: Da waren zum einen die Dinge, welche behauptet wurden, ohne dass echtes Wissen dahinter stand, und zum anderen jene, von denen man Kenntnis erhielt, die man aber nicht zitieren durfte.

Doch ich hatte Pétels Anwalt bereits vorher gefragt, ob es irgendwelche Vorstrafen gäbe, die mit Pétels psychischem Zustand zusammenhingen, und dieser hatte so etwas offiziell verneint. Der junge Motorradfahrer war niemals wegen unwahrer Darstellungen oder falscher Zeugenaussagen verurteilt worden. Was Deguines betraf, so hatte er keinen Moment an diese Bezichtigungen geglaubt und seinen Mandanten nie für einen Lügner gehalten. Er wusste, dass Pétel ein besonders wichtiger Zeuge war, denn dieser hatte ihm auf Anhieb Einzelheiten zu dem Unfall erzählt, die erst wesentlich später in der Presse Verbreitung fanden. Er begriff rasch, dass der junge Mann ein Problem darstellte. Deguines sah sich mit einer ebenso ungewöhnlichen wie unhaltbaren Situation konfrontiert, denn Pétels Aussage kam nirgendwo vor. Trotz mehrfacher Bitten um eine Unterredung wurde Deguines vom Untersuchungsrichter nicht empfangen und hatte natürlich auch kein Recht auf Akteneinsicht, da sein Mandant schließlich kein

Verfahrensbeteiligter war! Erst dank der Veröffentlichung des *Voici*-Artikels über die unglaubliche Verschleierungstaktik, die um den Zeugen Pétel herum betrieben wurde, und vor allem aufgrund der Aktivitäten Henri Dudzinskis, der in *Voix du Nord* diesen Bericht aufgriff und eigene Untersuchungen anstellte, die eine Meldung der *AFP* auslösten, konnte Deguines endlich – sechs Monate nach dem Geschehen – durchboxen, dass Éric Pétel von Richter Stephan vernommen wurde.
Tatsächlich wissen alle, die sich wirklich für den Fall Pétel interessiert haben, dass sein Bericht der Wahrheit entsprochen hat. Der ehemalige Nachrichtenchef von *Paris Match* Jean Durieux, den der berühmte Inhaber des Journals Roger Thérond gebeten hatte, zu der Alma-Affäre zu berichten, bestätigte mir, er wisse aus sicherer Quelle, dass Pétel sehr wohl zum Kommissariat an der Avenue Mozart gegangen sei, um dort eine Aussage zu machen, und dass er tatsächlich von der Kriminalbrigade vernommen worden sei. Er fügte hinzu, er wisse sogar, von wem, auch wenn damals nichts darüber in den Medien erschienen war … Bei meiner Begegnung mit Richter Stephan am 27. März 2002 versicherte mir dieser, dass er die Angaben Pétels überprüft habe, der von da an als vollwertiger Zeuge angesehen wurde. Doch sechs Monate nach dem Geschehen war die offizielle Version bezüglich des Unfalls bereits unantastbar geworden. Man kann nur staunen, dass eine solche Aussage, die nun endlich ernst genommen wurde, nicht als ein neuer Sachverhalt angesehen wurde, der es gerechtfertigt hätte, noch einmal nachzuermitteln. Nein – an der Version von einem Verkehrsunfall, der von einem sturzbetrunkenen Fahrer verursacht worden war, durfte nicht mehr gerüttelt werden. Des Weiteren sei angemerkt, dass seitens der Kriminalbrigade, die nun vom Richter hinsichtlich des Falls Pétel die Anordnung erhielt, zur Beweiserhebung zu schreiten, keine besondere Unterstützung kam. Verständlich, denn schließlich hätte das ja bedeutet, dass sie gegen sich selbst hätte ermitteln müssen. So erhielt er denn keinerlei Erklärung, was es

mit der durch nichts zu begründenden Tatsache auf sich hatte, dass nirgendwo ein Protokoll über eine Vernehmung Pétels vorhanden war. Als ich in der voluminösen Ermittlungsakte nachforschte, fand ich dagegen Unterlagen, die sich auf eine erneute Vernehmung Pétels bezogen, zu der er dieses Mal offiziell geladen worden war; begleitet war dies von einem Protokoll, in dem festgehalten war, welche Überprüfungen die Polizei unternommen hatte, um die Glaubwürdigkeit seiner Aussagen zu überprüfen.
Nichts von dem, was Pétel sagte, fand Gnade vor den Augen der Kripobeamten, und dem gutgläubigen Leser bleibt der Mund offen stehen angesichts der Argumentation, mit der versucht wird, diesen Zeugen endgültig zu disqualifizieren. Laut Polizeileutnant Éric Gigou log Éric Pétel, wenn er behauptete, sich mit dem Polizeinotruf gleich nach dem Unfall von einer Telefonzelle am »Armand-Marceau«-Platz aus in Verbindung gesetzt zu haben – man beachte, dass es hier »Armand-Marceau« hieß, so hatte es Pétel selbst gesagt. In Wirklichkeit, schrieb der Oberleutnant, hätten die Untersuchungsbeamten sorgfältig in den Pariser Stadtplänen nachgeforscht, doch ein solcher Platz existiere nicht! (sic) Ein Versprecher hatte also genügt, ein kleiner Irrtum bei der Aussage. Zwei falsche Silben reichten, um es als erwiesen anzusehen, dass der Zeuge log, ohne dass man auf all die Indizien in seiner Aussage achtete, die den bisherigen Erkenntnissen widersprachen. Später wurde übrigens nie Anklage wegen Falschaussage gegen ihn erhoben. Normalerweise hätte Éric Pétel »Alma-Marceau« und nicht »Armand-Marceau« sagen müssen. Doch nachdem dieser Platz an den »Alma«-Tunnel – und nicht den »Armand«-Tunnel – grenzt, ist das angeführte Argument, mit dessen Hilfe der Zeuge als unglaubwürdig hingestellt werden sollte, ebenso lächerlich wie erbärmlich.
Somit wurde das Problem »Pétel« ad acta gelegt und Al-Fayeds Stab fand daran nichts auszusetzen. Zu sehr bildete die Angelegenheit mit dem Fiat Uno in ihren Augen einen guten Anlass, die Ermittlungen in eine Richtung zu leiten, in der etwas anderes als

ein »simpler« Verkehrsunfall zutage treten würde. Wenn Al-Fayed anscheinend nicht sehen wollte, wie gut ihm auch dieser Zeugenbericht echte Perspektiven hätte eröffnen können, so wohl deswegen, weil ihn dies gezwungen hätte, dafür auf die Theorie mit der »Verfolgung durch die Paparazzi« und auf die Anwesenheit des Fiat Uno zu verzichten.
Nichts konnte etwas daran ändern: Das große Fragezeichen, um das sich für die Ermittler alles drehte, bildete ab diesem Moment der vermutete Fiat Uno, über dessen Existenz von Anfang an mehr oder weniger Einstimmigkeit herrschte – genauso wie über die Schuldzuweisung gegen die Fotoreporter auf ihren Motorrädern. Die Kriminalbrigade konzentrierte sich darauf, den Beweis zu führen, dass wirklich ein Zusammenstoß mit diesem Fiat stattgefunden hatte, was zu der Geschichte vom betrunkenen Chauffeur dazukam. Doch Martine Monteil hielt keinen unwiderlegbaren Beweis in der Hand, dass dieses Auto wirklich existiert hatte. Es handelte sich lediglich um eine Überzeugung.
Selbst wenn wenig beweiskräftige Hinweise für die Anwesenheit dieses Fiat vorlagen, verlor ich deswegen noch lange nicht das Interesse an dem Thema, denn dieser Teil der Akte enthielt Informationen über verschiedene wichtige Protagonisten, die sich in Luft aufgelöst hätten, wenn es diese Fahndung nicht gegeben hätte. Im Übrigen – war es denn so offenkundig, dass die Jagd auf den Fiat Uno ein Reinfall gewesen war?

Die Fahndung nach dem Fiat Uno

Hier trat zum ersten Mal die Strategie Mohammed Al-Fayeds und seiner Berater klar hervor: Bei einem Faktum anzugreifen, das von niemandem bestritten wurde, um mit dessen Hilfe den Fokus auf einen anderen Umstand zu lenken. Eine Stoßrichtung der Ermittlungen zu benutzen, um die Kriminalbeamten auf ein Terrain zu führen, das diese vernachlässigt hatten oder lieber umgangen hätten. Die vermutete Rolle des Fiat Uno war in den Arbeitshypothesen der Kriminalbrigade nämlich eine ganz andere als in den Vorstellungen von Al-Fayeds Mannschaft. Für die Polizei handelte es sich offiziell um den Wagen eines anonymen Unbekannten, der dem heranrasenden Mercedes im Weg gewesen war. Für Al-Fayed war es unter Umständen das Fahrzeug eines Fotografen, der Henri Paul beim Fotografieren mit seinem Blitzlicht geblendet hatte. In beiden Fällen wurde vermutet, dass der Fiat einen Unfall gerade noch hatte vermeiden können und es ihm wie durch ein Wunder gelungen war, dem Mercedes bei dessen halber Drehung um sich selbst auszuweichen und aus der Unterführung zu entkommen.

Ich werde hier der Einfachheit halber weiter von einem »Fiat Uno« sprechen. Was auch immer geschehen sein mochte, jedenfalls wurde eine Fahndung nach diesem Auto eingeleitet, die ein gigantisches Echo in den Medien fand. Die Kriminalbrigade zeigte damit, dass sie keine Mühe scheute und keine Spur unberücksichtigt ließ – was, wie man gesehen hat, nicht unbedingt der Wahrheit entsprach.

Die Zeugen, die ein kleines weißes Auto vor dem Mercedes wahrgenommen hatten, waren zum Pech der Ermittler wenig zahlreich und widersprachen einander in ihren Aussagen, vom Fall des direkten Augenzeugen Éric Pétel ohnehin ganz zu schweigen. Im selben Moment, als die Kriminalbrigade mit dieser »alle Normen sprengenden Fahndung« in die Medien ging, traf eine *AFP*-Meldung ein[30], nach der ein Zeuge sich in der Londoner *Sunday Times* geäußert habe. Dieser wollte ein Auto gesehen haben, das gleich nach dem Aufprall in hohem Tempo aus der Alma-Unterführung herauskam. Wie in dieser Sonntagsausgabe berichtet wurde, befand sich der britische Anwalt Gary Hunter zu dem Zeitpunkt gerade auf Urlaub in Paris. In der Nacht vom 30. auf den 31. Au-

gust hörte er von seinem etwa 100 Meter vom Unfallort entfernt gelegenen Hotel aus ein extrem lautes Geräusch. Aus seinem Fenster konnte er sehen, wie Leute in Richtung der Unterführung liefen, dann erschien einige Sekunden später »ein kleines dunkles Auto« aus eben dieser Richtung und kam in hohem Tempo die anliegende Rue Jean-Goujon, an der sein Hotel lag, heraufgefahren. Er wurde mit den Worten zitiert: »Mein Gefühl war, dass die Insassen dieses Wagens versuchten, vom Unfallort zu fliehen.« Hunter fügte hinzu, bei dem Wagen könne es sich um einen Renault oder einen Fiat gehandelt haben, bevor er ergänzte, dass dieser Wagen dicht von einem Mercedes gefolgt wurde … dessen Farbe weiß war! Nun herrschte vollends Verwirrung: Wieder einmal konnte das kleine Auto irgendwie nicht weiß gewesen sein, die Marke und das Modell Fiat waren ungesichert, und nun tauchte auch noch ein drittes Fahrzeug auf (über das man niemals Weiteres erfahren würde): ein weißer Mercedes!
Nichtsdestotrotz nahm die Jagd nach dem Fiat Uno ihren Anfang: 113 000 Fahrzeuge, die kontrolliert werden mussten. Diese Liste umfasste alle Fiat Uno, die zwischen 1983 und 1994 – vom Beginn bis zum Ende der Produktion dieses Modells – in der Region Île-de-France, also in Paris und den umliegenden Départements, zugelassen waren. Warum nur die Île-de-France? Bei der geplanten Operation sollte die Identität von 40 000 Fiat-Uno-Besitzern genauer überprüft werden. Immer noch eine enorme Aufgabe. Tatsächlich konzentrierte sie sich dann auf die 1800 Fahrzeuge, die im Pariser Westen gemeldet waren, und ab da konnte man den Sinn wirklich nicht mehr erkennen. Als Grund für die räumliche Beschränkung der Fahndung wurde die folgende Überlegung angeführt: Nachdem es erwiesen sei, dass der hypothetische Fiat im Tunnel in der Richtung unterwegs gewesen war, die in die westlichen Außenbezirke von Paris führte, vermute die Polizei, dass der Fahrer auf dem Nachhauseweg gewesen sei und sein Fahrzeug folglich in einem Departement westlich von Paris, also Yvelines

oder Hauts-de-Seine, gemeldet sein müsse! Kein Wunder, dass man bei dieser Fahndung im Endeffekt keinen offiziellen Erfolg verbuchen konnte. Doch Martine Monteils Beamte hatten insgeheim noch etwas anderes in Petto gehabt, nämlich den Zeugenbericht eines Paars, welches über ein in der Pariser Region gemeldetes Auto berichtete. Auch in diesem Fall hatte man es vorgezogen, die Information nicht an die Öffentlichkeit zu geben.
Diese zwei Zeugen hatten ebenfalls bei der Polizei darauf beharrt, vernommen zu werden, was erst zu dem Zeitpunkt geschah, als man begann, die Hypothese vom weißen Auto in der Presse zu verbreiten, um die Version der Berührung mit einem Kollisionsfahrzeug glaubwürdig erscheinen zu lassen. Wenn man ihre Aussagen aufmerksam las, stieß man indessen auf andere Hinweise, die wesentlich wichtiger waren. Das Paar behauptete, deutlich einen weißen Fiat Uno gesehen zu haben. Dieser wurde von einem etwa 40 Jahre alten Mann gelenkt und kam in Schlangenlinien fahrend aus der Alma-Unterführung heraus. Dieses Zeugenpaar, von dem die Presse erst im Januar 1998 erfuhr, hat immer seine Anonymität wahren wollen und ließ sich als »Georges« und »Sabine« bezeichnen. Den Fahrer des Fiat beschrieben sie als »Mann europäischen Typs, braunhaarig, er trug eine Fliegerjacke und hatte im hinteren Bereich des Wagens einen großen Hund bei sich«. Das Interessanteste, was die Zeugen in Erinnerung hatten, war »das total ungewöhnlich wirkende Verhalten des Fiat-Fahrers. Er fuhr in Schlangenlinien und drehte sich ständig um.« Er soll den Wagen des Paars sogar geschnitten haben, als er unvermittelt auf den rechten Fahrstreifen wechselte. Ihre Erzählung war sehr genau: Sie kamen gerade aus einem Restaurant im siebten Arrondissement am linken Seineufer und hatten die Alma-Brücke überquert, um ans rechte Ufer zu gelangen, waren, ohne stoppen zu müssen, über den Alma-Platz gekommen und fuhren nun ruhig auf der breiten Straße dahin, die entlang des Alma-Tunnels die Bezeichnung »Avenue de New York« trägt. Hier erst wurde Georges in der stillen Spätsommernacht

plötzlich auf ein lautes Geräusch aufmerksam. Es kam vom Auspuff eines weißen Fiat Uno, der Zickzack fahrend am Ausgang des Tunnels erschien. Der Fahrer des Fiat hatte Georges' Wagen nicht kommen sehen, denn er blickte überhaupt nicht auf die Straße vor sich, sondern hatte die Augen auf seine Rückspiegel geheftet, buchstäblich gefangen genommen von dem, was dort in der Unterführung geschah. Georges bremste, damit es nicht zum Unfall kam, und ließ den Fiat, der ihn schnitt, an sich vorbei. Dann zog Georges seinerseits links an dem Wagen vorbei und sah im Davonfahren, wie der andere an der Ecke Avenue de New York und Rue Gaston-de-Saint-Paul anhielt. In einem Interview mit der Zeitschrift *Voici*[31] erläuterte Georges: »Ich bin mir sicher, dass dieser Wagen ein Nummernschild aus der Pariser Region und keiner anderen hatte.«

Ein Nummernschild aus der Pariser Region – dieses Kriterium nahm auch die Kriminalbrigade für ihre Fahndung nach dem Kollisionsfahrzeug als leitend an. So sagte man das zumindest der Presse. Dabei hatte der von Georges und Sabine beobachtete Fiat Uno *physisch* – ich setze diese Worte mit Bedacht – mit dem Crash nichts zu tun. Trotzdem machte die Polizei ihn zum Objekt einer Fahndung, die für sie, da bin ich sicher, am Ende erfolgreich gewesen ist. Mit diesem Fahrzeug eröffneten sich neue Gesichtspunkte, die auch Mohammed Al-Fayeds Team sehr wohl erfasste. Nun ging es nicht mehr darum, dem Fahrer des Wagens nachzuweisen, dass er den Mercedes gestreift hatte, sondern zu erfahren, wer dieser etwa 40-jährige Mann mit der Fliegerjacke gewesen war, und dahinter zu kommen, was er gesehen oder sogar getan hatte. Es musste in diesem Moment im Tunnel etwas geschehen sein, das er zumindest als Zeuge mitbekommen hatte, während exakt zum selben Zeitpunkt der Mercedes 280 der Firma Étoile Limousine, in dem Diana und Dodi saßen, noch auf dem Cours de la Reine in Richtung Alma-Platz unterwegs war. Georges und Sabine hatten ja erzählt, dass sie, nachdem sie die Seine überquert hatten, auf einen absolut stillen Alma-Platz gelangten. Ihre Aussage ist klar: Es war etwa 0.20 Uhr. Der Unfall hatte sich demnach noch nicht ereignet. Sabine erinnert sich in *Voici*: »Ich bin mir so gut wie sicher, dass es zwischen 0.20 Uhr und 0.25 Uhr war. Ich erinnere mich, dass ich kurz vor der Avenue de New York auf meine Uhr blickte. Wir hatten eine Babysitterin bei unserem Kind, und ich sah deswegen ab und zu nach der Zeit.« Es war also zu diesem exakten Zeitpunkt alles noch ruhig, Fußgänger und Autos waren friedlich unterwegs, sodass Georges und Sabine durch ein lautes Auspuffgeräusch aufmerksam wurden – in keinem Fall jedoch durch den Knall eines Aufpralls, wie ihn danach alle Anlieger im Umkreis wahrgenommen haben. Alle Zeugenaussagen stimmten in diesem Punkt überein: Der Lärm, den der Unfall verursachte, war ohrenbetäubend, und die Hupe des Mercedes schallte daraufhin gellend durch die Nacht. Das zeitlich davor liegende Ereignis, an dem der Fiat Uno beteiligt war, spielte sich augenscheinlich ab, bevor der Mercedes in den Tunnel einfuhr. Eine oder zwei Minuten zuvor, nicht mehr. Auf Dominique Leroys Frage in *Voici*, ob das Tempo des Verkehrs in der Gegenrichtung im Tunnel vermindert gewesen sei und Fahrzeuge ihr Warnblinklicht eingeschaltet hätten, war Georges' und Sabines Antwort klar: Nein. »Es war wenig Verkehr. Er verlief normal und ohne Störungen.«

Diese Zeugenaussagen sind sehr bedeutend. Georges und Sabine waren die einzigen Augenzeugen, die ohne den Schatten eines Zweifels von einem Fiat Uno sprachen. Sie wurden offensichtlich ernst genommen, was so weit ging, dass man mit großem Aufwand Nachforschungen einleitete, die sich einzig und allein auf die Region Paris konzentrierten, wobei man sich auf den hochwichtigen Hinweis stützte, den das Paar hinsichtlich der Herkunft des Fiat gemacht hatte. Wie standen die Chancen der Kripo, dieses Fahrzeug zu finden? Was auch immer gewesen sein mag, einige Monate später stellte die Kriminalbrigade die Fahndung ein und erklärte, dass diese erfolglos geblieben sei. Der Fiat Uno war ein damals sehr weit verbreitetes Modell und insbesondere auch

bei Pressefotografen sehr beliebt. Bereits in der Rue Cambon (dort, wo sich der besagte diskrete Hinterausgang des Ritz befand) war ein weißer Fiat Uno von den Überwachungskameras des Hotels gefilmt worden. An eine junge Zeugin trat man sogar heran, weil sie einen weißen Fiat Uno fuhr. Es ist jedoch bekannt, dass die Fahndung sehr wohl zu drei Spuren geführt hat, von denen sich zwei als so explosiv erwiesen, dass man einmal mehr große Manöver in die Wege geleitet hat, um die eine unter allen Umständen zu verheimlichen, während man die andere – da sich herausstellte, dass ein Durchsickern von Informationen nicht gänzlich zu verhindern war – offiziell als unbrauchbar verworfen hat.
Der erste Fiat gehörte einem aus Indochina stammenden Mann, der als Nachtwächter arbeitete, einen Hund besaß und seinen Wagen genau einen Tag nach dem Unfall umspritzen ließ. Seltsam, aber dennoch nur ein Zufall. Sein Alibi konnte überprüft werden und wurde auch von Mohammed Al-Fayed, der sich inzwischen mit Profis aus dem Ermittlungsbereich umgeben hatte, nicht in Zweifel gezogen. Dodis Vater hatte sich, abgesehen von seinen Rechtsanwälten, auch der Dienste Pierre Ottaviolis, des ehemaligen Chefs der Kriminalbrigade, versichert, der zweite Mann an dessen Seite war Michel Kerbois, ein pensionierter Inspektor der französischen Kriminalpolizei. Beide hatten immer noch gute »Kontakte« bei den Polizeibehörden. Gegenüber Martine Monteil sahen sich die beiden Kripoveteranen bei dieser sozusagen halbamtlichen Untersuchung in einer zwiespältigen Lage. Auf englischer Seite wurde Al-Fayeds Team ebenfalls von einer wichtigen Persönlichkeit geleitet, nämlich von John McNamara, einem Scotland-Yard-Mann, der zur Zeit der Ereignisse der Sicherheitschef von Harrods war.
Der zweite Fiat führte die Kriminalbeamten nach Asnières. Der Hinweis, der die Ermittler auf die Spur eines in Asnières ansässigen Autodiebs brachte, schien eher von V-Leuten der Kriminalbrigade als von der Zulassungsstelle gekommen zu sein. Der Mann stand in dem Verdacht, einen Wagen gestohlen zu haben, der für eine Ope-

ration eingesetzt wurde, welche durchaus jene im Alma-Tunnel gewesen sein konnte. Die Verfahrensakte enthielt nichts über die Identität dieses Mannes, doch *Paris Match* war von Journalisten informiert worden, die Wind von dieser Spur erhalten hatten – ohne dass dann etwas über die Entdeckung veröffentlicht wurde, da konkrete Beweise fehlten. Wie auch immer, der Dieb aus Asnières musste für jene, die von ihm wussten, einen echten »Knüller« darstellen. Ein Beweis aus Fleisch und Blut – dies ließ sich unter Umständen in klingende Münze verwandeln! Mohammed Al-Fayed hatte dem Fahrer des Fiat Uno, wenn sich dieser zu erkennen gäbe, oder jeder Person, die den entscheidenden Hinweis auf ihn lieferte, zehn Millionen Franc Belohnung versprochen. Man rührte also den Verdächtigen aus Asnières vorläufig nicht an und stellte ihn in der Zwischenzeit unter intensive Überwachung, um Indizien zusammenzutragen, die seiner Überführung dienlich sein konnten.
Doch »Dieb des Fiat« hieß noch nicht automatisch »Fahrer des gesuchten Fahrzeugs«. Aus dieser Art von Leuten Informationen herauslocken zu können, brauchte sich ein Journalist erst gar nicht einzubilden, es sei denn, er hätte eine beträchtliche Geldsumme angeboten. Mohammed Al-Fayed dagegen stand ein solches Vorgehen sehr wohl zur Verfügung, doch er scheiterte. Die Privatdetektive des Ritz- und Harrods-Eigentümers waren über die Asnières-Spur bestens auf dem Laufenden – so gut sogar, dass die Annahme berechtigt ist, sie hätten die Presse selbst gezielt auf die Spur des »viel versprechenden Knüllers« gesetzt, den einige Journalisten in der Hand zu halten glaubten. Al-Fayed benötigte die Presse, um die Existenz dieses Diebes in Asnières, über den die Kriminalbrigade nichts verlauten lassen wollte, publik zu machen. Denn abgesehen davon, dass seinen Privatdetektiven bekannt war, dass es ihn gab, hatten sie keine ausreichenden Beweise, um ihn zu packen. Da Mohammed Al-Fayed selbst Prozesspartei war, war es ihm zudem gesetzlich untersagt, Zeugen zu treffen oder über seine Männer an sie heranzutreten. Gelang es ihm hingegen, eine

Situation zu provozieren, in der ein »schnüffelnder« Journalist Wind von dem Dieb von Asnières bekam, so konnte dies das Interesse der Presse wecken, welche dem Unbekannten aus Asnières, ohne den Sinn des Manövers zu durchschauen, eine Präsenz in den Medien verliehen hätte. Al-Fayed hat wohl irgendeine Aktion versucht – wie genau, ist mir unklar. Doch es hat nichts so funktioniert, wie es sollte, und so sollte der ominöse Unbekannte aus Asnières ein Unbekannter bleiben, bis sich eines Tages jemand traute, seinen Namen zu nennen.

In dieser Phase der Ermittlungen feilte die Kriminalbrigade bereits an ihrem Beweismaterial, mit dem sie bei den Beobachtern Akzeptanz für ihre Unfalltheorie schaffen wollte, die bald so unverrückbar dastehen sollte wie in Beton gegossen. Der Gedanke, dass es greifbare Vorbereitungshandlungen gegeben haben könnte, um einen Unfall zu provozieren, war für die sogenannte seriöse Presse nicht einmal mehr vorstellbar.

Auch der dritte Fiat Uno wurde nicht anhand der Fahndungsmerkmale der Kriminalbrigade aufgespürt (in Yvelines oder Hauts-de-Seine gemeldetes Fahrzeug), sondern durch einige wesentlich originellere Kombinationen der Fahnder. Ihre »erfolglose« Suche führte sie in Wirklichkeit in die zentrale Region Frankreichs, ins Département Cher, zu einer schillernden Persönlichkeit, dem großmäuligen Fotoreporter James Andanson, der mit französischen Stars und Politikern von Charles Pasqua bis hin zum verstorbenen Pierre Bérégovoy befreundet war und der auch Georges Kiejman porträtiert hatte, Mohammed Al-Fayeds oben schon genannten Anwalt. Andanson war ein echter Profi des Fotojournalismus, sein Glanzstück bildete die Aufnahme eines chinesischen Kindes im Mao-Anzug, das auf der Chinesischen Mauer eine Coca-Cola trinkt. Er war ein pfiffiger Kopf, mit einem guten Gespür für seine Zeit und für Modernität. Unter seinen Berufskollegen wurde Andanson der »König der Paparazzi« genannt. Er war Mitbegründer der Fotoagentur *Sygma*, die er nach dem Alma-Crash endgültig verließ. Für diese namhafte Agentur, die inzwischen nicht mehr existiert, hat auch Jacques Langevin gearbeitet, einer der sieben Fotografen, die in der Nacht, als sich das Drama im Alma-Tunnel ereignete, von der Polizei dort festgenommen wurden.

Mohammed Al-Fayeds Rechtsanwälte hatten beim Untersuchungsrichter die Überprüfung von James Andansons Alibi für die Nacht vom 30. auf den 31. August 1997 beantragt. Der Verdacht seiner privaten Fahnder beruhte auf deren Kenntnis von Andansons Persönlichkeit, vor allem aber auf einer sehr konkreten Tatsache, die tatsächlich eine Überprüfung nahelegte: Der Fotograf besaß einen weißen Fiat Uno! Andanson war außerdem einer der »Anführer« bei der Berichterstattung über Dianas und Dodis Techtelmechtel an Bord der *Jonikal* gewesen. Chris Lafaille, Exjournalist bei *Paris Match*, hat ihn gut gekannt und sagt über ihn: »Er war ein absoluter Profi, ein Mann ohne Glaube und Gesetz – es sei denn das Gesetz des Journalismus.« Andanson lebte seinen Beruf mit echter Leidenschaft und war fähig, in der Nacht von einem Ende Frankreichs ans andere zu fahren, um immer an Ort und Stelle zu sein und am nächsten Tag bereits in den frühen Morgenstunden mit der Arbeit beginnen zu können. Er kannte alle und jeden, und seine Society-»Kunden« wollten sich von keinem anderen als ihm fotografieren lassen. Chris Lafaille erinnert sich: »Andanson brüstete sich gern damit, wenn er wieder mal einen Coup gelandet hatte, wie zum Beispiel, dass er sich unverfroren zu Pierre Bérégovoy, damals französischer Premierminister, ins Auto schmuggelte und mit ihm mitfuhr, obwohl sie sich zuvor nicht kennengelernt hatten. Und so hatte er dann später das Monopol auf Fotos von Bérégovoy. Er war ein richtiger Draufgänger. Aussehen tat er wie ein einfacher und ehrlicher Bauer, damit nahm er die Leute für sich ein. Er führte mit seinem Beruf ein Doppelleben.«

Das private Ermittlerteam Al-Fayeds um Kommissar Pierre Ottavioli, den ehemaligen Leiter der Kriminalbrigade und danach der gesamten Pariser Kripo, interessierte sich nicht deswegen für Andanson, weil dieser einen weißen Fiat Uno besaß. Es war umgekehrt: Weil sie Gründe sahen, über James Andanson Nachforschungen anzustellen und Beweise für dessen Verbindung zu der Affäre zusammenzubringen, stießen sie darauf, dass sein Auto von Modell und Farbe her haargenau auf die Beschreibung der Fahnder passte. Nicht, dass Mohammed Al-Fayeds Detektive von der Beteiligung dieses Fahrzeugs an dem Unfall überzeugt gewesen wären, doch sie schafften es auf diese Weise, die Aufmerksamkeit auf eine Schlüsselfigur in der Affäre zu lenken. Mehrere Diana-Fotos Andansons waren in der französischen Presse veröffentlicht worden. Al-Fayeds Gruppe hatte ihn unter anderem im Visier, weil sie ihn verdächtigte, seit dem Sommeranfang ein doppeltes Spiel betrieben zu haben. Für die Kriminalbrigade allerdings war sehr wohl sein weißer Fiat Uno der Anlass, aus dem sie ihn unter die Lupe nehmen mussten –, um ihn dann ziemlich rasch für unschuldig zu erklären.

Martine Monteils Männer verfügten zu diesem Zeitpunkt bereits über exakte Gutachten zu den Farbspuren, die man bei den Überprüfungen in Rosny-sous-Bois an dem Mercedes gefunden hatte. So nahmen sie die erforderlichen Vergleichsuntersuchungen mit der Farbe von Adansons Fiat vor und entschieden, dass der Fotograf unschuldig sei, obwohl der Wagen, wenn man sich ihre Darlegungen genauer ansah, sämtlichen Suchkriterien entsprach. So hieß es in dem Richter Stephan vorgelegten Bericht, Andansons Auto, welches vor kurzem umgespritzt in einer Werkstatt in Châteauroux aufgefunden worden war, sei von Sachverständigen einer Begutachtung unterzogen worden. »Die Vergleichsanalyse der typischen Infrarotspektren der Originalfarbe des Fahrzeugs, Bianco 210, und der am Rückspiegel des Mercedes gefundenen Farbspur ergab identische Absorptionsspektren. Das Gleiche galt für die an der Tür des Mercedes gefundenen Farbspuren und das schwarze Polymer von den Stoßstangen des Fiat.« Für die unverständlichen Konsequenzen, die daraus gezogen wurden, konnte es nur zwei Erklärungen geben: Entweder glaubte die Kriminalbrigade nicht wirklich an einen Zusammenstoß mit einem Kollisionsfahrzeug und wusste, dass die in dem Gutachten beschriebenen technischen Merkmale an sehr vielen Fahrzeugen der Marke Fiat Uno zu finden waren. Oder aber sie wollte James Andanson aus der Sache heraushalten. In diesem Fall war man natürlich versucht, mehr über die Verbindungen des Gesellschaftslöwen Andanson und über seine »Nebenjobs« zu erfahren – ein Thema, über das es viel zu sagen und zu schreiben gäbe.

Der König der Paparazzi und sein Auto

Andanson war keineswegs eine harmlose Figur. Das Wohlwollen der offiziellen Ermittler ihm gegenüber trat deutlich hervor, als es um die Überprüfung seiner Aktivitäten in der Nacht des Unfalls und um die Bewertung seines Alibis ging. Er behauptete, den Abend zu Hause in Lignières (Departement Cher) verbracht zu haben, wo er mit seiner Familie auf einem großen Grundstück wohnte, auf dem er kurz zuvor ein Herrenhaus aus Quadersteinen hatte erbauen lassen. Im Ermittlungsprotokoll wurde diese Aussage auch so festgehalten, wobei Andanson präzisierte, dass er seinen Landsitz am Morgen des 31. August gegen 5.30 Uhr verlassen habe, um nach Orly zu fahren. Dort sollte er ein Flugzeug nach Korsika nehmen, wo eine Fotosession mit seinem Freund Gilbert Bécaud auf dem Programm stand. Doch dies brauchte Andanson, den rasenden Reporter, nicht gehindert zu haben, in der Zeit vor fünf Uhr morgens die Strecke Lignières-Paris hin und retour zurückzulegen, sodass er im Moment des Unfalls vor Ort in der Alma-Unterführung und weniger als fünf Stunden später wieder zu Hause gewesen wäre. Mit dem Motorrad zum Beispiel betrug

die Fahrtzeit gerade mal eineinhalb Stunden. Wie es nun schon oft gewesen war, stieß ich beim Lesen der Ermittlungsakten auf eine gegensätzliche Zeugenaussage. Sie kam von James Andansons eigenem Sohn. Dieser dürfte keinerlei Grund gehabt haben, seinem Vater schaden zu wollen, dem er es verdankte, Motorsport betreiben zu können und an Formel-3-Wettbewerben teilzunehmen, wobei er dank dessen Beziehungen von der Firma Elf gesponsert wurde. James Andanson jr. hatte am 12. Februar 1998 gegenüber den Ermittlern die Aussage gemacht, dass sein Vater in der Nacht vom 30. auf den 31. August nicht zu Hause gewesen sei und dass er den nächsten Tag bei der Weinlese im Gebiet Bordeaux verbringen sollte! Elisabeth Andanson, die dagegen das Alibi ihres Mannes bestätigte, hat mir bei unserer Begegnung am 28. November 2001 erzählt, dass ihr Mann erst gegen 5.15 Uhr morgens durch eine Kurznachricht im Radio von dem Unfall erfahren habe, er habe dann sofort bei *Sygma* angerufen, dass die Agentur aufmachen solle, doch dort habe man unter dem Vorwand abgelehnt, man müsse die normalen Bürozeiten abwarten …
Ich habe versucht, mit dem *Sygma*-Chef Hubert Henrotte über dieses wenig glaubwürdige Alibi zu sprechen. Er gab mir energisch zu verstehen, dass es für ihn nicht in Frage käme, sich zu irgendetwas, das mit der Affäre Diana zusammenhing, zu äußern. Es lag auf der Hand, dass beiden auch über vier Jahre nach dem Crash das Pflaster noch zu heiß war. Es fällt einem schwer zu glauben, dass die Agentur *Sygma* sich unter den sehr speziellen Umständen jener chaotischen Nacht, in der einer ihrer Fotografen, Jacques Langevin, in Polizeigewahrsam genommen wurde, geweigert hätte, das Büro vor der üblichen Zeit aufzumachen. Alle internationalen Agenturen hatten augenblicklich mobil gemacht, Fotos waren bereits im Internet im Umlauf. Und da sollte James Andanson, der König der Paparazzi, in aller Ruhe zu Hause geschlafen haben, während alles in Aufruhr war, und niemand sollte ihn über die Ereignisse verständigt haben, bevor er das Radio anschaltete? Er, der dem Paar an

der Côte d'Azur nicht von der Pelle gewichen war – er sollte es als der letzte von allen Kollegen erfahren haben?
Diese unwahrscheinliche Version wird in der Tat durch James Andansons eigene Worte widerlegt! Beim Lesen der Ermittlungsakte entdeckte ich die erste Aussage des Starreporters, der von einem Offizier der Kriminalbrigade telefonisch befragt worden war. Einmal mehr lieferte mir die Ermittlungsakte, ein unangreifbares Dokument, eine hochwichtige Information, die man stillschweigend in der Versenkung hat verschwinden lassen. Am 11. Februar 1998 hatte Polizeileutnant Éric Gigou aufgrund eines Ermittlungsauftrags des Untersuchungsrichters bei James Andanson angerufen, um mit ihm einen Termin für eine Vernehmung zu vereinbaren. Dieser fertigte ihn ziemlich schroff ab, er verstehe gar nicht, was man von ihm wolle, und versuchte seinen Gesprächspartner mit einer Anspielung auf seine Beziehungen zu beeindrucken. Den Mann von der Kripo ließ das aber kalt, und er sprach Andanson auf seinen Fiat Uno an. Andanson behauptete, diesen im Juni 1997 verkauft zu haben, und erklärte, um dem Gespräch ein Ende zu setzen, dass er mit dem Unfall in der Alma-Unterführung überhaupt nichts zu tun habe, denn er habe sich in der Nacht vom 30. auf den 31. August 1997 in Saint-Tropez aufgehalten!
Dass Andanson von jedem Verdachtsmoment freigesprochen wurde, zeigte jedenfalls, dass der Fotograf gute Gründe hatte, sich unangreifbar zu fühlen. Das Team um Kommissar Ottavioli hatte das Nachsehen: Andanson hielt sich zu Recht für geschützt, und es schien keinen Spielraum zu geben, um etwas dagegen auszurichten.
Gerade diese Episode der Affäre veranlasste Mohammed Al-Fayed, sich die Frage nach den wirklichen Motiven zu stellen, die hinter dem französischen Ermittlungsverfahren standen. Denn eigentlich war Andanson bis ins letzte Detail über die Romanze zwischen Dodi und Diana informiert, und bisher hatte offenbar nichts ihn von diesem Stoff losreißen können, auch nicht eine Serie mit – übrigens ganz alltäglichen – Fotos des Sängers Gilbert Bécaud.

Kommen wir zu Dodis und Dianas letzten Tagen am Mittelmeer zurück. Andanson ließ sich durch nichts davon abhalten, ihnen auf den Fersen zu bleiben. Er stürzte sich in erhebliche Kosten, indem er ein Boot charterte, um der *Jonikal* zu folgen. Der Bootskapitän Guy Anser machte eine sehr aufschlussreiche Aussage in einem vom 14. November 1997 datierenden Brief, der der Ermittlungsakte beigefügt ist. Er erzählte hier, wie er in Richtung Portofino segelte, mit einer abenteuerlichen Mannschaft an Bord, die aus mehreren Fotografen bestand, darunter natürlich auch deren »Anführer« James Andanson, der von seinem Sohn James jr. begleitet wurde. Andanson hatte einige Kollegen aufgetrieben, mit denen er sich die Kosten für das Boot teilte. Eines Abends, in dem kleinen Hafen La Spezia, schnappte sich Andanson den elektrischen Lautsprecher, stellte ihn auf die maximale Lautstärke ein und deklamierte in einem Singsang: »Ich bin aus Paris, / Und folge seit Paris / Diana und Dodi. / Freunde aus Italia / Es sind Fotos da. / Von der Isola Elba / und jetzt fahren wir nach Paris, / und treffen wieder Diana und Dodi …« Was aus diesem Bericht hervorgeht, war – abgesehen von einer in dem Zusammenhang eher etwas merkwürdigen Neigung zum Übermut – die Verbissenheit, mit der Andanson seine Fotojagd betrieb, vor allem seine Absicht, dem Paar, welches Kurs auf den letzten Zielort nahm, auf den Fersen zu bleiben. Er kündigte über einen plärrenden Lautsprecher an, dass er sich ihnen »in Paris«, der letzten Station, die der Pressedienst der Prinzessin gerade den Agenturen mitgeteilt hatte, wieder anschließen würde. Nach diesem Brief fiel es einem schwer, sich Andanson vorzustellen, wie er friedlich in Lignières saß, während in Paris ein so besonderer Tag mit Diana und Dodi bevorstand.

Glaubte man den Äußerungen der anderen Fotografen, so soll niemand den König der Paparazzi am 30. August 1997 in Paris gesehen haben. Hatte nicht übrigens die Agentur *Sygma* einen anderen Reporter schicken müssen, um Fotos von diesem Abend zu bekommen, nämlich den Pechvogel Jacques Langevin? Es ließ sich jedoch

nicht ausschließen, dass James Andanson in Wirklichkeit am Ball geblieben war, dass er aber im Alleingang arbeiten wollte: Ein kleines Privatgeschäft, ohne Verbindung zur Agentur *Sygma*, der er nicht mehr sonderlich nahe stand (er wechselte gleich nach dem Crash zur Agentur *Sipa*). Ein gut informierter Agenturjournalist »steckte« mir, dass »ein paar Bullen« sagten, sie wüssten, dass Andanson in der betreffenden Nacht in Paris gewesen sei. Dies war haargenau jene Art »Insider-Information«, die allen bekannt ist, über die man sich jedoch nur in Andeutungen und mit augenzwinkerndem Einverständnis unterhält. Meine Überzeugung, dass Andanson irgendetwas im Alma-Tunnel zu tun gehabt hat und »man« deswegen bemüht war, zu verschleiern, dass er vor Ort gewesen war, beruht hingegen auf einem nun schon ziemlich lange zurückliegenden Gespräch mit meinem Freund Frédéric Dard.
Frédéric Dard war der Schöpfer des beliebten Krimikommissars San-Antonio und hätte dieser selbst in Person sein können. Hinter den gewagten Scherzen, tolldreisten Wortkreationen und ätzenden Karikaturen, die für seine Romane typisch waren, entfaltete Frédéric Dard eine zynische, aber von Gerechtigkeitssinn bestimmte Beobachtungsgabe für die unaufrichtige Welt, in der wir leben. Eine Gesellschaft, in der sich die »kleinen Leute«, zu denen er selbst einmal gehört hat, immer in Abhängigkeit von irgendwelchen Mächtigen befinden, die ihr Vermögen auf zweifelhafte Art und Weise erworben haben. Er besaß konkrete Kenntnisse über diese »andere Welt« und hatte einige »Zugangspforten«, um Zutritt zu ihr zu bekommen, nämlich sein Chalet in Gstaad und seine Appartements in Marbella. An einem dieser beiden Urlaubsorte, die er abwechselnd aufsuchte, muss er dem berühmten Waffenhändler Adnan Khashoggi begegnet sein, also dem Onkel von Dodi Al-Fayed und Exschwager von Mohammed Al-Fayed, neben anderen Besitzern weltumspannender Vermögen, die auf ihn eine morbide Faszination ausübten. Dard liebte die Mächtigen ebenso wie die zwielichtigen Figuren, von denen es um sie herum wimmelte. Er

beobachtete sie und sog diese Atmosphäre in sich auf, wobei immer wieder ein Plot für einen seiner zahlreichen Romane entstand. Unter den ausgelassenen Individuen, mit denen er Umgang pflegte, gab es einen, den er besonders für seine ausgefallenen Abenteuergeschichten schätzte, die sich um prominente Persönlichkeiten drehten, und der sein persönlicher Fotograf geworden war: James Andanson. Von dem berühmten Paparazzo stammt übrigens ein häufig abgebildetes Porträt von Frédéric Dard. Es zeigt diesen, das Kinn auf die gefalteten Finger gestützt, die blauen Augen direkt in die Kamera blickend. Ein Foto, das vielleicht in Marbella entstanden ist, dem Andanson beharrlich seine Besuche abstattete, denn diese Ecke Spaniens bot ständig Partys, für die sich die Regenbogenpresse interessierte, und Möglichkeiten, sich mit einem Fotoapparat als Visitenkarte in die »große Welt« hineinzuschmuggeln. Mag sein, dass Andanson auch 1985 anwesend gewesen ist, als Adnan Khashoggi in Marbella zu seinem 50. Geburtstag ein denkwürdiges Fest auf seinem 2000 Hektar großen Landsitz »La Baraka« veranstaltete, bei dem sich der ganze europäische Jetset und die Crème de la Crème des Showbusiness und der Geschäftswelt trafen. Khashoggi befand sich damals auf dem Gipfel seiner Macht. Mit dem Exmann seiner Schwester, dem Geschäftsmann Mohammed Al-Fayed, der eine Zeit lang in seinen Diensten gestanden hatte, kam es des Öfteren zu heftigen Unstimmigkeiten.
Während eines Essens, bei dem dem Alkohol eifrig zugesprochen wurde, befleißigte sich Andanson einer Übung, die »Kommissar San-Antonio« ganz besonders schätzte: Er begann wieder einmal, Frédéric Dard von den ungewöhnlichen Abenteuern zu erzählen, in die er im Verlauf seiner Karriere geraten war. An jenem Tag drehte sich seine Geschichte um Dianas letzte Tage und den Crash im Alma-Tunnel – in den Augen Frédéric Dards ein Rätsel aus einer unwirklichen Welt. Seitdem reifte in ihm ein Romanprojekt heran. Sein Tod im Juni 2000 durchkreuzte unglücklicherweise dieses Vorhaben. Bei einem anderen Essen im Jahr 1998, bei dem der Alkohol

mit Sicherheit weniger reichlich floss, stellte mir Frédéric Dard, der über seiner Geschichte »brütete«, die Frage: »Kennst du Andanson, meinen Fotografen? Das ist ein unglaublicher Typ. Er war im Alma-Tunnel, du weißt schon, als Lady Di gestorben ist!« Ich erinnere mich kaum mehr an die brillanten Bemerkungen über Diana, zu der er direkt im Anschluss abschweifte, und dies tut mir heute noch leid. Am meisten aber bedauere ich mein relatives Desinteresse an dieser Begebenheit, über die er sich, nachdem von mir keine besondere Reaktion kam, nicht weiter ausließ. Er wechselte das Thema, und erst viel später, 2001, fragte ich seine Ehefrau Françoise, ob sie eine Erinnerung an irgendwelche vertrauliche Mitteilungen Frédérics über James Andanson habe: »Ja, er war dort. Er hat uns gesagt, dass er dort war. Mit dem Motorrad. Er hat sich rechtzeitig davongemacht, weil er schlau war. Unmöglich, dass er Selbstmord begangen hat. Wir glauben nicht daran!« Françoise Dard, die mit all diesen Geschichten nichts zu tun hatte, hatte hier in wenigen Worten spontan einen Bezug zwischen dem tragischen Ende des Fotografen James Andanson und seiner Anwesenheit im Tunnel während jener verhängnisvollen Nacht hergestellt! Ich komme später noch auf den höchst suspekten Tod Andansons zurück, den Mohammed Al-Fayed mit voller Berechtigung sogleich für seine Zwecke genutzt hat. Françoise Dard hatte mir hier etwas enthüllt, das mir bislang entgangen war: Andanson war *mit dem Motorrad* unterwegs gewesen! Dieser Umstand, zu dem ich keine weiteren Details erfahren sollte, war geeignet, Licht auf den Hergang jenes Abends zu werfen. Außerdem konnte damit Andansons Fiat Uno ausgeschlossen werden, so wie ihn auch die Kriminalbrigade aus ihrem wenig wahrscheinlichen Fahndungsszenario gestrichen hat. Andanson hatte sich also in Paris aufgehalten. Niemand gab offiziell zu, ihn gesehen zu haben, doch zur gleichen Zeit hieß es, der König der Paparazzi habe in einem privaten Gespräch verlauten lassen, dass es ihm gelungen sei, aus dem Alma-Tunnel zu entkommen, bevor ihn jemand erkannte. Die Anwesenheit eines Motorradfahrers, der nach dem Crash das Weite ge-

sucht haben soll, war in den Zeugenaussagen leicht wiederzufinden, manche erwähnten sogar mehrere Motorräder. Dagegen stimmt einen das Verhalten von Andanson, der manchmal, etwa auf Guy Ansers Schiff, so überschäumend sein konnte, nachdenklich: Es erinnert an das Verhalten einer Raubkatze, die sich unbemerkt anschleicht und den richtigen Moment abwartet, um zuzupacken.
Zu sagen, dass überhaupt niemand einen Hinweis auf Andansons Anwesenheit in Paris am 30. August 1997 gegeben hat, wäre falsch. Im Magazin *VSD* vom 17. August 2000, welches Lady Di drei Jahre nach ihrem Tod ein umfangreiches Feature widmete, hieß es: »Als am 30. August ein Privatjet mit Dodi und Diana an Bord in Le Bourget landet, ist Andanson der Hartnäckige bereits da.« Als ich mich im Dezember 2001 mit der Zeitschrift in Verbindung setzte, konnte mir dort niemand sagen, woher diese Information gekommen war. Sandra Tosello, eine der beiden Autorinnen, gab mir den Rat: »Rufen Sie bei *Sipa* an, mit denen können Sie über Andanson sprechen. Er hat für den britischen Geheimdienst gearbeitet, alle wussten das. Er hat sich damit wichtig gemacht.«
Andansons Persönlichkeit erschien mir immer komplexer, je weiter ich mit meinen Nachforschungen vordrang. Die Auskunft über seine vorgeblichen Verbindungen zu einem der britischen Geheimdienste sollte jedenfalls in der Folge nie eindeutig dementiert werden. Die Berichte, die ich über seine Person sammelte, strotzten alle vor Hinweisen, die in dieselbe Richtung gingen. Kein Wunder, dass dieser Typ Frédéric Dard so interessiert hatte! Göksin Sipahioglu, der Leiter der Presseagentur *Sipa*, sollte mir niemals eine positive Antwort auf meine Bitte um ein Gespräch geben. Wobei ich Verständnis dafür habe, dass zweideutige Aspekte der Tätigkeit mancher Fotografen nicht gerne vor der Öffentlichkeit ausgebreitet werden. Abgesehen davon war auf *Sipa Press* ein Jahr vor meiner Nachfrage ein handfester Überfall verübt worden, bei dem Fotos, Disketten und Computer verschwanden. Die Tat fand am 16. Juni 2000 statt, also eineinhalb Monate nach

Andansons Tod, und niemand schien eine Verbindung zwischen den beiden Vorfällen auszuschließen. Vervollständigt wurde die Liste der nie aufgeklärten Einbrüche jenes Sommers 2000 wenige Wochen später durch einen »Besuch«, der den Büroräumen des Magazins *Hola* an den Champs-Élysées, für das Andanson ebenfalls gearbeitet hatte, abgestattet wurde.

Andanson wurde zwar der König der Paparazzi genannt, offiziell war er aber kein Paparazzo. Er war darauf bedacht, sich ein gutes Verhältnis zu seiner betuchten Klientel zu erhalten. Seine »Spezialität« bestand darin, drei Monate im Voraus mit den Stars Termine in Gstaad oder Saint-Tropez zu vereinbaren; dort machte er Reportagen, die weggingen wie warme Semmeln. Einerseits war er der nette »Onkel Fotograf«, der nach Hause kam, um Fotos von den Kindern zu machen, andererseits der Paparazzo, dessen Fotos die Signatur »DR (Rechte vorbehalten)« trugen, was ihm erlaubte, anonym zu bleiben. Er brachte *Sygma* eine Stange Geld ein. Ein Agenturjournalist vertraute mir an, dass sich Andanson manchmal vor anderen Fotografen eines Vorgehens rühmte, zu dem er griff, wenn er einen Termin mit wichtigen Persönlichkeiten hatte: Er schnitt das Gespräch mit. Das erlaubte ihm zum einen, mit seinen Husarenstücken anzugeben, zum anderen dienten ihm diese Aufzeichnungen als Sicherheit. In ihrer Hommage an Andanson brachte die Zeitschrift *Paris Match*[32] eine bewegende Erinnerung an den Reporter, wie er im Sommer in Saint-Tropez auf der Terrasse der berühmten Gorilla-Bar saß. Um zehn Uhr morgens hatte er bereits »vier Stunden Arbeit hinter sich, während seine Kollegen nach einer turbulenten Nacht gerade einmal so langsam auftauchten«, erzählte Laurence Masurel und fuhr fort: »Man kam behängt wie ein Alpinist daher, das heißt, man schleifte kiloweise Gerät, Apparate, Objektive und seinen Kassettenrecorder mit sich, auf dem man alles aufzeichnete ...«

Andanson hatte seine Karriere mit dem Verkauf der Sportzeitschrift *L'Équipe* an der Strecke der Tour de France begonnen. Er war sehr stolz darauf, dass er es zu etwas gebracht hatte und auf eine gute Anzahl nützlicher Beziehungen zurückgreifen konnte. Er stand Politikern der Linken, aber auch der Rechten nahe. Er flog mit Charles Pasqua nach Russland, der sich dort mit einem Gegner Wladimir Putins, General Alexander Lebed, traf, welcher am 28. April 2002 bei einem Hubschrauberunfall ums Leben kam. Ein Foto, auf dem er mit Lionel Jospin als Beifahrer auf seinem Motorrad posiert, ist während der Präsidentschaftskampagne 2002 durch die Redaktionen gegangen. Andanson hatte über seine Tätigkeit als Fotograf außerdem zahlreiche Beziehungen zur Geschäftswelt. Ob zu Recht oder zu Unrecht – diese Nähe interessierte jedenfalls auch den französischen Verfassungsschutz (RG). Gewisse unsignierte interne Berichte des RG deckten im Lauf des Jahres 2002 auf, dass er mit Jacques Monsieur, einem ehemaligen Offizier des belgischen militärischen Geheimdiensts, der sich dem internationalen Waffengeschäft zugewandt hatte, gut bekannt gewesen war. Monsieur, der inzwischen von der Justiz gesucht wird und sich als Gefangener oder Flüchtling im Iran aufhält, taucht in einer der unzähligen Verästelungen des Elf-Skandals auf, insbesondere in Zusammenhang mit den Verwicklungen im Kongo.[33] Kann man von einem Zufall sprechen, wenn man erfährt, das sich Jacques Monsieur 1993 in Frankreich angesiedelt hat, und zwar ausgerechnet in Lignières auf einem Nachbargrundstück neben James Andanson?

Seit dem 4. Mai 2000 weilt James Andanson nicht mehr unter den Lebenden. In der Nacht wurden seine verkohlten Überreste am Steuer seines ausgebrannten BMW in einem kleinen Wald unweit des Dorfes Nant auf dem Larzac-Plateau im Département Hérault aufgefunden, mitten in einem militärischen Sperrgebiet, 400 Kilometer von seinem Haus entfernt. Der Fahrzeugmotor war geschmolzen, als hätte er unter der Einwirkung eines Flammenwerfers gestanden. Man vermutete – so die erste Sachverhaltsfeststellung –, dass es sich bei dem Toten um Andanson handelte. Von diesem war nicht mehr übrig geblieben als einige Skelettteile, die in einem Schuhkarton Platz gehabt hätten. Eine eingehende DNS-

Analyse, zu der ich keinen Zugang bekam, war nötig, um die Leiche zu identifizieren. Die offizielle Version lautete auf Selbstmord. Später wurde seinen »sterblichen Überresten« eine letzte kurze Einäscherung zuteil, wonach die Asche über den Rosensträuchern seines Grundstücks verteilt wurde. Das Großinstanzgericht von Millau hielt in seinem Urteil vom Mai 2001 fest, James Andanson habe einen Kanister Benzin gekauft, dessen Inhalt über seinen eigenen Körper ausgeleert, dann habe er die Autotüren geschlossen und sich in Brand gesteckt. So sei er innerhalb kürzester Zeit auf seinem Autositz zu Tode gekommen. Die Polizei teilte seiner Witwe diese »amtliche« Version mit, welche jedoch durch keinerlei testamentarischen Brief Andansons, in dem er einen Selbstmord angedeutet hätte, belegt wurde. Elisabeth Andanson, der damals nachdrücklich nahe gelegt wurde, diese Version in Gesprächen nicht in Zweifel zu ziehen, schien bereits weniger sicher darüber, als ich mich im November 2001 mit ihr traf. Sie sagte mir, dass sie die Polizei gefragt habe, wie sich erklären ließe, dass ihr Mann 400 Kilometer weit weg gefahren sei, um sich umzubringen. Man hatte ihr mit größtem Ernst geantwortet, die Polizisten hätten bei ihren Nachforschungen erfahren, dass James Andanson ein Irland-Fan war. Da sie festgestellt hätten, dass die Landschaft auf dem Larzac-Plateau an manchen Stellen an irische Landschaften erinnerte, hätten sie daraus gefolgert, er habe dies für den idealen Ort gehalten, um Selbstmord zu begehen. Die französische Presse, ansonsten immer schnell bereit, wenn es darum ging, Unstimmigkeiten in den Behauptungen von »Verschwörungstheoretikern« aufzudecken, fand hieran nichts auszusetzen – das war's, weiter kam nichts mehr. Gegenüber einigen ihrer hochverehrten Vertreter ist es übrigens immer noch tabu, über Andansons Tod zu sprechen.

Die deplatzierte Fahndung nach dem Fiat Uno hatte den Vorteil, dass sie den Privatdetektiven den Weg zu bestimmten Protagonisten der Geschichte bahnte, die andernfalls den Blicken verborgen geblieben wären. Was den Fiat Uno an sich betraf, so bedurfte es der ganzen Autorität der Kriminalbrigade, um ihm eine Rolle in dem Unfall zuzuschreiben. Es ist übrigens interessant zu vermerken, dass Jean-Pierre Chevènement – zum Zeitpunkt des Geschehens französischer Innenminister und sonst immer sehr zurückhaltend mit Kommentaren zu der Angelegenheit – Anfang 2004 gegenüber *Paris Match*[34] eine Äußerung machte, die überraschend erscheinen mag. Die Diana-Affäre begann damals aus dem eisigen Fegefeuer aufzutauchen, in das die offizielle Version sie verbannt hatte. Chevènement erwiderte Laurence Masurel, die ihn gefragt hatte, ob die Beteiligung eines Fiat Uno ein Indiz darstellen könnte, welches ein neues Untersuchungsverfahren rechtfertigen würde, ohne Umschweife: »Ich denke nicht. Wenn dieses Fahrzeug existiert hat, was ich nicht glaube, so kann ich schwerlich ersehen, wie es als Werkzeug für einen vorsätzlichen Mord hätte eingesetzt werden können, so wie manche sich das vorstellen. Es ist unverständlich, wie es gehen soll, dass dieses kleine Fahrzeug den sehr schnell fahrenden Mercedes überholt. Oder, wenn es vor ihm fährt, dass es sich querstellt und dann trotzdem selbst einem Zusammenprall und Unfall entgeht.« Vernünftige Erklärungen, aus denen sich zumindest ein strikter Standpunkt und ein nicht weniger bemerkenswerter Widerspruch zu den Versicherungen der Kriminalbrigade ersehen lässt. Ich habe vergeblich versucht, Jean-Pierre Chevènement persönlich zu treffen; schließlich hat er mir am 13. Dezember 2005 ein kurzes telefonisches Interview gewährt. Ich befragte ihn über seine dienstlichen Verbindungen zur Kriminalbrigade und die Anzahl der Untersuchungsverfahren, die zur damaligen Zeit tatsächlich betrieben wurden, wobei ich ihn auch fragte, wer diese Untersuchungen in Auftrag gab. Ich begriff sofort, dass ich von ihm keine vertraulichen Mitteilungen erhalten würde und bestenfalls »ex negativo« eine Information erschließen könnte. Es wurde auf die verstrichene Zeit hingewiesen, um die Ungenauigkeit der Antworten zu erklären. Der ehemalige Minister gab mir zu verstehen, dass er sich nicht mehr erinnern könne, was er *Paris Match* zwei

Jahre zuvor gesagt habe: »Das ist schon alles weit weg von mir. Acht Jahre sind vergangen, ich habe zu keiner Quelle mehr Zugang, meine Akten sind natürlich beim Innenministerium und bei der Polizeipräfektur verblieben.« Dann sagte er mir, um direkt zur Sache zu kommen und es kurz zu machen: »Damals sah ich mich nicht versucht, die Berichte, die mir vorgelegt wurden, in Zweifel zu ziehen.« Seine einzige Quelle für Informationen über den Fall waren anscheinend die Berichte der Kriminalbrigade gewesen: »Ich habe die Protokolle gelesen, ja, und ich habe gesehen, dass Herr Al-Fayed versucht, die Sache in eine andere Richtung zu biegen als diejenige, in welche die Berichte gingen, aber anhand welcher Beweise, das war mir nicht bekannt. Ich kann Ihnen also keine Auskunft geben, es tut mir unendlich leid.« Ich probierte ein letztes Mal, von ihm einen Hinweis auf eventuelle andere Ermittlungen zu bekommen, von denen die Öffentlichkeit nichts erfahren hatte: »So aus dem Handgelenk kann ich Ihnen keine Antwort geben. Vielleicht hat es andere Untersuchungen gegeben, mir ist jedoch nichts in Erinnerung. Ich kann Ihnen keine bessere Information geben.«
Was ich hier festhalten möchte, sind eigentlich nur zwei Punkte: die Distanziertheit Jean-Pierre Chevènements gegenüber den Erkenntnissen der Kriminalbrigade und die abwartende Haltung, die er während der ganzen Affäre einnahm. Was seine Gedächtnislücken betrifft, so wird ihm diese nach dem schweren Anästhesieunfall, dessen Opfer er bei einer Gallenblasenoperation im Val-de-Grâce-Krankenhaus am 2. September 1998, also ein Jahr nach dem Geschehen im Alma-Tunnel, wurde, keiner zum Vorwurf machen. Durch eine allergische Reaktion auf das Curare, welches als Betäubungsmittel benutzt wurde, soll es zu einem 55 Minuten dauernden Herzstillstand gekommen sein, wonach er in ein mehrtägiges Koma verfiel. Jean-Jacques Queyranne, der als Interimsminister vorläufig an der Place Beauvau seine Vertretung übernahm, hat sich in der Folge auf den Pariser Polizeipräfekten Philippe Massoni gestützt, um »die Kontinuität des staatlichen Vorgehens zu gewährleisten«.

Die Blutproben-Affäre

Die »nachweisliche« Trunkenheit des Gelegenheitsfahrers der Ersatzlimousine entwickelte sich im Laufe des Ermittlungsverfahrens zur Trumpfkarte der Anhänger der Unfalltheorie. Henri Paul war für die Ermittler ein umso willkommenerer Sündenbock, als er eine recht schätzenswerte Eigenschaft besaß: Er war tot. Gleich nach dem Unfall wurde sein Körper aus den Händen der Sanitäter anderen Stellen übergeben, auf die die Politik mehr Einfluss hatte: die Polizeipräfektur und das ihr direkt unterstehende gerichtsmedizinische Institut von Paris. Auf Letzteres konzentriert sich die Aufmerksamkeit derjenigen, die in dieser geschlossenen Institution das neuralgische Zentrum sehen, ohne jedoch zu wagen, das als Arrangement zu bezeichnen.

Die öffentliche Meinung war nachhaltig von der ersten Version geprägt worden, die ihr in allen Medien vorgebetet worden war: Es habe eine wahnwitzige Verfolgungsjagd bei 190 km/h stattgefunden, an deren Ende der Fahrer des Mercedes durch die Schuld der Paparazzi die Kontrolle über seinen Wagen verlor. Nach einer verzweifelten Notbremsung sei er mit dem Fahrzeug gegen den 13. Pfeiler des Alma-Tunnels geprallt. Bekanntlich hatte die Unfalltheorie in der Zwischenzeit unter dem Druck der Realitäten und vor allem dank der Gegenüberstellung mit bestimmten Zeugenberichten und Gutachten eine Korrektur und Umgestaltung erfahren. Nachdem man die Fotoreporter entlasten und die Geschwindigkeit auf etwa 100 Stundenkilometer »reduzieren« musste und feststellt wurde, dass der Mercedes keine Bremsspuren hinterlassen hatte, verblieb den französischen Behörden nur noch der betrunkene Fahrer als einzig wahre Erklärung für den Unfall im Alma-Tunnel. Würde sein Promillewert offiziell in Frage gestellt werden, so bräche das ganze Gebäude endgültig in sich zusammen.

Die offizielle Version besagt, dass Henri Paul im Ritz bereits Feierabend hatte, dann aber zurückgerufen wurde, um sich persönlich um den Sohn seines Arbeitgebers und Prinzessin Diana zu kümmern. Es ist 22.08 Uhr, als er anordnungsgemäß mit seinem Austin wieder bei dem Grand-Hotel eintrifft. Die Überwachungskameras nehmen ihn auf, als er seinen Wagen vor dem Haupteingang parkt. Er soll den Auftrag zur Rückkehr erhalten haben, weil durch den Auflauf der Sensationsreporter Druck entstanden ist und er das angebliche Ablenkungsmanöver mit dem »Lockvogelauto« organisieren soll. Doch die bei der Ankunft Henri Pauls an der Place Vendôme aufgezeichneten Bilder lassen keinen besonderen Betrieb erkennen. Alles ist ruhig, und Monsieur Paul betritt mit sicherem Schritt das Foyer des Ritz, um seinen Dienst wieder anzutreten, da man ihn verpflichtet hat.

An diesem Tag war niemand von der Leitung des Hotels anwesend, insbesondere nicht der Hoteldirektor Franck Klein, und so war Henri Paul speziell damit betraut, sich um die hohen Gäste zu kümmern, die er übrigens bereits in Le Bourget höchstpersönlich in Empfang genommen hatte. Es handelte sich dabei um einen protokollarischen Empfang, bei dem er das Ritz-Hotel repräsentierte. Danach war das Paar von Dodis Privatchauffeur Philippe Dourneau in dessen gepanzertem Mercedes 600 übernommen worden. Dieser hätte ihnen den ganzen Abend lang zur Verfügung stehen sollen. Henri Paul verfügte über alle erforderlichen Eigenschaften, die man in einer Schlüsselposition wie der seinen haben sollte. Selbstverständlich zählte auch Nüchternheit zu den Grundqualitäten, die in diesem Luxushotel, wo Diplomaten, Staatsmänner und Geschäftsleute jeder Art verkehrten, vorausgesetzt wurden.

Ab dem Zeitpunkt, als das Geschäftsessen, an dem Dodi – mit Diana – im Restaurant »Chez Benoît« teilnehmen sollte, abgesagt wurde, musste Henri Paul logischerweise wieder ins Ritz zurückkehren, um sich um die Rückkehr der »Turteltäubchen« zu kümmern. Die offizielle Version stützt sich hier auf die Hypothese, dass er, nachdem sein Dienst am Nachmittag beendet war, reichlich dem Alkohol zugesprochen habe. Wäre das nicht das Normalste von der Welt? Es ist Samstag, da kippt sich jeder gute Franzose am Abend einen hinter die Binde, das weiß man doch! Tatsächlich aber ist bis zum Beweis des Gegenteils niemandem bekannt, was Henri Paul wirklich in den zwei Stunden vor seiner Rückkehr zur Place Vendôme gemacht hat. Als er auf seinem Handy den Anruf empfing, der ihn ins Ritz zurück beorderte, hatte er gerade eine Bar in seinem Stadtviertel Champmeslé betreten, in der er seit 20 Jahren Stammgast war. Die Chefin des Lokals sagte aus, dass er in vollkommen normalem Zustand gewesen sei: »Wenn er betrunken gewesen wäre, hätte ich es gesehen.« Sie fügte hinzu, dass er an diesem Abend nichts getrunken habe und gewöhnlich eine Cola, ein Mineralwasser oder manchmal ein Bier bestellt habe. Angesichts der Vorwürfe gegen ihren Sohn wegen Alkoholmissbrauchs entrüstete sich Henri Pauls Mutter in *France Soir*. Die *AFP* griff ihre Äußerungen in einer Meldung auf[35]: »Geht man so mit den Leuten um? Henri war kein Trinker, er genoss das volle Vertrauen seines Arbeitgebers, er hatte keine Depressionen und war bei bester Gesundheit.« Madame Paul gab ihrer Bitterkeit Ausdruck: »Das hat mein Sohn jetzt davon, dass er die Prominenz chauffiert hat. Aber ist denn vorstellbar, dass Prinzessin Diana und Dodi Al-Fayed zugestimmt hätten, in einen Wagen zu steigen, den ein Betrunkener fährt?«

Diesem gesunden Menschenverstand wurde entgegengehalten, dass aus ihr der Schmerz der Mutter spräche, die wahrscheinlich keinen Einblick in die Lebensführung ihres Sohnes hatte. Die Exfreundin Henri Pauls nahm Kontakt mit der Presse auf, um ihrerseits darauf hinzuweisen, dass er kein Alkoholiker gewesen sei und keine Antidepressiva genommen habe. Es waren nämlich zusätzliche Hinweise aufgetaucht, dass die Gerichtsmediziner in Henri Pauls Blut das Antidepressivum Prozac (Fluoxetin) und das Beruhigungsmittel Tiaprid nachgewiesen hatten, was als belastender Umstand dargestellt wurde, obwohl über mögliche Wechselwirkungen noch keine endgültigen Erkenntnisse vorlagen und sich die Fachleute selbst noch darüber stritten. Wie dem auch sei, der Nachweis dieser Medikamente wurde als Bestätigung dafür gesehen, dass Henri Paul ein Alkoholproblem hatte – keine Chance für enge Freunde wie Claude Garrec oder für Dominique Mélo von der Universität Rennes, der den wenigen Journalisten, die ihn anhören wollten, vorhielt, er habe Henri Paul seit einem Vierteljahrhundert gekannt. Dieser sei kein »Schluckspecht« gewesen, und zudem sei er ein »sehr erfahrener« Flugzeugpilot gewesen, der 600 Flugstunden nachweisen konnte und die Zulassung für die Mirage 20 und für Geschäftsflugzeuge hatte. Gerade erst am 28. August hatte er neue Eignungstests abgelegt, das Zeugnis der DGAC (Generaldirektion für zivile Luftfahrt) über seine körperliche und geistige Eignung lag vor. Doch weder dieser Umstand noch Henri Pauls außergewöhnliche Fahrerqualitäten, die er bei Fahrtrainings der Firma Mercedes geschult hatte, konnten etwas daran ändern: Die Bluttests hatten gesprochen, und so war Henri Paul, 41 Jahre alt, an dem fraglichen Abend sternhagelvoll gewesen, punktum. Die Kripo stützte dies sogar noch mit dem Hinweis, sie habe dank der Unterstützung eines eifrigen Zimmermädchens die genannten Medikamente im Abfallkorb Henri Pauls im Ritz gefunden. Es war entschieden: Paul war chronischer Alkoholiker.

Doch war es eigentlich nötig gewesen, die Ergebnisse der Blutuntersuchung, die vor Gericht als maßgebliches Beweismittel galten, mit Hilfe solcher nebensächlichen und unzuverlässigen Beweise zu untermauern? Ich hatte Gelegenheit, mich mit dem Arbeitsmediziner zu unterhalten, der für die gesundheitliche Überprüfung der Ritz-Angestellten zuständig war. Seine Aussage lautete ganz lapidar: Henri Paul war gesund und er war kein Alkoholiker. Er fügte übrigens hinzu, dass er für alle Fälle entschieden habe, die ärztliche Akte in einem Safe zu verwahren. Weise Voraussicht, wenn man weiß, dass Dianas Akte aus dem Pitié-Salpêtrière-Krankenhaus verschwunden ist! Dieser Arzt war übrigens überrascht gewesen, niemals von den Kripo-Ermittlern angesprochen worden zu sein, als sie nach Beweisen für ihren Verdacht suchten, dass der Mercedes-Fahrer eine Entziehungskur machte. Am Tag von Henri Pauls Beisetzung in Lorient befand sich unter den zahlreichen Kränzen einer, der nicht zu übersehen war. Seine engen Freunde hatten ihn gespendet: Ein Blumenkranz, der eine stumme und unzweideutige Botschaft aussandte. Auf dem blasslila Band stand zu lesen: »Haltet uns nicht für dumm«.

Es kommt hier natürlich nicht in Frage, ein sentimentales Porträt von Monsieur Paul zu zeichnen. Man wäre damit meilenweit entfernt von dem, was er im Ritz darstellte. Er war ein Mann, der Vertrauen genoss, kompetent in der Ausführung der ihm überantworteten Aufgaben und interessiert an Nebentätigkeiten, wie sie zu den Privilegien dieses in den Luxushotels tätigen Personenkreises gehören. Das Ritz war ein renommiertes Etablissement von internationalem Rang, direkt dem französischen Justizministerium benachbart, und ein Ort, an dem Transaktionen von größter Tragweite verhandelt wurden, insbesondere im Öl- und Waffengeschäft.

Während man Diana in der Nacht vom 30. auf den 31. August im Alma-Tunnel noch mit »stabilisierenden Maßnahmen« zu retten versuchte, wurden die Leichen Dodi Al-Fayeds und Henri Pauls in das Gerichtsmedizinische Institut der Stadt Paris gebracht.[36] Ein Ort der Toten, an dem bis zum Morgen 23 Autopsien durchgeführt werden sollen. Die Hausherrin war Professor Dominique Lecomte. Um 6.45 Uhr begann sie in Gegenwart des Polizeikommandanten Jean-Claude Mulès mit den Untersuchungen an der Leiche Dodi Al-Fayeds, die bei ihrem Eintreffen im Institut unter der Kennnummer 2147 registriert worden war. Neben Blut- und Urinproben entnahm sie die – wie es heißt – »üblichen Proben«. Fotoaufnahmen wurden bei dieser Untersuchung nicht gemacht und die entnommenen Proben wurden nicht in einem versiegelten Behälter verwahrt. Dodi war lediglich einer der Insassen eines verunglückten Fahrzeugs, so will es die offizielle Version. Im Untersuchungsprotokoll, das Kommandant Mulès später erhielt, hieß es hingegen, dass Dodi unter der Nummer 2146 (und nicht 2147) registriert worden sei. Um 8.20 Uhr führte Dominique Lecomte auf Anordnung des Staatsanwalts vom Großinstanzgericht Paris, der ausdrücklich empfahl, eine Fotoserie anzufertigen, Probenentnahmen und eine Autopsie an Henri Pauls Leiche durch. Diese wurde ebenfalls unter der Nummer 2146 registriert! Auch diese Proben wurden nicht versiegelt. Im Untersuchungsprotokoll, das wieder an Mulès weitergeleitet wurde, war vermerkt, dass Henri Paul unter der Nummer 2147 eingetragen wurde. Mulès setzte diesen Verwechslungen der Referenznummern noch eins drauf, indem er in seinen Protokollen beide Nummern ein weiteres Mal umkehrte. Nachdem bereits zu Anfang ein solches Durcheinander entstanden war (weitere Unregelmäßigkeiten traten später zutage), wurde eine Blutprobe in zwei gleiche Teile geteilt. Zwei Glasröhrchen verließen also das Gerichtsmedizinische Institut, das eine wurde ans Privatlabor von Dr. Pépin und das andere ans Labor von Professor Ricordel – die von der Staatsanwaltschaft Paris mit der Analyse beauftragten Untersuchungsstellen – geschickt. Zu diesem Zeitpunkt, einem Schlüsselmoment in der »Blutproben-Affäre«, war noch kein Untersuchungsrichter bestimmt worden. Die beiden »hochsensiblen« Proben, mit denen die offizielle These von einem Verkehrsunfall steht und fällt, erhielten folgende Bezeichnung: Proben Nr. 11 und 12 – Identitätsnummern D.1306 und 1307. Obwohl es zunächst nicht sehr interessant erscheinen mag, sich diese Zahlen zu merken, ist dies im Hinblick auf die Fortsetzung ratsam. Bei den Sachverständigen, welche die Bestimmung der Blutalkoholkonzentration anhand der entnommenen Proben vornahmen, handelte es sich um forensische Gutachter, die vom Appellationsgericht öffentlich bestellt waren. Am 1. September 1997 lag der in den Proben Nr. 11 und 12 festgestellte Blutalkoholwert offiziell vor: Dr. Pépins Bericht nannte einen Ethanolspiegel von 1,74 g/l und Prof. Dr. Ricordels Analyse gab eine Blutalkoholkonzentration von 1,87 g/l an.

Beide Analysewerte lagen eindeutig weit über den gesetzlich zulässigen Grenzwerten. Das Ergebnis wurde der Presse mitgeteilt. Deren Urteilsspruch stand am nächsten Tag irreversibel in den Schlagzeilen: Dianas Fahrer war ein betrunkener Raser. Danach änderte sich ohne Grund (und ohne eine nachträglich beigefügte Erklärung, die jeden Zweifel hätte ausräumen können) die Bezeichnung der zur Begutachtung übergebenen Proben Nr. 11 und 12 – Identitätsnummern D.1306 und 1307. In Professor Ricordels Bericht war erwähnt, dass die Blutalkoholbestimmung an einer Blutprobe vorgenommen wurde, die sich in einem Glasröhrchen mit den folgenden Kennzeichnungen befand: »Probe Nr. 13 / Identitätsnummer D.822« und »X M. IML-Nr. 2147«. Dr. Pépin gab seinerseits in seinem Bericht an, dass seine Blutprobe einen Aufkleber mit den folgenden Kennzeichnungen trug: »Probe Nr. 14 / Identitätsnummer D.828 der anfänglichen Untersuchung« und »PAUL Henri – IML-Nr. 2147«.
Wie gesagt, im Gerichtsmedizinischen Institut (IML) hatte es bei den Untersuchungen und den Blut-, Urin- und »anderen üblichen Probenentnahmen« an den Leichen Dodi Al-Fayeds und Henri Pauls, bei denen Polizeikommandant Jean-Claude Mulès zugegen gewesen war, einiges Durcheinander mit der Zuordnung der Nummern 2146 und 2147 gegeben. Am 5. September machte ein von demselben Kommandanten Mulès unterzeichnetes Protokoll das Rätselraten darüber, was damals wirklich im IML geschehen war, perfekt. In Mulès neuem Bericht hieß es: »Hiermit wird festgehalten, dass bei der Abfassung des Protokolls über die Teilnahme an der ausschließlich körperlichen Untersuchung der Leiche Herrn Emad Al-Fayeds am 31. August im Gerichtsmedizinischen Institut [...] ein Fehler, nämlich der Textteil bezüglich der Probenentnahme, in den Text geraten ist, was auf eine Nachlässigkeit bei der Handhabung des Computerprogramms zurückgeht. Es handelt sich um einen standardmäßig eingespeicherten Passus, der gewöhnlich bei dieser Art von Untersuchungen verwendet

wird, mit dem Wortlaut: ›Entnommen wurde(n): Blut, Urin, andere übliche Proben‹. Hiermit wird klargestellt und bestätigt, dass bei dieser Maßnahme in Übereinstimmung mit den erhaltenen Anweisungen keine wie auch immer geartete Probe entnommen wurde. Die Gerichtsmedizinerin hat sich vielmehr auf eine körperliche Untersuchung des Verstorbenen beschränkt.« Nun war man definitiv im Zweifel hinsichtlich der von der Leiche Nummer 2147 stammenden Proben – jener Leiche, welcher auch schon einmal die Nummer 2146 zugeordnet worden war und die, wie sich aus einem Fax (des IML an Kommandant Mulès) vom 1. September ersehen lässt, auch noch auf andere Weise bezeichnet worden ist, nämlich mit dem Vermerk »X … männlich«, den man auch in Professor Ricordels Analysebericht vom 1. September wiederfindet. Auf dem IML-Fax war dieses »X … männlich« im Übrigen durchgestrichen und durch den Vermerk »PAUL Henri« ersetzt worden! Was den von Major Mulès erwähnten Fehler betrifft, der angeblich durch eine »Nachlässigkeit bei der Handhabung des Computerprogramms« zustande kam, so ähnelt diese Äußerung zu sehr den Erklärungen, mit denen Geschädigte seit Beginn des Computerzeitalters in allen möglichen Konfliktfällen abgespeist worden sind. Ich erlaube mir darauf hinzuweisen, dass der Staatsanwalt die Protagonisten dieser Affäre schließlich speziell ausgewählt hatte, weil man ihnen eine besonders hohe Kompetenz zuschrieb, dem Berühmtheitsgrad der Opfer angemessen. Dieser Bedienungsfehler bei der Erfassung am Computer wirkt umso erstaunlicher, als Mulès am 31. August 1997 für sein Protokoll, das sich auf die von Professor Lecomte an Dianas Leiche vorgenommenen Feststellungen bezieht, dasselbe Programm verwendet hat. Hier findet sich der angeblich standardmäßig eingespeicherte Probenentnahmevermerk nicht mehr …

Nun hatten also Dr. Pépin und Prof. Ricordel anhand einer Blutprobe, die von einer als »X … männlich« oder »Nr. 2146« oder »Nr. 2147« oder anders bezeichneten Leiche stammte, einen durchschnittlichen Blutalkoholspiegel von 1,8 g/l ermittelt. Über diese Vorgänge, die zumindest ungewöhnlich waren, wussten Mohammed Al-Fayeds Rechtsanwälte nicht gleich von Anfang an Bescheid, denn sie hatten zu Beginn nicht den geringsten Verdacht gegen das Gerichtsmedizinische Institut, ebenso wenig, wie sie sich zunächst vorgestellt hatten, dass sie einmal an der Objektivität des von Richter Stephan geleiteten Untersuchungsverfahrens zu zweifeln haben würden. Doch in Dominique Lecomtes vom 1. September datierten Bericht über die besagten Blutproben, der durch eine lange Reihe anderer Laborwerte ergänzt war, fand sich ein Detail, das die Anwälte stutzig machte. Sie ließen den Bericht daraufhin im November 1997 von den internationalen rechtsmedizinischen Sachverständigen Prof. Krompecher und Prof. Mangin analysieren und in alle Richtungen abklopfen. Mit dieser Analyse des Laborberichts begannen sich die ersten handfesten Zweifel breit zu machen, und man ging daran, sämtliche der Untersuchungsakte beigefügten Protokolle und Gutachterberichte gründlich unter die Lupe zu nehmen.

Bei der sorgfältigen Überprüfung des Pépin/Lecomte-Berichts stieß man auf einen anomal erhöhten Carboxyhämoglobinwert, der mit 20,7 % angegeben war. Dieser Wert bezieht sich auf ein Gas, welches als Kohlenmonoxid bekannt ist und infolge unvollständiger Verbrennung in schlecht ziehenden Kohleöfen jeden Winter Todesfälle verursacht. Mit einem solchen Laborwert hätte Henri Pauls Blut einen so ungewöhnlich hohen Anteil an Kohlenmonoxid enthalten, wie er sich gewöhnlich nur bei der Autopsie von Selbstmördern findet, die sich mit Gas vergiftet haben! Mit so viel CO-Hämoglobin in den Adern hätte der Fahrer heftige Übelkeit verspüren müssen und wäre normalerweise zusammengebrochen. Wie sollte man sich vorstellen, dass er diese Vergiftung im Ritz erlitten haben könnte, wo das Vorhandensein eines solchen Gases absolut unwahrscheinlich war, zumal weder Zeugenaussagen noch die Aufzeichnungen der Überwachungskameras auf die geringste Auffälligkeit in Henri

Pauls Verhalten hingewiesen hatten? Wenn es also nicht vor dem Unfall war, musste man dann vermuten, dass das Kohlenmonoxid im Inneren des Mercedes selbst existierte?
In dieser »Zeit der ersten Zweifel« wandten sich Mohammed Al-Fayeds Anwälte an Frau Professor Lecomte, um sie zu befragen, ob im Blut der anderen Insassen des Mercedes Kohlenmonoxid nachgewiesen worden sei. Sie erfuhren, dass Dodis Blut keinen anomalen Carboxyhämoglobinwert aufgewiesen habe (Bericht von Eisenmenger-Krompecher-Mangin vom 20. Dezember 2001). Dazu ist anzumerken, dass diese vom Gerichtsmedizinischen Institut aufgestellte Behauptung, in Dodis Blut sei kein Kohlenmonoxid gefunden worden, in krassem Widerspruch zum Bericht des Polizeikommandanten Mulès vom 5. September steht, in dem festgehalten ist, dass bei Dodi überhaupt keine Probenentnahme stattgefunden habe! Lecomte und Pépin versuchten vergeblich, die Auslösung der Airbags als Erklärung anzuführen. Es ist so, dass bei einem Airbag, wenn der Beschleunigungssensor einen gefährlichen Aufprall erkennt, ein Strom erzeugt wird, der einen Glühfaden auf 800 Grad erhitzt und innerhalb von eineinhalb Millisekunden eine pyrotechnische Treibladung vorzündet. Schwarzpulver führt zu einer Verstärkung der Verpuffung, wodurch sich innerhalb von 15 Millisekunden ein Natriumazid-Treibsatz zersetzt. Der Airbag wird durch die explosionsartige Ausdehnung des entstehenden Stickstoffs aufgeblasen. Trotzdem: Dass Henri Paul eine solche Menge Kohlenmonoxid eingeatmet hätte, konnte man sich auch dann nicht vorstellen. Er war doch fast auf der Stelle tot gewesen ... Man konnte also der Tatsache nicht ausweichen, dass diese Erklärung für den anomal hohen Kohlenmonoxidwert absolut unhaltbar war.
Ein weiterer Erklärungsversuch Dr. Pépins und Prof. Lecomtes bezog sich auf die Tatsache, dass Henri Paul Raucher war und schätzungsweise fünf bis sechs Zigarillos pro Tag geraucht hatte, doch nach Sachverständigenmeinung waren selbst bei einem sehr

starken Raucher nur Carboxyhämoglobinwerte zwischen sieben und neun Prozent möglich.
Nachdem der Rechtsanwalt der Eltern Henri Pauls sich all die Erklärungen angehört hatte, mit denen versucht wurde zu rechtfertigen, was nicht gerechtfertigt werden konnte, erstattete er im Januar 2002 wegen Falschgutachtens Strafanzeige gegen Dr. Pépin und Prof. Lecomte sowie all jene, die hier noch mitgearbeitet hatten. Rechtsanwalt Meyer wusste, dass er sich in diesem Fall auf die Arbeiten der internationalen Sachverständigen stützen konnte, welche von Mohammed Al-Fayed befragt worden waren. Seine Überzeugung, es erreichen zu können, dass diese Blutwerte offiziell in Frage gestellt wurden, war so groß, dass er nicht im Geringsten auf die gerichtliche Verschleppungstaktik gefasst war, mit der man ihm begegnen sollte.
Aus dem von Prof. Patrice Mangin, dem Leiter des Gerichtsmedizinischen Instituts der Universität Lausanne erstellten »Sachverständigengutachten über die Begutachtung von Schriftstücken« ging ganz klar hervor, dass möglicherweise die Henri Paul zugeschriebenen Proben in Wirklichkeit gar nicht von ihm waren. Dieses Gutachten war außerdem von Wolfgang Eisenmenger, Professor für Rechtsmedizin und Leiter des Instituts für Rechtsmedizin der Universität München, sowie von Thomas Krompecher, Professor für Rechtsmedizin an der Universität Lausanne, unterzeichnet worden. Bei allen dreien handelte es sich um Sachverständige, die regelmäßig mit internationalen Gutachten (Ruanda, Kosovo) beauftragt wurden und auf beruflicher Ebene alle mit Prof. Dominique Lecomte vom IML in Paris bekannt waren. In diplomatischen Formulierungen führten sie aus, ihrer Meinung nach müsse angesichts der mangelnden Exaktheit, die man bei der Entnahme der Proben, deren Kennzeichnung, Aufbewahrung und Überstellung ins Labor habe walten lassen, »die Hypothese eines Irrtums bei den Proben ernsthaft in Erwägung gezogen werden«.
Die internationalen Sachverständigen wiesen im Übrigen darauf

hin, dass Professor Lecomte in ihren Erläuterungen zum Autopsiebericht und ihrer Schlussfolgerung »keine Antwort auf die vom Untersuchungsrichter gestellten Fragen zu Gründen und Umständen« des Todes von Henri Paul gegeben hatte und dass »die Beschreibung der Probenentnahme nicht akzeptabel« sei. Ich möchte diese Bemerkungen – so staubtrocken sie erscheinen mögen – nicht unerwähnt lassen, da hier die Aussagen eines Gremiums dreier namhafter Experten bedenkliche Unregelmäßigkeiten bei der Anwendung der international gebräuchlichen Regeln zutage treten ließen: Professor Lecomtes vom 31. August 1997 datierter Bericht enthielt weder den genauen Zeitpunkt der beschriebenen Blutentnahmen noch die jeweilige Entnahmestelle noch Daten zu Menge und Volumen. Man erfuhr nichts über das Behältnis, in dem die Probenröhrchen verpackt worden waren (Plastik oder Glas, mit oder ohne Zugabe von Konservierungsstoffen), die Kennzeichnung wurde nicht erläutert und es fand sich nirgendwo ein Vermerk hinsichtlich der gesetzlich vorgeschriebenen Versiegelung in Gegenwart eines höheren Beamten der Kriminalpolizei. Die drei Sachverständigen konstatierten, dem Gutachten sei ein Schriftstück beigefügt gewesen, in dem von nicht weiter erläuterten Probenentnahmen die Rede war, bei denen es sich um andere Proben als die in dem Bericht erwähnten handelte; diese Proben hätten den Namen »Andrieux« getragen! Zum Schluss erklärten sie, zu ihrem größten Erstaunen ein »zweites Schriftstück« vorgefunden zu haben, das mit dem vorhergehenden anscheinend identisch war, jedoch den Vermerk »ausgefüllt am 1. September 1997« trug, ohne dass die Beweggründe für seine Ausstellung erläutert wurden. Indes sei es »faktisch unmöglich«, 24 Stunden nach einer Standardautopsie noch einmal Urin und Mageninhalt zu entnehmen. Überdies war in diesem zweiten Schriftstück eine größere Anzahl von Proben angegeben, insbesondere was Urin-, Mageninhalts-, Haar- und Organproben betraf.

Ich hatte tatsächlich erst 2001 bei den Recherchen für meinen

Dokumentarfilm von diesen Umständen Kenntnis erhalten. In der französischen Presse, für die damals die Frage im Vordergrund stand, ob sich »die Leute« noch an Diana erinnerten, waren solche störenden Nebensächlichkeiten nie erwähnt worden. Weitere Ermittlungen wurden in den Jahren 2003 und 2005 eingeleitet. Die Anhänger der Unfalltheorie werden durch sie heute in beträchtliche Verlegenheit gebracht. Prof. Dominique Lecomte, die bei harten Einsätzen, wie in Bosnien, wo eine besonders robuste Psyche gefragt war, Hervorragendes geleistet hatte, war andererseits keine Unbekannte in Affären um nicht ganz einwandfreie Autopsien und Gutachten. In einem Buch, in dem Lecomte über ihre Tätigkeit als forensische Gutachterin spricht, wobei sie die Affäre um Henri Pauls Autopsie jedoch mit keinem Wort erwähnt[37], zeichnet sie ein schmeichelhaftes und menschliches Bild von sich selbst. Perrine Dujardin (vom Nationalen François-Xavier-Bagnoud-Zentrum) schrieb 2003 über Lecomte: »Nachdem sie fünf Jahre lang mit dem IML in Paris zusammengewirkt hatte, wurde sie zu dessen Direktorin ernannt und führte in baulicher Hinsicht wie in menschlichen Fragen zahlreiche Änderungen durch [...] Sie forderte vor allem, dass die im Institut eingelieferten Leichen nicht einfach auf den Gängen zurückgelassen, sondern systematisch mit einem Tuch abgedeckt werden sollten.« Mir wurde dagegen zur selben Zeit eine Pressemitteilung des inzwischen verstorbenen François-Xavier Verschave bekannt. Verschave war Vorsitzender der Vereinigung »Survie« (Überleben), einer Organisation, deren Kampf sich gegen die Unterstützung gewisser afrikanischer Diktatoren und korrupter Regimes durch die französische Politik richtete. In Verschaves Kommuniqué geht es um einen Skandal, der als solcher erst anerkannt wurde, nachdem die Witwe des 1995 in Djibouti ermordeten Richters Bernard Borrel zehn Jahre lang hartnäckig prozessiert hatte. Ich wurde wegen des drastischen Titels des Kommuniqués sofort aufmerksam: »Affäre Borrel, ein neuer Fall Dreyfus: Survie fordert den Rücktritt der Leiterin des Gerichtsmedizinischen Instituts von

Paris, Madame Dominique Lecomte, wegen Pflichtverletzung im Amt«! Der Text selbst gab meinen Vermutungen neue Nahrung, dass im Fall der Blutproben von Henri Paul möglicherweise »von oben her« ein »Irrtum« bestellt worden war und dass die Direktion des IML wohl in beiden Affären eine dubiose Rolle gespielt hatte: »Die französischen Behörden haben sich unter Berufung auf das ›Verteidigungsgeheimnis‹ geweigert, der Justiz zwölf Schriftstücke zur Verfügung zu stellen, welche die Hintergründe des gewaltsamen Todes Richter Borrels in Djibouti im Jahre 1995 hätten erhellen können. Damit erkennen sie implizit an, dass es sich bei diesem als Selbstmord kaschierten Mord um eine Staatsaffäre handelt.« Weiter geißelte der Verfasser in harschen Worten das »hanebüchene Gutachten, das sich hinter die unmögliche Selbstmordtheorie stellte« und die Leiterin des Gerichtsmedizinischen Instituts von Paris, von der dieses Gutachten stammte. Er ging so weit, Lecomte mit den berüchtigten Sachverständigen in der Dreyfus-Affäre gleichzusetzen und forderte den Rücktritt der Direktorin als »einziges Mittel, um die Glaubwürdigkeit dieser Rechtsinstitution zu wahren«. Man solle sie dabei verpflichten, Auskunft über die Druckmittel zu geben, mit welchen sie dazu gebracht worden sei, dem Fortbestehen des mafiösen Zusammenwirkens zwischen den Behörden Frankreichs und Djiboutis Vorschub zu leisten.

Die Borrel-Affäre nahm ihren Anfang am 19. Oktober 1995, als französische Gendarmen den leblosen Körper Bernard Borrels entdeckten. Der französische Richter war im Rahmen der Entwicklungszusammenarbeit nach Djibouti entsandt worden, um den dortigen Justizminister Moumin Badon zu unterstützen. Der halb verbrannte Leichnam war am Fuß eines Steilfelsens 80 Kilometer nordwestlich von Djibouti-Stadt gegenüber der Teufelsinsel gefunden worden. Die Ermittlungen, in deren Ergebnis Selbstmord konstatiert wurde, beschrieben den Richter als unter Depressionen leidenden Menschen, der sich mit einem Kanister Benzin übergossen und selbst angezündet habe, wobei er den Tod in den Flammen fand. Abgesehen von der wahrheitswidrigen Darstellung Borrels als depressive Persönlichkeit (zudem versuchte man ihn auch noch als Pädophilen hinzustellen – genauso wie man Henri Paul als chronischen Alkoholiker hatte zeichnen wollen!) fanden sich eklatante Ähnlichkeiten zwischen der amtlichen Todesursache im Fall Borrel, wo von einem Freitod durch Selbstverbrennung gesprochen wurde, und dem Tod des Fotografen Andanson auf dem Larzac-Plateau einige Jahre später. Nach vielfältigen Prozessverschleppungen und Komplikationen nahm die französische Justiz den Fall Borrel wieder auf. Dieser wurde der renommierten Kriminalbrigade anvertraut und das IML wurde beauftragt, ein forensisches Gutachten zur Leiche Bernard Borrels zu erstellen. Die für den Fall zuständigen Justizvertreter flogen nach Djibouti. Dominique Lecomte war dabei, nicht jedoch die Anwälte der Nebenkläger. Im November 1999, also nach anderthalb Jahren Ermittlungsarbeit, lag der Abschlussbericht des Antiterrordezernats der Kriminalbrigade vor: »Die Hypothese, dass ein Mord vorliegt, kann zum heutigen Tage nicht ernstlich in Erwägung gezogen werden, es sei denn, dass man ein umfangreiches politisches und gerichtliches Komplott in Betracht zieht, welches unter anderem die Unterschlagung von Untersuchungsbeweisen seitens der ersten Prozessbeteiligten, die Erstellung vorsätzlich falscher Protokolle und tendenziöser medizinischer Gutachten sowie eine allgemeine Verschwörung des Schweigens umfassen würde.«

Ich möchte all jenen, welche eine Vorliebe dafür haben, anderen Leuten »Verschwörungstheorien« zu unterstellen, vorschlagen, diese Zeilen noch einmal zu lesen und über deren Vielschichtigkeit nachzusinnen. David Servenay, Journalist bei *Radio France Internationale*, der viel an diesem Fall gearbeitet und sich deswegen sogar eine Dienstrüge seines Arbeitgebers eingehandelt hat, meinte dazu: »Hat der Verfasser dieser sybillinischen Schlussfolgerung den Adressaten des Berichts zeigen wollen, dass er dem Schwindel nicht aufgesessen ist? Wollte er den Historikern eine Spur hinter-

lassen? Schnüffelnden Journalisten eine Wegmarke setzen?« Wie dem auch sei, die Kriminalbrigade hatte jedenfalls ohne den Schatten eines Zweifels statuiert, es sei Selbstmord gewesen.
Wenn ich mir erlaube, diese Parallelen zu ziehen, um auf die mögliche Existenz uneingestandener Praktiken aufmerksam zu machen, so deswegen, weil ich hier auf dieselben Protagonisten und auf dieselben Methoden wie in der Diana-Affäre gestoßen bin: eine von der ersten Stunde an feststehende offizielle Version, fragwürdige Todesfälle, anfechtbare Gutachten, unberücksichtigt bleibende Zeugen, verloren gehende Schriftstücke aus der Verfahrensakte, einseitige Erhebung belastender Informationen, vorgeschobene Staatsgeheimnisse, Interessen von Geschäftemachern als Hintergrund. Trotz des Mangels an Fantasie in den angewandten Methoden, den die vielen unterschiedlichen Beteiligten an den Tag legten, flogen diese nicht auf, gerade als ob sie eine Protektion genossen, der nichts anzuhaben war. Ob man wollte oder nicht: Es waren sowohl in der Angelegenheit Borrel als auch in der Diana-Affäre unzählige Hilfestellungen nötig, damit im einen Fall die These von einem Selbstmord und im anderen die von einem »simplen« Verkehrsunfall glaubwürdig gemacht und offiziell im Bewusstsein der Öffentlichkeit verankert werden konnte. Madame Borrel, die selbst in der Justiz tätig war und dort infolge des Dramas in eine isolierte Position geriet, hat nach beinahe zehn Jahren erreicht, dass der Mord an ihrem Ehemann offiziell als solcher anerkannt wurde: »Die Polizei hat im Grunde genommen niemals in Erwägung gezogen, dass es Mord war und in der Richtung nie Ermittlungen angestellt«, erzählte sie David Servenay. Wie in der Diana-Affäre hatte nie zur Debatte gestanden, eine gerichtliche Untersuchung wegen vorsätzlicher Tötung zu eröffnen.
Elisabeth Borrel war es übrigens gelungen, das Schriftstück in die Hände zu bekommen, in welchem die Gendarmen ihre ersten Feststellungen protokolliert hatten, ein erstaunliches Dokument, in dem die Rede davon war, »die Selbstmordversion zu stützen«.

Unter den drei neuen forensischen Experten, die von der neuen Untersuchungsrichterin Sophie Clément in der Affäre Borrel beauftragt wurden, befand sich wieder Professor Patrice Mangin aus Lausanne, derselbe, der die Unregelmäßigkeiten in Professor Lecomtes Bericht zu Henri Pauls Blutproben nachgewiesen hatte. Mit dem endgültigen Bericht dieser Sachverständigen stand der Mord fest. Sie hatten bei einer erneuten Autopsie eine Schädelverletzung festgestellt, einen Bruch, der möglicherweise eine »bei einer Verteidigungshandlung entstandene Verletzung« darstellte. Vor allem aber waren am rechten Fuß Reste einer entflammbaren Flüssigkeit gefunden worden, bei der es sich nicht um Benzin handelte, welches man in dem am Ort des Dramas gefundenen Kanister vermutet hatte[38] – alles Fakten, die den Vertretern der Justiz und Professor Lecomte bei deren noch nicht so lange zurückliegender Dienstreise nach Djibouti angeblich entgangen waren.
Nach knapp zehn Jahren die offizielle Anerkenntnis zu erkämpfen, dass ein Mord vorlag, und dies trotz eines mächtigen politischen und rechtlichen Apparats, der von Anbeginn an statuiert hatte, dass es sich um Selbstmord handelte – dies war ein Erfolg, der einen Hoffnungsschimmer vermittelte. Noch aber hatte die Borrel-Affäre nicht all ihre Geheimnisse preisgegeben, vor allem was das Mordmotiv und die Auftraggeber des Mordes anging. In *Le Monde* war in einer kurzen Notiz vom 21. Oktober 2005 eine Spur erwähnt, die auf Uranschiebereien hinwies. Dies könnte die Suche in Richtung der internationalen Waffengeschäfte lenken, auf die ich bei den Recherchen zum Tod von Prinzessin Diana später noch zu sprechen kommen werde.
Das »Leichenkarussell« im Gerichtsmedizinischen Institut hat wahrscheinlich dem Untersuchungsrichter Stephan, der dazu bestimmt worden war, die Ermittlungen um den Crash im Tunnel zügig zu Ende zu bringen und einer eventuellen Anfechtung die Türen nach Möglichkeit zu verschließen, seine Aufgabe nicht gerade erleichtert. Was mochte Dominique Lecomte am 4. September

durch den Kopf gegangen sein, als Stephan beschloss, das IML aufzusuchen, um neue Blutproben entnehmen zu lassen, obwohl ihre Analysen ja von keiner Seite in Zweifel gezogen worden waren, weder von den Eltern Henri Pauls noch vor allem von Mohammed Al-Fayed (im Gegensatz zu dem, was vielleicht behauptet worden ist)? Schließlich hatte sich doch bei beiden Laboranalysen vom 1. September 1997 übereinstimmend eine hohe Blutalkoholkonzentration herausgestellt. Es handelte sich um einen »Initiativentschluss« des Richters, das heißt, er handelte aus eigenem Antrieb und ohne offiziellen Auftrag, als er aus Gründen, die nie näher erläutert worden sind, unerwarteterweise beschloss, sich zum IML zu »begeben«. Die hohen Blutalkoholwerte aus Professor Lecomtes Bericht vom 1. September waren Stephan an jenem 4. September bereits bekannt. Zu diesem Zeitpunkt hatte Dr. Pépin allerdings noch nicht sein vollständiges Gutachten über die toxikologische Analyse abgeliefert. Hervé Stephan wurde von Dr. Campana und Dr. Pépin sowie von drei Polizeibeamten zum IML begleitet, die dort eine Fotoserie vom Körper und vom Gesicht Henri Pauls anfertigen und zwei neue Blutentnahmen durchführen sollten. Diese Proben wurden versiegelt und eine davon wurde Dr. Pépin an Ort und Stelle übergeben, damit er an ihnen neue Untersuchungen durchführte. Das erste Mal in diesem Verfahren hatte man die Sicherheit, dass die Entnahme der Probe unter der Kontrolle des Richters auch wirklich am Körper Henri Pauls stattgefunden hatte. Diese neuerliche Probenentnahme zeigte, dass sich in die gerichtliche Untersuchung selbst von Anfang an Zweifel an der Richtigkeit der Zuordnung der Proben eingeschlichen hatten und dass ein hohes Risiko bestand, die alten Analysewerte könnten für ungültig erklärt werden. Die Situation musste um jeden Preis wieder zugunsten einer Darstellung hingebogen werden, bei welcher in der Presse die »außerordentlich umfangreichen Vorsichtsmaßnahmen« betont wurden, welche die Ermittler in jeder Phase der Beweisaufnahme trafen, insbesondere hinsichtlich der

Blutproben, die man »doppelt« untersucht habe. Blitzlichtgewitter und Kameraobjektive erwarteten Stephan, als er am IML eintraf. Sein außergewöhnlicher Besuch hatte auch einen zweiten Zweck, nämlich den, der zweiten Blutprobe, welche bei Henri Paul nun am 4. September 1997 entnommen und an Dr. Pépin weitergegeben wurde, vor Gericht eine unanfechtbare Beweiskraft zu vermitteln. Diese Anmerkung ist von grundlegender Bedeutung, wenn man den Ablauf der Geschehnisse begreifen möchte und ermessen will, wie sich die Lage für gewisse Protagonisten der Affäre verschärfte.

Hervé Stephan traf also am 4. September 1997 die richterliche Verfügung, Dr. Pépin damit zu beauftragen, »die heute um 17 Uhr in meiner Gegenwart und der Ihren im IML an Henri Pauls Leiche zu entnehmenden Blut- und Gewebeproben zu untersuchen, um eine komplette toxikologische Analyse zu erstellen«. Gesagt, getan. Ab dem 4. September hätte eigentlich bekannt sein können, was die Labortests anhand der von Dr. Pépin in Gegenwart des Untersuchungsrichters entnommenen Probe ergeben hatten. Gesetzt den Fall, dass dieses Ergebnis nicht den früheren Laborwerten entsprach, hätten die gerichtsmedizinischen Gutachter ihren Irrtum zugeben und öffentlich für die Folgen im Hinblick auf die Ermittlungen im Fall Diana einstehen müssen. In zwei Tagen sollte das Begräbnis der Prinzessin stattfinden, deren Tod immer noch die ganze Welt und deren Medien beschäftigte. Diese gierten nach sensationellen Neuigkeiten, vor allem, wenn sie aus offiziellen Quellen stammten. Als Dr. Pépin dem Untersuchungsrichter die neuen Werte mitteilte, war er immer noch im Besitz der ersten verdächtigen Blutprobe, die am 31. August entnommen worden und mit deren Untersuchung er selbst beauftragt worden war. Von jener Probe waren nicht mehr als einige Tropfen Blut verwendet worden, eine Menge, die zur Errechnung der Blutalkoholkonzentration problemlos ausreichte. Noch mehr, Dr. Pépin rief merkwürdigerweise am 5. September beim Richter an, um ihn

telefonisch um eine Fristverlängerung für die Abgabe seines toxikologischen Untersuchungsberichts zu den am 31. August 1997 entnommenen Blutproben zu bitten – eben jener Blutproben, die ein Problem darzustellen schienen. Ich möchte an dieser Stelle daran erinnern, dass an demselben 5. September Kommandant Mulès von der Kriminalbrigade den Vermerk über seine »Nachlässigkeit bei der Handhabung des Computerprogramms« hinsichtlich der Probenentnahmen bei Dodi abfasste. Außerdem ist zu erwähnen, dass Frau Prof. Lecomte am 8. September von Richter Stephan, ungewöhnlicherweise und ohne weitere Erläuterung, »durch richterlichen Beschluss« beordert wurde, »genauere Angaben zu den exakten Umständen der Probenentnahme und über die genaue Entnahmestelle der Proben – in erster Linie der Blutproben – zu machen, welche bei der Autopsie Henri Pauls am 31. August 1997 entnommen worden waren«. Das IML jedoch hat, soweit man weiß, dem Untersuchungsrichter die eingeforderten wichtigen Klarstellungen nicht übermittelt[39].
Am 10. September 1997 brachte eine *AFP*-Meldung die Nachricht, dass die neuen Analysewerte mit den Ergebnissen der vorherigen Blutuntersuchung übereinstimmten und eine Blutalkoholkonzentration von 1,75 g/l auswiesen. Am Vortag hatte Dr. Pépin seine beiden toxikologischen Gutachten, die er zum einen anhand der am 31. August bei der Autopsie entnommenen Proben und zum anderen anhand der am 4. September in Gegenwart des Richters entnommenen Proben erstellt hatte, bei Richter Stephan abgeliefert. Die beiden Gutachten enthielten extrem übereinstimmende Werte, dabei waren die Proben in einem Zeitabstand von mehreren Tagen entnommen worden und dies an zwei ganz unterschiedlichen Körperstellen (Herz und Oberschenkelvene). Eine solche Übereinstimmung war nahezu unmöglich. Nach Aussage der bereits zitierten auswärtigen Sachverständigen war die Wahrscheinlichkeit sehr niedrig, die Chance dazu lag im Bereich von eins zu zwölf. Dies bedeutete, dass Dr. Pépin, wenn er drei Bestim-

mungen vornahm, mit einer Wahrscheinlichkeit von 92 Prozent zu unterschiedlichen Werten hätte kommen müssen! Alles sah danach aus, als habe man sich darauf beschränkt, den alten Laborwert zu übernehmen, der von einer Blutprobe stammte, deren Herkunft nicht mehr genau nachvollzogen werden konnte.
Damals hatte man im französischen Justizministerium wahrscheinlich geglaubt, die offizielle Theorie würde von selbst in sich zusammenbrechen. Doch die irritierenden Begleitumstände und Geschehnisse, über die ich hier berichtet habe, waren noch nicht aufgedeckt worden. Dies sollte erst dank der Gegengutachten zu den Laborberichten geschehen, die von Sachverständigen, deren Objektivität keinem Zweifel unterlag, aufgrund der vollkommen gerechtfertigten Strafanzeigen von Henri Pauls Eltern und dann Mohammed Al-Fayeds angefertigt worden sind. In der Presse, die anscheinend auch heute noch die offizielle Version vom Verkehrsunfall infolge Trunkenheit des Fahrers für gesichert hält, wurden diese Klagen höchstens beiläufig erwähnt.

Mehr als nur Inkompetenz und Schlamperei

Ich musste unbedingt Hervé Stephan treffen, um ihn zu befragen und herauszufinden, was seine persönliche Überzeugung als Untersuchungsrichter gewesen war. Zu jener Zeit, Anfang 2002, war Stephan von seinen richterlichen Funktionen in Bezug auf den Fall Diana bereits entbunden und hatte die Akte im September 1999 mit einem Beschluss über die allgemeine Einstellung des Verfahrens gegen die Fotografen geschlossen. Man sollte sich ins Gedächtnis rufen, dass die Fotografen die einzigen waren, gegen die jemals eine Anklage erhoben worden ist. Unsere Begegnung fand am 27. März 2002 in Stephans Amtsräumen statt, die ihm im

Justizpalast von Paris als Vorsitzendem der 17. Strafkammer zugeteilt worden waren. Auf eine Videoaufzeichnung verzichtete ich aus Rücksicht auf die Verschwiegenheitspflicht Stephans in Zusammenhang mit einer laufenden gerichtlichen Untersuchung, die auf eine Strafanzeige Mohammed Al-Fayeds wegen »Verletzung der Privatsphäre« zurückging und die aus dem Hauptverfahren über den Crash im Alma-Tunnel ausgegliedert worden war. Ich entdeckte beim Betreten des imposanten Gebäudes bei der Gelegenheit zum ersten Mal den Hof, den sich der Justizpalast von Paris mit der Kriminalbrigade teilt. Exakt einen Tag später hätte ich Richard Durne sehen können, wie er sich aus einem der Fenster im Obergeschoss der Institution am legendären Quai des Orfèvres stürzte, wo die Pariser Kriminalpolizei ihren Sitz hat. Dieser Mann, der als geistesgestört dargestellt wurde, hatte vor kurzem in Nanterre acht Mitglieder des Stadtrats umgebracht; er sprang bei einem Verhör vor den Augen von Polizeikommandant Jean-Claude Mulès aus dem Fenster.

Hervé Stephan machte auf mich einen freundlichen und sehr reservierten Eindruck. Er überraschte mich gleich zu Beginn mit der Äußerung, dass dieser ganze Fall gar nicht so kompliziert sei. Dies erläuterte er durch einen Vergleich mit Fahrerflucht-Prozessen; es sei im Übrigen falsch, wenn behauptet würde, dass die Kriminalbrigade über einen sehr langen Zeitraum ziemlich viele Kräfte für den Fall Diana abgestellt hätte. Er verteidigte seine Verfahrensführung, wobei er daran erinnerte, dass er wie jeder Untersuchungsrichter zunächst einmal bemüht gewesen sei, sich so gut wie nur möglich an die Strafprozessordnung zu halten. Er erzählte, um dies zu illustrieren, von seinem gegenwärtigen Fall, der »Midi-Affäre«, die auf das Verhalten einiger Fotografen in Saint-Tropez zurückging. Das Verfahren gegen diese Reporter war auf eine Strafanzeige Mohammed Al-Fayeds hin eingeleitet worden, auf dessen Grundstück sie von einem Hubschrauber aus Einsicht genommen hatten. Al-Fayed hatte verlangt, dass dieses Verfahren an das Hauptverfahren um die Geschehnisse im Alma-Tunnel angegliedert würde – in beiden Fällen waren Fotografen die Beschuldigten. Nun war aber das Verfahren abgetrennt geblieben, und mehrere Jahre lang hatte keine einzige Prozesshandlung stattgefunden. Hervé Stephan verwahrte sich dagegen, dass diese Situation auf ihn zurückginge, und führte aus, nicht er habe abgelehnt, das »südfranzösische Verfahren« an das »Alma-Verfahren« anzugliedern, sondern dieser Beschluss sei von der Staatsanwaltschaft getroffen worden. Bei dieser Untersuchung, die die Täter ermitteln sollte, die auf so ungewöhnliche Weise Al-Fayeds Privatsphäre verletzt hatten, hatte es eigentümliche Vorgänge gegeben. Sein Anwalt Dartevelle konnte anhand von Gendarmerieprotokollen belegen, dass zur selben Zeit, als die Polizei durch richterliche Anordnung den Auftrag erhielt, bestimmte Ermittlungen durchzuführen, dieselben Beamten telefonisch die Anweisung bekamen, diese Anordnung zu ignorieren! Um sich abzusichern, hatten sie jedes Mal einen offiziellen Protokollvermerk über den entsprechenden Anruf erstellt.

Anschließend befragte ich Stephan über die Zeugen, die mundtot gemacht worden waren, vor allem Éric Pétel, den Phantom-Motorradfahrer. Hervé Stephan bestätigte mir, er habe Überprüfungen vorgenommen und man könne Pétel nicht als falschen Zeugen betrachten. Das wäre damit klar. Übrigens erwähnte er mir gegenüber weitere Zeugenberichte, die er in Betracht gezogen hatte und über die ich hier noch nichts geschrieben habe, so zum Beispiel die Aussage des Agenten Richard Tomlinson, der für den britischen Inlandsgeheimdienst MI 5 tätig war. Seine Äußerungen fanden keinen Platz im Verfahren gegen die Fotoreporter, ebenso wenig wie Mohammed Al-Fayeds Anträge auf Anhörung von Vertretern der CIA und der NSA (National Security Agency) erfolgreich waren. Ich werde an späterer Stelle darauf zurückkommen.

Richter Stephan hörte sich die lange Litanei meiner Zweifel an und überraschte mich dann von Neuem, indem er mir zu verstehen

gab, er habe mit Sicherheit nicht vor, jede Kritik als unberechtigt oder als Einmischung von Schwätzern zu bezeichnen. Wenn man ein Ermittlungsverfahren betreibe – so erklärte er mir –, müsse man dieses irgendwann auch einmal abschließen, und dies bedeute, eine Wahl zu treffen. Man müsse eine Wahrheit herausarbeiten. Die Wahl, die man dabei träfe, bedeute jedoch nicht, dass man alle anderen Möglichkeiten ausschließe. Er schloss seine Ausführungen, indem er mich darauf hinwies, dass ein Untersuchungsrichter zwar die Pflicht habe, mit allen Mitteln auf ein Ergebnis hinzuwirken, doch keine Pflicht zur Herbeiführung eines Erfolges. Ich kann nicht direkt sagen, dass ich in meinen Überzeugungen bestätigt war, als ich sein Büro verließ, doch weit davon entfernt war es nicht. Die offizielle Theorie von einem simplen Verkehrsunfall schien mir noch nicht einmal aus der Sicht des Untersuchungsrichters hieb- und stichfest dazustehen. Das zeigte auch seine Antwort auf meine Frage nach seinem Eindruck hinsichtlich des Vorliegens von Kohlenmonoxid in der Henri Paul zugeschriebenen Blutprobe. Für Stephan war die Diskussion über diesen Punkt nicht mehr aktuell, und er bestätigte mir lediglich: »Ich kann mir den festgestellten Kohlenmonoxidwert nicht erklären.«
Ich hatte bei diesem Termin Stephans Meinung erfahren wollen, nun kannte ich sie. Nicht daran zu denken, die Akte Stück für Stück wieder aufzurollen oder den Richter einem Verhör zu unterziehen, ganz eindeutig! Doch schien es mir offensichtlich, dass er sich der großen Risiken bewusst war, die er eingegangen war, als er bestimmten Spuren nicht nachging und darauf verzichtete, weitere Verfahren einzuleiten. Sonst hätte es ja geschehen können, dass etwas ans Tageslicht befördert wurde, was verborgen bleiben sollte, und er hatte dies wohl nicht unbedingt stellvertretend für die Kriminalbrigade ausgraben wollen. Wie dem auch sei, dieses Gespräch erweiterte meinen Horizont: Wie unberechtigt war doch die Überheblichkeit der Befürworter der Unfalltheorie, die es eilig hatten, sämtliche Türen zu schließen und dabei argu-

mentierten, die Sache sei rechtskräftig entschieden und abgeschlossen.
Was die Gerichtsentscheidungen anbelangt, so gestalteten sich diese nicht alle als Niederlagen für Mohammed Al-Fayed, den die Vertreter der Unfalltheorie gerne als notorischen Querulanten hinstellten. In der schon angesprochenen »südfranzösischen Affäre« und einem Verfahren, das die Schuldigen ermitteln sollte, die Dodis und Dianas Privatsphäre während deren Aufenthalt in Saint-Tropez verletzt hatten, fällte der Appellationsgerichtshof von Paris am 28. April 2004 ein Urteil, das in den Annalen der französischen Gerichte ziemlich selten sein dürfte. Hier wurde nämlich der französische Staat im Hinblick auf Richter Stephans Verfahrensführung wegen »Rechtsverweigerung und groben Verschuldens« verurteilt. Dass sich die Verurteilung gegen den Staat richtete, hatte damit zu tun, dass ein Untersuchungsrichter im französischen Recht nicht persönlich für fehlerhaftes Handeln zur Verantwortung gezogen werden kann. Die zehn Protokolle, in denen die Gendarmen vermerkt hatten, dass sie telefonisch die richterliche Anordnung erhalten hatten, den Ermittlungsaufträgen *nicht Folge zu leisten*, hatten in diesem Fall natürlich eine wichtige Rolle gespielt. Mit großer Wahrscheinlichkeit dürfte es, wie ich mir denke, auch Absprachen zwischen den Fotografen und den Ermittlungsbehörden gegeben haben. Vertrauliche Informationen im Austausch gegen ein Ruhenlassen der Ermittlungen – quasi auf Gegenseitigkeitsbasis?
Doch die Aufsehen erregenden Justizentscheidungen waren hiermit noch nicht zu Ende. Die Hartnäckigkeit der Eltern Henri Pauls sowie Mohammed Al-Fayeds in ihrer Anfechtung der Blutproben stand der Ausdauer, mit welcher man ihnen Hindernisse in den Weg legte, um nichts nach. Die Öffentlichkeit ist wahrscheinlich der Meinung, dass die Akte Diana-Affäre seit Jahren abgeschlossen ist, doch weit gefehlt. Dass es in Frankreich an Informationen darüber fehlt, wirft ein deutliches Licht auf das

Unbehagen jener Journalisten, die sich jetzt ein tugendhaftes Mäntelchen umhängen, nachdem sie sich früher zum Resonanzkörper der offiziellen Darstellung gemacht haben. Wie mir Nicolas Marmier, der Verantwortliche des Pariser Büros der Agentur *Associated Press (AP)* zu verstehen gab[40], hatten die Medien insgesamt gesehen tatsächlich nichts anderes getan, als die Ansichten des Staatsanwalts weiterzutragen: »›Wer Einfluss hat, hat auch das Sagen.‹ Der Polizeipräfekt und der Staatsanwalt haben ein entscheidendes Mitspracherecht, was die Behandlung eines Falls in den Medien angeht. Von dem Punkt an ergibt eins das andere. Wir sind nur Übermittler, wir erfinden nichts selbst.«
Die Affäre um die Blutproben beschäftigte die Anwälte der Familie Paul und der Familie Al-Fayed – zwei der vier Nebenkläger im Verfahren um den Unfall im Alma-Tunnel – seit 1997! Trevor Rees-Jones, der Bodyguard mit dem teilweise gelöschten Gedächtnis, hatte sich zu irgendwelchen fernen UNO-Missionen verabschiedet. Was Frances Shand Kydd, Dianas Mutter, anging, so war sie vom britischen Establishment aufgefordert worden, keinen Wirbel zu machen. Inzwischen ist sie in Solitude auf der schottischen Insel Seil verstorben. Henri Pauls Eltern und Mohammed Al-Fayed haben vergeblich die Durchführung neuer Blutuntersuchungen zu erreichen versucht, dies wurde ihnen beständig verweigert. Richter Stephan hielt ihnen die Echtheit der in seiner Anwesenheit entnommenen Blutproben und die Übereinstimmung, die sie mit den zuvor ermittelten Werten zeigten, entgegen. Es sei nicht mehr nötig, neue Untersuchungen anhand der bei Dr. Pépin verwahrten Proben anzustellen. Hiermit lag unzweideutig auf der Hand, warum der Richter eigenständig entschieden hatte, neue Blutentnahmen anzuordnen. Doch nun richtete sich der Zweifel gegen die Blutprobe, die für die zweite Testreihe verwendet worden war, und exakt aus diesem Grund forderten die Anwälte, dass alle Proben aufbewahrt werden sollten, was ihnen sowohl vom Richter als auch von Dr. Pépin, den das Gericht mit

der Verwahrung der Proben beauftragt hatte, versichert wurde. Die Anwälte gedachten eines Tages, wenn die Prozesshindernisse beseitigt waren, den Nachweis zu führen, dass die Blutproben vertauscht worden waren, wie es im Gutachten der drei auswärtigen gerichtsmedizinischen Sachverständigen über den Laborbericht des IML als Möglichkeit angesprochen worden war.

Henri Pauls Eltern erstatteten im Juli 2002 Strafanzeige, da sie der Auffassung waren, das untersuchte Blut sei nicht von ihrem Sohn gewesen. Corinne Goetzmann, die als Untersuchungsrichterin mit dem Fall befasst wurde, schien ihrerseits jedoch diese Vermutung nicht besonders ernst zu nehmen, denn sie verfügte sehr bald eine Einstellung des Verfahrens. Diese Entscheidung fiel, ohne dass die Richterin vorher irgendwelche Ermittlungen anstellen ließ – solche Vorgänge schienen in dieser Affäre allmählich zur Konstante zu werden. Mohammed Al-Fayed, der sich der Klage inzwischen angeschlossen hatte, legte sofort Berufung ein. Im September 2003 erließ die sogenannte Untersuchungskammer, in Frankreich eine Instanz, der die Kontrolle über das Handeln der Richter obliegt, gegen die Untersuchungsrichterin den Beschluss, sie müsse den Nebenklägern zumindest eine Anhörung gewähren. So wurde Al-Fayed von Corinne Goetzmann befragt, die dieser Formalität gezwungenermaßen nachkam. Wie nicht anders zu erwarten war, traf sie kurze Zeit später einen zweiten Einstellungsbeschluss. Ihrer Begründung nach hätte der Kläger die Anfechtung der Blutuntersuchung im Rahmen des ersten Verfahrens betreiben sollen, bevor er Anzeige wegen Falschgutachtens erstattete. Mit diesen formaljuristischen Spitzfindigkeiten hätte sie es eigentlich bewerkstelligen müssen, diesen Schwachpunkt der Unfalltheorie vom Tisch zu bringen, doch Al-Fayed rief erneut die Untersuchungskammer an. Diese urteilte am 29. Juni 2004, die Haltung Goetzmanns habe eher den Charakter einer Ablehnung der Anklageerhebung, sie hätte ja noch gar nicht ermittelt, eine Einstellung sei also nicht rechtens. Dieses Urteil, in dem eine äußerst harte Kritik am Verhalten der Untersuchungsrichterin zum Ausdruck kam, veranlasste diese jedoch immer noch nicht, ihre Haltung zu ändern! Ohne irgendwelche Ermittlungen anstellen zu lassen, vertrat sie auch in der Folge die Behauptung, dass der Tatbestand nicht gegeben sei, womit sie deutlich anklingen ließ, dass es nicht in Frage käme, die Laborberichte der Rechtsmediziner Lecomte und Pépin in Frage zu stellen.

Am 5. Januar 2005 kam der Überraschungscoup: Die Strafkammer des Kassationsgerichtshofs gab der Revisionsklage von Al-Fayeds Anwalt Dartevelle statt und entzog der Pariser Richterin Goetzmann den Fall wegen Besorgnis der Befangenheit. Die Angelegenheit sollte in die Zuständigkeit eines anderen Gerichts in einer anderen Stadt übergeben werden. Froh darüber, Paris zu verlassen, wo eine jegliche Beweiserhebung gescheitert war, wandten sich Mohammed Al-Fayeds Anwälte an das Gericht von Versailles. Als der neue Richter Thierry Bellancourt den Fall übernahm und an Prof. Lecomte und Dr. Pépin herantrat, war er bestens über die Probleme, mit welchen seine Kollegin Goetzmann konfrontiert gewesen war, informiert. Die Hauptsache war im Moment, die unterschiedlichen Blutproben wiederzufinden, für deren ordnungsgemäße Aufbewahrung sich Untersuchungsrichter Stephan in seinem Brief vom 10. September 1997 unmissverständlich verbürgt hatte: »Es bestehen ab nun keine Hinderungsgründe mehr, den Totenschein für Herrn Henri Paul endgültig auszustellen. Eine Autopsie und zahlreiche Probenentnahmen haben stattgefunden. Die entsprechenden Gutachten sind in der Akte enthalten und standen Ihnen bereits vor der gesetzmäßigen Zustellung zur Einsichtnahme zur Verfügung. Es besteht selbstverständlich die Möglichkeit zur Erstellung von Gegengutachten anhand der vorhandenen Proben beziehungsweise Schriftstücke.« Auch der Oberstaatsanwalt beim Appellationsgerichtshof von Paris glaubte Henri Pauls Eltern noch am 10. Oktober 2000 guten Gewissens versichern zu können, dass die Proben weiterhin im Besitz des gerichtsmedizinischen Gutachters seien, der den Auftrag erhalten hatte, diese bis zum Ende des Verfahrens zu verwahren. Die Wirklichkeit sah anders aus, wie der Versailler Untersuchungsrichter entdecken sollte, und der Zusammenbruch der Unfalltheorie schien sich anzukündigen. Zunächst stellte der Richter nur fest, dass ihm Dr. Pépin auf eine wesentliche Frage, die er in seinem Brief vom 1. Februar 2005 gestellt hatte, nicht geantwortet hatte: »Könnten Sie mir alle relevanten Auskünfte geben, vor allem über den Weg, den die genannten in Ihrem Besitz befindlichen Proben seit der Autopsie genommen haben?« Dr. Pépin verhielt sich hier genauso, wie es 1997 die Direktorin des IML getan hatte: Er versicherte dem Richter, dass er später eine ausführliche Antwort geben werde, ohne dass dies schließlich geschah. Dr. Pépin berief sich auf die Notwendigkeit, sich im Labor zu erkundigen, wie damals die Vorgehensweise beim Umgang mit Proben gewesen sei (Softwareprogramme, Siegel). Auch beim Gerichtsmedizinischen Institut seien Anfragen erforderlich, um die einzelnen Stationen nachvollziehen zu können. Alles Fragen, zu denen bereits seit langer Zeit eine Antwort hätte vorliegen müssen! Doch das Schlimmste sollte noch kommen: Dr. Pépin eröffnete dem Richter, dass die berühmte Probe vom 31. August, die ihm Prof. Lecomte zugeschickt hatte – die nämliche, an der er angeblich die erste toxikologische Untersuchung vom 1. September 1997 vorgenommen hatte und die es möglich gemacht hatte, der ganzen Welt zu verkünden, Henri Paul sei betrunken gewesen – bei den Analysen komplett aufgebraucht worden sei! Was bedeutete, dass zum jetzigen Zeitpunkt keine Überprüfung mehr stattfinden konnte. Die andere Probe, die am 4. September in Gegenwart des Untersuchungsrichters entnommen und ordnungsgemäß versiegelt worden war, war ebenfalls leer! Es blieb also eine einzige Blutprobe übrig. Diese war laut Dr. Pépin am 4. September im Labor eingetroffen, sie sei aber nicht korrekt aufbewahrt worden (zuerst bei 4° C, dann tiefgefroren). Somit war sie für eine toxikologische Analyse ebenfalls nicht mehr verwendbar!

So viele Verstöße gegen die Vorschriften, so viele Schlampereien erschienen verdächtig. Es war kaum mehr möglich, hier nur von Inkompetenz zu sprechen. Mohammed Al-Fayeds Anwälte prangerten verschiedene Verdrehungen der Wahrheit an, von denen die wichtigste die »offizielle« bei der Autopsie am 31. August 1997 entnommene Blutprobe betraf. Sie wiesen Richter Thierry Bellancourt darauf hin, es sei nicht glaubwürdig, dass die Probe bei dieser einzigen Analyse mit dem belastenden Blutalkoholwert vollständig aufgebraucht worden sei. Ihre Darlegungen wirkten auf mich sehr stichhaltig. Die Anwälte merkten an, dass die für eine Feststellung der Blutalkoholkonzentration notwendige Blutmenge zwischen 0,2 und 2 Milliliter lag, ein kleiner Bruchteil des Inhalts der standardmäßig im IML verwendeten Probenröhrchen, nämlich 30 Milliliter (es hätten noch etwa 28 Milliliter übrig sein müssen!) Als Richter Stephan den Eltern Henri Pauls in seiner Rechtsbelehrung erklärt hatte, dass sie im Einklang mit den Vorschriften der französischen Strafprozessordnung das Recht hatten, ergänzende Untersuchungen oder Gegengutachten zu verlangen, war diese Rechtsgarantie in Wirklichkeit buchstäblich substanzlos, da das Röhrchen leer war. Wenn die forensischen Gutachter tatsächlich bei jeder Begutachtung die Proben komplett aufbrauchten, dann fragte man sich, ob in der Praxis überhaupt je ein Gegengutachten möglich war. Genau dieses Problem hatte man jetzt in der Diana-Affäre, dabei hätte gerade hier die von den französischen Behörden so hoch gelobte Kompetenz der Beteiligten – Gutachter, Polizeibeamte, Richter – das Land eigentlich vor einer derart katastrophalen Blamage schützen müssen!

Es ist indes auch möglich, dass Dr. Pépins Eingeständnis den neuen Untersuchungsrichter auf eine entscheidende Spur brachte: Gerade dies könnte den Beweis darstellen, dass die Verdachtsmomente stimmten und dass die Probe vom 31. August 1997, also die »offizielle« Blutprobe aus der von Prof. Lecomte durchgeführten Autopsie, für die ganzen nachfolgenden Laboranalysen verwendet worden war, die nach der zweiten – am 4. September in Gegenwart Richter Stephans vorgenommenen Probenentnahme erfolgten. Ein nicht auszuschließender Laborirrtum, der jedenfalls die vollkommene Übereinstimmung der Ergebnisse erklären würde. Vielleicht hatte eine solche Übereinstimmung aber auch durch betrügerische Mittel vorgetäuscht werden sollen. Wie dem auch sei, die Sachverständigen Mangin, Krompecher und Marc Augsburger (Leiter des Labors für Toxikologie und Chemie in Lausanne) teilten etwas mit, was in dieselbe Richtung ging wie diese neue Enthüllung: Um sämtliche in dem zweiten Bericht vom 9. September 1997 aufgeführten toxikologischen Untersuchungen vornehmen zu können, die angeblich anhand der in Gegenwart des Richters entnommenen Blutprobe durchgeführt worden waren, hätte man »mindestens« zehn bis zwanzig Milliliter Blut gebraucht. Es war nun aber so, dass man aus dem Versandprotokoll wusste, dass das an Dr. Pépin übergebene Röhrchen nur zu einem Drittel voll war, was laut Bericht von Dr. Campana nur einigen wenigen Millilitern Blut entsprach!

Zu dem Zeitpunkt, da ich diese Zeilen verfasse, hat sich die Angelegenheit noch immer nicht vom Fleck bewegt. Doch die französische Justiz ist dringend gefordert, Antworten zu liefern, um die sich der Staat, gegen den bereits ein Urteil vorliegt, nicht mehr länger herumdrücken kann. Zu viel Zeit ist bereits vergangen. Manche mögen geglaubt haben, dass sie ihnen ein Verbündeter sein würde und es ihnen allmählich erlauben würde, über gewissen Dingen die Aktendeckel zu schließen. Doch inzwischen stellt sich heraus, dass sie es im Gegenteil möglich gemacht hat, sorgfältige Studien durchzuführen und die Botschaft der Protokolle zu entschlüsseln, die den Vertretern der Unfalltheorie vor Gericht als nützliche Beweise entgegengehalten werden können.

3
»In diesem Land sind Kräfte am Werk, von denen wir keine Vorstellung haben.«

(Elisabeth II., zit. nach Paul Burrell, Dianas Butler)

Ende Frühjahr 2002, als ich den Schnitt meines Films fast beendet hatte, kündigte die britische Presse an, dass »bald ein alter Streit wieder ausgegraben« werden würde. Sie glaubte nämlich zu wissen, dass sich entgegen allem Anschein in Großbritannien die Eröffnung eines Ermittlungsverfahrens über die Umstände des Todes von Prinzessin Diana anbahnte. Diese Ankündigung klang vor allem aus der Sicht der beiden damals hauptsächlich betroffenen Staaten wie eine Drohung, dass die Zweifel und Verdächtigungen mit neuer Kraft wieder auferstehen würden. Dabei schien doch alles bereits akzeptiert, geregelt und begraben gewesen zu sein. Wollten die Engländer, von denen man die ganzen Jahre nichts gehört hatte, jetzt auf einmal aufbegehren? Das englische und walisische Rechtssystem sah in Fällen von »plötzlichem oder unnatürlichem Tod« zwingend vor, dass der »Coroner« (ein Gerichtsmediziner, der gleichzeitig königlicher Staatsanwalt war) ein Ermittlungsverfahren eröffnete. Doch warum hatte es fünf Jahre gedauert, bis man sich dazu durchrang, während es doch bei Kriminalfällen bestenfalls innerhalb der ersten 48 Stunden Chancen gab, beweiskräftige Indizien zu entdecken? Wahrscheinlich war man damals nicht von einem »unnatürlichen Tod« im strafrechtlichen Sinn ausgegangen. Abgesehen davon hatte man das von der Kriminalbrigade betriebene Untersuchungsverfahren so aufgefasst, dass es den Coroner von seiner Ermittlungspflicht entband, auch wenn es von französischen Ermittlungsbehörden durchgeführt wurde. Im Endeffekt wurden die ganzen im Frühjahr 2002 aufgeworfenen Fragen nie beantwortet und alles schien nur heiße Luft gewesen zu sein, denn es geschah gar nichts. Es wurde keine Untersuchung eingeleitet.

Nebenbei bemerkt hatte die britische Boulevardpresse 2002 bereits reichlich mit dem Benehmen der jungen Prinzen und den hartnäckigen Gerüchten über Prinz Charles' sexuelle Neigungen zu tun. Doch das war nichts im Vergleich zu einer anderen Affäre, die gerade eine ziemlich delikate Wendung nahm. Sie betraf ihren treuen und ihr »sehr nahe stehenden« Butler Paul Burrell, der beschuldigt wurde, nach Prinzessin Dianas Tod etwa 310 Gegenstände aus deren Besitz entwendet zu haben.

Hinter dieser schweren und für einen Mann, der seit 20 Jahren im Dienst der königlichen Familie gestanden hatte, demütigenden Anschuldigung verbarg sich eine viel umfangreichere Problematik. Zunächst einmal hatte er Dianas Mutter und Schwester gegen sich, obwohl er nach dem Unfall versucht hatte, sich mit ihnen gut zu stellen. Die plötzliche Änderung ihrer Haltung gegenüber Paul Burrell, der ein so diskreter Diener gewesen war, war ziemlich unverständlich. Dabei hatte er nie ein Wort über das Verhalten der beiden Frauen fallen lassen, die eines Tages in den Kensington-Palast gekommen waren, um Dianas Kleider unter sich aufzuteilen und einen ganzen Kofferraum davon mitzunehmen. Sie waren im Übrigen voll und ganz berechtigt, sich zu bedienen.[41] Sie schienen sogar alle Rechte zu haben, einschließlich des Rechts, einen Teil der Korrespondenz der Prinzessin zu vernichten. Dianas Mutter, Frances Shand Kydd (der Name stammte von ihrem zweiten Ehemann nach der Scheidung von dem inzwischen verstorbenen Earl Spencer) sprach nicht mehr mit ihrer berühmten Tochter. Sechs Monate vor Dianas Tod hatte sich die bereits gespannte Beziehung extrem verschlechtert. Dafür hatte Frances Shand Kydd einen Monat nach dem Unfall die Angewohnheit angenommen,

Paul Burrell, der weiterhin mit der Verwaltung der laufenden Angelegenheiten im Kensington-Palast betraut war, Besuche abzustatten. Dieser erinnert sich: »Sie saß mit einer Weinflasche vor sich im Empfangszimmer und sah die Korrespondenz ihrer Tochter durch. Dabei beurteilte sie, was aufgehoben und was vernichtet werden sollte.«[42] Burrell glaubt, dass an die 50 Briefe auf diese Weise verschwunden sind, und fügt hinzu: »Die Familie Spencer wollte die Prinzessin zum Nachteil der Familie Windsor wieder für sich vereinnahmen.« Mit diesem recht rätselhaften Satz tut sich ein flüchtiger Blick auf die im Spiel befindlichen Machtfragen auf, die es gewiss nicht leichter machen, hinter die eigentlichen Ursachen des Unfalls im Alma-Tunnel zu kommen.

Die britischen Justizbehörden mit dem Establishment als Antreiber hinter sich erwarteten von Paul Burrell, dass er ihnen alle Schriftstücke übergab, die Diana ihm anvertraut haben soll, damit er, wenn der Tag gekommen wäre, den vereinbarten Gebrauch davon machte. Es wurden Manuskripte darunter vermutet, die unerfreuliche Äußerungen über die königliche Familie, die Legitimität der Monarchie und das Establishment enthielten oder Enthüllungen über den Druck, der auf Diana ausgeübt worden war. Prinzessin Dianas Ungemach, das nach ihrer Heirat mit Prinz Charles 1981 ziemlich rasch zutage getreten war, hatte seinen Ursprung in der Rolle, die man sie zu spielen zwang. Hier war ein Spiel im Gange, das von Interessen gesteuert wurde, die weder die Regenbogenpresse noch den normalen Sterblichen etwas angingen.

Am Morgen des 18. Januar 2001 klopften Vertreter des »Bureau of Special Operations« von Scotland Yard an Paul Burrells Tür, um ihn festzunehmen. Er wurde mit dem Vorwurf konfrontiert, eine »arabische Dhau« gestohlen zu haben, ein 45 Zentimeter langes Schiffsmodell mit Edelsteinintarsien, das etwa 500 000 britische Pfund (730 000 Euro) wert war; vor kurzem war es einem Antiquitätenhändler angeboten worden. Dieses Segelschiff war das Hochzeitsgeschenk des Emirs von Bahrein an Prinz Charles und Prinzessin Diana gewesen, zum Zeichen der engen Beziehungen zwischen den arabischen Prinzen und dem britischen Königshaus. (Der Emir starb 1999 an einem Herzanfall nach einem Gespräch mit dem Verteidigungsminister der USA, William Cohen, der die Region bereiste, um die amerikanischen Militärschläge gegen den Irak zu verteidigen.) Völlig aus der Fassung über dieses Eindringen der Polizei und die ungerechtfertigte Beschuldigung, sah sich Paul Burrell als Nächstes mit der Frage konfrontiert, ob er nicht im Begriff sei, seine Memoiren zu schreiben. Die Scotland-Yard-Mitarbeiter durchsuchten daraufhin systematisch seine Wohnung, was bis in den frühen Abend dauerte. Zahllose Plastiksäcke wurden mit unterschiedlichen Gegenständen gefüllt, doch die Polizei fand weder die besagten Briefe noch eine geheime Schatulle der Prinzessin, nach der Dianas Schwester und Testamentsvollstreckerin Lady Sarah McCorquodale suchte. Paul Burrell wurde ins Gefängnis gebracht. Die Verhaftung des Butlers wegen Diebstahls fand sich am nächsten Tag in den Schlagzeilen sämtlicher englischer Zeitungen wieder. Dieses negative Medienecho drohte Burrells Ruf bis zu seinem Prozess dauerhaft zu schädigen.

Die Queen greift ein

Am 14. Oktober 2002 wurde vor dem Zentralen Strafgerichtshof, bei den Briten besser als »Old Bailey« bekannt, die Hauptverhandlung im Prozess »Regina gegen Burrell« eröffnet. Nach drei Wochen, in denen die unterschiedlichsten Verzögerungen auftraten, schloss Richter Rafferty auf einmal ohne eine weitere Erklärung die Sitzung und schickte die Geschworenen nach Hause. Niemand weiß, was sich exakt zwischen Paul Burrells Emissären, dem Establishment und der Königin abgespielt hat. (Burrell hatte lange im

Dienst Ihrer Majestät gestanden, bevor er sich dann ausschließlich um Diana – »seine« Königliche Hoheit – zu kümmern hatte.) Jedenfalls ließ Elisabeth II. zur allgemeinen Überraschung das Verfahren einstellen. Sie intervenierte persönlich, dass ihren ehemaligen Diener keine Schuld treffe. Es sei eine Ungeschicklichkeit unterlaufen, die mit einer momentanen Vergesslichkeit zusammengehangen habe. Nach Angaben der Staatsanwaltschaft führte die Königin weiter aus, Paul Burrell habe ihr kurz nach Dianas Tod erklärt, dass ihm die Prinzessin gewisse Schriftstücke zur Aufbewahrung anvertraut habe. Staatsanwalt William Boyce betonte, diese Enthüllung habe die Beschuldigung, Burrell hätte nicht mitgeteilt, dass ihm »gewisse Sachen anvertraut worden seien«, gegenstandslos gemacht, sodass ihm nun als der einzig geeignete Ausweg erscheine, auf »nicht schuldig« zu plädieren. Eine reichlich späte Enthüllung – der Wortlaut der Schriftstücke, die Paul Burrell heimlich verwahrte, wurde wohl als genügend explosiv eingeschätzt, dass eine Einstellung des Verfahrens im letzten Moment angeraten erschien. Das Eingreifen der Königin in diesen Prozess sorgte in der britischen Öffentlichkeit nachhaltig für Beunruhigung. Um die ebenso verspätete wie außergewöhnliche Intervention zu rechtfertigen, berief sich das Haus Windsor auf Unwissen: »Die Königin ist weder über die Anklageschrift noch über die Schriftsätze von Mr. Burrells Verteidigern informiert gewesen.«

Warum hatte sich die Königin persönlich und auf so ungewöhnliche Weise in einen Prozess eingemischt, der bereits seinem Ende zuging? Was mochte Burrell wissen, dass er eine solche Macht über die Königin besaß? Wollte man im Buckingham-Palast mit dieser jähen Wende vermeiden, dass andere peinliche Dinge ans Licht kamen, wie der Labour-Abgeordnete Paul Flynn behauptete? Sah die königliche Familie eine Bedrohung, die mit ihr selbst – dem Hause Sachsen-Coburg-Gotha, seit 1917 Windsor und später Mountbatten-Windsor – zusammenhing, oder ging es hier um etwas, das nur Dianas Tod betraf? Nach dem Aufsehen erregenden

Freispruch für Paul Burrell trat ein ehemaliger Kammerdiener im Palast, George Smith, in der *Mail on Sunday* mit der Behauptung auf, er sei von einem Mitarbeiter Prinz Charles' vergewaltigt worden und habe »ein Mitglied der königlichen Familie« beim homosexuellen Verkehr ertappt. George Smith, der die Royals beschuldigte, sie hätten versucht, die Angelegenheit zu vertuschen, gab an, er habe diese Tatsachen Diana mitgeteilt. Sie habe das Gespräch auf eine Kassette aufgenommen. Da diese Kassette jedoch unauffindbar geblieben war, verdächtigte die *Mail on Sunday* Paul Burrell, sie ausgeliefert zu haben, als Gegenleistung für den Verzicht auf die Strafverfolgung und die Zahlung einer großzügigen Schadensersatzsumme von 37 000 Pfund. Diese Darstellung konnte zwar nicht bewiesen werden, bot aber jemandem, der Meinungsmanipulation betreiben wollte, einen Vorteil: Er rückte den Buckingham-Palast in ein schlechtes Licht und verwies Burrells Geheimnisse in den Bereich schmutziger Privataffären (wobei natürlich auch deren Bedeutung nicht vernachlässigt werden durfte). Am 6. November 2002 druckte *Le Monde* unter dem Titel »Das schlechte Gedächtnis der Königin von England« einen Kommentar ab, den Philip Stephens für die *Financial Times* geschrieben hatte: »Der Butler ist unschuldig, die Polizei inkompetent und die Königin vergesslich. Was uns betrifft, so möge man uns vergeben, wenn wir ein wenig skeptisch sind, denn der abgebrochene Prozess gegen Paul Burrell ist eine jener Geschichten aus dem Königshaus, die selbst für die Vorstellungskraft der Boulevardblätter eine Herausforderung darstellen. Dieser loyale Diener der Königin und später der Prinzessin kannte alle Geheimnisse […], er hatte die Reaktionen der Königin und Prinz Philips [nach Dianas Tod] aus nächster Nähe mitbekommen.«

Die Antwort auf all diese Geschichten – den scharfsichtigsten Beobachtern ist es nicht entgangen – traf ein Jahr später ein. Die Fahnder von Scotland Yard hatten schon gewusst, warum sie bei Burrell ein Manuskript suchten, denn im Oktober 2003 kamen die Memoiren des Butlers im Penguin-Verlag heraus: seine Erinnerungen an 20 Jahre im Dienst des Königshauses und insbesondere als Butler Prinzessin Dianas. Das Werk trug in der französischen Übersetzung den Untertitel: »Die Aufsehen erregenden Enthüllungen von Lady Dianas Butler«. Für diese Publikation fand eine außergewöhnliche PR-Kampagne statt, die sogar einen Werbespot im Fernsehen beinhaltete, was meines Wissens in Frankreich ein Novum war. Doch abgesehen von der Werbung bestanden tatsächlich Gründe, warum dieses Buch Aufmerksamkeit verdiente. Erinnerungen an Lady Di oder Bekenntnisse der ehemaligen Dienerschaft waren auch schon früher erschienen, so aus der Feder ihrer Friseurin oder ihres Privatsekretärs Patrick Jephson, von dem man zum Beispiel erfuhr, dass Diana ihre Schwiegerfamilie »die Deutschen« nannte. Doch niemals waren in einem Werk so gravierende Dinge über das Königshaus ausgesagt, war die arme Diana, die sich in ihre Paranoia und in Pläne von posthumer Rache verstrickte, so glorifiziert worden. Paul Burrell, in seiner Rolle als enger Vertrauter sehr glaubwürdig, hatte die Prinzessin so voller Sympathie als Opfer geschildert, dessen Tod vorprogrammiert war, dass eine neue Verleumdungskampagne, die ebenso massiv war wie die erste, nicht mehr zog. Dianas Söhne, Prinz William und Prinz Harry, führten einige Zeit nach dieser sensationellen Veröffentlichung eine Begegnung mit dem Mann herbei, der so viel über ihre Familie väterlicherseits und mütterlicherseits wusste. Von diesem streng vertraulich geführten und gleichzeitig so besonderen Gespräch ist nichts durchgesickert. (Burrell kannte die Prinzen seit ihrer frühesten Kindheit. Sie hatten all die Jahre, die er im Kensington-Palast in Dianas Diensten stand, gemeinsam mit seinen eigenen Kindern an den Nachmittagen gespielt.) *Im Dienste meiner Königin* war keine Sammlung von Klatschgeschichten. Burrell ließ sich weder darauf ein, die Gerüchte über Prinz Charles' sexuelle Neigungen weiterzutragen, die ihm wohl bekannt waren, noch lud er Vorwürfe auf den Rest der königlichen Familie. Er war im Gegenteil durchdrungen vom Stolz, auf höchster Ebene am britischen Königshof gedient zu haben und Dianas »Felsen« gewesen zu sein, ein oft wiederholtes Wort, das Diana benutzte, um das Vertrauen auszudrücken, das sie ihrem Intimus entgegenbrachte. Von dem ziemlich egozentrischen Buch ging jedoch eine Bedrohung aus, die sich nicht ausschließlich gegen das Königshaus richtete, sondern die ebenso das Establishment betraf. Schlimmer noch, Burrell gab bald zu verstehen, dass das, was er hier aufdeckte, nur die sprichwörtliche Spitze des Eisbergs bildete, womit er andeutete, es gebe »Argumente«, auf die er zurückgreifen könnte, wenn in Zukunft etwas gegen ihn angezettelt würde! Ja, mehr noch – sie könnten sich in eine tickende Zeitbombe verwandeln, falls ihm Übles geschähe.

In einer der spektakulärsten Passagen des Buchs wurde eine unsichtbare und nicht zu benennende Gefahr angesprochen, die über Großbritannien schwebe. Burrell soll gegenüber dieser Bedrohung zur Vorsicht gemahnt worden sein, sein Scharfblick war damals jedoch nicht ausreichend, um deren schädliches Potenzial angemessen einzuschätzen. Die besagte Bemerkung fiel bei einer Begegnung mit der Queen, um die er selbst gebeten hatte. Da er sich nach Dianas Tod den Machenschaften ihrer Mutter gegenüber machtlos sah, hatte er sich seiner Königin anvertrauen wollen. (Dies war übrigens das Gespräch, an das sich Elisabeth II. im letzten Moment zu erinnern geruhte, um eine Einstellung des gegen den Butler laufenden Verfahrens zu bewirken.) Burrell hat der Herrscherin an jenem Tag anscheinend angekündigt, er wolle die Dokumente, die ihm Diana anvertraut hatte, an einem sicheren Ort unterbringen. Hat er erwähnt, welcher Art exakt diese Unterlagen waren? Es ist nicht bekannt, er hat sich nicht dazu geäußert. Dagegen führt er aus, »Ihre Majestät« habe keinen Einwand geäußert. Allerdings habe sie es nicht verabsäumt, ihm vorsichtshalber »die« Warnung zuzuraunen, die wohl geeignet sein sollte, ihm das Blut bis ans Ende seiner Tage erstarren zu lassen – und das seiner ganzen Nachkommenschaft bis in die siebte Generation ebenfalls: »Geben Sie Acht auf sich, Paul. Niemand anders hat einem Mitglied meiner Familie so nahe gestanden. Nichtsdestotrotz sind in diesem Land Kräfte am Werk, von denen wir keine Vorstellung haben.« In England sollte also eine »andere Welt« existieren, die sich im Schatten des Königreichs betätigte und die die Königin selbst nicht beim Namen nennen konnte? Eine Welt, auf die ihre Macht keinen Einfluss hatte? Kräfte, die laut diesem rätselhaften Ausspruch, von dem Burrell berichtete, am Werk waren, ohne dass man wusste, ob sie nun esoterischer, politischer, wirtschaftlicher oder mafiöser Natur waren?

Das war freilich eine merkwürdige Äußerung, die in gewisser Hinsicht an einen Ausspruch Benjamin Disraelis (1804–1881) erinnerte, der unter Queen Victoria Premierminister gewesen war. Disraeli vertrat als Vorsitzender der konservativen Partei Positionen, mit denen er bereits vor langer Zeit Kreisen, die man heutzutage als »Verschwörungstheoretiker« bezeichnen würde, Argumente lieferte. Disraeli schrieb 1844 in seinem Roman *Coningsby oder Die neue Generation*: »Die Welt wird von ganz anderen Elementen regiert, als jene es sich vorstellen, deren Auge nicht hinter die Kulissen zu blicken vermag.« Er führte diesen Gedanken am 20. November 1876 in einer Rede, die er in Aylesbury hielt, weiter aus: »Die Regierungen dieses Jahrhunderts stehen nicht nur mit den Herrschern, also mit Kaisern, Königen und Ministern, sondern auch mit den Geheimgesellschaften in Verbindung, Elementen, die man berücksichtigen muss: Sie können jeden Vertrag zunichtemachen und haben überall ihre Agenten – skrupellose Agenten, die zum Mord treiben und nötigenfalls in der Lage wären, ein Massaker zu provozieren.« Diese Äußerungen sind natürlich deutlicher als die Aussage, welche Burrell von seiner Königin gehört haben will, doch die Bedeutung ist dieselbe. Und Dianas Vertrauter sollte von jetzt an auf sich Acht geben und sich die Konfrontation mit den Leuten »jener« Welt ersparen!

Die Fähigkeit, auf sich aufzupassen, scheint nicht gerade eine der hervorstechenden Eigenschaften Dianas gewesen zu sein, als sie sich in der letzten Zeit vor ihrem Tod auf eine Weise engagiert hat, die massiv provozierte. Doch wem hätte sie misstrauen müssen? Welchen Kräften? Benjamin Disraelis Ausführungen könnten zugegebenermaßen einen Anreiz geben, sich für die »dunklen« Bereiche der britischen und der internationalen Gesellschaft zu interessieren, in denen die wirklich großen Geschäfte verhandelt werden. Bisweilen werden sie bei internationalen Skandalen sichtbar, die sich um illegale Geschäftemachereien und sexuelle Perversionen drehen, doch wird dabei lediglich die Oberfläche ein klein wenig angekratzt.

Nach seinem Aufsehen erregenden Freispruch spürte Paul Burrell die Kugel offenbar recht nahe an sich und seiner Familie vorbeisausen: Im Dezember 2002 brannte der Blumenladen aus, den er nach seinem Auszug aus dem Kensington-Palast in der Stadt Holt in Nordwales eröffnet hatte. Die Täter wurden nie gefunden.

»Kräfte am Werk, von denen wir keine Vorstellung haben«. Mit diesem Ausdruck hatte die Königin so getan, als wäre sie ebenso unwissend wie der bescheidene Diener der königlichen Hoheiten, der ihr gegenüberstand. Die Unwissenheit der Königin wirkte nach ihren langen Regierungsjahren allerdings so unwahrscheinlich, dass man eher geneigt war, in diesen Worten eine Anspielung auf ihre Schwäche und ihre persönliche Abhängigkeit von mächtigeren Partnern zu sehen. Alle europäischen Königshäuser, und sie waren zahlreich, waren in weitaus größerem Maße Beteiligte politischer und wirtschaftlicher Affären, als es die einzigen Printmedien, die sich beständig für sie interessierten – die Regenbogenpresse und die britische Boulevardpresse – vermuten ließen. Es war ein wohl verstandener Austausch von Gefälligkeiten: Der Glamour und der altmodische Prunk, der diesen Zeitungen den Stoff lieferte, verschleierte gleichzeitig wirkungs-, um nicht zu sagen absichtsvoll die realen Interessen, die im Spiel waren, und die »wirkenden Kräfte«, die sie bewegten. Die Galionsfiguren dieser Verschleierungspolitik waren die Prinzen und Prinzessinnen, Marionetten, von denen man erwartete, dass sie den ihnen zugewiesenen Platz nicht verließen. In ihren Rollen durften sie manchmal bei allen Theatergenres Anleihen nehmen, solange es die Geschäfte nicht störte. Dies galt vor allem für die »Angeheirateten«, die – wie Diana ab ihrer Hochzeit mit Prinz Charles – nach ihrem Einstieg in das Repräsentationsspiel dessen Regeln zu akzeptieren hatten. Diese Realität der Königs- und Fürstenhäuser galt auch für die französische Republik und ihr monegassisches Fürstentum. Während Blätter wie *Paris Match* Historchen en masse über die neuesten Abenteuer der Grimaldis veröffentlichten, liefen parlamentarische Untersuchungen über Monacos Verwicklungen in Geldwäsche-Skandale. Das Insider-Enthüllungsbuch von Ernest Backes, früher an hoher Position im luxemburgischen Bankwesen (er hat mit der Aufdeckung des Clearstream-Skandals weltweite Berühmtheit erlangt[43]), spiegelte ein weitaus ernsteres Bild dieser »anderen Welt« und vermittelte eine konkrete Vorstellung vom Funktionieren der Großfinanz auf globaler Ebene. Wenn man mit ihm hinter die Kulissen der internationalen Finanzwelt vordrang (die besagten »Kulissen« Benjamin Disraelis), tauchten geheime Konten, Gelder aus Drogen- und Waffenhandel, Ölgeschäfte, Lösegeldzahlungen und Verbindungen zu Mafiabanken auf. In seiner gewaltigen, enzyklopädisch breit angelegten Arbeit nannte Backes vor allem auch den Namen einer hochwichtigen Persönlichkeit. Es war nur zu logisch, dass dieser Mann in der Öffentlichkeit unbekannt war, während er gleichzeitig bei den Eingeweihten und den Eliten der internationalen Geschäftswelt in hohen Ehren stand. Es handelte sich um Henry J. Leir (mit ursprünglichem Namen Heinrich Hans Leipziger), dem nachgesagt wurde, dass er vor langer Zeit einmal dazu beigetragen habe, eine Annäherung zwischen der Familie Bush und dem Naziregime zu fördern. Er hatte das Großfürstentum Luxemburg, das man zu Ende des Zweiten Weltkriegs als den 51. Staat der USA bezeichnete, zu seiner Basis gewählt. Man erfährt dank Backes Enthüllungen außerdem, dass der 1998 gestorbene H. J. Leir, der karitative Werke finanzierte, »in der zweiten Hälfte des 20. Jahrhunderts die Rolle der Rothschilds als Bankier der europäischen Königshäuser übernommen« hatte. Wenn man dem hinzufügte, dass er der größte Waffenhändler während des Koreakriegs gewesen war, so fand man um die Person Henry J. Leirs herum alle Machtsphären vereint, welche die Diana-Affäre am Ende des Jahrhunderts berührte: Die Welt der High Society stand auf der einen Seite. Auf der anderen, hinter den Kulissen, gab es die Angelegenheiten der »anderen Welt«. Die Romanze war für die Fassade da. Hinter dem Dekor spielten sich die Geschäfte und Konflikte der Aristokratie, der großen Familien und der Neureichen ab.

»Ein ›Autounfall‹, dem ich zum Opfer fallen soll«

Nun versuchen Sie sich mit all dem zu arrangieren, wenn Sie Paul Burrell heißen, Butler der Luxusklasse sind und kompromittierende Schriftstücke in der Hand halten, die eine Prinzessin, die sich in Bedrängnis sah, zusammengestellt hat. Wenn Sie außerdem wissen, dass diese Schriftstücke einen beträchtlichen Handelswert besitzen und dass Ihre Königin Ihnen nicht wirklich geholfen hat, als Sie sie aufgesucht haben, um Rat von ihr zu erhalten. Doch eines hat sie an jenem Tag nicht versäumt, bevor sie sich in den Park des Buckingham-Palasts begeben hat, um den Spaziergang mit ihren Corgis zu absolvieren: Ihnen die Gefährlichkeit ihrer Situation vor Augen zu führen … Das Ergebnis war kein anderes als die Publikation dieses Buchs, das als eine »Pflicht gegenüber der Prinzessin« dargestellt wurde. Paul Burrell, der sich einige Jahre zuvor noch damit zufriedengegeben hatte, eine Rezeptsammlung zu veröffentlichen (unter der Marke »Dianas Butler«), hatte einmal behauptet, dass er seine

Geheimnisse über Dianas Leben nie weitertragen wolle, denn er würde das als einen Verrat an ihr auffassen. Das Strafverfahren gegen ihn hat ihn offensichtlich seine Meinung ändern lassen.

»Ich werde ein Datum unter diese Notiz setzen, und ich möchte, dass Sie sie sorgsam aufbewahren, für den Fall, dass …« So kündigte Diana an einem Tag im Oktober 1996, als sie in niedergeschlagener Stimmung war, Paul Burrell eine Aufgabe an, die er nach ihrem Tod wahrnehmen sollte, falls … Es war ein tief ernster Moment, sie waren im Kensington-Palast allein. Burrell, zu allem bereit, verfolgte mit, wie sie schrieb: »Ich verzweifle daran, jemanden zu finden, der mich in seine Arme nehmen und mir helfen könnte, stark zu bleiben.« Die Prinzessin fuhr mit ihrem »Geständnis« fort, das plötzlich den Ton wechselte: »Ich gehe durch die gefährlichste Phase meines Lebens … Jemand plant einen ›Autounfall‹, dem ich zum Opfer fallen soll, mit Bremsenversagen und schweren Kopfverletzungen. Für Charles wäre so der Weg frei und er könnte wieder heiraten.« Dieser Abschnitt ist absolut packend in seiner Genauigkeit: die Bremsen, der getarnte Unfall … Einige Beobachter haben angemerkt, dass Diana noch am Leben wäre, wenn sie den Sicherheitsgurt angelegt hätte. Doch es hat sich herausgestellt, dass die Gurte des Mercedes S 280 nicht funktionierten. (Nicholas Davis schreibt in *Secrets and Lies*[44], dass sie angefeilt worden waren!) Der Stil dieses Briefs, dessen Echtheit nicht in Frage gestellt worden ist, war nicht mehr und nicht weniger als überraschend. Diese Art, wie sie von »Kopfverletzungen« sprach, war keine Formulierung, die eine direkte Besorgnis um ihr Leben erkennen ließ. Wie diese »schweren Verletzungen« an sich eine Heirat Prinz Charles' mit Camilla Parker Bowles hätten ermöglichen sollen, wurde nicht ganz klar – man konnte hier schlecht einen Kausalzusammenhang erkennen, vor allem seit das Haupthindernis für eine Wiederverheiratung des Prinzen dank der einige Monate zuvor ausgesprochenen Scheidung von Diana aus dem Weg geräumt war. Burrell sprach von diesem Brief als von einer Bürde, die er mit sich herumgeschleppt hatte, seit

Prinzessin Diana unter Umständen, die er mit gutem Grund als suspekt empfand, zu Tode gekommen war. Doch am meisten verwirrt einen das Schweigen, in das er sich über Jahre gehüllt hat, ohne auch nur die Existenz dieses Schriftstücks zu erwähnen, vor allem damals, als in Frankreich das Untersuchungsverfahren lief. Warum hat er nicht die Kriminalbrigade informiert – über die er kurz angebunden, aber mit Klarblick sagte, dass sie keine wirkliche Erklärung für das Drama geliefert habe? War er im Bilde, wie die französische Kriminalpolizei mit gewissen Zeugenaussagen umging, und hielt darum Vorsicht für angeraten? Oder dachte er, dass er sich besser der höchsten Autorität seines Landes anvertrauen sollte? Eine vertrauliche Mitteilung an die Königin zum Beispiel, die dieser ein »Paul, geben Sie Acht ...« entlockt hatte?

Wie dem auch sei, Burrell und sein Verleger haben den Namen desjenigen, der angeblich »einen Autounfall plante«, nicht genannt, doch sie haben das Schriftstück in Millionen von Exemplaren als Faksimile wiedergegeben. Es wirkte wie eine von Meisterhand vorbereitete Operation, die jenseits des Ärmelkanals den Beginn einer Untersuchung auslösen sollte, die schon zu lange auf sich warten ließ. Doch Tony Blair verneinte, dass darauf die geringste Aussicht bestünde, und hielt denen, die von Komplotten unkten, weiterhin die Erkenntnisse des französischen Untersuchungsverfahrens und den Trunkenheitszustand Henri Pauls entgegen.

Inzwischen löste sich in Frankreich weniger öffentlichkeitswirksam eine andere Zunge, und verdrängte Erinnerungen kamen wieder zum Vorschein. Es ging um einen sechs Jahre zurück liegenden eigenartigen Telefonanruf, den die Schriftstellerin Irène Frain, die im Auftrag von *Paris Match* eine distanziert gehaltene literarische Chronik über das Leben der britischen Royals schrieb, erhalten hatte. Je mehr Zeit verging, desto stärker beunruhigte sie der Vorfall. Sie hatte sich bisher zurückgehalten, davon zu sprechen, da sie fürchtete, ausgelacht zu werden. Schließlich wurde ihr als Romanautorin zu Recht eine gute Vorstellungskraft zugeschrieben, und sie selbst war die Erste, die sich vor ihrer Fantasie hütete, wenn sie über geschichtliche Themen schrieb oder journalistisch arbeitete. Irène Frain war im Januar 1996 – damals lebte Diana noch und der besagte Brief war noch nicht geschrieben – in ihrer damaligen Privatwohnung, wo sie nur vorübergehend untergekommen war und eine Geheimnummer hatte, von einem Unbekannten angerufen und vorgewarnt worden, dass Prinzessin Diana im Ausland einen Autounfall haben würde! Der Anrufer fügte hinzu, in der Schweiz habe es bereits einen ähnlichen Versuch gegeben, dort seien die Bremsen ihres Wagens nachweislich manipuliert worden. Der Anrufer nannte weder den Tag noch den Ort des Unfalls, er gab lediglich zu verstehen, dass sich Charles und die Kinder in einem anderen Wagen an der Spitze des königlichen Konvois befinden würden. Irène Frain sollen an diesem Anrufer vor allem »seine feine Art und die Nähe zu den britischen Aristokratenkreisen« aufgefallen sein. Sie sah in dem Anruf zunächst einen von Diana und deren sehr gut arbeitendem PR-Dienst unternommenen Versuch, die französische Presse zu manipulieren, in Verbindung mit einem Paranoiaschub bei der Prinzessin. So beschränkte sie sich darauf, die Nummer des geheimnisvollen Anrufers zu notieren. Doch Ende September 1997, als die Aufregung in den Medien nach Lady Di's Tod etwas zurückgegangen war, erinnerte sich Irène Frain an den Anruf und beschloss, den Unbekannten zurückzurufen. Dieser versetzte in scharfem Ton: »Ich habe es Ihnen doch gesagt! Wir haben es alle gewusst und keiner hat etwas unternommen!« Trotz ihrer wachsenden Beunruhigung verschloss sich Irène Frein strikt allen Attentatsthesen. Erst als Paul Burrell sich entschieden hatte, Dianas Brief zu veröffentlichen, überwand sie ihre Widerstände und vertraute sich der *Paris Match*-Redaktion, die wohl die eigentliche Adressatin der Ankündigung von 1996 gewesen war, wegen dieser Anrufe an. Sie setzte sich mit der Zustimmung der Zeitschrift ein drittes Mal mit dem Unbekannten in Verbindung. Dieser bezichtigte nun explizit den britischen Secret Intelligence Service (MI 6), Urheber des Attentats zu sein. Diese Unterstellung war nicht neu, doch Irène Frain war erschüttert, sie in diesem spezifischen Kontext zu hören. In *Paris Match* kam darüber schließlich eine kleine, bescheidene Meldung im Oktober, noch dazu gekürzt, wohl wegen Platzmangels. Hier schien nun ein Beleg vorzuliegen, dass in gewissen britischen Kreisen, die mit der Geschäftswelt und dem Adel in Verbindung standen (was oft identisch war), seit Januar 1996 das Gerücht umgegangen war, »jemand« wolle durch Manipulationen an den Bremsen des Wagens, in dem Diana saß, einen Unfall auslösen. Wenn das stimmte, so war es nicht erstaunlich, dass Diana diese Warnungen zu Ohren gekommen waren und dass sie sich veranlasst sah, sie im Oktober 1996 schriftlich festzuhalten. Lange vor Paul Burrell hat bereits Dianas ehemaliger Privatsekretär Patrick Jephson mit seinen als Fortsetzungsserie erschienenen Enthüllungen *Shadows of a Princess*[45] die Büchse der Pandora geöffnet. Jephson, der nicht davor zurückscheute, Diana als »eine verwirrte Person« zu bezeichnen, die »manipulierte, intrigierte, log und manchmal sogar grausam sein konnte«, berichtete, Diana habe ihm eines Tages von einem Mordversuch erzählt, der im Hyde Park auf sie verübt worden sei. Sie wusste, dass der Tod um sie kreiste, seit ihr Bodyguard und Liebhaber Barry Mannakee bei einem Motorradunfall ums Leben gekommen war. Nach den Angaben der Polizei war es ein simpler Verkehrsunfall gewesen, doch Diana nahm kein Blatt mehr vor den Mund und bezeichnete es öffentlich als Mord.

Armes reiches Mädchen

Dianas Vater Edward Spencer wurde 1975 mit dem Tod Albert Spencers zum 8. Earl Spencer. Diana erhielt damals den Ehrentitel »Lady Diana«, dessen verkürzte Form »Lady Di« von den Medien weltweit übernommen wurde. Das Geschlecht der Spencer, dem

Diana entstammte, hatte seit Jahrzehnten dem britischen Königshaus nahe gestanden. Ihr Vater war Stallmeister von König Georg VI. und ihre Großmutter mütterlicherseits, die stinkreiche alte Lady Fermoy, eine langjährige Freundin der Königinmutter, der verstorbenen »Queen Mum«, gewesen. Letztere hatte seinerzeit ihre Intrigen gesponnen, damit Edward Spencer Frances Burke Roche ehelichte – mit einem Hintergedanken im Kopf und einer guten Portion Brandy im Magen, dem Hausgetränk der Windsors, das Queen Mum später noch eine gute Hilfe sein sollte, um den Ärger über all die Nattern hinunterzuschlucken, die sich im Einflussbereich der Krone breit gemacht hatten. Edward Spencer, dem Viscount of Althorp, war ebenso wie seiner Tochter kein einfaches Eheleben beschieden. Nach einer Scheidung, bei der die Fetzen flogen – Frances hatte ihn mit dem Millionenerben Peter Shand Kydd, der seinen Reichtum der Tapetenfabrikation verdankte, betrogen – heiratete er Raine, Countess of Dartmouth, die einzige Tochter der Romanschriftstellerin Barbara Cartland. Als er 1992 starb, wusste er, dass auf seinen Freund Mohammed Al-Fayed Verlass war und dass dieser Raine den Sitz erhalten würde, den er dem Earl im Verwaltungsrat von Harrods International übertragen hatte. Ob Diana wohl die Werke der Schwiegermutter ihres Vaters gelesen hat? Wie mögen sie sie beeinflusst haben? In Barbara Cartlands Büchern war niemals die Rede von intimen Beziehungen vor der Ehe, und sogar ein Kuss war dort schon etwas Gewagtes. In Büchern wie *Liebe, die vom Himmel fiel* und *Der Krieg der Herzen* stand meistens ein junges englisches Mädchen aus guter Familie im Mittelpunkt, das von einem flotten jungen Mann, vorzugsweise adeliger Herkunft, unweigerlich aus allen möglichen und unmöglichen Schicksalsnöten errettet werden musste. Barbara Cartland war nicht nur für ihre Liebesromane bekannt, sondern auch für ihre unvermeidbar bonbonrosafarbenen Toiletten. Ihre internationale Berühmtheit hinderte sie nicht, sich für die Sache obdachloser Zigeuner einzusetzen oder dafür zu kämpfen, dass Mütter, die nur im eigenen Haushalt arbeiteten, staatliche Zuwendungen erhielten. Sie war ein Musterbeispiel aufrichtigen Engagements, dem all die Medienikonen der »Wohltätigkeit« nicht gefolgt sind – Diana nicht mehr als die anderen …

Die Ehe zwischen Lady Di und Charles Mountbatten-Windsor hat nie funktioniert. Die Hochzeit war von der »Queen Mum« – der Witwe Georgs VI. und Mutter Elisabeths II. – zum Besten der britischen Monarchie arrangiert worden. Aus französischer Sicht kam einem die Traumhochzeit am 28. Juli 1981, deren Übertragung im Fernsehen Rekordeinschaltquoten erreichte, antiquiert vor. Der eigene als Staatsgast zur »Hochzeit des Jahrhunderts« geladene Präsident war unter anderem mit den Stimmen solcher französischer Wähler an die Macht gekommen, deren Herz links schlug. Doch das Ereignis in Großbritannien wies mit seiner institutionellen Bedeutung auf Gesetze aus uralten Zeiten zurück. Das vorgeschriebene Ritual schien unbedingt befolgt werden zu müssen, vor allem in einer Phase, da sich erste Gefährdungen für die Monarchie abzuzeichnen begannen, Bedrohungen, die da hießen: englische Monarchiegegner, europäische Integration, internationale Finanzwelt, Globalisierung.

Es dauerte noch einige Jahre, bis der eigentliche Startschuss zur Revolte gegen die Institution der Monarchie fiel. Dies geschah eine gute Zeit vor Dianas Tod, am 22. Mai 1993. Im Internationalen Elisabeth II.-Konferenzzentrum in London fand damals die erste öffentliche Debatte zum Thema »Ist die Monarchie noch zeitgemäß?« statt. In der Geschäftssphäre der »anderen Welt« wurden die Karten neu verteilt. Die neuen Gelddynastien hatten an Einfluss gewonnen und machten sich daran, das Joch der alteingesessenen erblichen Machteliten abzuschütteln. Die etablierten Privilegien der Königshäuser und deren überheblicher Anspruch darauf, höhere Rechte zu besitzen, wurden in Frage gestellt. Aus der Energiekrise von 1973 war ein neues Establishment von Neureichen entstanden, die nach dem »Exkrement des Teufels«, dem

Erdöl, rochen. Als der Venezolaner Juan Pablo Pérez Alfonso, ein Mitgründer der OPEC, diesen Begriff prägte, sah er wohl bereits die Gefahr heraufziehen und ließ in den 70er Jahren die Alarmglocke läuten. Er sah, wie viele Probleme das Erdöl bereits mit sich gebracht hatte und für jene Länder, die angreifbar waren und in deren Boden es schlummerte, noch mit sich bringen würde: Armut, Umweltverschmutzung, Korruption, häufig auch Krieg. In der Betätigung sogenannter »humanitärer« Organisationen sah er ein scheinheiliges »Trostpflaster«, von dem er wenig Aufhebens machte, vor allem wenn dieses Engagement von politischen Drahtziehern oder der Geschäftswelt selbst instrumentalisiert wurde. Schurkenstaaten wie zum Beispiel der Sudan hatten zu ausgezeichneten Partnern werden können, da sie den neuen Schlüssel zum Wirtschaftskrieg in der Hand hielten und geschickt genug gewesen waren, sich auf die richtige Seite zu schlagen. Eine Politik der Entwicklungskooperation, die einmal von einem echten Solidaritätsgedanken getragen gewesen war, entgleiste und wurde in den Dienst kurzfristiger geostrategischer und wirtschaftlicher Interessen gestellt: Humanitäre Aktionen entwickelten sich zum bequemen Feigenblatt für politische Inaktivität.
Das schwarze Gold war der Jackpot, für den die großen Geschäftemacher die Welt auf der Suche nach Firmen durcheilten, die sie aufkaufen konnten, und Politiker zur Sicherung der Versorgung Partnerschaftsabkommen mit Ölförderländern schlossen, ohne sich um die dortige Menschenrechtslage zu kümmern. Die »Oil Company« war dabei, die Kommandostellen der Finanzwelt – der »anderen Welt« – zu erobern und alte Imperien aus den Angeln zu heben. Immer mehr bekam man es mit diesen Neureichen zu tun, die neuerdings Zugang zu den Nobelplätzen, den märchenhaft prunkvollen Festen, den Luxuskarossen, den Models und diversen Vergnügungen und Ausschweifungen erhielten. Zu dieser Zeit begann es, dass die »andere Welt« sich mit Personen wie Adnan Khashoggi, den Scheichs von Abu Dhabi und Dubai, dem Sultan

von Oman, den saudischen Prinzen und schließlich dem Sultan von Brunei abfinden mussten, die in ihren Kreisen auftauchten. Die großen europäischen Adelsfamilien spürten gleichfalls, dass der Wind sich gedreht hatte. Sie mussten sich entscheiden, ob sie mit den Emporkömmlingen zu einem gütlichen Arrangement finden oder ob sie versuchen sollten, sie ihrer vorgeblich gottgegebenen Macht zu unterwerfen. Wenn das Regime der Parvenüs heraufdämmerte, waren alle Argumente gut, um an der Macht zu bleiben, selbst wenn man sich auf neue Allianzen einlassen musste, in der Hoffnung, das eigene Reich auf die Weise wiederherzustellen.

Im Alter von etwa 35 Jahren war Prinz Charles praktisch zur Heirat zwangsverpflichtet worden. Die Wahl der britischen Institutionen, die in Sachen königlicher Hochzeiten das »Entscheidungsrecht« hatten, war auf die Familie Spencer gefallen. Dadurch wurde eine Verbindung zwischen dieser Familie und dem zukünftigen König Charles geschaffen und eine Nachkommenschaft gesichert, deren Thronanspruch unbestritten sein würde. Das junge Mädchen, das bestimmt wurde, die Mutter des zukünftigen Königs zu sein, sollte adliger Herkunft sein, ledig und vorzugsweise Jungfrau und protestantisch. Diana entsprach all diesen Erfordernissen. Zunächst war ein erster Versuch mit ihrer älteren Schwester, Lady Sarah, unternommen worden, doch die Auserwählte träumte von einer Liebeshochzeit, und Charles erweckte keinerlei entsprechende Gefühle in ihr. Mit 19 Jahren blieb Diana kein anderer Ausweg, als sich vorzustellen, die Liebe würde mit der Zeit schon noch kommen. Charles willigte in die Verbindung ein, die für den legitimen Fortbestand des Hauses Windsor-Battenberg-Sachsen-Coburg-Gotha nötig war.

Diana hatte einen prestigeträchtigen Stammbaum: Ihre Mutter, Frances Burke Roche, stammte in direkter Linie von König Karl I. von England ab. Diana war die jüngste Tochter von Edward Spencer, Viscount of Althorp. Die Spencers zählten zu den ältesten britischen Geschlechtern: Ihre Abstammungslinie reichte mit Sicherheit mindestens bis zu Wilhelm dem Eroberer zurück. Ihre Berufung, den Thron zu besteigen, war genauso stark wie das Verlangen der Windsors, ihre Herrschaft zu legitimieren.

Die beiden Familien hatten ihre auseinanderstrebenden Interessen und ihre Allianzen mit Machtsphären, die in Konkurrenz zu ihnen standen, nie öffentlich erwähnt. Am Tag von Dianas Beisetzung, dem 6. September 1997, sah dies schon anders aus. Der Bruder der Prinzessin erinnerte Dianas Söhne daran, dass sie auch ein Teil der Familie Spencer seien. Wenn man genau hinhörte, konnten Earl Spencers Worte inmitten des Chors der Klagenden durchaus ein Warnzeichen für das Haus Windsor sein, ob hier nicht allzu anmaßend die Hand auf William gelegt wurde, ihn, den zukünftigen König, in dessen Adern Spencer-Blut floss.

Um zu verstehen, warum für die Windsors die *zwingende Notwendigkeit* bestand, Charles mit einer Spencer zu verheiraten, muss man sich mit den Legitimierungskämpfen innerhalb der britischen Monarchie und den ihnen zugrunde liegenden Glaubenssätzen beschäftigen. Es heißt, dass in Großbritannien immer zwei Königsfamilien den Anspruch erhoben haben, auf den Stamm Juda zurückzugehen, der König David und Jesus Christus hervorgebracht hat: das derzeitige Herrscherhaus Windsor und das schottische Haus der Stuarts, zu dessen Abkömmlingen Prinzessin Diana zählte. Dan Browns internationaler Bestseller *Sakrileg* greift in populärer Form diesen Glauben auf, der von Historikern bereits wissenschaftlich untersucht worden ist. Michael Baigent und Richard Leigh, die beiden Autoren des 1982 erschienenen Buchs *Der Heilige Gral und seine Erben* haben ihn übrigens verklagt, weil er sich ihre Thesen zu eigen gemacht habe. Dazu zählt insbesondere die Vorstellung von einer Ehe zwischen Jesus und Maria Magdalena, aus der ein Kind hervorgegangen sein soll. Dies gilt als der Anfangspunkt einer Abstammungslinie, die angeblich bis in die heutige Zeit reicht und von der katholischen Kirche verborgen gehalten worden ist. Der Plagiatsprozess, der am

27. Februar 2006 vor dem High Court von London gegen Brown eröffnet wurde, endete mit einer Abweisung der Klage.
Nicht alle Geschichtswissenschaftler sollen bereit sein, das legitime Anrecht der Windsors auf den englischen Thron anzuerkennen, was deren Anspruch, vom Throne Davids abzustammen, schwächt. Dagegen sind sich die meisten einig, dass das Haus Stuart unbestreitbare Rechte geltend machen kann. Nach diesem Glauben könnten die Stuarts eines Tages also auch den Anspruch erheben, über Israel zu herrschen. Bei diesem quasi esoterischen Ansatz kann man sich vorstellen, dass das Haus Windsor händeringend nach einem jungen Mädchen reiner merowingischer Abstammung aus dem Hause der Stuarts gesucht hat, um sie mit dem englischen Thronerben Prinz Charles zu verheiraten. Dies wäre der Weg gewesen, die alte okkulte Macht des englischen Königshauses auf immer zu legitimieren.
Am 21. Juni 1982 – dem Tag der Sommersonnenwende – brachte die junge Lady Diana Spencer, die Erbin der schottischen Stuarts, Prinz William Artur Philip Louis zur Welt. Mission erfüllt! Der Restnutzen Dianas beschränkte sich für die Großmeister des »Ordens der Krone« von nun an darauf, wohltätige Werke zu tun und bei Charles Seitensprüngen mit Camilla ein Auge zuzudrücken, ohne dass es einen großen Eklat in der Öffentlichkeit gab. (Warum nur diese Anhänglichkeit an Camilla?) Doch Diana selbst hörte nicht mehr auf, für Eklat zu sorgen, hatte einen Liebhaber, dann mehrere ... Gegen Ende ihres Lebens versuchte sie sich außerdem im politischen Engagement, vor allem mit ihrer Unterstützung für die Labour-Partei des zukünftigen Premierministers Tony Blair. Schlimmer noch, sie machte sogar den Monarchiegegnern Versprechungen! Wollte sie, die Mutter des zukünftigen Königs, sich gar aktiv an der Zerstörung der Monarchie beteiligen, die ihr nichts als Unglück gebracht hatte? Nach dem Unfall schrieb Alexandre Adler am 4. September 1997 im *Express:* »Diana nahm in den Augen der Öffentlichkeit, die zur Hälfte bereits republikanisch eingestellt war, den

Platz einer ›alternativen‹ Monarchin ein, die sich den Armen und den ehemaligen Untertanen des britischen Empire widmete. Dies ging sogar so weit, dass sie plante, mit einem von ihnen, einem ägyptischen Moslem, ein neues Leben zu beginnen.« Adler, der die Gerüchte über eine geplante Heirat mit Dodi Al-Fayed für eine bestätigte Tatsache hielt, stellte hier Dianas letzte Provokation heraus, in der das Establishment objektiven Anlass zur Beunruhigung sah. Während die Gemütslage in der Welt »hinter den Kulissen« bereits von etwas geprägt war, das man als »Heraufdämmern des 11. September« bezeichnen konnte, demonstrierte Diana öffentlich ihre Nähe zu Mohammed Al-Fayed, der im britischen Establishment, sogar unter Einbezug von dessen neuen Allianzen, bis zum Beweis des Gegenteils nicht willkommen war. Diana selbst war »dort« nicht mehr erwünscht, aber sie wollte sich nicht geschlagen geben.

Der Countdown für Diana setzte am 20. November 1995 mit einer Sendung der *BBC* in der Reihe »Panorama« ein, die zur Hauptsendezeit ausgestrahlt wurde. Die Prinzessin ließ hier einmal alles heraus und erzählte von ihren eigenen Liebschaften und von Prinz Charles' Schwächen. »Seit 1993 lebten Charles und ich getrennt. Ich war zu einem Problem geworden. Reisen wurden gestrichen, Briefe gingen verloren und mein Leben wurde sehr schwierig. [...] Das Umfeld meines Mannes war sehr aktiv, um mich kaltzustellen. [...] Ich würde gerne Botschafterin für dieses Land sein.« Diana wirkte in dem Interview wie ein geprügelter Hund. Dieser Mediencoup war zugegebenermaßen eine dicke Kröte für den Buckingham-Palast. Auf die Frage, welche Art von Monarchie sie sich wünsche, antwortete sie: »Eine Monarchie, die dem Volk näher ist. [...] Sie haben sich entschieden, mich auszubooten, ich spreche hier vor allem vom Establishment [...] Ich stelle eine Art Bedrohung für sie dar [...] Das Bild, das von mir gezeichnet worden ist, ist widersprüchlich, unruhig, negativ. Ich bin sicher, dass viele jetzt an mir zweifeln. Ich möchte den Menschen, die mich seit 15 Jahren unterstützen, sagen, dass ich sie nicht im Stich lassen werde.«

Diana lenkte durch neue humanitäre Engagements für Mutter Teresa und den Kampf gegen die Landminen Aufmerksamkeit auf sich. Dann kam sogar die Meldung, sie werde sich in Kürze mit palästinensischen Kindern zeigen, um auf deren Leid aufmerksam zu machen… Man brauchte kein großer Politikwissenschaftler zu sein, um zu durchschauen, dass Diana mit ihrer Sympathiewerbung für gewisse Thematiken politische Botschaften aussandte. Nun war sie aber trotz ihrer Scheidung immer noch ein Mitglied des britischen Königshauses. Wenn sie ihr Image für eine Seite des israelisch-palästinensischen Konflikts einsetzte, riskierte sie, einen neuen Problemfall zu schaffen. Ihre Beteiligung an der Antipersonenminen-Kampagne löste dem *Guardian* zufolge handfeste Irritationen aus. Großbritannien als Standort großer Werke, in denen Minen (und konventionelle Waffen) hergestellt wurden, sah sich durch Dianas Kampagnen entzweit, da ihr Engagement zwar dem Foreign Office ins Konzept passte, nicht jedoch dem Verteidigungsministerium. Der *Guardian* machte am 26. August 1999 ein vielsagendes Schriftstück publik. Die Zeitung hatte unter Berufung auf den Freedom of Information Act (FOIA) einen Antrag auf Auskunft gestellt und von der US Defense Intelligence Agency (DIA) eine Antwort erhalten, die eine beredte Sprache sprach. Dieser Quelle zufolge herrschte in den USA die Ansicht, Prinzessin Diana habe »aus der Kampagne für das Verbot der Landminen ein emotional befrachtetes Thema gemacht, das die Beziehungen zwischen Großbritannien und den USA gefährdet und dabei negative Auswirkungen auf die NATO hat«. Die USA, die sich 1997 geweigert hatten, das Abkommen von Ottawa über die Nichtverbreitung von Antipersonenminen zu unterzeichnen, sahen hier also ein mögliches künftiges Reibungsthema zwischen ihnen und Großbritannien. Der Bericht warnte die »NATO-Staaten vor dem Risiko, sich einer Verteidigungswaffe zu berauben, die sie in einer unvorhergesehenen Region Europas noch einmal nötig haben könnten«.

Diese Warnung zielte speziell auf den HALO Trust ab, eine Nicht-Regierungs-Organisation, für die Diana PR machte. Colin Mitchells Vision bei der Gründung von HALO (Hazardous Areas Life) war gewesen, einen »Ritterorden des 21. Jahrhunderts« zu errichten, dessen Minenräumungsteams Straßen, Felder und Städte wieder begehbar machen sollten, damit die Flüchtlinge ihr Leben neu aufbauen konnten. Sie sollten an die Stelle der schwer bewaffneten Ritter treten, die in alten Zeiten die Pilgerrouten nach Jerusalem gesichert hatten. Doch wenn es um Waffen ging, stellten sich die Dinge nie so einfach dar. Während die Magazine bewegende Bilder verbreiteten, die Prinzessin Diana in Angola und Bosnien zeigten, wurde der HALO Trust vom FSB – der Nachfolgeorganisation des KGB – beschuldigt, für westliche Geheimdienste in Moskau Informationen auszuspionieren und tschetschenische Rebellen in der Herstellung von Bomben zu unterweisen.

Dianas letztes Interview, das sie der Journalistin Annick Cojean gab und das zwei Tage vor ihrem Tod in *Le Monde* erschien, bestätigte noch einmal ihre Parteinahme gegen die konservative Regierung John Majors vor dem Hintergrund ihres eigenen »humanitären« Engagements. Sie nahm kein Blatt vor den Mund und verstieß damit ein weiteres Mal gegen das von der britischen Königsfamilie so penibel eingehaltene Neutralitätsgebot, diese unantastbare Regel, die für das öffentliche Auftreten von Leuten so charakteristisch war, deren übliche Praxis darin bestand, Konflikte und Streitigkeiten hinter den Kulissen zu regeln. Ebenfalls für *Le Monde* reflektierte Marc Roche am 29. August 1997, also einen Tag vor dem Crash, die Stimmung in London nach diesem Interview: »Nichts illustriert die Tragweite der ›Affäre‹ besser als die Genugtuung, die aus einem Statement von Robin Cook, Staatssekretär im Außenministerium, spricht: ›Ich kritisiere niemanden, der freimütig seine Meinung über die Machenschaften des Vorgängerkabinetts kundtut.‹« Die Königin selbst hielt sich einmal mehr an Benjamin Disraelis Formel »Never complain, never explain« und gab keinerlei Kommentar.

Bitte holen Sie Scotland Yard!

»Niemals etwas zu erklären« war eine Regel, die eindeutig auch beim Justizministerium und bei Scotland Yard hochgehalten wurde. Nicht umsonst saßen an der Spitze dieser Institutionen zahlreiche Angehörige des Establishments. Jahre später war immer noch keine Erklärung gegeben worden, doch nun kam am 18. Dezember 2003 die Rede plötzlich erneut auf die Eröffnung einer Untersuchung, bei der die exakten Umstände geklärt werden sollten, unter denen Diana in Paris zu Tode gekommen war. Dies war mehrere Male verschoben worden, doch letztendlich hatte wohl der starke Druck der britischen Öffentlichkeit den Ausschlag gegeben. Umfrage um Umfrage hatte stattgefunden, und nach und nach bekundete die Mehrzahl der Briten (die regelmäßig zu diesem Thema befragt wurden) ihre Zweifel hinsichtlich der Unfallthese.
So kam es schließlich dazu, dass der Royal Coroner Michael Burgess am 6. Januar 2004 im Halbdunkel eines gegenüber der Westminster Abbey gelegenen Konferenzsaals vor dem königlichen Wappen thronte, auf dessen Sockel die Worte »Gott ist mein Recht« eingraviert waren, und offiziell verkündete, dass die Untersuchung über den Tod Lady Dianas, der Princess of Wales, nunmehr eröffnet sei. Seine Aufmachung stand in würdigem Einklang mit dem Zeremoniell, das die Exzellenzen, als Untertanen Ihrer gnädigsten Majestät, peinlich genau zu befolgen pflegten. Durch einen seltsamen Zufall fand dieses Ereignis, dem viele mit Befürchtungen entgegengesehen hatten, am selben Tag statt, an dem im *Daily Mirror* eine Sensationsmeldung erschien. Es handelte sich um einen jener Scoops, wie sie die Yellow Press zum Jubeln bringen. Er beruhte auf einer Information, die in maßgeblichen Kreisen bereits seit einiger Zeit in Umlauf war, und ihr Bekanntwerden hatte zum Ergebnis, dass die Untersuchung, kaum dass sie eröffnet war, gleich wieder vertagt wurde! Die Boulevardzeitung, über die

der Skandal bekannt wurde, hätte aber auch ein Manipulationsinstrument gewesen sein können, wer weiß? Der *Daily Mirror* veröffentlichte den vollständigen Wortlaut des Briefes, den Diana im November 1996 geschrieben hatte, und brachte damit im selben Moment, als die so lange verhinderte Untersuchung aufgenommen wurde, eine Information ans Tageslicht, die auf spektakuläre Weise der immer wieder einmal auftauchenden Komplotttheorie Nahrung gab. Während Paul Burrell in dem Buch *Im Dienste meiner Königin* den Drahtzieher des als Unfall getarnten Attentats auf Diana bewusst nicht genannt hatte, reproduzierte der *Daily Mirror* Dianas anklagenden Brief posthum und nannte den Namen des Schuldigen: Es war niemand anders als Charles Windsor. »Mein Mann plant einen Unfall mit meinem Auto, Bremsenversagen und eine schwere Kopfverletzung, was ihm den Weg frei machen würde, wieder zu heiraten.«
Der ehemalige Angestellte Paul Burrell trat sofort mit dem Hinweis auf, er habe es extra vermeiden wollen, mit dem Finger auf den Thronerben zu zeigen, und er sei sehr »unzufrieden« über diese Veröffentlichung … Der *Daily Mirror*, dessen Sensationsmeldungen die Windsors seit Monaten zum Zittern brachten, kannte keine solchen Skrupel: »Es war Charles!«, titelte er groß auf der ersten Seite und belegte dies durch eine Aufnahme des Briefs. Dass hier noch ein neues Kapitel der internen Kämpfe im Königshaus auf eine bereits sehr komplexe Geschichte aufgesetzt wurde, war fast unübersehbar. Das Establishment besaß mit Prinz William den idealen König, den es sich herangezogen hatte. Nachdem man bereits die Mutter los war, galt Charles ihnen nur noch als ein störender Erbe, den man gegenüber der Öffentlichkeit bereits seit einiger Zeit mehr und mehr in die Rolle des Sündenbocks drängte. Die verblüffende Enthüllung wurde, wenn auch nach einigem Zögern, von allen anderen Medien Großbritanniens einschließlich der *BBC* aufgegriffen. Prinz Charles, der bereits zur Zielscheibe von Gerüchten über sein Intimleben geworden war, ließ die »lachhaf-

ten und verletzenden Behauptungen, denen niemand Glauben schenken wird« sofort dementieren. In der Umgebung des Clarence House beeilte man sich, an die seelische Unausgeglichenheit der Prinzessin zu erinnern: »Sie war isoliert, depressiv und wurde von ihren Freundinnen wegen ihres immer sprunghafteren Verhaltens fallen gelassen.«

Aber zurück zum Königlichen Coroner Michael Burgess. Der führte mit verlegener Miene in seiner Rede zum ersten Mal das ziemlich komplizierte Verhältnis zur französischen Justiz an, um zum einen die lange Verzögerung und zum anderen die Vertagung der Untersuchung zu rechtfertigen: »Es wäre besser, wenn diese Untersuchung schon längst stattgefunden hätte, doch war dies nicht möglich, da die Beweise nicht zur Verfügung standen!« Diese neue Darstellung der französisch-britischen Beziehungen in der Diana-Affäre strafte die bisherigen Behauptungen der französischen Seite Lügen. Zwischen den Zeilen war deutlich herauszuhören, wie viel Unausgesprochenes sich seit dem Crash angesammelt und die angeblich so perfekte Zusammenarbeit beeinträchtigt hatte. Plötzlich fanden die Franzosen sich mit ihren Erkenntnissen ziemlich allein wieder, selbst wenn Burgess einige beruhigende Ausführungen folgen ließ, die niemanden täuschen konnten. Der Coroner merkte an, im Rahmen seiner Funktion begnüge er sich damit, zu überprüfen, worin die unmittelbare Ursache des Todes (von Diana und Dodi) gelegen hätte. Dies sei also weder eine öffentliche gerichtliche Untersuchung noch ein auf einem strafrechtlichen Tatbestand beruhendes Verfahren ... selbst wenn es stark daran erinnerte! Er wisse, dass sich seine Mitbürger Antworten auf zahlreiche Fragen erwarteten und dass sie auch erfahren wollten, ob Diana im Moment des Unfalls schwanger gewesen sei oder nicht. Zugegebenermaßen hätten sich die britische Justiz und ihre Ermittler in der Angelegenheit nicht gerade durch Eifer hervorgetan und ihre Langsamkeit nicht gerade kollegial auf die französischen Kollegen geschoben, die sich sehr lange

Zeit damit gelassen hätten, ihnen die 6000-seitige Ermittlungsakte zu überstellen. Er beabsichtige, sich die nötige Zeit zu nehmen, um die Prozessakte übersetzen zu lassen (was dann nie wirklich geschah) und sich in die Protokolle der französischen Justiz einzulesen. Seiner Einschätzung nach werde er nicht vor »12 bis 15 Monaten« handlungsfähig sein!

Michael Burgess gab noch einen anderen Grund an, der ermessen ließ, welche Aufgabe ihn erwartete. Seine Untersuchung sollte endlich eine offizielle Antwort erbringen, nachdem der ägyptische Milliardär Mohammed Al-Fayed in der Überzeugung, dass sein Sohn Dodi einem von den Windsors angezettelten Komplott zum Opfer gefallen war, immer neue und neue Verfahren anstrengte. Burgess wusste zudem, dass sich der Harrods-Inhaber in letzter Zeit speziell auf Prinz Philip eingeschossen hatte – den Gemahl der Königin und ein hochrangiges Mitglied des Establishments. Auch der Justizsprecher der Grafschaft Surrey, Tim Howards, rechtfertigte die sechs Jahre, die man in Großbritannien zwischen den Vorgängen und der Eröffnung einer Untersuchung hatte verstreichen lassen, mit der »Komplexität der Angelegenheit«. Er fügte hinzu, Dodis Vater habe Druck gemacht und Ermittlungen gefordert. Im Endeffekt wurden dann zwei getrennte Untersuchungen durchgeführt, zum einen über den Tod Lady Di's, zum anderen in Reigate in der südenglischen Grafschaft Surrey (Dodi lag hier auf einem Grundstück seines Vaters begraben) über den Tod Emad Fayeds.

Michael Burgess befand sich in einer ziemlich ambivalenten Situation als Coroner des Königshauses, welchem Diana ungeachtet ihrer Scheidung immer noch angehört hatte. Außerdem war er auch für Surrey, wo Dodi Al-Fayed seinen Wohnsitz gehabt hatte, als Coroner zuständig. So wollte es der »Zufall«, dass beide Untersuchungen in seiner Zuständigkeit lagen. Trotz seiner deutlichen Verlegenheit versprach er, so viel Licht wie möglich in die Umstände des mehr als sechs Jahre alten Dramas zu bringen. Dies sei angesichts der hartnäckigen Gerüchte über ein Mordkomplott eine unumgängliche Aufgabe. In seiner kurzen Einführungsrede räumte Burgess übrigens ein: »Ich weiß, dass es Spekulationen gibt, diese Todesfälle hätten andere Ursachen als einen traurigen, aber relativ gewöhnlichen Verkehrsunfall in Paris« und stellte damit klar, dass er diese Hypothese nicht von Anfang an von der Hand wies. »Ich habe die Londoner Polizeibehörden beauftragt, Nachforschungen anzustellen. Ihre Einsichten werden uns helfen zu entscheiden, ob solche Fragen Gegenstand der Untersuchung sein sollen.« Beflissen fügte er hinzu: »Ich muss eine Unterscheidung treffen zwischen dem, was Fakt, und dem, was Fiktion ist. Vermutungen und Meldungen spekulativen Charakters stellen an sich noch keine Beweise dar.« Er spielte damit wohl auf den umfangreichen Schriftsatz an, den Mohammed Al-Fayed im Lauf der Jahre zusammengestellt hatte und der ihm von den Anwälten des Harrods-Pharaos zugeschickt worden war. Zu dem französischen Verfahren gab er keinen Kommentar und vermerkte nur, es sei von dem Bemühen Richter Hervé Stephans um die Wahrung der richterlichen Schweigepflicht geprägt gewesen. Dass es für niemanden rechtliche Konsequenzen gehabt habe, verstärkte nur die Zweifel der Briten, von denen eine immer größere Zahl bereit war, an eine Verschwörung zu glauben.

Das ganze Problem bestand im Moment darin, der zweifelnden Bevölkerung in Großbritannien die Gewissheit zu geben, dass die Behörden ihres Landes von jetzt an die Umstände des spektakulären Todes von Lady Di ernsthaft analysieren würden. Doch ging es auch darum, Mohammed Al-Fayed mit seiner Argumentation, die beileibe nicht die besten Garantien für Objektivität bot, nicht alleine die Rolle des Widersachers der französischen Theorie besetzen zu lassen. Man brauchte stichhaltige Argumente, die man ihm entgegenhalten konnte. Über diesen Aspekt hinaus betonten die Briten vor allem, soweit ich das überblicken kann, dass sie endlich die komplette Akte der französischen Seite benötigten, damit

die Londoner Behörden jenseits des Ärmelkanals ungehindert ihre Ermittlungen führen konnten. Zu welchem Zweck? Wahrscheinlich konnte man die Unterlagen im britischen Königreich intern gut als Ergänzung zu der Arbeit gebrauchen, die diverse britische Spionagedienste seit ewig langer Zeit geleistet hatten. Würde das aber nicht zu sehr den Erwartungen der britischen Staatsbürger zuwiderlaufen, die ohnehin schon erbost genug über das waren, was sie als die Ungereimtheiten der französischen Untersuchung auffassten?
Bisher waren sowohl für die Unfalltheorie als auch für die Verschwörungsthese nur mangelhafte Beweise vorhanden, wenn sie nicht gleich ganz fehlten. Die Suche nach solchen Beweisen stand im Mittelpunkt der Ermittlungsarbeit, mit der Michael Burgess Sir John Stevens betraute. Stevens, der ehemalige Direktor der Londoner Polizei, stand im Ruf, der beste Spürhund des Königreichs zu sein. Man verdankte ihm die Enttarnung des für die Sowjets spionierenden Agenten George Blake und die Aufdeckung von Verbindungen zwischen der Polizei und paramilitärischen Protestanten in Ulster, aber auch zum Beispiel die Entdeckung, dass die Hälfte des Personals in der Gepäckabfertigung des Flughafens Heathrow sich aus den Koffern der Fluggäste »bediente«…
Die Zeitung *Marianne* beschrieb ihn folgendermaßen[46]: »Superpolizist Stevens, der den britischen Teil der Untersuchungen leiten wird, scheint aus einer ›Blake und Mortimer‹-Geschichte entsprungen zu sein. Wie die beiden hat er eine Vorliebe für Brandy der besten Jahrgänge, regnerische Sonntage und schwierige Fälle.« Damit war Sir John Stevens bei den Franzosen schon einmal auf eine sympathische Art eingeführt. Danach stand allerdings vor allem die sensationelle Frage im Mittelpunkt, die Sir Stevens dem britischen Thronerben notwendigerweise würde stellen müssen: »Haben Sie Ihre Gattin umgebracht, wie dies in manchen Zeitschriften behauptet wird, ja oder nein, und wenn ja, warum?« Es sei daran erinnert, dass diese Beschuldigung ja nicht nur in eini-

gen britischen Boulevardzeitungen erhoben wurde, sondern praktisch von allen internationalen Agenturen und der internationalen Presse übernommen worden war! Sicher, die Diana-Affäre war immer »auf die leichte Schulter« genommen worden, und dass sie auch im Kontext der Politik oder irgendwelcher dubiosen Geschäfte gesehen werden könnte, war ein Gedanke, dem noch nicht einmal der Status eines Hirngespinsts eingeräumt worden war. Nichtsdestoweniger war die Büchse der Pandora nun geöffnet und niemand wusste, wie sie sich wieder zuklappen ließe.

Auf französischer Seite herrschte Panik bei den Ermittlungsbehörden. Nicht offiziell natürlich, da machte man gute Miene zum bösen Spiel und gab sich gelassen. Doch was würde geschehen, wenn die Briten beim Gerichtsmedizinischen Institut ihre Nase in die Probenröhrchen mit Henri Pauls Blut steckten? So musste man nicht lange auf eine Reaktion warten. Martine Monteil, die ehemalige Chefin der Kriminalbrigade, die inzwischen zur Leiterin der Pariser Kripo aufgestiegen war, hatte wohl beschlossen, die Flucht nach vorne anzutreten, und dies ausgerechnet im Society-Magazin *VSD*: »Ich denke, dass diese überall kursierenden Gerüchte und Ideen von einer Verschwörung mit der Persönlichkeit der Prinzessin zu tun haben. Hier dreht sich alles um den Tod einer Legende. Wir waren uns von Anfang an über diesen Umstand im Klaren. Das ist auch ein Grund, warum die Kriminalbrigade, ein leistungsfähiges Instrument mit großer Effizienz und Präzision, eingeschaltet worden ist.« Diese Rechtfertigung hatte man schon mehrmals gehört, sobald die Sache brenzlig wurde.

Man muss dieses erstaunliche Foto, das in *VSD* über eine ganze Doppelseite ging, gesehen haben. Martine Monteil trägt darauf ein Chanel-Kostüm und schaut mit ironischem Blick ins Objektiv. Wen musterte sie so geringschätzig, vor sich die 6000 Seiten der Ermittlungsakte, die sich auf ihrem Schreibtisch türmten? Waren die Dicke dieser berühmten Akte und die eingesetzte Papiermenge bereits eine Garantie für Qualität? Hinter ihr, aufgereiht an der

Wand, standen die sieben wichtigsten Mitglieder ihres Teams, darunter die wohlbekannten Polizeioffiziere Éric Gigou und Jean-Claude Mulès. Ihre Blicke waren ernst, vielleicht ein wenig arrogant. Die Überschrift lautete: »Diana. Die Wahrheit über ihren Tod.« Es wäre im Kontext dieses Januars 2004 wirklich angemessener gewesen, hinzuzufügen: »die offizielle französische Wahrheit über den Tod Prinzessin Dianas, Dodi Al-Fayeds und Henri Pauls«, anstelle den Lesern vorzugaukeln, dass sie etwas Neues erfahren würden. Über sechs Jahre nach den Ereignissen hieß es hier: »Martine Monteil, die Leiterin der Kriminalpolizei von Paris, spricht zum ersten Mal« – was nicht stimmte –, »um der Wahrheit über die exakten Umstände des Dramas wieder zur Geltung zu verhelfen«. So stand es hervorgehoben am inneren Rand. Nicht ohne einen heuchlerischen Unterton fügte das Magazin hinzu: »... Da die Arbeit der Kriminalbrigade durch gewisse falsche Enthüllungen in der Presse angefochten wird, öffnet Martine Monteil exklusiv für uns die 4000 Seiten der Ermittlungsakte.«

Es braucht wohl nicht daran erinnert zu werden, dass *VSD* selbst in der Vergangenheit einen ausführlichen Beitrag zu den »Enthüllungen« geleistet hatte, denen Martine Monteil hier widersprach. Man konnte sich übrigens fragen, warum die Journalisten des Magazins bei ihren Recherchen nur 4000 Seiten der Akte hatten studieren dürfen, wenn diese doch insgesamt 6000 Seiten umfasste. Es sollte auch nicht vergessen werden, dass in der Zeit der Ermittlungen jeder Journalist Zugang zu dieser erdrückenden Masse Papier erhalten hatte, sofern er den Wunsch danach verspürte. Ich habe im Lauf meiner eigenen Recherchen entdeckt, dass es trotz des angeblichen Ermittlungsgeheimnisses keine Schwierigkeit darstellt und in Frankreich eine relativ geläufige Praxis ist, in die Gerichtsakten Einsicht zu nehmen.

Martine Monteil, die vorgab, alles überprüft zu haben, betonte, sie habe sich besonders bemüht, »alle Türen zu schließen«, wie sie es ausdrückte. Im Weiteren gab sie zu, dass der Mercedes wohl nicht schneller als 100 Stundenkilometer gefahren sei – ganz als ob nie etwas anderes gesagt worden wäre –, wobei sie nicht anzumerken versäumte, dass an der Stelle eine Geschwindigkeitsbeschränkung auf 50 Stundenkilometer galt. Sie bekräftigte noch einmal die These von einem »simplen« Verkehrsunfall und verschanzte sich hinter den Blutalkoholwerten, die man bei Henri Paul festgestellt hatte (eine Untersuchung, für die sie nicht verantwortlich war), wobei sie sich hütete, auch nur die geringste Andeutung hinsichtlich der hier bereits ausführlich besprochenen streitigen Verfahren zu machen, die zu dieser Frage noch anhängig waren. Martine Monteil tischte wie schon so oft das fragwürdige Szenario mit Henri Paul als Hauptverursacher auf: »Er war gestresst, er hatte zu viel Alkohol getrunken, und darüber hinaus hatte die Fahrbahn in der Kurve, die auf die Tunnel zuführt, eine leichte Neigung nach innen. Das hat ihn, wie ich denke, überrascht. Er muss den Fiat Uno übersehen haben, dadurch kam es zu einem Zusammenstoß und der Mercedes geriet ins Schleudern, dann verlor der Fahrer die Kontrolle über das Fahrzeug.«

Spekulationen, wieder und wieder nichts als Spekulationen. Der *VSD*-Journalist Philippe Berti wies sie darauf hin, dass selbst Jean-Pierre Chevènement Zweifel an der Existenz des Fiat Uno hege. Die Antwort deutete an, dass er auf dem Holzweg sei und dass zwischen der Kriminalbrigade und dem damaligen Innenminister ganz besondere Beziehungen bestanden hätten: »Diese Zweifel überraschen mich. Wir haben der Staatsanwaltschaft und unseren Vorgesetzten regelmäßig über das Voranschreiten der Ermittlungen Bericht erstattet.« Doch wie hatte Jean-Pierre Chevènement (in unserem Gespräch vom 13. Dezember 2005) gesagt: »Damals sah ich mich nicht versucht, die Berichte, die mir vorgelegt wurden, in Zweifel zu stellen.« Der Minister hatte »damals« gesagt, als ob sich die Dinge in seinen Augen heute anders darstellten.

Die Kripo-Chefin ließ es hinsichtlich dieses Aspekts bei ihrer Äußerung bewenden. Zur Eröffnung des Verfahrens in England befragt, das doch ganz nach einer Nichtanerkennung der französischen Ermittlungen aussehe, behauptete sie: »Nein, ich denke, dass sie unsere Erkenntnisse bestärken werden. Sie haben sie Schritt für Schritt nachvollzogen, sie haben die Akte gehabt und sämtliche Beschlüsse des Richters und des Staatsanwalts bekommen. Sie kennen den gesamten Vorgang.« Diese Äußerungen standen in offenkundigem Widerspruch zu Burgess' Aussagen bei seiner Ansprache zur Verfahrenseröffnung am 6. Januar 2004 in London, dass er gerade erst diese viel zitierte 6000-seitige Akte »erhalte«, die von der französischen Justiz »bereits geschlossen worden« sei, und dass er hoffe, »die Genehmigung zu ihrer ungehinderten Nutzung zu bekommen«, was ihm die Möglichkeit gäbe, über die zu ladenden Zeugen zu entscheiden.

Martine Monteil schloss ihr Interview in *VSD* mit einem Wunsch, den sie an alle richtete, die es hören wollten: »Ich kann wirklich sagen, dass wir sehr zufrieden wären, wenn man endlich in der Presse oder anderswo hierzu keinen Unsinn mehr lesen würde.« Leider waren die Dinge jetzt aber nicht mehr so einfach, und Martine Monteil wusste dies. Am 10. Januar 2004 stand in *Le Monde* bereits die Schlagzeile: »Britische Polizei im Zweifel über Blutprobe des Fahrers«. Die Zeitung stützte sich auf einen von der *AFP* verbreiteten Artikel aus der Londoner *Times*. Darin wurde behauptet, man habe in Erfahrung gebracht, dass »hochrangige britische Polizeibeamte ernsthafte Zweifel« an der berühmten, unterschiedlich bezeichneten Blutprobe hätten, auf der die Erkenntnisse der französischen Ermittler beruhten. Insbesondere wurde darauf hingewiesen, die Franzosen hätten keinen DNS-Test durchgeführt, durch den sich die Blutprobe eindeutig dem Fahrer hätte zuweisen lassen. Der Kriminalbeamte Jean-Claude Mulès, der im Mittelpunkt der Verdächtigungen stehe, die Blutprobe ausgetauscht zu haben, habe sich sofort verteidigt: »Es ist kein Fehler mit dem Blut passiert. Wir sind zuverlässig, solche Irrtümer könnten wir uns gar nicht erlauben.«

Trotzdem nahm die Angelegenheit eine Besorgnis erregende Wendung, denn die Blutproben waren von zentraler Bedeutung und es reichte nicht, sich einfach darauf zu berufen, dass ein Irrtum ausgeschlossen sei. Man hatte ja gesehen, dass sehr wohl einer möglich war. Der Verdacht, dass die Blutproben fahrlässig, wenn nicht sogar absichtlich vertauscht worden waren, ließ sich damit nicht vom Tisch wischen. Seitdem sich zwei rechtsprechende Gewalten – zur einen und zur anderen Seite des Ärmelkanals – gegenüberstanden, konnte man sich nicht mehr hinter kategorischen Behauptungen verschanzen, gegen die die Nebenkläger früher mit ihren Argumenten einen so schlechten Stand gehabt hatten. Die Adressatin der Amtshilfeanträge der Briten war nun die französische Regierung (inzwischen eine konservative Regierung, zur Zeit der Geschehnisse war es eine Linksregierung gewesen); die französische Justiz war nicht angesprochen, da sie den Fall als abgeschlossen ansah. Der französische Innenminister Dominique de Villepin erklärte: »Dass die Briten nach Frankreich kommen und selbst eine gewisse Sachverhaltsprüfung vornehmen und Informationen mit ihren Amtskollegen austauschen können, ist eine positive Auswirkung der Öffnung der Grenzen in der EU.« Er betonte dabei: »Es gibt in dieser Hinsicht keine Differenzen zwischen den Dienststellen, sondern ganz im Gegenteil den Willen zur Öffnung und Transparenz.«
Entgegen den anfänglichen Behauptungen der Briten kam ein regelrechtes Gegenverfahren in Gang. Die »Operation Paget«, wie beim Scotland Yard die Mission genannt wurde, an der Sir John Stevens und acht seiner besten Kripobeamten arbeiteten, sollte weitaus länger dauern als vorgesehen. Den »stattlichen« Beträgen, die für die französischen Ermittlungen ausgegeben worden waren und die als das Nonplusultra-Argument dienten, das man Kritikern vor die Nase hielt, setzten die Briten bereits 2005 ein Budget von zirka zwei Millionen Pfund (2,9 Millionen Euro) entgegen, wobei Sir John Stevens' Untersuchungsbericht für Ende 2005

erwartet wurde. Doch Anfang 2006 wurde die Operation Paget um ein weiteres Jahr verlängert! Sie hatte bis dahin bereits vier Millionen Euro gekostet und wurde damit zur kostspieligsten Untersuchung der ganzen britischen Rechtsgeschichte. Dies traf in Großbritannien nicht auf ungeteilte Zustimmung: »Millionen von Pfund werden verschwendet!«, empörte sich *The Sun*, eine populistische Boulevardzeitung, die mit dem *Mirror* rivalisierte. Darin zog die linke Tageszeitung *The Guardian* mit ihr ausnahmsweise an einem Strang und schrieb: »Wir haben in unserer Zeitung bereits über die Probleme der britischen Polizei mit der knappen Finanzierung ihrer Sondereinheit für die Untersuchung der Kriegsverbrechen in Ruanda und Sierra Leone berichtet. Außerdem hat Sir John Stevens angekündigt, die Polizei könne mangels finanzieller Mittel nicht mehr die gesamte Bußgeldverwaltung für Ordnungswidrigkeiten im Straßenverkehr übernehmen ...« Dass hier die Kostenseite zur Sprache kam, sprach Bände über das höchst komplexe Problem, das die Engländer so viele Jahre nach dem Geschehen zu lösen hatten. Doch es konnte bei besorgten Geistern auch die Befürchtung wecken, die Briten könnten letztendlich genau wie die Franzosen die ausgegebenen Summen als schlagendes Argument ins Feld führen, um eine Neuauflage der Unfalltheorie zu vertreten. Bei so einer zynischen Sicht hätten die paar britischen Zeitungen dann wirklich recht gehabt, die die Untersuchung als Geld- und Zeitverschwendung betrachteten ...

Schwanger oder nicht?

Wie dem auch sei, die Untersuchung war in Gang gekommen und bestand im Laufe des Jahres 2004 zunächst einmal in der Lektüre der Prosa, die Martine Monteils Team produziert hatte und die nun in die Sprache Shakespeares übersetzt werden musste. Im Februar 2004 traf sich der Royal Coroner Burgess mit Mitarbeitern aus dem Stab des französischen Justizministers zum »Informationsaustausch« über die Akte. Im April fuhr Sir John Stevens, begleitet von Burgess, in Paris die Route ab, die Lady Di's Wagen im August 1997 genommen hatte. Der Chef der Londoner Polizei machte einen Höflichkeitsbesuch bei den französischen Kollegen von der Kriminalbrigade. Danach fuhr er ins Hotel Ritz an der Place Vendôme, wo Diana und Dodi ihren letzten Abend verbracht hatten. Stevens inspizierte auch den Alma-Tunnel und machte den britischen Journalisten, die in Scharen gekommen waren (die französische Presse zeigte sich zurückhaltender) eine Mitteilung, die in krassem Gegensatz zu den gleichmütigen Behauptungen Hervé Stephans und Martine Monteils stand: »Dies ist eine sehr komplizierte Untersuchung. Alle Aspekte der Verschwörungstheorie sowie anderer Theorien werden von uns untersucht und dem Coroner berichtet werden.« Gefragt, ob dieser Ortstermin nicht etwa eine PR-Aktion sei, erwiderte Stevens indigniert: »Dies ist ja wohl eine unglaublich zynische Frage.«

Je mehr Zeit verging, desto komplizierter schien die Suche nach der Wahrheit tatsächlich zu werden und desto länger wurde der Ermittlungsschluss nach hinten verschoben. »Wie aus informierter Quelle zu erfahren war« – um diese geläufige Formulierung zu verwenden –, änderte sich die Haltung der Polizeidetektive im Lauf der Monate deutlich: »In der ersten Zeit waren Sir Stevens' Ermittler gegenüber allen möglichen ›Komplotttheorien‹ eindeutig skeptisch gewesen und schienen sogar ungeduldig zu sein, diese zu entkräften. Mit der Zeit nahmen sie sie jedoch weitaus ernster.« Gewisse Geschehnisse der Vergangenheit begannen, berechtigt oder nicht, an der festen Gewissheit zu rütteln, dass keine Bedrohung über Dianas Leben geschwebt hätte. Der Tod von Dianas Liebhaber Barry Mannakee im Mai 1987 gewann für die Operation Paget mit einem Mal eine neue Bedeutung. Diana hatte in den letzten Monaten ihres

Lebens alle zu überzeugen versucht, es habe sich dabei um einen als Unfall getarnten Mord gehandelt, sie war aber auf taube Ohren gestoßen.[47] Die britischen Kripobeamten hätten dem womöglich keine Bedeutung beigemessen, wenn sie nicht einen anderen bekannten Liebhaber Dianas, nämlich Major James Hewitt, gesprochen hätten, der ihnen eine ziemlich beunruhigende Begebenheit anvertraute, die das Ende seiner Liebschaft mit der Prinzessin bedeutet hatte. Er soll von einem Agenten des britischen Inlandsgeheimdiensts MI 5 angesprochen worden sein, der ihm befohlen habe, den Kontakt zu Diana abzubrechen, »wenn ihm nicht dasselbe Schicksal wie Barry Mannakee widerfahren sollte«. Die Warnung, die an Klarheit und Ernsthaftigkeit nichts zu wünschen übrig ließ, tat ihre Wirkung: Die beiden beendeten ihre Beziehung. Diese Drohung hatte (vielleicht) auch mit einem anderen »kleinen Problem« zu tun gehabt, das James Hewitt gegenüber den Scotland-Yard-Beamten nicht erwähnte. Hewitt hat mit den komplizierten intimen Geheimnissen, die er ausgeplaudert hat, tiefe Einblicke in das Privatleben gewisser Mitglieder der königlichen Familie gegeben. Doch konnten sie auch Licht auf die Umstände von Dianas Tod werfen? Fakt war jedenfalls, dass Major Hewitt von einigen britischen Boulevardzeitungen seit längerem verdächtigt wurde, der »genetische« Vater von Dianas zweitem Sohn Prinz Harry zu sein, der hinsichtlich des Anrechts auf die Thronfolge in England nach seinem Bruder Prinz William an zweiter Stelle kam. Dieselbe helle Haut, dasselbe Lächeln, dieselben lachenden Augen: Die verblüffende Ähnlichkeit Prinz Harrys mit James Hewitt stand, wie die Presse betonte, tatsächlich in objektivem Kontrast zu der Tatsache, dass sich bei dem Prinzen auch nicht der geringste gemeinsame Zug mit Prinz Charles feststellen ließ. Bereits in der Schule musste sich der jüngere Sohn des Prinzenpaars die Scherze der Klassenkameraden gefallen lassen, die überzeugt waren, dass der Exoffizier der königlichen Garde sein biologischer Vater war. James Hewitt – hatte ihm der Geheimdienst Diskretion nahegelegt? – versicherte zwar immer, dass er die junge Diana erst 1986 kennengelernt habe, doch am 22. September 2005 willigte er ein, sich im Fernsehen hypnotisieren zu lassen. Als die Schranken der Selbstkontrolle nicht mehr griffen, erfasste ihn ein unsagbarer Schmerz, und er gab zu, dass es 1982 bei einem gemeinsamen Freund zur ersten intimen Begegnung zwischen Diana und ihm gekommen sei. Kurz darauf hätten sie ein Verhältnis begonnen. Harry ist nun aber am 15. September 1984 geboren. Hewitts Outing, für das die »Hypnose« in der Fernsehshow der Auslöser oder eine Tarnung gewesen war, wurde von der königlichen Familie nie einer Reaktion gewürdigt.

Seine Königliche Hoheit Henry Fürst von Wales, genannt Harry, dürften die Gerüchte über eine mögliche Schwangerschaft seiner Mutter im Jahr 1997 allerdings nicht gleichgültig gelassen haben, denn die junge Generation hatte sich die unerschütterliche Haltung der Royals noch nicht ganz zu eigen gemacht. (Deutlich zeigt dies der Eklat, für den Prinz Harry Anfang 2005 sorgte, als er sich – anscheinend aus Protest gegen die Hochzeit seines Vaters mit Camilla Parker Bowles, der Rivalin seiner Mutter – bei einem Fest in Nazikluft präsentierte. Angesichts der Entrüstung, die sein Benehmen auslöste, war er damals gezwungen gewesen, sich zu entschuldigen.)

Mohammed Al-Fayed wiederum stellte die Gerüchte über eine mögliche neue Schwangerschaft Dianas im Jahr 1997 bei seinen beharrlich erhobenen Mordvorwürfen in den Vordergrund. Er gab zu verstehen, Harrys Großvater – der Herzog von Edinburgh und Prinzgemahl Philip – habe Diana vom Geheimdienst MI 6 (SIS) beseitigen lassen, weil sie schwanger gewesen sei. Eines stand fest: Sollte sich eine Schwangerschaft bestätigen, so wäre sie diesmal eindeutig das Werk eines anderen Mannes als Prinz Charles gewesen. Schenkte man dazu der Hewitt-Hypothese Glauben, so wäre ein zweiter Halbbruder, den der zukünftige König auf diese Weise bekommen hätte, vielleicht tatsächlich ein Kuckucksei zu viel gewesen. Doch das war nur eine Vermutung, so lange die

Zweifel an dieser so unbequemen Schwangerschaft nicht ausgeräumt waren. Hatte Diana nicht an der Côte d'Azur ihren Verbündeten, den Paparazzi, angekündigt, dass sie im September eine große Neuigkeit für sie haben würde? Vor allem war da noch die überstürzte Einbalsamierung ihrer Leiche in Paris gewesen, die einen Verstoß gegen die in Frankreich geltenden Vorschriften darstellte und den Nachweis einer Schwangerschaft bei der nachfolgenden Autopsie in London unmöglich machte, da die Leiche mit toxischen Substanzen imprägniert worden war. Jeder musste wissen, dass die Chemikalien, die zur Einbalsamierung verwendet wurden, die Ergebnisse aller späteren Untersuchungen verfälschen würden – zuallererst das Resultat eines Schwangerschaftstests.

Diese Einbalsamierung soll in den Morgenstunden des 31. August 1997 im Pitié-Salpêtrière-Krankenhaus stattgefunden haben. Das Gerichtsmedizinische Institut von Paris folgte hier anscheinend einer Anordnung des britischen Botschafters in Frankreich, Sir Michael Jay.[48] Die britische Presse glaubte zu wissen, dass die Anweisung aus London gekommen und mit den Beratern der königlichen Familie abgestimmt gewesen sei. Die überwiegende Mehrheit der Untertanen Ihrer Majestät war überzeugt, dass »man« um jeden Preis hatte verbergen wollen, dass Diana ein Kind erwartete. Mohammed Al-Fayeds französische Anwälte sprachen von mehreren Dokumenten, aus denen hervorgehen sollte, dass die französischen Ermittler nach dem Geschehnis die Hypothese einer Schwangerschaft unberücksichtigt gelassen hatten, und zwar unter dem Vorwand, sie beträfe nicht unmittelbar die Ursachen von Dianas Tod. In diesem Zusammenhang waren Martine Monteils Äußerungen bei ihrem Interview mit dem Magazin *VSD* nicht uninteressant, auch wenn ihr keine direkte Frage zur Einbalsamierung gestellt worden war: Monteil bestätigte nämlich die obigen Hinweise von Al-Fayeds Anwälten.

Diese »Affäre in der Affäre« – eine unter vielen anderen – könnte zwischen den beiden Ländern durchaus dazu eingesetzt werden, um sich gegenseitig in Schach zu halten. Wer im Glashaus sitzt ... Den britischen Ermittlern war eine gewisse Zurückhaltung in der Formulierung ihrer Entscheidungsgründe geboten, war doch Diana offenbar auf ausdrückliches Verlangen der Engländer, dem die Franzosen nur nachgekommen waren, einbalsamiert worden. Martine Monteil erklärte zur Frage der Schwangerschaft: »Wir haben uns nicht speziell mit diesem Aspekt beschäftigt, da unsere Untersuchung darauf ausgerichtet war, die Todesursachen festzustellen.«

Mit dieser Erklärung sollte wohl demonstriert werden, dass die Untersuchung nie so umfassend gewesen war, als dass man von echten Strafermittlungen hätte sprechen können, und dass die Türen für alle anderen Hypothesen bereits »verschlossen« gewesen waren, als die Kriminalbrigade den Fall überantwortet bekam. Ihre Arbeit hatte darin bestanden, Beweise zu finden, dass es sich um einen Verkehrsunfall gehandelt hatte. Mit ihrer Hinzuziehung sollte andererseits der Eindruck vermittelt werden, dass tatsächlich Strafermittlungen, die diesen Namen auch verdienten, durchgeführt worden waren. Der »Missgriff« mit der Einbalsamierung, bei der Beweise vernichtet wurden, die eine spätere gerichtsmedizinische Untersuchung zum Vorschein hätte bringen können, konnte in diesem Fall nicht den Franzosen angelastet werden, die der Bitte der Engländer einfach stattgegeben und ihnen damit vielleicht einen treuen Dienst erwiesen hatten. In Erwartung einer Gegenleistung?

Martine Monteil wurde genauer: »Die Schwangerschaft war weder der unmittelbare Gegenstand der Untersuchung noch ein maßgeblicher Sachverhalt. Ich erinnere Sie daran, dass die körperliche Untersuchung in Frankreich von den Briten nicht berücksichtigt wurde. Sie haben ihre eigenen Untersuchungen durchgeführt. Ein französischer Rechtsmediziner nahm die Ergebnisse der medizinischen Untersuchungen in Großbritannien zur Kenntnis, dabei kam dieser Punkt nicht zur Sprache ...« Im Gegensatz zu den meisten Menschen, die einer möglichen Schwangerschaft Dianas wie auch der Diana-Affäre insgesamt kein besonderes Interesse beimaßen und deshalb geneigt waren, sie auf die leichte Schulter zu nehmen, nahm Coroner Burgess diese Frage überaus ernst und appellierte in diesem Sinne auch an seinen Vorgänger Dr. John Burton, der die tote Diana gleich nach ihrer Überführung nach London untersucht hatte.

Das Bombardement mit widersprüchlichen Erklärungen über die Schwangerschaft hatte im Grunde bereits im Dezember 2003 begonnen, als die britischen Behörden ihre Absicht ankündigten, eine Untersuchung einzuleiten. Die Presseagenturen ließen damals unter der Wirkung der Behauptung »Diana war schwanger!«, die von vielen Zeitungen aufgegriffen wurde, eine ganze Salve von Meldungen los. Die Sonntagszeitung *Independent on Sunday* hatte den Knüller verbreitet und sich auf einen »hochgestellten Verantwortlichen bei der französischen Polizei« berufen, wobei die Quelle dieser Information niemals namentlich genannt wurde. Dies war ein erster Warnschuss. Der besagte »hochrangige Verantwortliche« nahm die Aussage nicht wirklich auf seine Kappe, da er sich weigerte, seine Identität preiszugeben, erklärte aber mit der ganzen Autorität seiner Funktion: »Ich kann Ihnen sagen, dass sie schwanger war.« Es ist nicht allzu schwierig, diese anonyme Quelle zu identifizieren, deren Seriosität von der Zeitung sicher überprüft worden ist, da der Informant Zugang zu »allen Unterlagen hatte, die sich auf diese Angelegenheit bezogen«. Seine Überzeugung soll auf ärztlichen Diagnosen beruhen, die von den französischen Ermittlern nie publik gemacht wurden, da »sie nicht direkt mit den Ursachen des Autounfalls in Verbindung standen«. Er war der Ansicht, nach dem Unfall habe es »eine Art Versuch gegeben, gewisse Informationen totzuschweigen«, was bestätigen könnte, dass die Einbalsamierung in der Tat ein beabsichtigtes Manöver gewesen war. Damit läge jedenfalls ein erster nachweislicher Fall von Beweismittelunterdrückung vor, der von den Franzosen eingestanden wurde! Diese Enthüllung des hochrangigen Verantwortlichen ging eindeutig konform mit dem Standpunkt Mohammed Al-Fayeds, von dem man in England munkelte, er selbst habe das Gerücht in die Welt gesetzt. Al-Fayed sah in der Schwangerschaft ein hinreichendes Motiv, Prinzessin Diana aus dem Weg zu schaffen. »Dianas Schwangerschaft ist in der Öffentlichkeit nicht bekannt gemacht worden, um ihrer Familie Peinlichkeiten zu ersparen«, teilte der ungenannte Polizeiverantwortliche weiter mit. Immerhin war er dann wieder insoweit ein würdiger Vertreter der französischen Ermittlungsbehörden, als er zu verstehen gab, die These eines als Unfall getarnten Mordanschlags müsse natürlich ausgeschlossen werden.

Die Briten reagierten nicht sofort, doch am 7. Januar 2004 rückten sie in der *Times* mit schweren Geschützen an. Der ehemalige Royal Coroner Dr. Burton, der als Leichenbeschauer an der in London durchgeführten Autopsie von Prinzessin Dianas Leiche teilgenommen hatte, erklärte öffentlich und ohne Furcht, »shocking« oder vulgär zu wirken: »Sie war nicht schwanger, ich habe ihre Gebärmutter gesehen!« Damit stand ein Augenscheinsbeweis gegen französische Atteste, die niemals vorgelegt worden waren, wobei Letzteres niemanden verwunderte, da im Salpêtrière-Krankenhaus der Total-Blackout anhielt. (Angestellte sprachen dagegen unter dem Schutz der Anonymität ausdrücklich von Schwangerschaft.) Dr. John Burton statuierte also, dass Diana kein Kind erwartet habe: »Ich war zugegen, als sie untersucht wurde. Ich täusche mich nicht, wenn ich sage, dass die Prinzessin nicht schwanger war«, verkündete er in der *Times*. »Es ist keine Blutentnahme nötig, wenn man die Gebärmutter einer Frau gesehen hat. Und ich habe die Gebärmutter von Prinzessin Diana gesehen. Die Prinzessin war nicht schwanger.«

Würde die nächste Phase dieser unerfreulichen Kontroverse auf dem Anwesen der Spencer stattfinden müssen, ihrem Familiensitz in Althorp, wo Diana begraben lag? Dieses Begräbnis in einer kalten und einsamen Gruft auf einer Insel inmitten eines Schlossteichs – fern von den Gräbern ihrer Vorfahren, die seit 20 Generationen in der Spencer-Kapelle der Dorfkirche St. Mary the Virgin im Nachbarort Great Brington bestattet wurden – ließ den Rechtsmedizinern wenig Chancen, noch irgendwelches »Humanmaterial« vorzufinden, das sie für Untersuchungen würden verwenden können. Die Wahl der Grabstätte hatte seinerzeit in der Nachbarschaft große Überraschung hervorgerufen: Viele behaupteten beharrlich, die Althorp-Insel sei immer ein idealer Friedhof für die Haustiere der Spencers gewesen, der sumpfige Boden sei jedoch ungeeignet, einen Sarg aufzunehmen …

In der Diana-Affäre musste man wohl oder übel feststellen, dass den britischen wie den französischen Behörden eine gemeinsame Haltung zu eigen war, wenn sie für ihre Behauptungen keinen Beweis erbringen konnten: Sie blieben in ihrem eigenen Land einfach steif und fest bei ihrer Darstellung. Stellte man aber ihre jeweilige Argumentation einander gegenüber, so verloren die einen wie die anderen die Macht des letzten Wortes. Dann traten die Schwachstellen der »Unfalltheorie«, mit der alle, wenn auch aus unterschiedlichen Motiven, so gut hatten leben können, deutlich hervor. Je mehr Sir John Stevens' Ermittlungen fortschritten, desto stärker kollidierte die so herrlich einfach nachzuvollziehende französische Theorie mit den Erkenntnissen über den Kontext, in dem sich der Unfall abgespielt hatte. Die Suche nach den Ursachen des »Unfalls« war zu komplex, als dass noch jemandem weisgemacht werden konnte, andere Theorien könnten so rasch ausgeschlossen werden, wie man es geplant hatte. Je weiter die britischen Detektive vorstießen, desto »abgründiger« wurde ihren eigenen Worten nach das Rätsel. Der Coroner merkte, dass er den Termin im Dezember 2005 nicht einhalten konnte und dass er die in Frankreich festgestellten Verfahrensfehler berücksichtigen musste, die es mit Henri Pauls Blutproben gegeben hatte. Inwiefern mochte all dies Auswirkungen auf die Entscheidungen gehabt haben, die in der Zwischenzeit in Frankreich getroffen wurden?

Dort erging am 29. Juni 2004 der Beschluss der Untersuchungskammer beim Appellationsgerichtshof von Paris, mit welchem die Pariser Untersuchungsrichterin Corinne Goetzmann angewiesen wurde, definitiv in Sachen der Strafanzeige tätig zu werden, mit der sie im Juli 2002 befasst gewesen war und bei der Mohammed Al-Fayed als Nebenkläger auftrat. Sie wurde verpflichtet, die Umstände zu untersuchen, unter welchen die Blutprobenentnahmen und -analysen stattgefunden hatten, und zu dieser Frage ein Ermittlungsverfahren einzuleiten, was sie offenbar nie getan hatte! Die Untersuchungskammer stellte klar, dass die Richterin ohne Ermittlungen im vorliegenden Fall nicht das Recht gehabt hätte, das Verfahren einzustellen; das einzige, was sie hätte verfügen können, wäre eine Klageabweisung gewesen. Die Strafkammer des Kassationsgerichtshofs gab einem Antrag wegen Besorgnis der Befangenheit statt, entzog Frau Goetzmann am 5. Januar 2005 den Fall und übergab das »Blutproben-Verfahren« an das Gericht von Versailles. Dies war ein Versuch, dem Chaos, welches die Briten unterkühlt, aber dennoch mit einer gewissen Unruhe beobachteten, endlich ein Ende zu setzen.

Der *Guardian* meldete in seiner Ausgabe vom 17. Februar 2005, dass John Stevens und sein Team am Vorabend ein zweites Mal im Alma-Tunnel tätig geworden seien, den man aus diesem Anlass für den Verkehr gesperrt hatte. Diesmal ging es darum, Aufnahmen für eine 3-D-Simulation zu machen, bei der eine Technik eingesetzt wurde, die 1997 noch nicht zur Verfügung gestanden hatte (ein kleiner Zusatz, mit dem man möglichen Empfindlichkeiten der Franzosen zuvorkam). Dieses Verfahren sollte es dem Coroner erleichtern, die Faktoren zu verstehen, die zu der Kollision beigetragen haben konnten. Die Briten rollten also die Ermittlungen von A bis Z von vorne auf, da sie ihre eigenen Gutachten erstellen wollten, um sich nicht nur anhand der aus Frankreich übermittelten Fakten ein Bild zu machen. Trotz der langen acht Jahre, die seit dem Geschehnis verstrichen waren, beschlossen sie, die

Beweismittel, oder das, was davon übrig geblieben war, eigenständig unter die Lupe zu nehmen. So wurden nach langem Hin und Her mit den Franzosen in der Nacht auf den 31. August 2005 unter strengen Geheimhaltungsmaßnahmen zwei riesige Container auf einen von Scotland Yard gecharterten LKW verladen und auf eine Reise geschickt, deren Zieladresse ein Labor im Londoner Umland war. Sie enthielten das Wrack des Mercedes S 280, das von dem französischen Ermittlungsteam in zwei Teile geschnitten worden war. Das für die Operation Paget zuständige Team kündigte an, der Wagen würde von Spezialermittlern noch nie da gewesenen Tests unterzogen werden ... Man kann sich die Befriedigung der französischen Spezialisten vorstellen, als sie erfuhren, dass sie mit ihren wesentlich einfacheren technischen Mitteln der französischen Justiz Erkenntnisse geliefert hatten, die dem kritischen Blick der britischen Kollegen durchaus standhalten konnten. Viel Lärm um nichts und noch mehr verschwendete Gelder, mochten da manche Stimmen höhnen. Doch niemand kannte die ganze Palette an Untersuchungen, die die Scotland-Yard-Männer vorgenommen hatten. Deren Äußerungen waren immer noch die gleichen: Die »Komplexität« des Falls hatte sich bestätigt.

»Wir wollen niemanden täuschen. Wir haben nichts zu verbergen.« Mit diesen Worten bestätigte ein Sprecher von Prinz Charles die Meldungen in der Sonntagspresse vom 11. Dezember 2005, dass Lord Stevens ihm einen Besuch abgestattet hätte. Die Unterredung hatte zwar im »gemütlichen« Empfangszimmer von Clarence House – Prinz Charles' Palast in London – stattgefunden, doch der Anlass war eine Anweisung des Royal Coroner Michael Burgess gewesen, den Prinzen zu vernehmen. Diese Vernehmung fand in der ersten Dezemberwoche 2005 statt (also zwei Jahre nach der Eröffnung des britischen Verfahrens!). Es hieß, dass die in Dianas Brief enthaltene Beschuldigung, Charles habe die Bremsen ihres Autos manipuliert, diesen absolut ungewöhnlichen Schritt notwendig gemacht habe. Natürlich sickerte wieder einmal nichts Genaues über die mehrstündige Unterredung durch. Doch das Scotland Yard brauchte ein Gespräch mit Prinz Charles – den viele belauerten und gerne beiseitegeräumt gesehen hätten –, um seine subjektive Meinung über andere Aspekte der Affäre zu erfahren, die in den Medien weniger publik geworden waren. Nach zwei Jahren Ermittlungstätigkeit, für die Sir Stevens' Team Mittel zur Verfügung gestanden hatten, bei denen Amateurdetektive einen träumerischen Blick bekamen, wusste man, dass die Operation Paget weit vorgestoßen war, vor allem in Richtungen, die von den französischen Ermittlern vollkommen beiseitegelassen worden waren. Oder vielleicht sollte man besser sagen: »über die die französischen Ermittler nichts bekannt geben wollten« oder: »auf die Richter Stephan keinen Einfluss hatte«. Jedenfalls hatten sich die Briten nicht darauf beschränkt, den Kopf unter die zerbeulte Motorhaube des Mercedes zu stecken. Sie hatten ihre Zeit auch nicht darauf verschwendet, einen Fiat Uno zu suchen, der zu einer Legende geworden war. Doch auch wenn dieses typisch britische »Wir lassen keine Hypothese außer Acht« nicht nur eine hohle Phrase gewesen war, musste es noch nicht automatisch heißen, dass bei dem ganzen Geld- und Energieaufwand schließlich eine Widerlegung der auf so abenteuerliche Weise gewonnenen Schlüsse der französischen Polizei und Justiz herauskam. Wie hatte doch Martine Monteil in *VSD* mit etwas boshaftem Unterton gesagt? »Sie kennen den gesamten Vorgang.« Sprich: Sie haben uns nicht widersprochen, sie haben uns machen lassen und Tony Blair höchstpersönlich, der Premierminister Ihrer Majestät, hat sich auf unsere Einsichten berufen. Das ist eine Tatsache.

Die Geheimdienste

Jeder Engländer kennt den großen Romanautor John Le Carré, der lange Jahre aus den Erinnerungen an seine Zeit als Geheimagent beim Intelligence Service geschöpft hat, um Geschichten zu schreiben, die zwar erfunden sind, aber paradoxerweise das wirkliche Leben darstellen. Ende der 90er-Jahre hat er dem Regisseur Marc Jappain für dessen Dokumentarreihe »Ein Jahrhundert der Schriftsteller« anvertraut: »Viele Schriftsteller haben als Spione gearbeitet und Geheimdiensten angehört: Graham Greene, John Buchan, Compton McKenzie. Auch Iris Murdoch und andere. Wissen Sie, was die Geheimdienste ausgenutzt haben? Ihre Vorstellungskraft. Es gibt eine eindeutige Verbindung zwischen der künstlerischen Kreativität und der Fantasie, die man haben muss, um andere glaubwürdig zu täuschen und sich Alibis und Lügen auszudenken, die nicht auffliegen.«

Ich muss anerkennen, dass mir diese Überlegung sehr geholfen hat, über die schulmeisterliche Arroganz mancher Leute hinwegzusehen, die einem weiszumachen versuchen, dass die Informationen, welche die Presse von gewissen Polizeistellen bekommt, transparent und vollständig sind. Ab einem gewissen Punkt meiner Recherchen beschloss ich, dass mich von nun an nichts und niemand mehr von dem wahren Gebiet ablenken würde, auf dem sich der Unfall im Alma-Tunnel abgespielt hat, weder die einschläfernde Fadheit der Society-Geschichten noch rechtskräftige Gerichtsurteile noch die Erfinder und Propagandisten der »Verschwörungstheorie«! Auch nicht gewisse Medienvertreter, die ihr kleines Stückchen Macht erhalten wollen und dafür die Augen vor der Pervertierung eines ganzen Systems verschließen, eines Systems mit zig Verästelungen, mit seinen Mittelsmännern, Exzellenzen, Bankiers, Polizei- und Justizbehörden sowie seinen Texten, mit denen Eingriffe in die Meinungsfreiheit abgesegnet werden. Und auch nicht die Menschen, die kapituliert und aus ihrer Ohnmacht oder Fügsamkeit eine Tugend gemacht haben, die eine Bevölkerung formen, die nicht die geringste Ahnung von dem hat, was hinter den Kulissen geschieht und die fortan passiv bleibt, wenn andere, die mutig und unvorsichtig den Dingen nachgehen, Finanzskandale oder kriminelle Taten aufdecken. Im Kontrast dazu kann man aus einer im *Daily Express* erschienenen Umfrage erfahren, dass 94 Prozent der britischen Bevölkerung hinsichtlich des Todes von Diana und Dodi Al-Fayed an die These von einem Komplott glauben. Noch ein Coup der »Verschwörungstheoretiker«?

Die Affäre um den Crash im Alma-Tunnel war eine Staatsaffäre, oder besser gesagt, eine undurchsichtige Affäre, die den Ruf eines Staates befleckte. Dieser französische Staat war wie viele andere in Europa ohnehin bereits stark mitgenommen von den Modernisierungs- und Deregulierungsprozessen, zu den ihn die wirtschaftlichen Interessen der »anderen Welt« gedrängt hatten. Frankreich erfuhr zudem Druck von Seiten nützlicher, aber bedrohlicher Partner. Mohammed Al-Fayed war jemand aus dieser »anderen Welt« – er, der Milliardär mit den breit aufgestellten Geschäften vom Seehandel bis zur Luxushotellerie und von Immobilien bis zur Hollywood-Produktion, nicht zu vergessen den Waffenhandel. Undenkbar, dass er über die »sensiblen« Besprechungen, denen das Ritz in Paris den Rahmen gab, nicht Bescheid gewusst hätte. Er kannte sicher besser als irgendjemand sonst die Interessenkollisionen in der »anderen Welt« – *seiner* Welt –, mit ihren direkten Auswirkungen auf die Stabilität und Sicherheit zahlreicher Staaten, und er wusste, inwieweit zahlreiche Geheim-, Spionage- und Sicherheitsdienste die Aktivitäten jener Welt mitverfolgten: die französischen Geheimdienste DST (Inland) und DGSE (Ausland), der russische FSB, der britische MI 6, die amerikanische CIA oder der israelische Mossad. Eine hochentwickelte Abhörtechnik, wie sie zum Beispiel die amerikanische NSA (National Security Agency) einsetzte, ergänzte dabei die von menschlichen Aufklärungsressourcen ermittelten

Informationen. Dies umfasste sowohl das Abhören der Telefonate von Personen, vor denen man sich maximal zu schützen suchte, als auch die Erfassung ihrer elektronischen Kommunikation.
Bislang hatte sich die Unfalltheorie der französischen Behörden gegenüber Mohammed Al-Fayeds Komplotttheorie durchgesetzt: Man hatte der These eines gewöhnlichen Verkehrsunfalls (verschuldet durch einen depressiven Raser, der vom Alkohol benebelt und vom Kohlenmonoxid high gewesen war) den Vorzug gegenüber der anderen Version gegeben, der zufolge Prinzgemahl Philip, Herzog von Edinburgh, mit Unterstützung der britischen Geheimdienste ein Komplott ausgeheckt haben sollte, um Diana zu beseitigen, die von ihrem zukünftigen Ehemann Dodi Al-Fayed schwanger war.
War »verfügbarer Platz im Gehirn« übrig (ich greife hier den berühmten Ausdruck auf, den der Intendant des französischen Senders *TF1*, Patrick Le Lay, geprägt hat), um eine andere Hypothese ins Auge zu fassen, mit der man sich von der engen Sicht löste, bei der sich alles auf das Gegensatzpaar Unfalltheorie kontra Verschwörungstheorie verkürzte? War es möglich – nachdem die Überreste eines Unfalls in einem Straßentunnel letztendlich gerade einmal den Aussagewert hatten, den man ihnen zuschreiben wollte –, die Nachforschungen auf eine objektive Weise weiterzuführen, ohne ständig in diesen Gegensatz hineinzugeraten, in dem man beengt war wie zwischen den Backen eines Schraubstocks?
Bei Strafverfahren tasten sich die Ermittler bei der Suche nach Indizien manchmal an den gesamten Kontext heran, in dem die eine oder andere Seite steht, und an die Intrigen, in die sie möglicherweise verwickelt ist. Diesmal war die französische Kriminalbrigade weniger anspruchsvoll vorgegangen, da man sie gebeten hatte, einen einfachen »Verkehrsunfall« zu bearbeiten. Die britischen Polizisten schienen dagegen einen anderen Weg gewählt zu haben. Nun würde man sich vielleicht endlich für die Geschäfte interessieren, an denen die verschiedenen Protagonisten des Rät-

sels um den Alma-Tunnel wissentlich oder unwissentlich beteiligt gewesen waren. Vielleicht kam man dahinter, warum es so weit gekommen war, dass sie von Leuten, die ihre Angelegenheiten ohne Einschaltung der Polizei zu regeln pflegten, plötzlich als »störende Elemente« betrachtet wurden. Wie man auch darüber denken mochte, die Briten drangen bei ihrer Untersuchung bis in die gepolsterten Londoner Büros des MI 5 und des MI 6 und bis in die amerikanischen Bunker der CIA und der NSA vor und gingen daran, die verschlungenen Windungen der internationalen Bankkreisläufe nachzuvollziehen. Doch wenn Scotland Yard suchte und fand, zog es vielleicht auch vor, anschließend keine schmutzige Wäsche zu waschen. Die Franzosen hatten es vorgemacht, wie man sich mit der öffentlichen Meinung arrangierte, indem man die Öffentlichkeit dazu brachte, alles in allem die These vom »simplen« Verkehrsunfall zu akzeptieren. Die Engländer würden sicher fähig sein, im Notfall ihre eigene Öffentlichkeit ebenfalls mit den richtigen Worten zu beschwichtigen. Der Vorteil: Man gelangte auf die Weise in den Besitz sensibler Informationen, die nicht zu kennen auf Dauer eindeutig einen politischen Fehler dargestellt hätte. Deshalb taten die Engländer bei ihren Ermittlungen auch noch etwas anderes, als sozusagen nur am Asphalt zu kleben!

Stevens musste seinerseits eine gute Portion Willens- und Vorstellungskraft an den Tag legen, wenn er eine Chance haben wollte, die Wahrheit herauszufinden. Sie versteckte sich irgendwo hinter einem Szenario, das von versierten Künstlern im Spurenverwischen ausgearbeitet worden war. In der Diana-Affäre sprang deutlich ins Auge, dass verschiedene gegenläufige Desinformationsquellen am Werk waren. Desinformation ist nämlich nicht einem bestimmten Lager vorbehalten. Es gibt sie auch keineswegs nur in der Fantasie von angeblichen »Verschwörungsgläubigen«. In Wirklichkeit ist sie eine hochgefährliche Waffe, der sich die staatlichen Geheimdienste genauso bedienen wie deren Pendants im privaten Sektor.

Wenn es Leute gibt, die über das tatsächliche Geschehen im Alma-

Tunnel gut informiert sind, so sind es die Mitarbeiter der Geheimdienste. Aufklärung ist exakt ihre Spezialität. Bisweilen soll es bei ihren Einsätzen auch um die Liquidation von Menschen gehen, auch wenn diese Idee schockierend und schwer akzeptabel erscheinen mag. Mehrere Beispiele solcher Killeraktionen, die von Geheimdiensten im Interesse der Staatsräson oder für ihre eigenen Zwecke verübt wurden, sind auch der Öffentlichkeit bekannt geworden. Um nur an einige zu erinnern, ohne zu viel zu riskieren, nenne ich hier die Attentate auf Mitglieder der Nationalen Befreiungsfront (FLN) zur Zeit des Algerienkriegs, die Liquidierung des 1965 in Frankreich entführten und ermordeten marokkanischen Oppositionellen Ben Barka und die Operationen des israelischen Geheimdienstes Mossad gegen sämtliche verantwortlichen Terroristen des »Schwarzen September« (darunter auch Ali Hassan Salameh, das »Gehirn« der Geiselnahme während der Olympischen Sommerspiele 1972 in München).

In der Diana-Affäre jedoch hatte trotz der Behauptungen, die Mohammed Al-Fayed mit einer verwirrenden Überzeugtheit vorbrachte, noch niemand die aktive Beteiligung irgendeines Geheimdiensts an dem Unfall nachgewiesen. Die reine Anwesenheit von Geheimdienstagenten mehrerer Staaten in Paris am 30. August 1997 und in den Tagen zuvor war dagegen eine bekannte Tatsache. Man muss – solange sich nichts anderes herausstellt – davon ausgehen, dass sie da waren, um Informationen zu sammeln. Aufgrund dessen sind sie sicher am besten in der Lage, Hinweise auf das Netz von Komplizen beziehungsweise auf die Verbindungen zu dem »lokalen Umfeld« zu geben, die eine Operation in Frankreich, sofern eine solche stattgefunden hat, erst einmal möglich gemacht hätten. An dieser Stelle sei noch einmal erwähnt, dass der verhängnisvolle Mercedes drei Monate zuvor gestohlen worden war und Teile ausgetauscht wurden. Möglicherweise steht dies in Bezug dazu, dass der Fahrer die Kontrolle über lebenswichtige Systeme des Fahrzeugs verloren hat.

Der MI 6

In der *Times* vom 5. Juni 2005 ist zu lesen: »Lord Stevens, der ehemalige Leiter der Londoner Metropolitan Police, hat John Scarlett, den Chef des MI 6, und Eliza Manningham-Buller, die Generaldirektorin des MI 5, befragt. Wie aus Polizeiquellen zu erfahren ist, haben sie ihm alle Akten, die sich auf Lady Di und die Untersuchung beziehen, vorgelegt. Sie haben diese Kooperation als etwas ›noch nie da Gewesenes‹ bezeichnet. John Stevens hat hiermit ungehinderten Zugang zu den Unterlagen.« Doch weiter ist über diesen außergewöhnlichen Vorgang nichts durchgesickert, und etwas anderes wäre, ehrlich gesagt, auch nicht normal gewesen. John Stevens hatte also eine Unterredung mit der Leitung der höchsten britischen Geheimdienststellen, den Verwaltern streng geheim zu haltender Informationen.
Er wusste, als er diesen Schritt unternahm, dass er nicht mehr auf den großen MI-6-Boss aus der Zeit der damaligen Vorgänge treffen würde. Diesen Mann konnte niemand mehr über seine Beteiligung an den Ereignissen befragen: David Spedding war am 14. Juni 2001 im Alter von 58 Jahren an Krebs gestorben. Er hatte sein Amt als Leiter des Auslandsgeheimdiensts von 1994 bis 1999 innegehabt und war Spezialist für den Mittleren Osten gewesen. Spedding ist niemals öffentlich aufgetreten, doch ist sein Name in dieser dunklen Geschichte zahlreiche Male flüsternd ausgesprochen worden, zumal er sich besonders stark in der Beobachtung des internationalen Waffenmarktes betätigte, einer Sphäre, die den schmutzigen Geschäften nicht fremd war, mit denen die Diana-Affäre über die ganze Zeit hinweg diverse Berührungspunkte hatte. Wie der *Guardian* in seiner Ausgabe vom 14. Juni 2001 informierte, geht die Ausrichtung des MI 6 auf neue Prioritäten wie den Kampf gegen die Verbreitung von ABC-Waffen, aber auch gegen Geldwäsche und Drogenhandel, auf Spedding zurück. In

Osteuropa arbeitete er dabei mit den Geheimdiensten der ehemaligen Warschauer-Pakt-Staaten zusammen. Spedding stand unter dem Verdacht, 1995 die Exekutierung von Oberst Ghaddafi geplant zu haben, und der britische Außenminister Robin Cook schrieb ihm das Verdienst zu, das atomare Aufrüstungsprogramm des Iran aufgedeckt und die Versuche der Iraner, sich heimlich britische Technologien anzueignen, behindert zu haben. Diese Ausführungen stellen in diesem Zusammenhang, auch wenn es vielleicht einen anderen Anschein erweckt, mitnichten eine anachronistische Abschweifung dar: Mir geht es hier darum, die »Jobs« wichtiger Protagonisten, die mit der Affäre um den Unfall im Alma-Tunnel verquickt sind, darzustellen.

Die Beschuldigung, dass der MI 6 aktiv an dem »Attentat« beteiligt gewesen sei, kam zu einer Zeit auf, als im Justizpalast von Paris aus heiterem Himmel ein Zeuge auftauchte, den dort mit Sicherheit niemand erwartet hätte. Untersuchungsrichter Stephan stand in der Endphase seiner Untersuchung und war bereits im Begriff, die Aktendeckel zu verschnüren. Die Version von einem simplen Verkehrsunfall wartete nur noch darauf, von übergeordneter Stelle abgesegnet zu werden. Da kreuzte auf einmal Richard Tomlinson auf, ein Exagent des Geheimdiensts Ihrer Majestät, und präsentierte Enthüllungen über den MI 6 und die Diana-Affäre, die einem Richter, der lediglich einen Autounfall mit Fahrerflucht untersuchen sollte, gar nicht ins Konzept passen wollten. Stephan unternahm – gar nichts. Er ging Tomlinsons merkwürdiger Aussage einfach nicht nach, denn seine Arbeit bestand darin, Ermittlungen wegen fahrlässiger Tötung zu führen. Ausgeschlossen, dass er sich dazu verführen ließe, den gesetzten Rahmen zu sprengen.

Ich traf Richard Tomlinson Jahre später auf seiner Yacht, die in der Bucht von Mandelieu-la-Napoule unweit von Cannes ankerte. Er hatte den Richter als einen Mann in Erinnerung, der seines Verfahrens überdrüssig war. Tomlinson hatte sehr wohl das Interesse wahrgenommen, das in den Augen der zweiten Richterin Marie-

Christine Devidal aufblitzte, doch merkte er auch, dass Hervé Stephan der Herr des Verfahrens war. Tomlinson war ein recht merkwürdiger Fall. Der Exgeheimdienstmann hatte mit der Enttarnung von 116 international tätigen britischen Agenten von sich reden gemacht – ein schwerer Verstoß gegen den *Official Secrets Act*, das rigorose britische Gesetz über die Wahrung von Staatsgeheimnissen. Trotz dieser überaus schwerwiegenden Anschuldigung traf ich den Abtrünnigen an, wie er sich an der Mittelmeersonne bräunen ließ, ohne irgendwie erkennbar um seine Sicherheit besorgt zu sein. Hatte es nicht geheißen, man wäre entweder sein Leben lang Geheimagent – oder tot? Konnte es sein, dass sich Richard Tomlinson seine Ruhe erkauft hatte, indem er den französischen Kollegen Informationen über den MI 6 lieferte und als Gegenleistung dafür diskreten Personenschutz bekam? Oder hatte er sich an einen anderen europäischen Geheimdienst gewandt? Der Mann hatte nicht aufgehört, meine Gedanken zu beschäftigen, seit mir Franck Klein, der Direktor des Pariser Ritz und Mohammed Al-Fayeds rechte Hand in Frankreich, freundlicherweise seine Adresse mitgeteilt hatte. Ein flüchtiger britischer Exagent, der über den MI 6 auspackte, an der Côte d'Azur herumpromenierte und auch noch Beziehungen zu dem Mann unterhielt, der Prinz Philip und den MI 6 bezichtigt hatte, an Dianas Tod schuldig zu sein – das war niemand, der sich einfach nur der Gefahren nicht bewusst war. Nein, das war ein Mann, der Protektion genoss und der wusste, wie er seine Figuren auf dem Spielfeld zu setzen hatte. Zweifellos wusste er mehr, als er sagte, doch gab er nur so viel preis, wie vereinbart worden war. Er war ein Profi, der von 1994 bis 1995 unter dem Befehl David Speddings beim MI 6 gedient hatte. Bei ihm hatte jede anekdotische Begebenheit, die er erwähnte, ihre Bedeutung, wie zum Beispiel eine, bei der es um Rosa Monckton ging, die »gute Freundin«, mit der Diana Anfang August einige Tage in Griechenland verbracht hatte, bevor sie an Bord der *Jonikal* auf die große, von allen Medien beachtete Kreuzfahrt im Mittelmeer ging. Monckton soll

versichert haben, die Prinzessin könne nicht schwanger gewesen sein, sie habe nämlich festgestellt, dass Diana während ihrer gemeinsamen Ferientage ihre Periode hatte ... Tomlinson präsentiert seinerseits Frau Monckton als eine Person, in deren Familie Spionage Tradition hatte: Ihm zufolge ist sie vom MI 6 angewiesen worden, sie solle – ähnlich wie ihr Großvater, der ein Vertrauter Edwards VIII. war – Einlass in Prinzessin Dianas privaten Kreis finden. Die Prinzessin hatte eindeutig kein Geschick darin, sich mit den richtigen Leuten zu umgeben ...
Die Aussage Tomlinsons vor Untersuchungsrichter Stephan betraf die merkwürdige Ähnlichkeit zwischen den »technischen« Umständen des Unfalls im Alma-Tunnel und einem Attentatsplan von 1992 zur Beseitigung des serbischen Präsidenten Slobodan Milošević! Man kann sich Hervé Stephans Verblüffung vorstellen, von einem ausländischen Geheimagenten mit solchen Eröffnungen überrascht zu werden ... Eines der von Tomlinson angesprochenen Szenarios habe vorgesehen, dass man sich serbischer Oppositionsgruppen für einen Bombenanschlag bediente (eine Instrumentalisierung des »Milieus« vor Ort, die sich auch in der Diana-Affäre wiederfinden ließe). Ein anderer Plan habe auf dem Einsatz eines Elitekommandos des britischen SAS (Special Air Service Regiment) basiert. Vor allem aber habe ein dritter Plan in einem »Autounfall« bestanden. Tomlinson äußerte, er sei überzeugt, dass der britische Geheimdienst über Unterlagen verfügte, in denen sich maßgebliche Hinweise auf die Gründe und Umstände, die zu Prinzessin Dianas Tod geführt hatten, finden würden – also genau das, was der Gegenstand von Sir John Stevens' Ermittlungen war. Vor allem aber wies er auf die Existenz von Schriftstücken hin, die sich auf Henri Paul beziehen könnten. Tomlinson hatte in einer MI-6-Gruppe gearbeitet, die für die Kontrolle Osteuropas zuständig war. 1992 war er hier in eine Operation involviert gewesen, bei der neu entwickelte Hightech-Rüstungsgüter aus Russland herausgeschmuggelt werden sollten. Die »Dienste« wurden über einen

Informanten aus dem Ritz-Hotel in Paris, wo sich regelmäßig wichtige Verhandlungen im internationalen Waffenhandel abspielten, mit wichtigen Informationen versorgt, für die der MI 6 in bar zahlte. (Die Nachrichtendienste bemühten sich seit jeher, mit den Sicherheitsdiensten der Grand-Hotels zusammenzuarbeiten, um deren Bewegungsmöglichkeiten und direkten Zugang zu sensiblen Informationen für sich zu nutzen.) Tomlinson sagte, er sei seinerzeit erstaunt gewesen, in den ihm zugänglichen Berichten zu lesen, dass der Informant des MI 6 ein Franzose war. (Es scheint dem Intelligence Service nämlich eher selten zu gelingen, Franzosen zur Spionage für ihn anzuwerben.) Ohne dass er sich konkret festgelegt hätte, deutete der Geheimdienstmann an, der geheime Informant könnte Henri Paul gewesen sein ...

Hervé Stephan hatte bei unserer Begegnung angedeutet, dass diese Aussage existierte, doch sei sie sehr spät gekommen und habe allein für sich noch nicht die Eröffnung einer neuen Untersuchung gerechtfertigt. Tomlinson hatte dem französischen Richter drei Namen aus der Liste der 116 im Internet geouteten MI-6-Agenten mitgeteilt, bei denen er den Verdacht hatte, dass sie mit dem Unfall im Alma-Tunnel zu tun gehabt hätten: Neben seinem Exboss David Spedding waren das Richard Spearman und Nicholas Langman. Der merkwürdige Abtrünnige hat seine Enthüllungen im Januar 2001 unter dem Titel *Das Zerwürfnis. Ein ehemaliger MI-6-Agent packt aus* veröffentlicht. Er berichtet dort unter anderem, dass der MI 6 beträchtliche Summen für eine falsche Presseagentur *(Truefax)* ausgegeben habe, über die russische Agenten rekrutiert werden sollten. Vor allem erstaunt einen, was es mit dem rätselhaften russischen Verlag »Narodnyj Variant« auf sich hat, bei dem dieses kleine Buch erschienen ist. Christophe Boltanski hat in der *Libération* vom 27. Januar 2001 das Geheimnis gelüftet: Der Verlag und »sein Inhaber Sergej Korowin waren aus dem Nichts erschienen. Korowin war der Deckname eines berühmten KGB-Spions, der zu der Zeit in London auf Posten gewesen war, als Burgess und MacLean sich aus dem Westen absetzten«. (Bei Guy Burgess und Donald MacLean handelte es sich um zwei hochberühmte Doppelagenten im Sold Moskaus.)

Diese Bezüge sind bedeutungsvoll, wenn man sie in Zusammenhang mit den offenkundigen Verbindungen zwischen Tomlinson und Mohammed Al-Fayed sieht. De facto erscheint hiermit ein neuer Protagonist im Umfeld der Affäre: Russland mit dem FSB! Der Harrods-Inhaber hält immer wieder Überraschungen für diejenigen parat, die sich wegen der Reichweite seiner Geschäftsbeziehungen oder wegen seines Netzwerks an schützenden Verbindungen für ihn interessieren.

Al-Fayed hörte inzwischen nicht auf zu monieren, Lord Stevens habe bei der Aufnahme der Ermittlungen in England die Notwendigkeit der von ihm beantragten Nachforschungen anerkannt, seine Anträge seien bislang aber weitgehend ignoriert worden. Wenn man nur suchen wolle, dann würde man auch finden ...

Während die britischen Ermittler bei ihren regelmäßig veranstalteten Pressekonferenzen einräumten, dass eine Ermordung Dianas nicht mehr ausgeschlossen werden könne, gewannen die Enthüllungen des »Singvogels« Richard Tomlinson über Henri Pauls vermutete Beziehungen zum MI 6 eine neue Dimension: Am 13. Juni 2005 teilte Peter Allen im *Daily Express* mit, die Operation Paget habe ans Tageslicht gebracht, dass »Monsieur Paul« einige Wochen vor dem Tod der Prinzessin 75 000 britische Pfund (110 000 Euro) von einer britischen Bank erhalten hatte, und zwar in Form eines in französische Franc konvertierten Bankwechsels. Man wusste bereits, dass in der Nacht des Unfalls bei Henri Pauls Leiche 12 560 Franc (1915 Euro) in bar gefunden worden waren. Außerdem fanden die britischen Detektive heraus, dass Henri Paul ein kleines Vermögen angehäuft hatte und dass weltweit 13 Bankkonten auf seinen Namen bestanden. In Anbetracht dessen, dass seine Tätigkeit im Ritz ihm netto ungefähr 30 000 Euro pro Jahr einbrachte, bestand dringender Klärungsbedarf, woher diese

Beträge kämen, die er da international auf der hohen Kante hatte. Stevens wusste, dass die Informationen, die er über diese Geldbewegungen sammeln konnte, von immenser Bedeutung waren, und so interessierten ihn zwei Fragen: Wer hatte die Zahlungen auf diese Konten angewiesen und warum? Die Ermittler begannen sich nun näher für den Lebensstandard des Vize-Sicherheitschefs des Ritz zu interessieren, der eher komfortabel, um nicht zu sagen luxuriös war. Henri Paul erlaubte es sich, regelmäßig Flugstunden zu nehmen, die sehr teuer waren, und verkehrte in betuchten Kreisen, zu denen er zum Beispiel über die Mitgliedschaft in einem Schickeria-Tennisclub Zugang fand. Dank des erweiterten Ermittlungsspielraums, der der britischen Polizei seit den Attentaten vom 11. September neuerdings zugestanden wurde, hatte sich Sir John Stevens' Team über das Bankgeheimnis hinwegsetzen können, das Monsieur Pauls über die ganze Welt verteiltes kleines Vermögen bis dahin verborgen hatte. Vom Henri Paul, wie ihn die französischen Ermittler gezeichnet hatten – diesem an eine Karikatur grenzenden Bild des süffelnden Klischeefranzosen – war man inzwischen recht weit entfernt.
Als Frédéric Dard von Lady Di's Tod erfuhr, rief er aus: »Jeanne d'Arc ist gerächt!« Er skizzierte den Fahrer zum Spaß gerne als »den kleinen besoffenen Bretonen, der bei den Windsors Chaos anrichtet«, wobei er boshaft anmerkte, das sei ja fast eine Tautologie … Doch Henri Paul entsprach nicht der »pittoresken« oder »folkloristischen« Darstellung, die man uns einzutrichtern versucht hat, um eine komplexe und für die französischen Behörden unangenehme Geschichte zu überspielen, eine Staatsaffäre, die nach etwas ganz anderem duftete als nach Beaujolais! Lord Stevens kam nicht umhin, seinerseits festzustellen, auf wie wackeligen Beinen das Kartenhaus stand, das die französische Seite errichtet hatte: die Irrfahrten des Fiat Uno, das verflixte Problem mit den Blutproben … Und nun – gerade als sich die Gutachter den Mercedes von Neuem vornahmen – kam auch noch heraus, dass

Henri Paul lukrativen Nebenbeschäftigungen nachging, hinter denen ausländische Auftraggeber standen. Wobei, das sollte gesagt werden, der Beweis noch nicht erbracht war, dass es sich bei den Zusatzeinkünften um Bezüge handelte, die er vom MI 6 für eine Tätigkeit als Informant erhielt.

Der Mossad

Als Richard Tomlinson – ob nun im Auftrag oder aus freien Stücken – auf die Doppelidentität Monsieur Pauls hinwies, war er vielleicht bereits über die Begegnung informiert, die zwischen Ari Ben-Menashe, dem ehemaligen Berater der israelischen Regierung für Aufklärung und Spionage, und Mohammed Al-Fayed stattgefunden hatte. Ari Ben-Menashe hatte den Ritz-Inhaber wissen lassen, es gebe »beim Mossad einen ziemlich wichtigen Vorgang, der vieles erklären könnte …«. Man findet diese Informationen zum Teil in Gordon Thomas' Buch *Die Mossad-Akte. Israels Geheimdienst und seine Schattenkrieger*[49] wieder. Es handelt sich bei diesem Werk um eine Geschichte des israelischen Geheimdiensts von 1951 bis heute, für die er zahlreiche Mossad-Agenten, Informanten, Spione und Mitglieder der ehemaligen Führungsebene interviewt und diverse geheime Unterlagen gesichtet hat. Er behauptet in dem Buch, im Sommer 1997 sei über einen israelischen Geheimagenten namens Maurice Rubenstein ein Versuch unternommen worden, Henri Paul anzuwerben, und fügt hinzu, »Monsieur Paul« sei für die Familie Fayed ein Mann des Vertrauens gewesen. Das zeitliche Zusammentreffen zwischen dem von Gordon Thomas als »energisch« bezeichneten Anwerbeversuch des Mossad und dem Unfall im Alma-Tunnel ist ganz besonders merkwürdig. Maurice Rubenstein war extra in die französische Hauptstadt gekommen,

um den Vizesicherheitschef, dessen »Nebenjobs« vom Mossad seit einiger Zeit genauestens verzeichnet worden waren, zu bearbeiten. In Rubensteins Überzeugungsmethoden mischten sich, je nach Fall, Lockungen, Erpressungen und sogar Drohungen.
Rubenstein interessierte sich vor allem für die Persönlichkeiten, die Henri Paul als Privatchauffeur betreute, eine Nebenaktivität, von der die französischen Ermittler nichts hatten wissen wollen, weiß Gott, warum: Es war doch alles über diese Tätigkeit bekannt, der er neben seiner Arbeit im Ritz nachging. Der israelische Spion hatte sich besonders für John Aitken interessiert, der 1992 Minister für Rüstungsfragen im Kabinett von John Major und 1994 Staatsminister im Schatzamt gewesen war. Von ihm war bekannt, dass er früher mit Carol Thatcher, der Tochter der Eisernen Lady, ein Verhältnis unterhalten hatte[50] und außerdem ein heimliches Kind von der Ehefrau eines bedeutenden Geschäftsmannes aus dem Mittleren Osten hatte. Bei einem Aufenthalt im Ritz 1993 war ihm Henri Paul offiziell als Fahrer zugeteilt gewesen. Später stellte sich heraus, dass Aitken für diesen Hotelaufenthalt nichts in Rechnung gestellt worden war. Dies löste in England eine journalistische Untersuchung aus, bei der die Namen seiner Geschäftspartner publik wurden, unter ihnen zum Beispiel der libanesische Geschäftsmann Mohammed Said Ayas, der dem Prinzen Mohammed von Saudi-Arabien nahe stand. Aitken hatte hohe Posten in der Koordination von Waffenexporten innegehabt, was ihm ermöglicht hatte, sich im Lauf der Zeit ein dickes Adressenverzeichnis im Nahen und Mittleren Osten zu erstellen. Der Mossad sah in Aitkens Aktivitäten seit längerem eine Bedrohung für Israel und hat angeblich nachgeholfen, Aitken wirksam in Verruf zu bringen, als dieser gegen »übelwollende« Journalisten des *Guardian*, die seine Verbindungen zu verschiedenen dubiosen Figuren aufgedeckt hatten, einen Verleumdungsprozess anstrengte. Aitken wurde 1999 wegen Anstiftung zum Meineid[51] zu 18 Monaten Gefängnis verurteilt, von denen er allerdings nur sieben abzusitzen hatte.

Das Ritz war ein bevorzugter Treffpunkt für die Mittler des Nahen und Mittleren Ostens und ihre europäischen Kontakte. Insofern war Henri Paul wegen seiner Fähigkeit, »nützliche Kundenkontakte« zu unterhalten, für den Mossad interessant, wie es Gordon Thomas vorsichtig ausdrückt. Dann führt er in einem sehr britisch wirkenden Stil fort: »Niemand wäre erstaunt, wenn der Vizesicherheitschef die Kopie der Rechnung eines Gastes oder einen Einzelverbindungsnachweis für die Telefongespräche verlangt, die der eine oder andere Waffenhändler aus dem Hotel geführt hat.«
Diese Enthüllungen zeigen, wie sehr den Waffengeschäften und den damit verbundenen Personen Beachtung geschenkt werden muss, an denen es im Umfeld des Alma-Unfalls nicht mangelt.
Gordon Thomas behauptet, dass sich um Mitte August herum die Aufmerksamkeit auf die baldige Ankunft von Dodi und Diana in der Kaisersuite des Ritz konzentrierte – eine verblüffende Information, da noch keiner der beiden »Liebenden« diesen Aufenthalt in Paris plante, der erst in letzter Minute beschlossen wurde. Gordon Thomas scheint hier andeuten zu wollen, dass der Mossad im Bilde über eine laufende Operation war und somit wusste, dass dieser Besuch stattfinden würde. Er erläutert dies folgendermaßen: »Ich habe selbst entdeckt, dass Diana und Dodi beide unter der Überwachung von ECHELON standen, einem der höchstentwickelten und unter höchster Geheimhaltung stehenden Abhörnetze der NSA.« Dies wurde erst einige Monate nach dem Unfall bekannt. Gordon fügt hinzu, um jedem Missverständnis vorzubeugen: »Der Mossad hat sich niemals für die Beziehung zwischen Diana und Dodi interessiert. Sein einziges Anliegen bestand darin, Henri Paul als Informanten zu gewinnen [...] Vor diesem Hintergrund habe ich auf einige konkrete Indizien hingewiesen, die belegen, dass gewisse Spezialeinheiten um den Tag ihres Todes herum anwesend waren.«
In einer Ausgabe der Sendung »20 Minuten«[52] wurde Gordon Thomas gefragt, woher diese doch sehr ungewöhnliche plötzliche Mit-

teilsamkeit des Mossad käme. Schließlich sei gerade dieser Geheimdienst dafür bekannt, dass er sich niemandem außerhalb seiner Grenzen rechenschaftspflichtig fühle. Der Autor erklärte: »In den zwei Jahren, die meine Recherchen dauerten, hat der Ruf des Mossad durch eine Reihe von Skandalen gelitten. Ich denke, dass eine ganze Anzahl von Agenten mit mir gesprochen haben, weil sie diese Negativnachrichten satt hatten und der Wahrheit wieder zur Geltung verhelfen oder sich rechtfertigen wollten.« Mag sein, aber es gibt einem doch zu denken, dass der vom Mossad ausgeübte Druck so stark gewesen sein soll, dass Henri Paul dann Neigung bekam, zur Flasche zu greifen. Gordon Thomas bringt uns neue Fakten zur Kenntnis, die nicht für die Theorie vom »simplen Unfall« sprechen, und arbeitet in seinem Buch ernsthafte Zweifel an der offiziellen Version heraus. Wenn er dabei zu verstehen gibt, dass man niemals die Wahrheit wissen würde, klingt dies wie eine beruhigende Garantie in Richtung der französischen Ermittler, denen er quasi einräumt, sie seien ja niemals beauftragt gewesen, die »Schattenseite« des Unfalls im Alma-Tunnel zu untersuchen. Zu der Vorstellung, dass Henri Paul bewusst zum Trinken getrieben wurde oder dass im Gegenteil alle Spionagedienste, die mehr oder weniger stark in diese Geschichte verwickelt waren, die Schuld von sich abwälzten, indem sie unisono von einem betrunkenen Fahrer sprachen, könnte es dann nur noch ein Schritt sein. Hier muss man offensichtlich die Fakten sieben, weil auch diese Information automatisch einen Anteil an Desinformation beinhaltet.

Wenn Gordon Thomas das »nachdrückliche Vorgehen« Maurice Rubensteins gegenüber dem Vizesicherheitschef des Ritz schildert, so spricht er dabei auch eine Verbindung des Mossad zu gewissen arabischen Interessen an: »Er drohte, dass er Henri Paul arabischen Agenten ausliefern würde …« Und mit dieser Drohung soll Rubenstein erst angerückt sein, als Dodis und Dianas Ankunft in Paris herannahte?

Claude Garrec, ein Pariser Freund Henri Pauls und einer der letzten Zeugen, die ihn lebend gesehen haben, behauptete gegenüber der Zeitung *Le Figaro*, der Chauffeur habe am Samstag, den 30. August 1997 – 13 Stunden vor dem Unfall – eine Stunde mit ihm in Issy-les-Moulineaux Tennis gespielt. »Er hat nur eine Cola getrunken«, versicherte Garrec. Seinen Worten nach war Henri Paul ein »Mann, der sein Leben genoss«, und »in keiner Weise depressiv, nur einfach überarbeitet«.

Die CIA

Mohammed Al-Fayed sah sich in seinem Kampf, mit dem er ein offizielles Eingeständnis erreichen wollte, dass der Tod seines Sohnes und Prinzessin Dianas nicht auf einen Autounfall zurückging, einem Problem gegenüber: Er konnte nicht offen legen, was er über die »andere Welt« wusste, ohne damit seine eigenen Interessen und die seiner Geschäftspartner sowie ihre Geschäftsgeheimnisse zu gefährden. Der einzige Spielraum, den er hatte, bestand darin, dass er versuchen konnte, solchen Seiten lenkende Hinweise zu geben, die nicht an seinen Geschäften beteiligt waren und die selbst gemerkt hatten, wie unwahrscheinlich die offizielle These war. Dabei konnte er nur hoffen, dass sie andererseits nicht zu weit vordrangen ... In diesem Sinn stellte die Operation Paget für ihn gleichzeitig eine Chance und eine Gefahr dar. Da John Stevens versprochen hatte, er würde keine Hypothese außer Betracht lassen, hoffte Mohammed Al-Fayed, er würde alle Hebel in Bewegung setzen, um von der CIA die von der NSA erstellten, Dodi und Diana betreffenden, »sensiblen« Aufzeichnungen von Telefongesprächen ausgehändigt zu bekommen. Diese Abhörprotokolle existierten wirklich, und Mohammed Al-Fayed hatte ihretwegen bereits einen vielbeachteten spektakulären Prozess gegen die USA, die CIA und

die NSA angestrengt, den er 2001 in der Berufungsinstanz verlor. Wenn die Justiz der USA der Meinung war, dass Dodis Vater kein Anrecht auf Zugang zu diesen 39 Dokumenten hatte, die insgesamt 1056 Seiten Informationen über Diana, Dodi und andere Fernsprechteilnehmer enthielten, so hatte sie damit de facto deren Existenz anerkannt! Die Weigerung der NSA, die Abhörprotokolle auszuhändigen, war von dem amerikanischen Gericht unterstützt worden, indem es diese Unterlagen als »top secret« einstufte. Mohammed Al-Fayed gegenüber wurde dies mit den »Interessen der Landessicherheit« begründet, denen eine Weitergabe der Informationen angeblich schweren Schaden hätte zufügen können.
Natürlich interessierten sich die Abhör- und Sicherheitsdienste der USA nicht für eine episodische Liebesgeschichte, sondern für das, was die beiden »Liebenden« und ihre Umgebung repräsentierten. Die Beziehung Dianas, der Mutter des zukünftigen Königs von England, zu Dodi, dem Sohn Mohammed Al-Fayeds und Neffen Adnan Khashoggis, stellte für die Geheimdienste eine äußerst explosive Mischung dar. Einsatz gegen die Landminen (Bosnien, Angola) und Waffenhandel reichten sich die Hand! Es gab allerdings keinen Hinweis, dass die Telefonüberwachung Diana mehr als Dodi gegolten hätte, und keinerlei Angaben über die diversen anderen Personen, die außer den Turteltäubchen noch abgehört worden waren – wodurch sich Al-Fayed in großer Verlegenheit sah. Eine *AFP*-Depesche vom 31. August 2001 meldete, dass sich der Harrods-Inhaber nach dem Scheitern seiner Berufung an die amerikanische Öffentlichkeit und die gewählten Volksvertreter gewandt habe: »Ich ersuche das amerikanische Volk um seine Unterstützung. Bitte üben Sie über die Kongressmitglieder Druck aus, damit Unterlagen zugänglich gemacht werden, die die Wahrheit über diese Tragödie aufdecken werden.« Ohne irgendetwas über die Art seiner Ängste und Verdächtigungen preiszugeben, erklärte Mohammed Al-Fayed außerdem: »Ich habe Anzeige gestellt, um den Zugang zu Informationen zu erstreiten, die sich in Händen der

Regierung der USA befinden. [...] Die Regierung der USA, insbesondere die CIA, das FBI und die NSA, haben nichts getan, um mich in meinen Bemühungen zu unterstützen. Im Gegenteil, sie haben alles Mögliche unternommen, um die Anträge abzublocken und die Publikation von Dokumenten, die die Zusammenarbeit zwischen den amerikanischen Aufklärungsdiensten und dem britischen Geheimdienst aufgezeigt hätten, zu verhindern.«

2001 lag diese von der breiten Öffentlichkeit ohnehin kaum wahrgenommene Affäre um das Abhören der Telefongespräche schon eine gute Zeit zurück. Sie reichte bis in eine Phase im Jahr 1997, kurz nach dem »Unfall«, zurück. Mit ihr stand eine absolut unglaubliche Geschichte in Zusammenhang, die bestens verdeutlichte, welche Problematiken mit dem Alma-Unfall verknüpft waren. Sie vermittelte Einsichten in die Geschäftsinteressen »gut informierter« Leute, die bei den Geschäften der »anderen Welt« ihren Anteil vom Kuchen abbekommen wollten. Das Vorspiel dieser Geschichte könnte in Roger Thèronds Büro bei *Paris Match* stattgefunden haben, das damals ein Ort war, an dem man versuchen konnte, Verhandlungen über brisante Informationen zu führen, ohne dass das Ziel der Transaktion unbedingt die Veröffentlichung gewesen wäre. Eines Tages wurde dem Blatt von einer bedeutenden Figur aus den Kreisen, die sich gewöhnlich im Schatten halten, ein Angebot gemacht, das so spektakulär und heikel war, dass man sich letztendlich entschloss, es zurückzuweisen. So berichtete es mir jedenfalls Chris Lafaille, Journalist bei *Paris Match*, während unseres Treffens in einem Café am Alma-Platz: »Es handelte sich um einen CIA-Aussteiger, der in die Contras-Affäre in Nicaragua verwickelt gewesen war und der sich vor dem Untersuchungsausschuss des Senats dafür hatte verantworten müssen. Er wollte *Paris Match* geheime Mitteilungen verkaufen, die zwischen der CIA-Agentur in London und der Hauptzentrale der CIA in Virginia ausgetauscht worden waren und in denen es hieß, dass Dodi anscheinend umgebracht werden solle. Er wollte

eine horrende Summe Geld dafür. *Paris Match* hat abgelehnt und ihm geraten, sich direkt an Al-Fayed zu wenden.«
Diese sensationelle Enthüllung warf hinter den Kulissen zwei der geläufigsten Theorien über den Haufen: die Unfallthese und die Theorie vom Komplott Prinz Philips gegen Diana. Diese neu aufgetauchte Version ist der Öffentlichkeit vorenthalten worden; deren Aufmerksamkeit wurde abgelenkt, indem man sich auf die Suche nach dem imaginären Fiat Uno versteifte. Die seriöse Presse, die über das Thema nichts verlauten ließ, hatte vielleicht noch nicht einmal etwas von dieser Sache gehört. Für Al-Fayed wiederum war ein auf Dodi zielendes Mordkomplott zwar konträr zur offiziellen These (betrunkener Fahrer, Paparazzi, hohes Tempo), dennoch war es natürlich nicht vorstellbar, dass er diese Enthüllung durch die Medien gehen lassen würde. Die Anweisung schien klar: Es durfte immer nur von einem Attentat auf die Prinzessin gesprochen werden, und diese war schwanger von seinem Sohn, dem sie bald das Ja-Wort gegeben hätte. Der Ring, bitte sehr, war als Beweis ja schon da.

Hier ist wichtig festzuhalten, dass diese Glamour-Version beiden Theorien gemeinsam war. Man benutzte sie wie eine Art »Sicherheitsschleuse«, die sich zwischen der »gewöhnlichen Welt« und der »anderen Welt« befand. »Die Prinzessin als Ziel eines Attentats« war immer die Alternative gewesen, die man der französischen Version – »simpler Verkehrsunfall« – entgegengesetzt hatte. Die Variante »Gegen Dodi gerichteter Killerauftrag« dagegen, die sich hinter dieser ganzen Informationsverschleierungsgeschichte abzeichnete, lenkte den Blick auf eine undurchsichtige Welt, in der die Vertreter der beiden Theorien die Neigung zeigten, ihre Geheimnisse vor der Neugier der »gewöhnlichen Welt« zu schützen.

Mit dieser Aktion trat aus dem Dickicht einer der wichtigsten Top-Agenten der CIA in Europa heraus, dessen Beziehungen zu seinem Land sich aus verschiedenen Gründen wie Untreue, Wechsel in der Politik und Alter abgekühlt hatten. Es handelte sich um

Oberst Oswald Lewinter, manchmal »Oskar« genannt. Sein wirklicher Name lautete George Mearah.
Der 67-jährige Lewinter war Amerikaner österreichischer Herkunft und Offizier der CIA. Er setzte sich dann tatsächlich mit Mohammed Al-Fayeds Mittelsmännern in Verbindung und bot ihnen vom CIA als geheim eingestufte Unterlagen über Al-Fayeds Sohn an, die mit dem Alma-Unfall in Verbindung stehen sollten. Dafür verlangte er 1,2 Milliarden Franc.[53]
Oswald Lewinter war sicher der brillanteste CIA-Offizier in seinem Bereich. Unter anderem nahm er am Sturz des faschistischen Salazar-Regimes in Portugal teil. Später trat er mit der Behauptung auf, dass es der CIA-Zentrale bekannt sei, dass Libyen nicht für den Terroranschlag gegen den Pan-Am-Flug 103 (das Lockerbie-Attentat vom 21. Dezember 1988) verantwortlich war. Seine Bestleistung aber hat er wohl bei »October Surprise« gegeben, einer Operation, die so gut geplant war, dass die Wahrheit darüber bis heute nicht bekannt ist. Die »October Surprise« genannte Theorie besagt, dass Ronald Reagan mit der Islamischen Republik Iran konspirative Vereinbarungen getroffen hätte, um Jimmy Carter bei den Präsidentschaftswahlen am 4. November 1980 zu besiegen. Khomeini hätte demnach die in der USA-Botschaft in Teheran gefangen gehaltenen amerikanischen Geiseln insgesamt bis zum Tag nach der Wahl zurückgehalten, um ein schweres Handicap für Präsident Carter zu schaffen. Als Gegenleistung hätte Reagan versprochen, dem Iran Waffen zu liefern, wenn er an die Macht käme.
Als ich entdeckte, welche Rolle Oswald Lewinter in der Diana-Affäre spielte, war mir sein Name bereits bekannt. Ich erinnerte mich, ihn in einem englischen Dokumentarfilm[54] gesehen zu haben, wobei sein Gesicht unkenntlich gemacht worden war. Dieser Film war vor knapp 15 Jahren zu frühmorgendlicher Stunde in der heute nicht mehr existierenden Sendereihe »Continentales« auf *France 3* ausgestrahlt worden. Er wurde von dem englischen Journalisten Alex Taylor anmoderiert und kommentiert. Der Moderator

war sichtlich aufgeregt, was wohl mit dem unheimlichen Thema des Films zusammenhing: Dieser handelte von dem geheimnisvollen Agentennetz GLADIO, das sich damals in Europa betätigte. Diese Geheimorganisation war von der NATO in den 50er Jahren gegen die »kommunistische Bedrohung« aufgebaut worden. Es schien große Kämpfe gekostet zu haben, die Ausstrahlung des Films überhaupt durchzusetzen, denn er handelte von Spionage, Überwachung, Gewaltaktionen und von der Rolle der USA, wenn es darum ging, ein Klima der Angst auf dem europäischen Kontinent zu schaffen. Ich erfuhr später, dass Oswald Lewinter GLADIO denunziert hatte, in den 80er Jahren terroristische Gruppen wie die Roten Brigaden in Italien (Entführung Aldo Moros) oder die sogenannten »Mörder von Brabant« in Belgien infiltriert und ihren Anschlägen Vorschub geleistet zu haben.

In diesem mutigen Film bestätigte Oswald Lewinter die Existenz dieser Organisation, die damals noch ein Tabuthema war, und seine eigene Rolle als operativer Offizier für GLADIO innerhalb der CIA. Angeblich kannte Lewinter so viele Staatsgeheimnisse oder Geheimnisse von Organisationen, die Einfluss auf Staaten nahmen (die nämlichen Organisationen, von denen die Kritiker aller »Verschwörungstheorien« so ungern sprechen hörten), dass seine Sicherheit wahrscheinlich schon allein dadurch garantiert war, dass er im Besitz von hochsensiblen Unterlagen war. Oberst Oswald Lewinter zufolge enthielt der Nordatlantikpakt, der der NATO zugrunde liegt, Zusatzprotokolle, die GLADIO betrafen. Hier soll unter anderem festgehalten sein, dass die Mitgliedstaaten keine Schritte gegen die Machenschaften von Gruppierungen der extremen Rechten unternehmen würden, wenn diese Taten dem Nutzen der Sache dienten. Von französischer Seite sollen diese Dokumente seinerzeit von Außenminister Robert Schuman, einem der Väter des Aufbaus Europas, paraphiert worden sein. Bereits bei der Befreiung war das gaullistische Frankreich von den amerikanischen Befreiern mit Vorsicht und Misstrauen beobachtet worden.

De Gaulle musste sich einerseits der Präsenz der US-Armee stellen, deren Ziel es war, das Land unter amerikanische Verwaltung zu bringen, andererseits gab es die Kommunistische Partei, die sich im französischen Widerstand gegen die Besatzer als die wichtigste Kraft durchgesetzt hatte. Doch nach dem Fall der Berliner Mauer am 9. November 1989 vermutete man die Bedrohung nicht mehr von Seiten des Kommunismus, sondern aus dem Nahen und Mittleren Osten. Dem Begriff vom »radikalen Islamismus«, der immer als das Schreckgespenst hingestellt wurde, gesellte sich Bushs Kriegsslogan von der »Achse des Bösen« hinzu. Zu allem Überfluss bemühte sich Russland seit der Machtübernahme Putins im Jahr 2000 wieder verstärkt um militärische und wirtschaftliche Kontakte mit Staaten wie Nordkorea, Syrien und Iran, die für den Präsidenten der USA einen Teil der »Achse des Bösen« bildeten. Die Neuorientierung der Stay-Behind-Netze vom Typ GLADIO warf ein Licht auf die neuen Intentionen und die ultrasensiblen »Aktionen«, von denen Oswald Lewinter Kenntnis hatte.

GLADIO, das verborgenste aller Geheimnetze, ist offiziell dreimal aufgelöst worden: 1952 ein erstes Mal, dann 1973 und schließlich 1990. Doch deswegen sind die Stay-Behind-Organisationen nicht einfach verschwunden. Sie haben sich notgedrungen »weiterentwickelt«, da in einigen der Unterzeichnerstaaten auf dem Wege demokratischer Wahlen jeden Moment Kräfte an die Macht kommen konnten, die zum (alten oder neuen) Feind gehörten. Die Neuorganisation und das erneute Abtauchen in die Verborgenheit fällt in die Zeit, als zwei venezianische Untersuchungsrichter ihre Ermittlungen so weit trieben, dass dem Präsidenten des italienischen Staatsrats Giulio Andreotti nichts anderes übrig blieb, als am 27. Oktober 1990 offiziell die Existenz von GLADIO zuzugeben. Er bestätigte, es seien »nicht-konventionelle Verteidigungssysteme« im Verborgenen geschaffen worden, die »auf europäischem Territorium ein geheimes Widerstandsnetz aufbauten, das im Fall einer Besetzung durch den Feind über Informationsbeschaffung, Sabotage, Propaganda und Guerillakämpfer in Aktion getreten wäre«. Am 12. November 1990 (Italien schlug sich weiter mit dem GLADIO-Skandal herum) räumte der französische Verteidigungsminister Jean-Pierre Chevènement ein, dass auch in Frankreich eine »Glaive«-Organisation bestanden habe. Er versicherte jedoch, dass es ein Netz von »Schläfern« geblieben sei, das sich niemals in die Innenpolitik eingemischt habe. Tags darauf erklärte Präsident Mitterrand, er habe vor kurzem General Heinrich, der in seiner Funktion als Chef der Abteilung »Aktion« des französischen Auslandsgeheimdiensts DGSE auch der Leiter des französischen Zweigs von GLADIO war, angewiesen, die Organisation aufzulösen.[55]

Oswald Lewinter war also weit davon entfernt, der einfache Aussteiger zu sein, als den ihn Chris Lafaille beschrieben hatte, und er war beileibe nicht einfach eine weitere Legendenfigur in der Geschichte um den Alma-Tunnel. Mohammed Al-Fayed war das offensichtlich klar, als er beschloss, sein Angebot ernst zu nehmen. Er kannte zwar noch nicht den Inhalt der fraglichen Dokumente – dies sollte Teil der Verhandlungen sein –, aber er hatte begriffen, dass ihm Lewinter unter Umständen die entscheidende Waffe brachte, mit der er die offizielle Unfallthese zu Fall bringen könnte. Dass die Unterlagen auch Aspekte enthalten konnten, die ihn in Verlegenheit brachten, würde dadurch aufgewogen werden, dass er hiermit vielleicht die einzigen Beweise für eine Beteiligung britischer Geheim- und Abhördienste in die Hand bekäme.

Generalleutnant Alexej Galkin, der inzwischen wohl verstorbene ehemalige Leiter eines KGB-Stabs, sagte über seinen alten Feind Lewinter, dieser gelte »bei den gut informierten Offizieren des ganzen Ostblocks wegen seiner Fertigkeiten in Sachen Manipulation und Desinformation als einer der am meisten gefürchteten und bewunderten Männer«.[56] Auch Alexej Galkin soll dahingehend Informationen besessen haben, dass der Unfall im Alma-Tunnel kein Unfall gewesen ist, doch hat er sie niemals offengelegt.

Vielleicht hatte ihm auch nur keiner ein Angebot gemacht, das ihm Sicherheiten für seine körperliche Unversehrtheit und seine materielle Versorgung als Gegenleistung für sein behauptetes Wissen versprochen hätte.[57]

Noch vor kurzem hat Oswald Lewinter erklärt: »Die Wahrheit über Dianas Tod würde die Welt bis in ihre Grundfesten erschüttern, da zahlreiche Regierungen und noch mehr Geheimdienste darin verwickelt sind.« Information oder Desinformation? Jedenfalls ist Lewinter mit seinem Versuch, geheime CIA-Unterlagen zu verkaufen, um sich eine friedliche und komfortable Rente zu sichern, gescheitert. Zu seinem Pech bekam er ein großes Problem: Nach zähen Verhandlungen zwischen seinen Beauftragten und den Bevollmächtigten Mohammed Al-Fayeds war ein Treffen in einem Luxushotel vereinbart worden, wo das Geschäft abgewickelt werden sollte. Doch das Geheimtreffen wurde für ihn zur Falle: Lewinter wurde bei einer gemeinsamen Operation der CIA und der Berater Mohammed Al-Fayeds – eine, wenn man so will, widernatürliche Allianz – geschnappt und in Wien inhaftiert. Seitdem hat niemand mehr Zugang zu den ultrasensiblen Schriftstücken gehabt, die er vermutlich besaß – schon gar nicht Mohammed Al-Fayed, da half ihm auch der Prozess nicht, den er gegen die CIA und die NSA anstrengte.

Warum war Lewinter so wenig auf der Hut gewesen? Bei der Kontaktaufnahme mit Al-Fayeds Leuten hatte er noch indirekte Wege gesucht. Die Verbindung kam im März 1998 über Keith Fleer zustande, einen bedeutenden kalifornischen Rechtsanwalt aus Los Angeles, der sich auf Fälle im Bereich Entertainment spezialisiert hatte. Fleer nahm mit dem Bevollmächtigten von Al-Fayed in Washington Verbindung auf und dieser machte ihn mit dem Harrods-Sicherheitschef John MacNamara bekannt, Al-Fayeds Mann des Vertrauens. MacNamara war ein ehemaliger Scotland-Yard-Mann und hatte möglicherweise noch Kontakt zur Londoner Polizei. In einer Reihe von Telefongesprächen[58] ließ Fleer wissen, dass er glaubwürdige Informationen besitze, die bewiesen, dass der Tod Dianas und Dodis nicht auf einen Unfall zurückgehe, sondern in Wirklichkeit ein Mord gewesen sei. Der Anwalt teilte mit, die CIA-Agenten, mit denen er in Verbindung stehe, würden zwar nicht als Zeugen aussagen, sie könnten aber genügend Informationen und Unterlagen liefern, um die Beteiligung der britischen Geheimdienste an diesem Mord nachzuweisen. Auf MacNamaras Bitte ging Fleer etwas genauer auf die Schriftstücke ein. Er behauptete – ohne Namen zu nennen – ein in Europa stationierter CIA-Agent sei von einem Mitarbeiter des MI 6 kontaktiert worden, der ihm mitteilte, es sei »ein Mord in Vorbereitung und er bitte um Unterstützung.« Danach habe der CIA-Agent von seiner Führungsspitze ein Telex des Inhalts erhalten, dass sich die CIA nicht direkt in diese Affäre einmischen würde, er könne dem MI 6 aber einen Kontakt mit einem Team angeben, das mit dem Mossad zusammenarbeitete: das K-Team, das von Genf aus operierte. Fleer fügte hinzu, dass seine Kontaktpersonen auch medizinische Berichte und Unterlagen liefern könnten, aus denen hervorging, dass die Prinzessin schwanger gewesen war, als sie starb. Der allerletzte Vorschlag, mit dem er die Liste seiner Enthüllungen vervollständigte lautete, dass man mit ihm auch über einen internen Untersuchungsbericht der CIA über die Verwicklung der Zentrale in den Mord an Dodi und Diana verhandeln könne, dieses Schriftstück könne aber nur gegen Barzahlung einer »siebenstelligen Summe« ausgehändigt werden.

Wenn die letztgenannten Unterlagen wirklich existierten – es steht einem frei, daran zu zweifeln –, wäre plausibel, warum sich die CIA kategorisch weigerte, Mohammed Al-Fayed die Akte über das Geschehen im Alma-Tunnel zukommen zu lassen. Wie dem auch sei, nichts ließ Oswald Lewinter in diesem Stadium der Transaktion vermuten, dass seine Gesprächspartner ein doppeltes Spiel betrieben. Die Fayeds hatten soeben seinen Mittelsmännern einen Betrag von 20 Millionen Dollar als Gegenleistung für die Dokumente geboten und einen Vorschuss von 25 000 Dollar auf ein Konto in New Mexico geleistet, der bereits abgehoben worden war. Doch Oswald Lewinter wusste nicht, dass die Enthüllung eines Killerauftrags, der auf Dodi abzielte und von dem in diesen Unterlagen die Rede war, auf Mohammed Al-Fayed eine katastrophale Wirkung gehabt hatte. Dieser hatte augenblicklich die Gefahr ermessen, die solche Dokumente darstellten. Wenn sein Sohn von der NSA abgehört worden war, so bestand kein Zweifel, dass auch er selbst abgehört wurde, ebenso diejenigen, mit denen sie beide telefoniert hatten. Das war nun keine Affäre um Herzensgeschichten und eine dekadente Königsfamilie mehr, die man dank dieser CIA-Unterlagen vor der ganzen Welt ausbreiten konnte, sondern es ging um einen »Auftrag« von der Art, wie sie in der »anderen Welt« erteilt und ausgeführt wurden. Die Geschäfte der Familie Al-Fayed hatten also unter Beobachtung gestanden und das Bekanntwerden des Inhalts der Abhörprotokolle drohte nicht nur dem Harrods-Inhaber massiv zu schaden, sondern es würde sich eventuell auch herausstellen, dass er eine schwere indirekte Verantwortung am Tod des Paares trug. Al-Fayed sah sonnenklar, woran er bei diesem Angebot war: Es ermöglichte ihm nur einen begrenzten Zugang zu entscheidenden Informationen, von denen er ebenso wie seine Partner direkt betroffen war. Er bat deshalb, dass man ihm die Transkriptionen sämtlicher abgehörten Gespräche besorgte, um dann zu beurteilen, ob man diese später offenlegen konnte oder nicht.

Auch eine andere höchst schwierige Klippe drohte: Es war schließlich nicht ausgeschlossen, dass Oswald Lewinter im Auftrag handelte und ihm gefälschte Dokumente verkaufte. Wenn sich Al-Fayed bei seinen Anschuldigungen wegen eines Attentats darauf berief und die CIA die Fälschung später aufdeckte, so wäre er in den Augen der Öffentlichkeit endgültig unglaubwürdig geworden. Wer hat den Harrods-Inhaber beraten, wie er am besten vorgehen sollte? In seinem Krieg gegen die Unfallthese war er für verschie-

dene Anwaltskanzleien zu einem Huhn, das goldene Eier legt, geworden. Doch die Schritte, die mit der Lewinter-Transaktion zu tun hatten, waren faktisch von John MacNamara persönlich geleitet worden. Während des Prozesses gegen die CIA, FBI usw. sagte der Al-Fayed-Clan später aus, man habe es im vorliegenden Fall – da Unterlagen zum Verkauf angeboten wurden, die anscheinend geheim waren – für besser erachtet, mit den Offiziellen vom FBI und von der CIA zusammenzuarbeiten. Obwohl es ziemlich schwierig war, diesen etwas verworrenen Erklärungen zu folgen, blieb die Tatsache bestehen, dass Al-Fayeds Vertreter offensichtlich einen Deal mit den amerikanischen Behörden ausgehandelt hatten. Dieser dürfte darin bestanden haben, dass man ermöglichte, Lewinter zu demaskieren, wofür man im Gegenzug Zugang zu sämtlichen (?) für den Alma-Unfall und seine Vorbereitung relevanten Beweisstücken erhielte, außerdem auch zu den Protokollen aller anderen Gespräche Al-Fayeds mit seinen Leuten, die mitgeschnitten worden waren. Ab diesem Punkt dürften alle Aktionen der Vertreter Al-Fayeds mit dem Segen und unter der Oberaufsicht des amerikanischen Geheimdienstes stattgefunden haben.
Am 14. April 1998 informierte Fleer MacNamara, dass die Übergabe in Wien stattfinden würde. Er gab an, MacNamara hätte an diesem Tag auch die Möglichkeit, mit vier »Direktoren« zu verhandeln, die ihm zwei Telexe der CIA sowie ein ärztliches Attest verkaufen könnten, in dem bestätigt wurde, dass Diana im Moment ihres Todes schwanger gewesen sei. (Nichts zeigt an, dass diese Transaktion nicht stattgefunden hat.) Fleer wies deutlich darauf hin, dass das Dokument, das sich auf die interne Untersuchung bei der CIA bezog, bei dem Treffen in Wien nicht geliefert werden könne, »man« müsse es erst beschaffen.
Am 22. April 1998 um 14.30 Uhr trat im Foyer des Ambassador-Hotels in Wien ein Mann auf MacNamara zu: Oswald Lewinter. Er musste MacNamara noch ungefähr eine halbe Stunde lang Erläuterungen liefern, um ihm die »Ware« präziser zu beschreiben. Dabei

führte er unter anderem aus, es gehe in den Unterlagen um ein Treffen in London zwischen einem britischen Agenten namens Spedding (vom MI 6) und einem CIA-Agenten namens Harrison, der zur Botschaft der USA in Großbritannien gehörte. Die beiden Männer räumten sich gegenseitig noch einige Stunden Bedenkzeit ein. Gegen Ende des Nachmittags sollte die Transaktion im selben Hotel fortgesetzt werden, doch plötzlich stürmten zwei Beamte der österreichischen Polizei herein (das FBI hielt sich im Hintergrund) und nahmen Lewinter wegen illegalen Besitzes geheimer Schriftstücke und versuchter Erpressung fest. Lewinters »Partnern« gelang es auf mysteriöse Weise, zu entkommen. Man weiß, dass einer von ihnen Karl Koecher gewesen ist, ein tschechoslowakischer Agent, der in den 70er Jahren als »Maulwurf« in der CIA gesessen hatte. Koecher war in der internationalen Spionagegemeinschaft eine wohlbekannte Figur. Er war nach zehn Jahren in der CIA aufgeflogen und wurde 1986 im Austausch gegen den sowjetischen Dissidenten Anatolij Schtscharanskij wieder auf freien Fuß gesetzt.
Die Polizei durchsuchte Lewinters Hotelzimmer und fand dort tatsächlich eine Akte, über deren Inhalt niemals etwas mitgeteilt worden ist. Der Familie Al-Fayed wurde lediglich gesagt, dass sich unter den im Hotel beschlagnahmten Papieren ein Umschlag mit der Aufschrift »Eigentum der Regierung der USA, zurückzugeben an den Kommandanten der USA FAC Indianapolis IN 46249« befand. Außerdem gab es noch einen Mehrzweckumschlag der Regierung mit der Angabe »UK Liaison«, der zwei Telexe und einen Bericht der »Domestic Intelligence Information« enthalten habe, Schriftstücke, die vermutlich von der CIA kamen.
Nach Lewinters Verhaftung taten die Amerikaner alles, damit sein Prozess in Österreich stattfand, um zu vermeiden, dass Dinge ausgepackt wurden, die in den USA möglicherweise unvorhersehbare Konsequenzen ausgelöst hätten. Was Oswald Lewinter betraf, so war er im Moment seiner Verhaftung vor eine Wahl gestellt worden, wie sie einfacher nicht hätte sein können. Seinen eigenen Aussagen

nach riskierte er entweder eine Verurteilung wegen Hochverrats oder aber eine Verurteilung wegen Betrugs. Er zog es vor, als Fälscher dazustehen, und erklärte, dass es sich bei all diesen Schriftstücken um Fälschungen gehandelt habe. Ab nun galten Lewinters Dokumente offiziell als falsch und der abtrünnige Offizier der CIA (dessen Vorgesetzte danach ableugneten, dass er ein Mitglied der Zentrale gewesen sei) wurde wegen Betrugs zu vier Jahren Gefängnis verurteilt. Er verbüßte davon nur 30 Monate in Wien und drohte nach seiner Entlassung, er werde MacNamara umbringen, weil die Unterlagen echt gewesen seien! Die Aktion war bitter für Mohammed Al-Fayed. Er hatte alle Chancen verloren, an diese Beweisstücke heranzukommen. Nachdem sie jetzt als eine Fälschung galten, mussten sie ihm natürlich nicht mehr übergeben werden. Die anderen, von denen noch die Rede gewesen war, existierten ohnehin nur noch virtuell. In dieser Zwickmühle war es undenkbar, die mit der CIA eingegangene Verbindung noch fortzusetzen. Offiziell gab es in Zusammenhang mit dem Alma-Unfall keine Abhörprotokolle von irgendwelchen Telefongesprächen mehr. Die Ironie der Geschichte lag darin, dass sich Mohammed Al-Fayed später exakt auf die Existenz dieser (gefälschten?) Dokumente berief, um seine Anschuldigung, dass ein Komplott gegen Dodi und Diana vorgelegen habe, zu belegen. Die USA aber bestätigten, wenn auch nur indirekt, die Wahrheit der Äußerungen, die Oswald Lewinter bei seiner Entlassung aus dem Gefängnis gemacht hatte: Wie schon erwähnt, verwiesen sie bei Mohammed Al-Fayeds Prozess gegen die USA auf das Risiko für die Landessicherheit, um zu begründen, warum keine einzige der 1056 Seiten mit den transkribierten Telefonaten ausgehändigt werden dürfte … Seit damals weiß man, dass Diana und Dodi tatsächlich von der NSA sowie von anderen Abhör- und Geheimdiensten überwacht worden sind.

Als ich die Beschwerde studierte, die Al-Fayeds Anwälte gegen die USA eingereicht hatten, entdeckte ich einen Namen, den ich dort nun wirklich nicht erwartet hätte. Mohammed Al-Fayed stellte im

Namen des *Freedom of Information Act* diverse Anträge auf die Übergabe von Abhördaten, die nicht nur Dodi, Diana und Henri Paul, sondern darüber hinaus zahlreiche Personen in den USA sowie in Großbritannien betrafen. Ein Name und eine Adresse, die hier erschienen, wiesen in die Zeit der französischen Ermittlungen zurück, als Al-Fayed sich bemüht hatte, die Suche nach dem Fiat Uno in eine Richtung zu lenken, welche die Polizei bewusst nicht einschlagen wollte. Diese Angaben waren ohne eine weitere Erklärung in dem Beschwerdeschriftsatz[59] enthalten, ganz als wüssten beide Seiten bestens Bescheid, worum es hier ging. Die Rede war von einem gewissen Jacques Pettier, wohnhaft in Asnières, einem Vorort von Paris, auch von ihm schien es Abhörprotokolle zu geben, die Al-Fayed verlangte. Ich stolperte natürlich nur deswegen darüber, weil ich Kenntnis von einer Begebenheit in Asnières hatte. Dort wurde eine Person verdächtigt, ein Auto gestohlen zu haben, das im Alma-Tunnel zum Einsatz gekommen war. Nun hatte ich endlich seinen Namen, der bis dahin verborgen geblieben war, aber das bedeutete noch nicht, dass ich seine vermutliche Rolle in der Geschichte klarer gesehen hätte. Dass ich ihn hier wiederfand, in einem Antrag auf die Übermittlung von Abhörprotokollen der NSA, verlieh ihm eine ganz neue Wichtigkeit. Ich zweifelte nicht daran, dass Mohammed Al-Fayed es mit der Hilfe seiner privaten Ermittler geschafft hatte, an entscheidende Informationen heranzukommen, über die die französischen Ermittler gleichfalls verfügten. Doch ich war weiterhin der Meinung, dass Dodis Vater einige von ihnen mangels Beweisen zurückgehalten hatte. Vor allem war ich überzeugt, dass er seit langem Vermutungen hegte, wo der Ursprung eines gegen seinen Sohn gerichteten »Auftrags« liegen könnte, dass er dies jedoch verheimlichte, weil er die Komplottthese glaubwürdig machen wollte. Wie lange wollte er noch damit fortfahren?

Nun war zwar offenkundig geworden, dass die Geheimdienste verschiedener Länder immer noch grundlegende Informationen über die Angelegenheit zurückhielten, doch damit war deren Veröffentlichung noch um nichts wahrscheinlicher geworden. Käme es tatsächlich dazu, so könnte es der Suche nach der Wahrheit letztendlich sogar im Wege stehen. So war Dodis Vater von Anfang an besorgt gewesen, dass er trotz des bedeutenden Fortschritts, den die Entdeckung der 13 Bankkonten »Monsieur Pauls«[60] darstellte (womit sich für die Operation Paget unter Umständen eine Wende ankündigte), keinen Zugang zu den sensiblen Informationen bekommen würde, die bei der Unterredung von Sir John Stevens mit dem MI 6 zur Sprache gekommen waren. Der Scotland-Yard-Chef mochte den Willen zeigen, den Dingen auf den Grund zu gehen, doch ihm waren die Hände gebunden, wenn es um Informationen ging, die unter Geheimhaltung standen. Die Handlungsfreiheit und Straffreiheit, die Geheimagenten in Europa zugestanden wurde, ging offenkundig Hand in Hand mit der Pflicht zur Wahrung absoluter Diskretion, was ihre Handlungen und die erhaltenen Informationen anging.
In einem am 14. Februar 2006 veröffentlichten Brief rief Mohammed Al-Fayed das Intelligence and Security Committee an und verlangte eine Anhörung des Premierministers Tony Blair. (Dieser »Ausschuss für Aufklärung und Sicherheit« war 1994 gegründet worden. Er bestand aus je neun Parlamentariern der beiden Parlamentskammern und sollte unter anderem die Arbeit des Secret Intelligence Service (SIS) hinsichtlich seiner Politik, seiner Verwaltung und seiner Ausgaben überprüfen.) Der Ausschuss plante zu dieser Zeit ohnehin eine Anhörung des Premierministers im Rahmen von Vorgängen, die sich zum Skandal ausgewachsen hatten. Es ging um Folterungen, die der CIA zur Last gelegt wurden.

Großbritannien wurde dabei verdächtigt, Flugzeugen, in denen die CIA Gefangene transportierte, die Landung auf britischem Boden, das Betanken und den Weiterflug genehmigt zu haben und auf diese Weise Menschenrechtsverletzungen Vorschub geleistet zu haben. Dieser Skandal warf selbstredend Fragen nach der Arbeit der Geheimdienste und deren Bewegungsmöglichkeiten auf europäischem Gebiet auf.

Die Affäre war so schwerwiegend, dass sich der Generalsekretär des Europarats damit befasste. Das Ergebnis war ein unter Bezug auf Artikel 52 der Europäischen Menschenrechtskonvention erstellter Bericht über die Behauptungen, dass auf europäischem Boden Gefangene illegal in Haft gehalten und mit Flugzeugen befördert worden wären. Allgemeiner ging es darin auch um die Frage der umfangreichen Rechte, die den Geheimdiensten zugestanden wurden. Terry Davis, der Verfasser des Berichts, erklärte am 1. März 2006 in Straßburg: »Europa scheint ein exzellentes Jagdrevier für ausländische Geheimdienste zu sein ... Kein oder zumindest fast kein Land Europas verfügt über Rechtsvorschriften, die ihm erlauben würden, eine wirksame Überwachung der Aktivitäten ausländischer Geheimdienste auf seinem Staatsgebiet zu gewährleisten.« Mit dieser klaren Aussage stützte sich Terry Davis auf die Auswertung einer Fragenliste, die verschiedenen EU-Staaten vorgelegt worden war. Sie gab ihm, gelinde gesagt, mehrere Gründe zur Besorgnis: »Obwohl die meisten EU-Staaten über Mechanismen verfügen, die die Kontrolle über die Aktivitäten ihrer nationalen Nachrichtendienste und über die Präsenz von ausländischer Polizei auf ihrem jeweiligen Staatsgebiet erlauben, hat sich praktisch kein Land – mit einer klaren Ausnahme: Ungarn – entsprechende Rechtsvorschriften für eine wirksame Kontrolle der Aktivitäten ausländischer Geheimdienste auf seinem Staatsgebiet gegeben. In Ungarn haben die zuständigen Behörden den gesetzlichen Auftrag, jede Betätigung ausländischer Geheimdienste zu ermitteln, die eine Einmischung in die inneren Angelegenheiten oder eine Bedrohung für die Souveränität des Landes und seine vitalen politischen, wirtschaftlichen oder sonstigen Interessen darstellen könnte.«

Philippe Douste-Blazy, der französische Außenminister, gab im Namen der französischen Regierung eine Stellungsnahme ab, die so einiges erklären könnte: »Auf Agenten, die über diplomatischen oder konsularischen Status verfügen, finden die Wiener Konvention über diplomatische Beziehungen vom 18. April 1961 und die Wiener Konvention über konsularische Beziehungen vom 24. April 1963 Anwendung. Frankreich hat im Hinblick auf diese Geheimagenten eine eingeschränkte Rechtsprechungsgewalt. Agenten mit Diplomatenstatus genießen absolute Straffreiheit. Darüber hinaus können gegen sie keinerlei strafrechtliche Vollstreckungsmaßnahmen verhängt werden.«

Wenn die Operation Paget die Machenschaften mancher ausländischer Geheimdienste in Frankreich am 30. August 1997 aufdecken würde – wobei sie den MI 6 vielleicht schonte –, so würde vielleicht klar werden, warum die Kriminalbrigade und der französische Untersuchungsrichter so zaghaft vorgegangen waren. Gleichzeitig gäbe es dann wohl ein massives diplomatisches Problem zwischen Paris und London.

Es war klar, dass Mohammed Al-Fayed diese unruhige, aber kontrollierbare Stimmung nutzen würde, um darauf hinzuweisen, dass genau jener Nicholas Langman – einer der Top-Agenten des MI 6, den er seit langem beschuldigte, an dem Geschehen im Alma-Tunnel beteiligt gewesen zu sein – nun schon wieder in einen Skandal verwickelt sei. Bei diesem Skandal ging es um die mutmaßlichen Entführungen und die Verhöre pakistanischer Einwanderer in Griechenland, an denen Langman beteiligt gewesen sein soll. Der britische Oppositionspolitiker Menzies Campbell, zu dem Zeitpunkt Vizevorsitzender der liberaldemokratischen Partei, hatte die Vorgänge ans Tageslicht gebracht und sogar eine parlamentarische Untersuchung gefordert.

Der Harrods-Inhaber zielte mit seiner Initiative darauf ab, gegenüber dem Parlament und dem »Ausschuss für Aufklärung und Sicherheit« anzumahnen, dass sie ihren Befugnissen zur Überprüfung der Geheimdienste stärker nachkommen sollten. Er habe Letztere nämlich im Verdacht, Interessen zu dienen, die nicht denen der Untertanen Ihrer Majestät entsprächen. Nur eine übergeordnete demokratische Autorität hätte einen ausreichenden Einfluss, um den britischen Geheimdienst zu zwingen, die kompromittierenden Unterlagen vorzulegen, die sich auf den Alma-Unfall bezogen. In der Diana-Affäre ginge es klar und deutlich um den Einfluss des Establishments, und es würde sich herausstellen, dass die Dinge hier noch immer auf eine Weise funktionierten, die sich seit dem 18. Jahrhundert nicht geändert hatte. Daher bestünde der dringende Verdacht, dass Lord Stevens beim MI 6 im Grunde keine Möglichkeit zu einer Überprüfung erhalten hatte.

Diese scheinbaren Abschweifungen von der Diana-Affäre bringen uns wieder zum Kern des Mysteriums zurück, indem sie die Komplexität der Interessensphären aufzeigen, die sich hier von Anfang an überschneiden und aneinander reiben. Selbst wenn sich Mohammed Al-Fayed nicht so ausdrückt, sehe ich in der Beschuldigung, die er gegen den MI 6 erhebt, eine Strategie, die die »aktive Passivität« des Geheimdiensts in der Frage des Alma-Unfalls unterstreichen soll. Al-Fayed zufolge soll der MI 6 über die Attentatspläne im Bilde gewesen sein und nicht eingegriffen haben. Schlimmer noch, er soll den Dingen ihren Lauf gelassen haben, zugunsten eines Establishments, das zwar innerhalb der Geheimdienste noch einflussreich war, in Großbritannien aber ansonsten in Schwierigkeiten geraten war. Dieser düstere Verdacht hängt damit zusammen, dass das Establishment seinen Einfluss auf die inneren Angelegenheiten des Landes verloren hat. Die Bedrohung, die seit dem Amtsantritt Tony Blairs, der von Diana direkt und von Mohammed Al-Fayed indirekt unterstützt wurde, über dem monarchistischen Regime hängt und dessen Weiterbestehen gefährdet, hat sich seither konkretisiert.

Christophe Boltanski gibt in der *Libération* vom 24. November 2003 die Bedrücktheit einer Aristokratin, der Baronin Strange, angesichts der vom Premierminister eingeleiteten Reformen gewisser Institutionen wieder. Diana hatte diese Reformen schon in den Zeiten herbeigesehnt, als sie sich ein bisschen zu stark in die Politik einmischte, und ihre Äußerungen wurden damals von der Aristokratie als Sakrileg angesehen. Ausgerechnet sie, die speziell ausgesucht worden war, die Mutter des zukünftigen Königs zu sein, wodurch die symbolische Macht der Dynastie der Windsors und ihrer Herrschaft neu legitimiert und gestärkt worden wäre, bezog eine solche Position! Für die letzten Peers des Königsreichs stellten die Reformen eine Bedrohung dar, wenngleich sie, nachdem die Regierung bereits 1999 die ersten Säbelhiebe getan hatte, erst reichlich spät zustande kamen. Ihnen wurde noch immer starker Widerstand entgegengesetzt, und die New-Labour-Regierung konnte ihr Wahlversprechen einer »demokratischeren und repräsentativeren« Ausgestaltung der tausendjährigen Institution, deren Mitglieder größtenteils von der Königin auf Vorschlag des Premierministers auf Lebenszeit ernannt wurden, nicht zu 100 Prozent halten.

Indem der Premierminister diese Umgestaltung in Angriff nahm, hätte er mit einem fügsameren Parlament rechnen können. Es war der erbliche Charakter des Titels, der in Frage gestellt wurde, denn das Recht auf den Sitz in der Chamber of Lords wurde vom Vater auf den Sohn übertragen (erst seit 1958 gegebenenfalls auch auf die Tochter). In den neugotischen Sälen des britischen Parlaments erging sich die Baronin Strange, Peeress des Königreichs, vor Christophe Boltanski in Erinnerungen an ihre fernen Vorfahren: »Ich bin mit den meisten Königen von England bis zurück zu Heinrich VII. verwandt«, führte sie aus. »Wenn man uns aufgrund von alten Ressentiments aus dieser Kammer ausschließt, beraubt man diese einer Elite, die ihr Sinn und Zusammenhalt verliehen hat.« Die Lords führten an, sie würden die »Verbindung mit der Geschichte« verkörpern. In Wirklichkeit verteidigten sie ihre Interessen – die ganz klar privater Art waren – gegen die wachsenden Befugnisse der neuen ausländischen Prinzen des internationalen Business, die ebenfalls private Interessen vertraten. Diese lauerten hinter dem Rücken der Parlamentarier, und die Adelsgeschlechter des Königreiches wurden ihrer nicht mehr Herr.

Als man die Leichen aus dem Alma-Tunnel barg, hat man sich wenig darum geschert, wie einflussreich die Al-Fayed-Familie war, die von Dodis Tod schwer getroffen wurde. Mohammed Al-Fayed hatte als einflussreicher Geschäftsmann seit vielen Jahren darum gekämpft, sich in Großbritannien immer ein wenig mehr dem Zentrum der Macht anzunähern. Da er bei einem bestimmten Teil des Establishments, der ihn konsequent auf Distanz hielt, keine Anerkennung finden konnte, arbeitete er daran, seine Position in Großbritannien immer stärker zu verankern. Er tat dies mit Hilfe bedeutender Unterstützer, durch das Eingehen und Auflösen von Bündnissen und mit blühenden Geschäften. Dabei hat er sich auch eine große Zahl von Feinden gemacht. Das Establishment wurde mehr und mehr zum roten Tuch für ihn und er hat es mehrfach böse ins Messer laufen lassen.

So hat er 1994 – zunächst aus Trotz, dann aus Berechnung – zwei konservative Abgeordnete der Bestechlichkeit bezichtigt. Er behauptete, sie »gekauft« zu haben, damit sie 1987 zu seinen Gunsten im Parlament intervenierten. Mohammed Al-Fayed wollte es damals verhindern, dass ein 752 Seiten dicker Bericht veröffentlicht wurde, der von zwei Inspektoren des Ministeriums für Handel und Industrie erstellt worden war und in dem seine Herkunft aus bescheidenen Verhältnissen, die geschäftlichen Betätigungen seiner Anfangszeit und sein plötzlicher Reichtum offengelegt wurden – alles Dinge, die im Widerspruch zu den offiziellen Erklärungen standen, die er den britischen Behörden abgegeben hatte. Die beiden Abgeordneten stellten aber nicht die versprochenen

Fragen im Parlament, und Mohammed Al-Fayed, der sich ein weiteres Mal von den Engländern verraten fühlte, startete einen hinterhältigen Rachefeldzug gegen ein korruptes Regime, in dem die Volksvertreter käuflich waren! Der Cash-for-questions-Skandal trug zum Sturz John Majors und seiner konservativen Regierung bei, die aus der Thatcher-Zeit hervorgegangen war, und öffnete 1997 den Weg für die Tony-Blair-Ära.

Die Bloßstellungen in dem oben genannten Bericht waren wiederum der Rachsucht eines Feindes entsprungen, gegen den die Al-Fayed-Brüder in den Jahren 1984 und 1985 einen erbitterten Kampf geführt hatten: Tiny Rowland. Sie hatten ihm das House of Fraser weggeschnappt, dessen Aktien sie komplett übernahmen. Dieser Gesellschaft gehörte unter anderem das Harrods-Kaufhaus, das quasi eine britische »Institution« war. Tiny Rowland, der Chef der London and Rhodesian Mining and Land Company (Lonrho), wollte die dubiose Herkunft der Gelder nachweisen, die den Aufkauf ermöglicht hatten. Doch die Firmenübernahme war von Margaret Thatcher abgesegnet worden und der damalige Minister für Handel und Industrie hatte sich überzeugt gezeigt, dass die Fayeds mitnichten Strohmänner waren, hinter denen eigentlich der Sultan von Brunei steckte. (Der Herrscher über das ehemalige britische Protektorat im südchinesischen Meer galt als einer der reichsten Männer der Welt.)

Mohammed Al-Fayed bedauerte es eine Zeitlang, dass er nicht Frankreich als Gastland gewählt hatte, anstatt den Versuch anzugehen, sich einen Platz im Herzen des Königreichs zu erwerben, im Allerheiligsten des Empires, das als Kolonialmacht sein Geburtsland Ägypten beherrscht hatte. In Frankreich war er übrigens gern gesehen und kaufte dort im März 1979 über die auf Jersey ansässige Ritz Paris Holding Ltd. für neun Millionen Pfund das Pariser Ritz-Hotel, dem er mit großem Finanzaufwand seinen ehemaligen Glanz wiedergab. Auf Antrag Jacques Chiracs, des Bürgermeisters von Paris, erhielt er 1986 die Insignien eines Ritters der Ehrenlegion, und Präsident Mitterrand beförderte ihn 1993 zum Offizier der Ehrenlegion. Er hatte ein 30-jähriges Mietrecht für die Villa Windsor im Bois de Boulogne; dort hatten der Herzog und die Herzogin von Windsor ihren Lebensabend verbracht. Mohammed Al-Fayed schien sich von da an darauf versteifen zu wollen, die überhebliche englische Aristokratie zu vernichten, auch wenn er immer noch von dem unbestreitbaren Prestige fasziniert war, das das Königreich und seinen Adel umgab. Seine Strategie zur Erlangung der Staatsbürgerschaft und zur »Modernisierung« der Institutionen des perfiden Albion hätte ihm eigentlich erlauben sollen, diese symbolische Anerkennung zu erhalten, die seinem wirtschaftlichen Erfolg noch einen zusätzlichen Anschub verschafft hätte. Doch die Widerstände des Establishments scheinen zu stark gewesen zu sein. So startete er im Juli 1997 die auffälligste seiner provozierenden Kampagnen und empfing Prinzessin Diana und ihre beiden Söhne, von denen einer bestimmt war, in Zukunft auf dem englischen Thron zu sitzen: Hier war die neue Generation des Königreichs zu Gast bei Mohammed Al-Fayed, in Saint-Tropez, im Herzen des internationalen Jetset, mit großem Paparazzi-Aufgebot und im Kreise hochkarätiger Geschäftsleute!

Frankreich hatte sich nicht wählerisch gezeigt, nachdem Mohammed Al-Fayed dem Land günstige Gelegenheiten in verschiedener Hinsicht, Kontakte und den Zugang zu Märkten bieten konnte. Diese Annäherung gehorchte sogar einer offenkundigen Logik, da die Glanzzeit von Frankreichs lukrativen Kungeleien mit afrikanischen Machthabern angesichts der Einmischung der USA auf dem schwarzen Kontinent vorbei war und sein Einfluss auch in der arabischen Welt schwächer wurde. Nun aber verhielt sich Frankreich gegenüber Al-Fayed in einer schweren Stunde, da dieser von einem harten persönlichen Schicksalsschlag getroffen wurde, als ginge es das alles gar nichts an. Es schob seine Richter und Polizisten vor, um ihm die Unfalltheorie entgegenzuhalten, eine Interpretation, die ihn so erschütterte, dass es ihm im ersten Moment nicht gleich bewusst wurde, dass ihn nun auch Paris fallen gelassen hatte. Mohammed Al-Fayed führte in der »anderen Welt« ein gefährliches Leben. Er war zwar der ruhmreiche Besitzer des britischen Luxustempels Harrods, doch hatte er seit vielen Jahren die verschiedensten Listen und Schliche nötig, um sich Attacken gefährlicher Gegner zu entziehen. Der Zwist, der am Beginn dieses wenig beneidenswerten Schicksals stand, hing mit seinem kometenhaften Aufstieg zusammen, von dem gleich noch die Rede sein wird. Dieser begann in Alexandria an der Seite eines Saudis, der sechs Jahre jünger war als er: Adnan Khashoggi.

4
Fayed, Khashoggi und die Mächtigen der Welt

Mohammed Abdel Moneim Fayed wurde am 27. Januar 1929 bei Alexandria geboren. Seine Familie lebte in bescheidenen Verhältnissen. Er wuchs mit vier Geschwistern auf, zwei älteren Schwestern und zwei jüngeren Brüdern, dem 1931 geborenen Salah und dem 1933 geborenen Ali, mit dem er noch heute bei Harrods auch geschäftlich verbunden ist. Seine Mutter starb bald nach Alis Geburt, und sein strenger Vater, der Lehrer war, heiratete wieder. Wenn man Al-Fayeds Biografen Tom Bower[61] folgen will, entwickelten sich bereits jetzt alle Charakterzüge Mohammeds. Er mochte seine Stiefmutter nicht und verabscheute seinen Vater. Eine Schwindel erregende Laufbahn, die er seinem angeborenen Geschäftssinn verdankte und die sich durch ein Geflecht von Allianzen und ein Chaos von Mesalliancen noch schneller entwickelte, hat ihn zur Sphinx von Knightsbridge und zum Direktor von Harrods gemacht. Seit er das House of Fraser gekauft hat – das Geschäft seines Lebens –, haben britische Journalisten und Biografen mit Unterstützung seiner Feinde seine Vergangenheit durchwühlt, um zu beweisen, dass er aus einfachen Verhältnissen stamme und nicht, wie er es behauptet, aus dem Großbürgertum.

1952 kam es zu der Begegnung, die sein Schicksal entscheiden sollte und ihn in die höchsten Kreise führte. In diesem Jahr wurde er Adnan Khashoggi vorgestellt, dem Sohn von Dr. Mahomet Chalil Khashoggi, dem Leibarzt von Abdul Aziz Ibn Saud I., König von Saudi-Arabien. Adnan, ein wohlhabender, gut etablierter junger Mann von 17 Jahren, der das prestigeträchtige Victoria College in Alexandria besucht hatte (ein vornehmes College, Fayed hätte dort liebend gerne selbst studiert), suchte für die Gründung seines ersten Unternehmens einen Angestellten. Mohammed Fayed stellte sich als ein ausgesprochen guter Geschäftsmann heraus, der Gewinne machte und durch den Khashoggi Geld verdiente. Fayed war fasziniert von seinem jungen Chef, kopierte dessen Auftreten und verführte Adnans Schwester Samira, die er am 16. Juli 1954 heiratete. Aus dieser Ehe stammt Dodi, der am 15. April 1955 geboren wurde.

Ab diesem Zeitpunkt gelang Fayed der Einzug in die vornehme ägyptische Gesellschaft. Er und seine Brüder wurden von den Khashoggis akzeptiert. Doch die Wege der beiden Männer trennten sich danach bald, wenn sie sich auch immer wieder kreuzen sollten (wie es eben in der »anderen Welt« so vorkam). Khashoggi distanzierte sich seit der Trennung Mohammeds von seiner Schwester im Jahr 1956 deutlich von seinem Freund.

Zu ersten Kontakten zwischen Adnan Khashoggi und der Familie von Osama Bin Laden, der einer der wichtigsten Bauunternehmer im Königreich Saudi-Arabien war, kam es 1953 durch ein unbedeutendes Geschäft mit Lastwagen. Khashoggi gründete damals die »Al Nasr Trading Co«, aus der später in Luxemburg die »Triad Holding« wurde. Doch sehr schnell fand Khashoggi zum Waffenhandel. Zum Vergleich: mit Erdöl »machte« er 800 Millionen an Provisionen, mit Waffenhandel dagegen acht Milliarden! Er wurde zum bevorzugten Unterhändler zwischen westlichen Industriellen und den saudischen Fürsten. Die Provisionen waren wirklich sagenhaft, und als bevorzugter Verhandlungspartner der Amerikaner und exklusiver Partner deutscher, englischer und französischer Firmen erwarb er das größte Vermögen der Welt. Das Geld stammte aus dem Erdöl, das die arabischen Länder gegen Waffen eintauschten. In *Révélation$*[62] berichtet Ernest Backes, dass »eine Untersuchung des amerikanischen Senats erwiesen hat, dass zwischen 1965 und 1975 achtzig Prozent der Waffenlieferungen der USA an Saudi-Arabien über die Vermittlung von Khashoggi liefen«. Er hatte sehr genau begriffen, wie man in der ganzen Welt in die inneren Zirkel der Macht vordringen konnte und war insbesondere der Freund von zwei amerikanischen Präsidenten geworden, von Richard Nixon und von Ronald Reagan, dessen Kampagnen für die Präsidentschaftswahl er finanzierte. Mit Irangate zeigte sich, dass Khashoggi ein verlässlicher Mann war, der der CIA nahe stand. Er investierte auch anderweitig kräftig. So gründete er zusammen mit George Bush senior die Barrick Gold Company, ein Unternehmen, das in Argentinien und Chile eine unglaubliche Lobbyarbeit betrieb, um dort zugleich mit den Goldvorkommen auch die Einwohner der Pascua-Lama-Region auszubeuten, einem riesigen Gebiet auf der Grenze der beiden Staaten, das heute durch diesen Bergbau vollkommen verwüstet ist[63]. An die Spitze des Unternehmens setzte er Peter Munk, einen Protégé der britischen Königsfamilie, der durch seine Skiausflüge mit Prinz Charles bekannt war und, was von größerer Bedeutung ist, über den undurchsichtigen weit verzweigten »Club 1001« mit Prinz Philip, Herzog von Edinburgh, dem Gründer des Clubs, in Verbindung stand.

Dieser Club ist wohl der absolute Gipfel dessen, was unter einem Tarnunternehmen vorstellbar ist: Scheinbar ist er »ökologisch« inspiriert und radikal »anti-industriell«, doch in Wirklichkeit, so hat es den Anschein, geht es hier um ein Projekt zum Zugriff auf die weltweit größten Vorkommen an Erzen und Edelmetallen. Denn die riesigen Gebiete stehen bekanntermaßen als Naturreservate zum Schutz von Wildtieren unter der Verwaltung des WWF. Der World Wildlife Fund wurde von Prinz Philip und Prinz Bernhard der Niederlande 1961 gemeinsam gegründet. Auch er scheint als Mittel zur Einflussnahme der herrschenden europäischen Oligarchie über diese unter geopolitischem Aspekt strategisch wichtigen Gebiete zu funktionieren. Der Club 1001 ist mit Sicherheit einer der Orte, an dem die Mächtigen der »anderen Welt« unbeobachtet verhandeln können. Um die Neugier derer zu befriedigen, die sich für diese »andere Welt« interessieren, seien hier die Namen einiger Mitglieder dieses angeblich »ökologischen« Clubs genannt: Fürst Johannes von Thurn und Taxis, Sir Eric Drake (Präsident von British Petroleum/BP), Agha Hasan Abedi (Präsident der BCCI/ Bank of Credit and Commerce International), Henry Kissinger, Robert McNamara und eben auch Peter Munk, der Partner von Adnan Khashoggi bei Barrick Gold.

Dieses gut geölte Räderwerk zur Ausbeutung von Erzminen trägt, so der argentinische Journalist Javier Rodríguez Pardo, die Verantwortung für enorme Schäden: für die Zerstörung von Tälern und Gletschern, für die Versteppung durch Tausende Kilometer von Pisten und für die Auswaschung der Felsgebirge durch Sauerwasserbildung, wobei Schwermetalle und verschiedene toxische Substanzen wie Natriumzyanid und Schwefelsäure in die Umwelt gelangen. Das alles geschieht in 4000 oder 5500 Metern Höhe über dem Meeresspiegel in einem Gebiet, das von der Unesco zu einem Biosphärenreservat erklärt wurde!

Es waren wohl weniger sein Business oder die Finanzfachpresse, die Khashoggi bekannt gemacht haben, als vielmehr die Regenbogenpresse. Sie hat ihm zahlreiche Titelseiten und ausführliche Reportagen gewidmet. Denn der Jetset hatte keinerlei Bedenken, sich bei ihm zu vergnügen, bei seinen gigantischen Festen in Marbella, im Olympic Tower in New York, auf seiner Yacht, die als die größte und luxuriöseste der Welt galt, oder in einem anderen seiner auf vier Kontinenten liegenden Besitztümer.

Doch für Adnan Khashoggi endete 1986 dieses Leben des reichsten Mannes der Welt, das er hauptsächlich dank dem Waffenhandel führen konnte, abrupt durch Irangate. Irangate war der Skandal um amerikanische Waffenlieferungen in den Iran, der damals unter Waffenembargo stand. Dieses Geschäft zugunsten von Teheran soll dank der Mithilfe Adnan Khashoggis im Auftrag von Ronald Rea-

gan und George Bush senior und mit Unterstützung von Israel und Saudi-Arabien organisiert worden sein.[64] Ab diesem Zeitpunkt wurde Khashoggi klar als jemand eingeordnet, der im israelisch-palästinensischen Konflikt Partei ergriffen hatte. Das Königreich Saudi-Arabien wurde in aller Deutlichkeit des Verrats bezichtigt. Von nun an unterschieden sich die Positionen und Verbindungen von Mohammed Al-Fayed radikal von denen seines früheren Arbeitgebers. Fayed, der zuerst versucht hatte, in den Jagdgründen von Khashoggi oder dessen Freunden zu wildern, sah sich nun gezwungen, seine Tätigkeit auf einem von seinem Exschwager weder schon erkundeten noch bereits erschlossenen Terrain zu entfalten. Es ist nicht auszuschließen, dass Mohammed Al-Fayed, indem er Koalitionen in ihr Gegenteil verkehrte und Partnerschaften einging, deren politische Konsequenzen unvorhersehbar waren, sich selbst in die Schusslinie der Vollstrecker von »Spezialaufträgen« mit Verbindungen zu Israel und den USA gebracht hat.
Als Khashoggi es wagte, von Frieden im Mittleren Orient zu sprechen, fügte er schleunigst hinzu, sollte es jemals dazu kommen, dann werde »sein Flugzeug als Erstes auf dem Flughafen von Tel-Aviv landen«[65]. Für Bush senior und Ronald Reagan, die bereits mit ihm in die Affäre »October Surprise« verwickelt waren, wurde Khashoggi schließlich zu einer schweren Belastung, besonders seit der amerikanische Kongress sich näher für die »Waffen und Drogen«-Fährte interessierte, die bis ins Weiße Haus führte. Ernest Backes, der sich für Khashoggi und Henry J. Leir[66] wegen deren Aktivitäten als Waffenhändler sowie wegen ihrer bedeutenden Geschäfte am Finanzplatz Luxemburg sehr interessiert hat, wird in seinen Informationen zu Irangate genauer: »Tatsächlich stand Adnan Khashoggi am Ursprung dieses Geschäfts, das er zusammen mit Manutschehr Ghorbanifar (auf iranischer Seite) aufgezogen hatte. Ghorbanifar war Khashoggi während der ersten Verhandlungen vorgestellt worden, die dieser in den USA für die Familie Bin Laden geführt hatte. Roy Fuhrmann, einer der größ-

ten amerikanischen Ölhändler, der mit dem CIA-Chef William Casey befreundet war, hatte die beiden miteinander bekannt gemacht.« Die von Khashoggi gehaltenen Aktien von Barrick Gold dienten 1985 anscheinend als Sicherheit für einen Kredit von 21 Millionen Dollar, die für den geheimen Deal mit dem Iran erforderlich waren. Ab 1986 hatte Khashoggi immer zahlreichere Gläubiger, die durch nichts mehr zu beruhigen waren. Der Irangate-Skandal war vermutlich der Anfang vom Ende der Ambitionen des Milliardärs aus Mekka. Ein Tiefpunkt trat ein, als er am 18. April 1989 in der Schweiz verhaftet und von dort in die USA ausgeliefert wurde, da von Seiten der amerikanischen Behörden eine Anklage vorlag, dass er den philippinischen Diktator Ferdinand Marcos bei der Anlage von Geld unterstützt habe, das dieser aus der Staatskasse seines Landes unterschlagen haben sollte. Khashoggi kam einige Monate später gegen Zahlung einer Kaution von vier Millionen Dollar aus dem Gefängnis frei. Bezahlt wurde sie von seinem Geschäftspartner Peter Munk, mit dem er später in London Investitionen tätigte. Ab 1992 liefen für ihn die Geschäfte wieder. Khashoggi kassierte damals eine Provision von 14 Millionen Pfund für einen Geschäftsabschluss, den Kauf einer Beteiligung an der Hotelkette »Metropole« für den libyschen Staatschef Ghaddafi, mit dem er seit langer Zeit in Kontakt stand. In der Zeit, in der Adnan Khashoggi, der der Repräsentant der »Saudi Binladen Group« (SBG) für deren Industriegeschäfte in den USA geworden war, sein Netzwerk von einflussreichen Persönlichkeiten reorganisierte, erregten zwei Ereignisse internationales Aufsehen: 1997 der Unfall im Alma-Tunnel und im September 2001 die Attentate auf New York (und Washington).

Dieser knappe Überblick über die internationale Bedeutung der Familie Khashoggi, aus der Dodi als Sohn von Samira Khashoggi mütterlicherseits stammte, stimmt nachdenklich. Dodi Al-Fayed, der bei dem spektakulären Unfall in Paris umkam, war im Großen und Ganzen Teilhaber an den »Geschäften« der väterlichen wie der mütterlichen Seite und zunächst einmal einfach ein Playboy. Außerdem aber musste er Wege finden, sein zweifellos luxuriöses, aber auch unbequemes Leben einzurichten – zwischen seinem Onkel, einem erfolgreichen und gefürchteten Geschäftsmann, der den Mächtigen der Welt nahe stand, und seinem Vater, der vor nichts zurückschreckte, um nach oben zu kommen und sich den ständigen Aufenthalt im Königreich England sowie einen Vorzugsplatz auf dem internationalen Schachbrett des Business zu sichern. Dodis Drama spielte sich vor dem Hintergrund der Reibereien zwischen seinen beiden Familien ab, so wie das von Diana sich in den Zwistigkeiten zwischen dem Clan der Windsor (Mountbatten-Sachsen-Coburg-Gotha) und dem Clan der Spencer erfüllte. Hier hatten die beiden etwas gemeinsam, das sie auch im Tod noch wirklich vereinte.

Wie man in Knightsbridge zum Pharao wird

Anlässlich seines Einzugs in die ägyptische gute Gesellschaft, in der er auch entsprechend auftreten wollte, hatte Mohammed Fayed sich bei Adnan Khashoggi 100 000 Dollar geliehen. Dieser Kredit und die Trennung von Samira 1956, also ein Jahr nach der Geburt von Dodi, sollten die chaotische, gespannte Beziehung der beiden Männer für immer bestimmen. Auf das Trennungskind Dodi erhoben in der Folge, fast wie in königlichen Kreisen, beide gleichermaßen ehrgeizigen Familien Anspruch. Fayed, überzeugt, das Opfer eines Komplotts der Khashoggis geworden zu sein, gehörte nun nicht mehr zu deren Clan. In gegenseitigem Einvernehmen beendeten er und Khashoggi ihre Partnerschaft in der Firma »Al Nasr«, die Adnan gegründet hatte. Mohammed gründete seinerseits die Middle East Navigation Company. Zehn Jahre nach der

Begegnung mit seinem Exschwager pflegte Fayed nun sein Image als Herr einer florierenden Handelsflotte. Doch war sein Vermögen erheblich kleiner als das von Khashoggi, der sich dank seiner Vermittlerrolle zwischen den saudischen Fürsten und amerikanischen Waffenfabrikanten in weniger als fünf Jahren ein Imperium aufgebaut hatte, das einige Milliarden Dollar schwer war.

In Haiti begann der 35-jährige Fayed 1964, sich zu einem echten Magnaten zu mausern. Sein aus Kroatien stammender und in Monaco ansässiger Freund Bozo Dabinović, der eine Seefrachtagentur besaß, die mit der Reederei seiner Freunde zusammenarbeitete, stellte ihn dem Präsidenten von Haiti vor, dem berüchtigten »Papa Doc« Duvalier. Nach CIA-Berichten wurde Dabinović des Waffenhandels verdächtigt, und die französische Marine war überzeugt, dass er den Truppen der algerischen Unabhängigkeitsbewegung Waffen geliefert hatte. Dabinović hat allerdings stets jede Verwicklung in irgendwelche Waffengeschäfte mit »Papa Doc« geleugnet. Zu diesem Zeitpunkt versuchte Duvalier verzweifelt, Investoren in sein Land zu holen, und Fayed, der sich als kuwaitischer Scheich aus der Familie Sabah (der herrschenden Familie) vorstellte, wurde mit offenen Armen empfangen.[67] Er hatte vor, in die Modernisierung der Hafenanlagen zu investieren und eine Ölraffinerie anzusiedeln. Der Diktator stimmte einer Investition von fünf Millionen Dollar zu und versorgte Fayed nicht nur mit der haitischen Staatsbürgerschaft, sondern zusätzlich auch mit einem Diplomatenpass (den dieser drei Wochen später anlässlich einer Geschäftsreise nach Europa und in den Mittleren Orient zum ersten Mal benutzte) – das alles als Gegenleistung für einen über 30 Jahre laufenden Exklusivvertrag über den Hafenbetrieb von Port-au-Prince. Doch einer näheren Prüfung hielten die Aussichten im Ölbusiness in Haiti nicht stand, auch der Hafenbetrieb erwies sich als nicht einträglich genug. Fayeds Beziehung zu Duvalier verschlechterte sich zusehends. Daniel Sanger und Julien Feldman, die für den *Daily Telegraph* recherchierten, berichteten am

22. Juni 1998, dass »Scheich« Mohammed Fayed weniger als sechs Monate in Haiti gewesen sei. Doch in dieser Zeit sei es ihm gelungen, »die Aufmerksamkeit der CIA zu erregen, die ihn für einen Spion hielt, die Regierung von Papa Doc um 100 000 Dollar zu erleichtern sowie zugleich Papa Docs Tochter den Hof zu machen«. Dann habe der damals 35-jährige künftige Besitzer von Harrods klugerweise das Land verlassen.

Die britischen Journalisten waren der Meinung, dass Fayed seit dieser Zeit unter der Beobachtung des FBI-Direktors John Edgar Hoover gestanden habe, und sie behaupteten, von einem »Memo« der CIA Kenntnis zu haben, in dem der Bruch mit Khashoggi bezweifelt wurde: »Es wurde inzwischen von einem ›befreundeten westlichen Geheimdienst‹ [vielleicht dem MI 5] von Saudi-Arabien aus darauf hingewiesen, dass die betreffende Person ein Repräsentant der Gesellschaft ›Al Nasr‹ sei [...], die für eine Tarnfirma des ägyptischen Geheimdienstes gehalten werde.« Fayed wurde als ein »höherer Offizier des ägyptischen Geheimdienstes« bezeichnet.

Am 4. Februar 1965 verließen Ali und Mohammed Fayed Port-au-Prince, wobei es ihnen gelang, ihr Geld in einer Transaktion von der haitischen Nationalbank zur Royal Bank of Canada aus dem Land zu schaffen. Als die Polizei entdeckte, dass die Konten der Hafengesellschaft leer waren, dementierte Fayed zwar sofort. Aber die haitischen Zeitungen meldeten, Duvalier sei entschlossen, den Hafendirektor zu erwischen – tot oder lebendig.

Die Fayeds flüchteten nach London in ein Haus in der Park Lane Nr. 60. Ab den 70er Jahren kauften sie nach und nach alle Wohnungen darin auf und vermieteten sie. Im Juli 1965 gründeten sie eine Reederei, die General Navigation and Commerce Ltd (Genavco). Damals lebte Dodi, der häufig als ein einsames, unglückliches Kind geschildert wird, bei Mohammeds anderem Bruder Salah. In dieser Zeit fing Mohammed Fayed an, sich für Dubai zu interessieren, das damals noch nichts als eine Wüste war, doch langsam zu expandieren begann und Ambitionen zeigte, sich zu einem zweiten Hongkong zu entwickeln. Er wurde Mahdi Al-Tajir vorgestellt, dem Berater des Herrschers von Dubai, Scheich Rashi, und gewann dessen Sympathie, indem er ihm in London die Zeit vertrieb. Sein Biograf Tom Bower schreibt, Fayed habe damals eine Jugend als »Sohn eines Paschas« für sich erfunden, und nach zehn Jahren der Bewunderung für Khashoggi sei nun Mahdi Al-Tajir sein neues Vorbild geworden. Fayed wurde beauftragt, das Geld für den Bau eines Hafens aufzutreiben. Auch er wurde so im Mittleren Orient zum Repräsentanten mit Vollmachten. Zu Beginn des Jahres 1968 trat er am Golf als einflussreicher Kaufmann auf. Die Fayeds gründeten vier Trusts in Liechtenstein, um ihr neu erworbenes Vermögen zu verwalten und den englischen Fiskus zu umgehen. Auf seinem Pass aus Dubai, den ihm sein Freund Tajir besorgt hatte, von dem sein ganzer Wohlstand abhing, setzte Mohammed ein »al« zu seinem Namen und änderte sein Geburtsdatum (aus 1929 wurde 1933). Seine Brüder dagegen machten sich ohne Zögern sogar zehn Jahre jünger! Er kaufte dann in Gstaad (Schweiz) ein Chalet, das dem Earl of Warwick gehört hatte. An Gstaad führte kein Weg vorbei, es war der Ort, an dem sich beim Wintersport die oberen Zehntausend und der dazugehörige Jetset trafen. Hier versuchte er zu brillieren, ganz nach dem Vorbild seines Exschwagers, mit dem er aber vor 1997, als er begann, sich das »Projekt Diana« auszudenken, niemals wirklich konkurrieren konnte. Später erwarb er über seine in Liechtenstein ansässige Firma Bocardo SA auch ein Schloss in Schottland.

Mit 46 Jahren wurde Mohammed »Al«-Fayed schließlich allgemein als ein vertrauenswürdiger arabischer Unternehmer wahrgenommen. Er wurde zu einem interessanten potenziellen Partner für englische Firmen, die in arabischen Ländern investieren wollten. In diesem Augenblick stürzte eine Begegnung ihn in ein wirres Durcheinander von Feindseligkeiten, Hass und Rache: die Begegnung mit Tiny Rowland.

Tiny Rowland hatte damals den Ehrgeiz, Inhaber des House of Fraser und von Harrods zu werden, was ihm internationale Anerkennung und das Ende der Missachtung durch die »City« (unter der er genauso wie Fayed litt) garantiert hätte. Rowland hatte mit Bergwerken in Afrika, besonders in Rhodesien, ein Vermögen gemacht. Angus Ogilvy, der später durch seine Heirat mit Prinzessin Alexandra Mitglied der britischen königlichen Familie wurde, war auf ihn aufmerksam geworden und hatte ihm die Leitung der London and Rhodesian Mining and Land Company (Lonrho) anvertraut. Rowland reiste durch ganz Afrika und kaufte Bergwerke, wobei er seine Beziehungen zu den örtlichen Politikern nutzte, deren Wohlwollen er zu erringen wusste. Die Goldminen von Ashanti in Ghana waren sein größter Coup. Er konnte sie dank dem früheren konservativen britischen Minister Lord Duncan Sandys erwerben, der Direktor des Unternehmens war. Rowland wollte sein Glück auch im Mittleren Orient versuchen und tat sich darum mit Mohammed Al-Fayed zusammen. Rowlands Karriere ist repräsentativ für die Entwicklung des weltweiten Kapitalismus. Seine Methoden sind heute allgemein Usus geworden, und kein Politiker hätte heute noch irgendetwas gegen sie einzuwenden. Er wurde zunächst als das »unmenschliche Gesicht des Kapitalismus« angesehen, weil er nicht die in der herrschenden britischen Klasse übliche Vorsichtsmaßnahme ergriff, seine Geschäfte hinter einer Maske der »Sorge um etwas« und der »Verantwortung für etwas« zu verstecken. Rowland wurde außerdem regelmäßig von der OAU (Organisation für Afrikanische Einheit) als das »hässliche Gesicht des Neo-Kolonialismus« verurteilt und von so manchem afrikanischen Politiker des Betrugs, der Täuschung und der Finanzierung von Söldnern und von bewaffneten Einsätzen angeklagt. Die Maske fiel übrigens, als Margaret Thatcher und ihre Nachfolger begannen, den Egoismus und die Skrupellosigkeit der rücksichtslosen Geschäftemacherei und der Jagd nach Profit zu glorifizieren.

Mohammed Al-Fayed tat sich also mit Rowland zusammen, investierte in die Lonrho und wurde einer der Direktoren der Firma. Doch nach Fayeds Meinung zweigte Rowland Geld aus den Kassen ab.[68] Die Beziehung zwischen den beiden Ehrgeizlingen war nun gespannt. Fayed schied 1976 aus, verkaufte seine Anteile und machte einen hübschen Gewinn von acht Millionen Dollar, der ihn seine Verbitterung über Rowland etwas vergessen ließ. Tiny allerdings blieb konsequent nachtragend.

Al-Fayed verlor nach und nach seinen Einfluss in Dubai. Seine Beziehung zu Mahdi Al-Tajir, der Botschafter der Vereinigten Arabischen Emirate geworden war, wurde lockerer. Mohammed kam zu Ohren, Tajir habe in einem internen Schreiben seine Mitarbeiter daran erinnert, dass Al-Fayed über keinen diplomatischen Titel verfüge. Al-Fayed, der beleidigt und zudem überzeugt war, dass Tajir ihm nicht mehr nützlich sein werde, erklärte ihm den Krieg und verfolgte ihn mit übler Nachrede bis an den High Court. Später sorgte er auch bei gefährlichen neuen Feinden für Irritationen, den Brüdern Maktum. Die neuen Scheichs schätzten die schlechte Publicity nicht, die Fayed mit seinen sinnlosen Prozessen gegen Tajir verursachte, und noch weniger seine Behauptung, er habe mit »seinen genialen Ideen und seinem Geld eine Wüste in einen modernen Staat verwandelt«.

Damals nahm er die Verbindung zu Tiny Rowland wieder auf, der sich selbst in einem offenen Krieg mit Tajir befand, um ihre Kräfte im Rachefeldzug gegen Dubai zu bündeln. 1979 begegnete Mohammed Al-Fayed seiner zukünftigen Frau Heini, mit der er vier Kinder hat – ein finnisches Topmodel, dessen bevorzugter Umgang heute die Gefährtinnen russischer Oligarchen in London sind. Zu dieser Zeit wurde auch seine Strategie deutlich, sich in ganz Europa niederzulassen. Er kaufte das Ritz in Paris für neun Millionen Pfund, und Tiny Rowland, der über Lonrho 29,9% des House of Fraser besaß, schlug ihm einen Deal vor: Er zähle auf ihn bei seinem Vorhaben, alle Anteile komplett zu kaufen. Al-Fayed war klar, dass sein eigenes Vermögen durch seine zahlreichen Investitionen mit Hypotheken belastet war. Rowland ebenfalls. Es war ein reichlich krummes Geschäft, die Monopolies and Mergers Commission blockierte den Kauf, aber Al-Fayed schaffte es einige Jahre später, Tiny Rowland auszubooten. Letzterer rechtfertigte sein Handeln zynisch feixend: »Ich verzeihe meinen Feinden niemals, es sei denn, ich brauche sie. Dann werden sie meine Freunde.« Zu seinem Pech ging Dodis Vater geschickter vor, denn der war entschlossen, alle ihm zur Verfügung stehenden Möglichkeiten auszunutzen, um in den Kreisen der englischen Aristokratie zu einer unverzichtbaren Persönlichkeit zu werden.

In welchem Jahr hat Mohammed Al-Fayed mit Dianas Vater Edward Spencer Freundschaft geschlossen? Vielleicht 1975, als dieser nach dem Tod seines Vaters der achte Viscount of Althorp wurde. Der verstorbene Viscount hatte eine wenig erfreuliche finanzielle Situation hinterlassen, denn er war ein Liebhaber von Rennpferden gewesen, ohne deswegen seine Lebenshaltung einzuschränken. Al-Fayed soll damals dem Viscount »geholfen« haben, der ihm im Gegenzug zwei oder drei Dinge über den aufwändigen Lebensstil und die Angewohnheiten des britischen Adels beigebracht haben soll. Er soll ihn in Kreise eingeführt haben, in denen sich ein bedeutender historischer Background ohne weiteres mit dem Bedarf an Geschäftsverbindungen verträgt. Mohammed Al-Fayed wusste dort einige Geschäfte vorzuschlagen, die von ausländischen Mittelsmännern durchgeführt wurden, ausgewiesenen Experten für vielerlei Arten von Transaktionen auf dem Weltmarkt.

Er war auf diese Weise der Familie Spencer näher gekommen, einer der ältesten des Königreichs, ein großer Vorteil für ihn. Nun musste er sich nur noch mit den Windsors gut stellen. Das war der delikatere Teil der Angelegenheit. Die Idee, sich bei Harrods einzudrängen, wenn auch an der Seite von Tiny Rowland, gefiel ihm gut, denn Harrods war eine Art Institution, auf die ein Strahl vom

Glanz der Krone fiel. Insbesondere übernahm das Kaufhaus von Knightsbridge traditionell die Schirmherrschaft über das jährliche Pferderennen von Schloss Windsor. Zweifellos sollte der Kauf des House of Fraser Mohammed Al-Fayeds Ehrgeiz befriedigen, mit der königlichen Familie zu verkehren. Dem Alleininhaber des Kaufhauses stand sogar die Ehre zu, sich anlässlich der Royal Windsor Horse Show in der königlichen Loge bei der Queen aufzuhalten. Dazu war es allerdings notwendig, wirklich der alleinige Inhaber zu sein. Er hatte auch begriffen, dass es im Rahmen seiner Strategie zur Erlangung der Staatsbürgerschaft sehr nützlich sein konnte, als Wohltäter aufzutreten und sich durch diese Wohltätigkeit, wie sie die Aristokratie traditionell pflegte, der allgemeinen Heuchelei anzuschließen. Mohammed Al-Fayed beschloss also, die Schirmherrschaft für das Great Ormond Street Hospital in London zu übernehmen, ein Kinderkrankenhaus. Eine gute Tat, durch die er später Zugriff auf die Filmrechte für *Peter Pan* erhielt. Das Copyright für dieses Werk hatte der bedeutende britische Dramatiker James Barrie dieser Institution 1929 vermacht. Sicher hatte Al-Fayed diese Überlegung damals nicht angestellt, aber seine gute Tat ermöglichte es ihm, 1991 Steven Spielbergs Film *Hook* zu produzieren. Die Geschichte von dem Jungen, der nicht erwachsen werden will, der auf Piraten trifft und durch das »Neverland« der »verlorenen Jungs« reist – war sie nicht auch ein wenig Dodis Geschichte? Der war zum Produzenten von *Allied Stars* befördert worden, einer Filmproduktionsfirma, die Mohammed 1979 in Hollywood gründete, um seinen dilettantischen Sohn irgendwie zu beschäftigen. Das Unternehmen, das mit Geld aus dem väterlichen Business finanziert wurde, hatte auch den Zweck, ihn seinem Sohn näher zu bringen, zu dem er nicht immer das beste Verhältnis hatte. Arbeit interessierte Dodi nicht besonders, und er verstand sich immer noch mit seinem Onkel, trotz des alten Familienzwistes. Ein Anruf bei Khashoggi – und dessen Jet brachte Dodi nach Beverly Hills oder an die Côte d'Azur …

Dodi hatte davon geträumt, eine Filmproduktionsgesellschaft zu gründen, seit Albert R. Broccoli ihn zu den Dreharbeiten von *Live and let die* (*Leben und sterben lassen*, der James-Bond-Film von 1973) eingeladen hatte. 1979 beschloss Al-Fayed darum, dass Dodi diesen Weg einschlagen solle. Er tat sich mit Timothy Burill zusammen und gründete in Pinewood die *Allied Stars*; die neue Gesellschaft finanzierte er mit 90 Millionen Dollar. Die Gründung von *Allied Stars* wurde in Cannes bekannt gegeben. Dodi wurde Produzent und Geschäftsführer und heuerte Mitarbeiter an. Seine erste Produktion war *Breaking Glass* in der Regie von Brian Gibson. Dodi interessierte sich nur sehr wenig für die finanziellen Aspekte seiner Arbeit und blieb auch der künstlerischen Seite gegenüber reichlich gleichgültig. Sehr schätzte er dagegen die Villen in Beverly Hills, die für 60 000 bis 100 000 Dollar im Monat gemietet wurden, die Kabrios, die Mädchen, das Kokain und die Abendgesellschaften, die er dank der monatlichen 100 000 Dollar, die sein Vater ihm eine Zeitlang genehmigte, veranstalten konnte. Das hieß Feiern wie bei seinem Onkel! Als erfolgreicher Playboy soll Dodi Brooke Shields und Koo Stark erobert haben. Sieben Monate war er mit dem Mannequin Suzanne Gregard verheiratet. Doch er war eher die Karikatur eines Milliardärssohns und erfüllte die Erwartungen seines Vaters nicht. *Allied Stars* kaufte 25% der Rechte an *Chariots of Fire* (*Die Stunde des Siegers*), der von der 20th Century Fox koproduziert wurde und 1982 vier Oscars erhielt, unter anderem für den besten Film und die beste Filmmusik (sie stammte von Vangelis). Danach kam *Garp und wie er die Welt sah* nach John Irving. Doch der Film, der Dodis eigenem Schicksal am nächsten kam, war zweifellos *Hook* nach *Peter Pan* in der Regie von Steven Spielberg. Er wurde 1992 in London in Anwesenheit von Lady Diana als Preview gezeigt. Die Prinzessin ließ sich bei dieser Gelegenheit den Filmproduzenten Dodi Al-Fayed ganz nach Protokoll vorstellen. Doch soll sich damals nicht das Mindeste zwischen ihnen ereignet haben. Das geschah erst später, im Sommer 1997.

Nach dem Unfall im Alma-Tunnel verfolgte Mohammed Al-Fayed die Produzententätigkeit weiter und widmete Dodi den Film *Peter Pan* von P. J. Hogan, der 2003 herauskam. Aus der guten Tat für das Great Ormond Street Hospital entstand ein Film nach dem anderen! Ebenfalls 2003 erschien der Name M. Al-Fayed im Vorspann von *Love Actually*. In diesem Spielfilm von Richard Curtis ist der Geist des Chefs von Harrods zu spüren, besonders in einer Szene, in der ein britischer Premierminister, wie er in der Realität kaum denkbar wäre, im Verlauf einer Pressekonferenz heftig auf den Präsidenten der USA losgeht, und in der die Windsors als eine »Familie von Schwachsinnigen« bezeichnet werden. Eine Dreistigkeit, eine sprachliche Entgleisung, würdig eines Mannes der klaren Worte wie des Filmproduzenten Mohammed Al-Fayed!

Dodi war also ein zerstreuter Zuschauer seines eigenen Lebens gewesen, er wanderte von dem einen zum anderen Clan, von den Fayeds zu den Khashoggis, bei denen er sich regelmäßiger aufhielt – sie zeigten sich weniger abgeneigt, seine Dummheiten zu finanzieren. Sein Onkel, der mit Sicherheit die Idee noch nicht aufgegeben hatte, Dodi in bestimmte Geschäfte einzubeziehen, bat ihn zu einem Essen in Gesellschaft des Sultans von Brunei. Dodi und der Sultan, die beide in Sandhurst gewesen waren, hatten dadurch zwangsläufig etwas gemeinsam, und Adnan Khashoggi wollte das ausnutzen. Als unentbehrlicher Organisator der Abendgesellschaften des internationalen Jetset hatte er sich schon seit einiger Zeit bemüht, den 36-jährigen Sultan in die »Vergnügungen der großen Welt« einzuführen, die Art von Erfahrungen, wie sie den Milliardären vorbehaltenen Möglichkeiten entsprechen, in denen Dodi seinerseits sich ziemlich gut auskannte. Adnan Khashoggi pflegte damals seine Beziehungen zum Herrn von Brunei sorgfältig, auch dieser, daran muss kaum erinnert werden, galt als »reichster Mann der Welt«. Dies war sogar eine seiner besten Karten, denn zu dieser Zeit bereitete Großbritannien die Unabhängigkeit des ehemaligen Protektorats Brunei im südchinesischen Meer vor, das von nun an offen stand für gigantische Investitionen. »In Menschen investieren, das ist das große Talent von Khashoggi«, sagte Dodi über seinen Onkel.

Al-Fayed wird zum Störfaktor

Aber Khashoggi dürfte die Verbindung zwischen seinem Neffen und dem Sultan später bereut haben. Denn obwohl Dodi sich von seinem Vater entfernt hatte – das Verhältnis war gespannt, und das ging so weit, dass Mohammed seine Yacht *Dodi* umtaufte, die wieder ihren ursprünglichen Namen *Sakara* erhielt –, ergriff Al-Fayeds Sohn die Initiative, lud den Sultan ins Ritz ein und sagte ihm: »Unser Hotel ist das schönste der Welt, Sie könnten dort unser Gast sein.« Mohammed Al-Fayed wurde über die Annahme dieser Einladung durch den Sultan bereits in den folgenden Stunden informiert. Indem er die Begegnung seines Vaters mit dem Herrscher von Brunei ermöglichte, hat Dodi vermutlich durch die Verletzung von Khashoggis Interessen einen ersten schweren Fehler begangen. Denn Mohammed Al-Fayed entfaltete nun alle seine Talente als Geschäftsmann, um seinerseits den Sultan auf seine Seite zu bringen. Die von der »Familie Fayed« gegründete »Firmengruppe Fayed« war durch ihre Aktivitäten im Baugewerbe, im Handel, im Bankwesen, im Immobiliengeschäft, in der Handelsmarine und in der Erdölförderung international bekannt geworden. Als geschickter Stratege arrangierte Mohammed alles so, dass er nicht zu deutlich in Erscheinung trat, und vermied dadurch den Fehler der Firmengruppe Khashoggi, die man mit dem Waffenhandel identifizierte. Er pflegte sein Image als Investor und Architekt von Dubai und riskierte damit, die beiden aus Dubai stammenden Scheichs Maktum zu irritieren. »Ich habe Dubai aufgebaut, dank

mir hat dieses Land jetzt Häfen, Krankenhäuser und ein Einkaufszentrum. Ich kann das auch für Brunei leisten. Vertrauen Sie mir!«
Als der kurze Aufenthalt des Sultans im Ritz zu Ende ging, hatte Al-Fayed es geschafft, zu seinem Ratgeber und Freund avanciert zu sein, und so landete er genau im richtigen Augenblick in Brunei, einem Land, das nach dem Ende der Kolonialzeit in Aufbruchsstimmung war. Al-Fayed erhielt Vollmachten als Repräsentant des Sultans (für den Kauf einer Yacht, einer Boeing und eines repräsentativen Stadthauses in London). Der Chef des Ritz hat insbesondere seine tatsächlich vorhandenen guten Beziehungen zur Regierung Thatcher genutzt, um auf gewisse Weise den Vermittler zwischen Brunei und Großbritannien zu spielen. Alle diese Aktivitäten zeugen von einer offensichtlichen Nähe zwischen dem Sultan und ihm, und von einer Vertrautheit, die er für sein persönliches Fortkommen ausnutzte (das alles geschah vor dem Kauf von Harrods).
In der Zwischenzeit war Tiny Rowland immer noch mit dem Versuch beschäftigt, die Kartellbehörde zu umgehen; er verkaufte 29,9% seiner Anteile am House of Fraser an Fayed, ohne zu ahnen, dass dieser nun über beträchtliche Ressourcen verfügte und sich sogar für den Kauf des Ganzen interessierte. Aus diesem Grund hat Rowland später einen Scheinkauf denunziert, den Al-Fayed für den Sultan von Brunei getätigt hatte, den der Sultan aber dementierte. Indem sie an einem einzigen Tag mit der Summe von 615 Millionen Pfund als Käufer für die anderen Anteile von Fraser auftraten, stachen die Brüder Fayed alle Interessenten aus und erhielten die Zustimmung des Handels- und Industrieministeriums. Mohammed Al-Fayed konnte nun beim nächsten Pferderennen in Schloss Windsor an der Seite der Königin paradieren und Dodi mit Prinz Charles Polo spielen. Ein glänzendes Avancement, das ihm den größten Ärger einbrachte, so viele gefährliche Persönlichkeiten hatte er sich zum Feind gemacht, darunter wieder einmal auch Ashraf Marwan, der beim Versuch, bei Har-

rods die Kontrolle zu übernehmen, Rowlands Komplize gewesen war.

Mohammed Al-Fayed wurde von seinen Verleumdern oft als ein Paranoiker dargestellt, der überall Komplotte wittert und um sein eigenes Leben und das der ihm nahe Stehenden fürchtet. Der Unfall im Alma-Tunnel hat ihm später bewiesen, dass er sich nicht ausreichend geschützt hatte. Die Paranoia, auf die man sich gerne berief, wenn man seine Aussagen erschüttern wollte, die als marktschreierisch bezeichnet wurden, war also nicht unbegründet. Seine tatsächlich existierenden Feinde verfügten über eine für einen Bürger der »gewöhnlichen Welt« kaum vorstellbare Macht, ihm zu schaden. Ashraf Marwan war eine facettenreiche Persönlichkeit. Auch er hatte London mit bedeutenden Immobilienkäufen (Mayfair, Bloomsbury, aber auch in der Pariser Avenue Foch) und mit der Kontrolle über die englischen Fußballclubs Chelsea und Fulham (den später Fayed kaufte) im Sturm erobert. Mit Khashoggi und den Brüdern Maktum hat er sich für Geschäfte mit Waffen zusammengeschlossen, die für die Vereinigten Arabischen Emirate und Israel bestimmt waren. Ashraf Marwan hatte sein Vermögen aufgebaut, als er in der Regierungszeit von Sadat einen großen Teil der ägyptischen Waffenverträge an sich riss, nachdem er an die Spitze der Sicherheitskräfte, der Luftwaffe und der ägyptischen Polizei berufen worden war und zudem die Geheimpolizei kontrollierte, was ihm bei bestimmten Leuten den Spitznamen »Dr. Death« eingetragen hat. Ohne dass er deshalb jemals behelligt worden wäre, haben manche ihn sogar verdächtigt (allerdings ohne dafür einen Beweis zu erbringen), am 6. Oktober 1981 (nach Camp David) am Attentat auf den ägyptischen Präsidenten beteiligt gewesen zu sein, das sofort »islamistischen Soldaten« zugeschrieben wurde. Der britische Historiker Ahron Bregman hielt ihn übrigens für einen Doppelagenten des Mossad. Berechtigt oder nicht, dieser Verdacht reichte in die Zeit zurück, in der Marwan für den Geheimdienst von Gamal Abdel Nasser verantwortlich war, dessen Lieblingstochter Muna er geheiratet hatte. Glaubt man seinen Verleumdern, soll er während des Jom-Kippur-Krieges im Oktober 1973 wichtige Informationen an Israel weitergegeben haben; General Ariel Sharon gewann diesen Krieg.

Dadurch, dass er der Inhaber von Harrods wurde und den Sultan von Brunei in seinen Kreis zog, hatte Mohammed Al-Fayed die Arrangements von Khashoggi, Marwan, Rowland und anderen mit Interessen aus dem britischen Establishment gestört. Diese neue Lage machte aus Al-Fayed einen Störfaktor, gegen den nun alle kämpften, die dieser Umstand zu Verbündeten gegen ihn gemacht hatte. Der Boss von Harrods war inzwischen ein Mittelsmann, auf den die britischen Behörden bei ihren Verhandlungen nicht mehr verzichten konnten. Rowland und Marwan konnten nun nicht mehr anders, als sich gegen ihren Konkurrenten in einen Feldzug von seltener Heftigkeit zu stürzen, wobei zu ihren öffentlichen Angriffen noch krumme Touren und Belästigungen bis hin zu Drohungen kamen. Rowland nutzte die Dienste von »Octagon«, einer Art von privatem Detektivbüro, das über Mittel der Überzeugung verfügte, die seinem Eigentümer – Ashraf Marwan alias »Dr. Death« – alle Ehre machten. Diese Drohungen nahm Fayed sehr ernst und umgab sich mit Personenschutz, der von Jahr zu Jahr aufgestockt wurde. Bevor Rowland ein Taschenbuch mit dem Titel *A Hero from Zero* herausbrachte, intensivierte er seinen auf Destabilisierung zielenden Feldzug noch, indem er als Besitzer von *The Observer* das Blatt auf Recherchen über den Ursprung des Vermögens der Fayeds ansetzte, während Marwan und Khashoggi überall nach Informationen suchten, die dem neuen Inhaber von Harrods voraussichtlich würden schaden können: »Er ist nicht der Sohn eines Paschas, sondern der Sohn eines armen Lehrers aus Alexandria, der in einer schmuddeligen Bruchbude gelebt hat.«

Der Kauf von Harrods hörte nicht auf, für Unruhe zu sorgen und deutlich zu machen, wie chaotisch das Verhältnis Mohammed Al-

Fayeds zu den Briten war. Darauf machte ein Artikel in *Le Monde* vom 26. August 2004 mit dem Titel »Waffen und Öl: das ganz besondere Vermögen von ›Mister Sohn‹« noch einmal aufmerksam. Im Zusammenhang mit der Anklage wegen des Verdachts auf Finanzierung des versuchten Staatsstreichs in Äquatorial-Guinea durch Sir Mark Thatcher (51), den Sohn von Margaret Thatcher, schrieb Marc Roche: »›Mister Sohn‹ trat 1986 ins Licht der Öffentlichkeit, als die Wochenzeitung *The Observer* über seine Beziehung zum reichsten Mann der Welt, dem Sultan von Brunei, und zu dessen Repräsentanten, dem ägyptischen Geschäftsmann Mohammed Al-Fayed, berichtete. Mark Thatcher wurde damals beschuldigt, den Kauf des Londoner Kaufhauses Harrods begünstigt zu haben – als Gegenleistung für einige sehr einträgliche Ölgeschäfte.« Er führte weiter aus, dass »Maggies« Sohn zuvor ein Geschäftspartner des »bekannten Waffenhändlers Adnan Khashoggi gewesen war, dem Schwager von Al-Fayed«. Der Korrespondent der Zeitung schien sehr gut informiert über diese Geschäftsverwicklung und wurde noch deutlicher: »Im selben Jahr soll Mark Thatcher um die zehn Millionen Pfund erhalten haben, weil er zum Abschluss eines gigantischen Verkaufs von britischen Waffen an Saudi-Arabien beigetragen hatte.«

Tatsächlich hatte sich damals Mitte Januar 1985 die Krise des britischen Pfunds plötzlich verschärft, weil der Sultan von Brunei beschlossen hatte, fünf Milliarden Pfund in US-Dollar zu tauschen – die Unruhe, die Rowland und Konsorten bei den britischen Behörden gestiftet hatten, war offensichtlich auf diese Entscheidung nicht ohne Wirkung gewesen. Charles Powell, der außenpolitische Berater der »eisernen Lady«, berief nun Mohammed Al-Fayed in die Downing Street 10, um eine Lösung für die Krise zu suchen. Al-Fayed verhandelte eine halbe Stunde lang in seiner Eigenschaft als Vertreter des Sultans bei der Regierung in London. Am 29. Januar 1985 traf der Sultan Margaret Thatcher, die ihn drängte, sein riesiges Vermögen wieder nach London zu transferieren. Doch der Sultan hatte damals beschlossen, seine 500 Millionen Dollar schwere Waffenbestellung bei englischen Unternehmen (Großbritannien ist weltweit der drittgrößte Exporteur von konventionellen Waffen) zu stornieren. Wieder wurde Al-Fayed zu Hilfe gerufen. Er überzeugte den Sultan, seine Bestellung zu bestätigen und dem Army Museum und dem Imperial War Museum Schenkungen zu machen. Margaret Thatcher sowie der Handels- und Industrieminister erklärten daraufhin, sie seien überzeugt, dass die Fayeds keine einfachen Strohmänner des Sultans von Brunei seien, was übrigens auch niemand vorher jemals nachgewiesen hatte.

Tiny Rowland, der wusste, dass Sir Mark Thatcher durch den Vertrag für den Waffenverkauf, den seine Mutter mit Saudi-Arabien unterzeichnet hatte, etliche Millionen Pfund an Provisionen verdient hatte, griff nun zum Mittel der Erpressung. Es gelang ihm, 1987 eine Untersuchung des Handels- und Industrieministeriums auszulösen, die den schon erwähnten, für Mohammed Al-Fayed belastenden, 752-seitigen Bericht zum Ergebnis hatte. Al-Fayed beschwerte sich: »Finden Sie das fair, dass Margaret Thatcher mich den Hunden zum Fraß vorwirft, nach allem, worum sie mich gebeten hat und was ich für sie getan habe: das britische Pfund retten und bedeutende Waffenverträge aushandeln?« Dann drehte sich der Wind noch einmal, und Al-Fayed bekam seine Revanche in der »Affäre Cash for Questions«[69] um die Bestechlichkeit der beiden konservativen Minister Neil Hamilton und Tim Smith. Die beiden sahen sich gezwungen, zurückzutreten. Bei den Wahlen 1997 siegte dann die Labour Party; sie ging in der Folge so weit, die Frage nach einer Änderung der Regierungsform zu stellen. Im Dezember 1997 kamen Zweifel an dem für Fayed belastenden Bericht des Handels- und Industrieministeriums auf. Innenminister Jack Straw kündigte eine erneute Überprüfung der Gesuche Mohammeds und seiner Brüder um die Staatsbürgerschaft an.

Seither hat sich Al-Fayeds Verhältnis zur britischen Regierung wieder verschlechtert, doch der 1988 verstorbene Tiny Rowland hat von der Beschädigung des Verhältnisses zwischen der Krone und Al-Fayed nicht mehr profitiert. Dazu kam es, als dieser Prinz Philip namentlich beschuldigt hatte, gemeinsam mit dem Intelligence Service den Tod des berühmten Paares angezettelt zu haben. Als er am 10. Mai 2000 demonstrativ eine Reise nach Libyen unternahm – mit diesem afrikanischen Staat hatten sich die Briten gerade wieder versöhnt –, schockierte er Elisabeth II. damit endgültig: Er schloss bei diesem Aufenthalt bedeutende Geschäfte mit Oberst Mouammar Al-Ghaddafi ab, der damals die »Vereinigten Staaten von Afrika« gründen wollte. Zum ersten Mal verzichtete die Königin auf ihre jährliche Plumpudding-Bestellung im vornehmen Kaufhaus Harrods! Ernster war zu nehmen, dass der MI 5 beauftragt wurde, etwas zu suchen, womit man Mohammed Al-Fayed am Zeug flicken konnte. Insbesondere versuchte man zu beweisen, dass der Besitzer von Harrods karitative Organisationen finanziell unterstützte, die dafür bekannt waren, eine radikale Vision des Islam zu fördern. Dieses Manöver der britischen Geheimdienste verdeutlicht, auf welchem Terrain die Konfrontation zwischen Al-Fayed, dem Establishment und dem Business sich seit dem »Verkehrsunfall« im Alma-Tunnel abspielte.

Die Zeit der Unruhe nach dem Kauf von Harrods vergrößerte das Heer von Fayeds Feinden, das sowieso schon ansehnlich war: frühere Partner wie Tajir und die Brüder Maktum oder »Papa Doc«, der ihn immer noch mit der alten Morddrohung verfolgte. Nach dem Beispiel Tiny Rowlands warteten zahlreiche Feinde Mohammed Al-Fayeds nur auf die Gelegenheit, ihre Rachegelüste zu befriedigen. Die Wachmannschaft um den Geschäftsmann wurde damals nach Tom Bower auf eine ständige Stärke von 30 Mann vergrößert, und Fayed sorgte auch für den Schutz der Mitglieder seiner Familie, darunter Dodi.

Aber das von Rowland angezettelte Ränkespiel überstieg Fayeds Vorstellungsvermögen. Wo der eine mit Kenneth Etheridge einen früheren Chefinspektor von Scotland Yard engagierte, nahm der andere dafür John MacNamara in seinen Dienst, ebenfalls ein früheres Mitglied von Scotland Yard, das man ihm wärmstens empfohlen hatte …

Affären, Medien und Geheimdienste

Wie Diana gehörte Dodi zwei Familien an, die so tief in die Geschäfte der »anderen Welt« verwickelt waren, wie man das nur sein kann. Wie sie wurde er zwischen ihnen hin- und hergeworfen, je nach den gerade aktuellen Allianzen und Interessenkonflikten. Die Version der Regenbogenpresse vom Tod der beiden könnte eine Augenwischerei sein, die für die »gewöhnliche Welt« bestimmt ist. Weil diese Version durch die Medien breitgetreten wurde, hat die Beilegung der durch dieses Ereignis provozierten Krise dann keinerlei Echo gefunden.

Das Familienleben der Fayeds hatte anlässlich des Todes von Samira Khashoggi, die 1986 an einem Herzschlag gestorben war, sehr gelitten. Mohammed soll damals Dodi davon abgebracht haben, an der Beerdigung seiner Mutter teilzunehmen, da er um jeden Preis dessen erneute Verbrüderung mit der Schwiegerfamilie vermeiden wollte. Die Khashoggis waren verletzt, aber nicht wirklich überrascht, denn seit der Versöhnung von Dodi und Mohammed hatte dieser seinem Sohn auch verboten, sich mit seinen Vettern zu treffen, darunter Hassan Yassin.

Der war in die Geschäfte Adnan Khashoggis eng eingebunden. Sie hatten gemeinsam im März 1967 im Pariser Restaurant »Raspoutine« die Bekanntschaft von Richard Nixon gemacht. Später hatte Hassan Yassin in der Irangate-Affäre sehr effektiv operiert. Da je nach den wohlverstandenen Interessen des Business Freundschaften und Feindschaften starken Wechselfällen unterliegen können, hatte Yassin bei einem recht unrealistischen Versuch einer Versöhnung zwischen Mohammed Al-Fayed, Rowland und Khashoggi den Vermittler gespielt. Seine Schlichtung scheiterte jedoch kläglich an den Klippen jener Anschuldigungen über die Herkunft des Vermögens des Harrods-Besitzers, die der von Mohammed und seinem Bruder Ali so heiß ersehnten Erlangung der britischen Staatsbürgerschaft schon immer im Weg standen.

Nichts bewies, dass Dodi während dieser Zeit wirklich aufgehört hatte, sich mit Hassan Yassin und seiner Familie mütterlicherseits zu treffen, besonders, weil er gewisse Schulden loswerden wollte, die er durch ein paar Dummheiten während seiner Zeit in Hollywood gemacht hatte und die das Verhältnis von Vater und Sohn mit Sicherheit erneut gestört hatten – bis zu jenem unheilvollen Sommer 1997, der ihre späte Versöhnung besiegeln sollte. Doch die Beziehungen zwischen den Fayeds und den Khashoggis blieben weiterhin kompliziert. Mehrere Aussagen bezeugen die Anwesenheit von Dodis Vetter im Ritz am Abend des 30. August 1997. Es wurde schon darauf hingewiesen, in welchem Maß dieses Luxushotel ein strategischer Ort für hochsensible Verhandlungen war, so wie Paris überhaupt zu den Städten gehörte, die bei internationalen Konflikten als Verhandlungsort dienten. Es war vielleicht das Ritz, auf das der Journalist Gregory Palast sich in einem Interview bezog, das er dem *Bully Magazine* am 27. April 2003 gab. Er sprach darin von einer ganz besonders brisanten Begegnung zwischen Adnan Khashoggi und Abdullah Baksh: »Es hat 1996 ein Treffen in Paris gegeben, bei dem saudische Multimilliardäre angeblich ihre Scheckhefte für die Leute von Al-Qaida gezückt haben. Hauptsächlich bezahlten sie, um in Ruhe gelassen zu werden.« Der amerikanische Journalist, der für den *Guardian* und den *Observer* arbeitete (eine Zeitung, die seit dem Tod Rowlands unter Kollegen einen besseren Ruf hat), fügte hinzu, dass er seine Informationen von europäischen Nachrichtendiensten und von einer in dieses Treffen involvierten Person habe. Er präzisierte in diesem Interview Aussagen, die er schon in dem Buch *Zensor USA*[70] gemacht hatte. Sein Kapitel hatte den Titel »Rückblende auf eine gefälschte Wahl« und behandelte die nicht ganz einwandfreie Wahl von George W. Bush zu seinem zweiten Mandat im Weißen Haus durch die Wahlmänner im November 2000. Gregory Palast schrieb damals: »Mehrere gut unterrichtete Quellen – Gauner und Waffenschieber – haben meinem Recherche-Team anvertraut, dass vor dem 11. September die amerikanische Administration einen Teil der Beweise für die Verwicklung saudischer Milliardäre in die Finanzierung des Netzwerkes von Osama Bin Laden mit einer einzigen Handbewegung weggefegt habe. Der *Guardian* ist im Besitz von Dokumenten, die bestätigen, dass die Untersuchungen des FBI und der CIA zunächst durch die Clinton-Administration behindert und dann durch George W. Bush unterdrückt wurden, weil sie den saudischen Interessen hätten schaden können.« Der Teil der Bevölkerung, der sich immer noch mit stoischer Gelassenheit von den offiziellen Medien informieren lässt, weiß noch lange nicht alles über die Beziehungen zwischen Geschäften und Politik, die zwischen unserer »gewöhnlichen Welt« und der »anderen Welt« hin- und herwechseln. Der Journalist Gregory Palast kann heute nicht mehr in den USA arbeiten, aber er hat in England Zuflucht gefunden, wo es noch eine wirkliche Pressefreiheit gibt, obwohl die Presse auch dort unter sehr genauer Beobachtung steht, sobald es um Fragen geht, die die britischen Behörden und Geheimdienste betreffen.

Die Entscheidungen des Richters Brian Hutton in der Kelly-Affäre sind hierfür bezeichnend: Sein heftiges Agieren gegen die Pressefreiheit und für eine Zensur immer dann, wenn es um die zweifelhaften Aktionen der Geheimdienste geht, führt uns zur Diana-Affäre zurück. David Kelly war ein Wissenschaftler, der mutig im Jahr 2002 den *BBC*-Journalisten Andrew Gilligan anonym über die Lügen von Downing Street 10 über die angebliche

Bedrohung durch die berühmt-berüchtigten irakischen Massenvernichtungswaffen informierte. Die Übertreibung der Regierung in diesem Punkt hatte den Zweck, eine widerstrebende Öffentlichkeit davon zu überzeugen, dass Großbritannien in den von George W. Bush beabsichtigten Krieg gegen den Irak eintreten müsse. Der Forscher blieb nicht lange anonym, den Namen von David Kelly, dem wichtigsten Experten des Königreiches für chemische und biologische Waffen, erfuhren die Medien durch das Kabinett Tony Blair. Das machte es wenige Tage später möglich, seinen Selbstmord zu rechtfertigen … Die *BBC*, durch die es zu diesem »Skandal« gekommen war, wurde im Bericht von Sir Brian Hutton nicht geschont. Der Richter, den Tony Blair an die Spitze einer Untersuchungskommission berufen hatte, die Licht ins Dunkel dieser Affäre bringen sollte, sprach dagegen die Regierung von aller Schuld frei.[71] Lordrichter Hutton war tatsächlich der Meinung, dass die von der öffentlich-rechtlichen Anstalt *BBC* übertragene Anschuldigung, in der versichert wurde, die Regierung habe die Bedrohung durch das irakische Waffenarsenal wissentlich übertrieben, insofern »sehr schwerwiegend« sei, als sie »die Integrität von Regierung und Nachrichtendiensten betraf«. Da er sie für »unbegründet« hielt, kritisierte er die Leitung des Senders, vor der Ausstrahlung nicht eine »gründlichere Recherche« durchgeführt zu haben. Hunderte von Angestellten der *BBC* haben ihrer Empörung darüber bei einem Protesttag Luft gemacht, an dem sie die gegen den öffentlich-rechtlichen britischen Radio- und Fernsehsender gerichteten Angriffe zurückwiesen. Nach ihnen ist auch der gesamte Berufsstand wegen des Hutton-Berichtes in Unruhe geraten, der sich nicht damit begnügte, die britische Regierung von jeder Schuld freizusprechen, sondern ganz klar das Ziel hatte, die Presse mundtot zu machen. Die Untersuchung des Richters erwies sich schließlich als ein gelungenes Manöver, mit dem Tony Blair ein nur minimales Risiko eingegangen war. Er war es, der mit äußerster Sorgfalt das Mandat des

Richters eingeschränkt hatte, der sich ausschließlich mit den Umständen beschäftigen sollte, die zum Tod des Waffenexperten geführt hatten (genau so, wie es bei dem Coroner Burton anvertrauten Mandat zur Untersuchung des Todes von Dodi und Diana der Fall gewesen war). Lord Hutton tat, was die Regierung von ihm erwartete. Er entschied im Zweifelsfall immer wieder zugunsten von Tony Blair und seinem Kabinett, während er die Arbeit der Journalisten mit der größten Strenge beurteilte. Seine Schlussfolgerungen brachten die Ausübung des Journalistenberufs eindeutig in Gefahr, denn es wurde darin behauptet, nur solche Informationen dürften als vertrauenswürdig gelten, die von »maßgeblichen Personen« stammen, mit anderen Worten: nur offizielle Mitteilungen! Man darf sich fragen, ob die französischen Medien in der Affäre des Unfalls im Alma-Tunnel einem solchen öffentlich formulierten Befehl wohl nachgekommen wären, wie er in dieser höchst lehrreichen Affäre von einem englischen (bzw. genauer: anglo-irischen) Richter formuliert wurde.

Eine interessante Ergänzung: Sir Hutton hat in seiner Eigenschaft als erster Präsident am Gerichtshof von Nordirland insbesondere die Ausnahmegerichtsbarkeit für die Gegner der britischen Besetzung organisiert. Er hat auch in der Affäre »Bloody Sunday« (am 30. Januar 1973 hatten britische Fallschirmspringer auf Befehl das Feuer auf eine friedliche Demonstration eröffnet und 14 Menschen getötet) die Armee entlastet. 1978 hat Hutton noch einmal seine Regierung gedeckt, als sie beim Europäischen Gerichtshof angeklagt war, die Menschenrechte irischer Gefangener zu missachten. Er trat 1999 in der Affäre Pinochet wieder öffentlich auf – der verdankte es ganz sicher Hutton, dass er seine letzten Tage in Chile verbringen konnte. In letzter Zeit hat Richter Hutton sich damit hervorgetan, den MI 5 angesichts der Enthüllungen des ausgestiegenen Geheimdienstagenten David Shayler zu decken, der 1998 die Verwicklung des Intelligence Service in die Diana-Affäre publik machte und bestätigte, dass MI 5 und MI 6 sehr genau über den »Auftrag« informiert gewesen seien, der im Hintergrund des Unfalls im Alma-Tunnel stehe. David Shayler war schon 1997 in Erscheinung getreten, als er ein fehlgeschlagenes Attentat auf den Oberst Ghaddafi öffentlich bekannt machte (der MI 6 soll in Libyen 1996 einen versuchten Mordanschlag finanziert haben, der mit dem Tod von Zivilisten endete).

In einem 1999 abgefassten Bericht zeigte sich die Menschenrechtskommission der UNO beunruhigt über das Schicksal von David Shayler, der damals von den britischen Behörden wegen der »Aussagen, die er nach seinem Ausscheiden aus dem MI 5 gemacht hatte«, verfolgt wurde. Es wurde ihm insbesondere vorgeworfen, der *Mail on Sunday* vertrauliche Informationen gegeben zu haben. Da er befürchten musste, verfolgt und verhaftet zu werden, hatte Shayler das Vereinigte Königreich am 23. August 1997 verlassen, also eine Woche vor dem Unfall im Alma-Tunnel, und war nach Frankreich geflohen. Im Juli 1998 wurden Shaylers Lebensgefährtin Annie Machon (Ex-MI 5) und drei weitere seiner Bekannten verhaftet und dann ohne Anklage wieder freigelassen, während die englischen Behörden gleichzeitig von Frankreich Shaylers Auslieferung verlangten, der einen Monat später in einem Pariser Hotel vom französischen Inlandsgeheimdienst (DST) verhaftet wurde. Zur gleichen Zeit wurde ein weiterer Brite, der bereits früher erwähnte Exagent des MI 6 Richard Tomlinson, wieder auf freien Fuß gesetzt, nachdem er ebenfalls in Paris festgenommen worden war – im Rahmen einer »anderen Affäre«, wie die Behörden klarstellten. Sofort nach seiner Freilassung hatte Richard Tomlinson, wie schon erwähnt, darum gebeten, von Richter Stephan angehört zu werden, dem er Informationen über die Affäre Diana geben wollte.

David Shayler wurde zwei Monate im Santé-Gefängnis festgehalten. Die englischen Behörden ließen ihn nicht mehr in Ruhe. Nachdem er Journalist geworden war, wurde er auf der Basis des *Official Secrets Act* angeklagt. Der XXIV. Kongress der International Federation of Journalists FIJ (Internationale Journalisten-

Föderation), der im Juni 2001 in Seoul stattfand, wies besorgt auf die wiederholten Versuche der britischen Regierung hin, mit legalen Mitteln zu verhindern, dass Informationen zur Sicherheit in die Öffentlichkeit gelangen. Er beurteilte deren Tradition des »Amtsgeheimnisses« als nicht vereinbar mit Geist und Praxis der Bestrebungen innerhalb der Europäischen Union in Richtung einer Transparenz der Information durch Behörden. David Shayler hat bei der Anprangerung von Missständen immer die fundamentale Bedeutung des Rechts auf freie Meinungsäußerung zu seiner Verteidigung angeführt. Er plädierte für die Beseitigung von juristischen Hindernissen, die der Verbreitung von solchen Informationen entgegenstanden, die der Öffentlichkeit nicht vorenthalten werden dürfen, solange sie nicht die nationale Souveränität und staatliche Integrität oder Menschenleben bedrohen.

Richter Stephan hat also seine Untersuchung der Affäre Diana sorgfältig abgeschlossen, während unter den nach Frankreich geflohenen Exmitarbeitern des Intelligence Service eine nicht geringe Konfusion herrschte und sie von den britischen Behörden bedroht wurden. Annie Machon (Ex-MI 5) hat 2004 einige der Hinweise präzisiert, die sie früher schon auf die Kenntnisse gegeben hatte, die sie von dem Unfall im Alma-Tunnel zu haben behauptet.[72] Als die bereits erwähnte Operation Paget eingeleitet wurde, hieß es in der Umgebung der Exgeheimagentin, das Ziel des Intelligence Service sei, anders als bei dem ehedem geplanten Attentat auf Oberst Ghaddafi, auf keinen Fall der Tod der Prinzessin gewesen. Es wäre mehr als ungeschickt gewesen, das Risiko einer Verklärung Prinzessin Dianas zur Märtyrerin einzugehen. Ein in Paris verbrachter Abend, der in einem von Paparazzi verschuldeten Unfall endete, passte den Strategen der Operation besser ins Konzept. Eine Verletzung wäre ausreichend gewesen, um Diana zur Vernunft zu bringen. So habe man einen gewöhnlichen Unfall geplant, den eine rasende Verfolgung durch Reporter und Fotografen verursachen sollte, wobei es zur Sicherstellung der Geheimhaltung das Beste wäre, wenn der ausgewählte Fahrer nicht mit dem Leben davonkäme. Durch die Erwähnung dieser recht stichhaltigen Version einer geheimen Manipulation bestätigt Annie Machon, dass Autounfälle durchaus als Mittel der Exekution benutzt werden, und zwar gerade deshalb, weil sie zu den häufigsten Todesursachen gehören.

Dodi und Diana waren beide auf dem Laufenden über die Regeln, gegen die nicht verstoßen werden durfte, unterschätzten dabei aber die Manipulationen, die vielleicht mit ihnen angestellt wurden, oder die negativen Kräfte, die durch sie selbst zum Vorschein kommen konnten. Sie waren beide mit Individuen in Berührung gekommen, denen man nicht zu nahe kommen sollte und die zu den gefährlichsten der Welt zählten. Wie soll man da glauben können, sie hätten sich aus Angst vor ein paar Fotografen in den Tod gestürzt?

Die Medien, die die Prinzessin der Herzen zu einer Ikone erhoben haben, sind heute angesichts des Durcheinanders an gerichtlichen Untersuchungen und Verfahren, das der Unfall vom 31. August 1997 ausgelöst hat, und infolge des Drucks aller Art, der auf den investigativen Journalismus ausgeübt wird, ziemlich in Verlegenheit, wenn sie über die Affäre Rechenschaft ablegen sollen.

Seit 1997 hat es einen finsteren Reigen von neuen »Affären«, Terrorismus und Krieg gegeben, gegen den sich auch weiterhin Stimmen erheben, die von den Maschinerien der Kommunikation mehr oder weniger überschrien werden. David Shayler hat klar Partei ergriffen, seit er den MI 5 verlassen und sich dem Widerstand angeschlossen hat, indem er seine beißenden Beiträge zur Debatte liefert. Er hat vor kurzem öffentlich vor einem Publikum, das als zunächst unvoreingenommen gelten konnte, erklärt: »Ich habe den britischen Geheimdienst verlassen, als der MI 6 beschlossen hat, die Partner von Osama Bin Laden zu finanzieren.« Er sagte das bei der internationalen Konferenz »Axis for Peace«, die am 17. und 18. November 2005 in Brüssel vom Réseau Voltaire organisiert worden war. »Ich habe versucht, Alarm zu schlagen, aber dann war ich es, den man ins Gefängnis gesteckt hat!« Es wird dem

Leser, leichtgläubig oder nicht, kaum entgangen sein, dass das Aussagen sind, wie sie heute im Fernsehen nicht zu hören sind. David Shayler hat bestätigt, dass »die meisten terroristischen Akte, die Al-Qaida zugeschrieben werden, in Wirklichkeit von den angelsächsischen Geheimdiensten im Interesse ihrer Länder organisiert wurden.« So hat er zwei oder drei grundlegende Erkenntnisse über die Methoden der Geheimdienste publik gemacht, die durchaus an die Stay-Behind-Organisationen denken lassen: Er gab Einblicke in die Unterwanderung und Manipulation von kleinen terroristischen Gruppierungen mit dem Ziel, bestimmte Aktionen besser zu koordinieren. Er hatte da eindeutig den MI 6 und die CIA im Blick. Diese Sicht auf die Machtmechanismen und die in bestimmten Diensten üblichen Methoden ist hilfreich, wenn man den Kontext besser verstehen möchte, in dem sich die Diana-Affäre abgespielt hat, die sich nach und nach als ein aus dem Ruder gelaufener Einsatz zum Zweck der Manipulation erweisen wird.

Die Gefahren der Operation Paget

Die Diana-Affäre wird in der französischen Presse vielleicht auf immer dieselben eingefahrenen Reaktionen auslösen, die es schon erlaubt hatten, vom ersten Augenblick an die Paparazzi zu beschuldigen und die Version von einem »simplen« Verkehrsunfall ständig wieder vorzubringen. Nachdem in den 8-Uhr-Nachrichten vom 6. März 2006 auf *France Inter* das tägliche Nachrichtenpensum über die gerade aktuelle Psychose – die Vogelgrippe – abgehandelt war, verkündete ein sichtlich erleichterter Journalist, dass die englische Ermittlung zum Tod Dianas auf einen Unfall »erkennen« werde. Zwischen dem Rezept für ein Huhn, das bei 70 Grad gegart werden soll, und der Wettervorhersage hatte diese Meldung für einen französischen Hörer, der nichts oder fast nichts über die Sir John Stevens anvertraute Untersuchung wusste, zweifellos weit weniger Gewicht als die Sensationsnachrichten von 1997.

Ich erkundigte mich sofort nach der Quelle dieser »Information«, die in nichts mit dem übereinstimmte, was im März 2006 über die Entwicklung der Operation Paget bekannt war, die ich in der britischen Presse genau verfolgt hatte. Während die französischen Medien von Anfang an nichts über das britische Verfahren berichteten, hatte die *Sunday Times* am 26. Februar 2006 – also eine Woche vor der über *France Inter* verbreiteten Meldung – in einem ausführlichen Bericht gemeldet, der zeitliche Rückstand der 2004 begonnenen Untersuchung sei so groß, dass sie vor 2007 kaum abgeschlossen werden könne.

Die Operation Paget war zu dieser Zeit ganz besonders durch zwei Einbrüche innerhalb einer Woche in die Büros von Gosforth (im Einzugsgebiet von London) betroffen. Die Kriminalbeamten beklagten den Verlust eines Computers und verschiedener ihre Nachforschungen betreffender Dokumente. John Stevens hatte versichert, diese Diebstähle (die nicht aufgeklärt werden konnten) seien zwar beunruhigend, würden aber den Fortgang der Untersuchung nicht beeinträchtigen. Er bestätigte bei dieser Gelegenheit, Mohammed Al-Fayed habe recht gehabt, als er seinerzeit seine Besorgnis geäußert hätte. Die *Sunday Times* berichtete darüber hinaus, dass bestimmte Aktivitäten Henri Pauls für den französischen Inlandsgeheimdienst offiziell nachgewiesen worden seien (über den MI 6 kein Wort), und dass John Stevens auf »Dokumente« warte, die beim französischen Geheimdienst angefordert worden seien. Die britischen Untersuchungsbeamten, weit davon entfernt, die Sache abzuschließen, warteten auch noch darauf, Dominique Lecomte sprechen zu können, die Leiterin des Gerichtsmedizinischen Instituts in Paris, da die Zweifel über den Austausch der Henri Paul zugeschriebenen Blutproben immer noch nicht ausgeräumt seien.

Die französische Meldung über das unmittelbar bevorstehende Ende der Operation Paget war also recht überraschend. Tatsächlich war sie nicht das Resultat der Recherche eines Journalisten des Radiosenders. Sie beruhte vielmehr nur auf einer *AFP*-Meldung, die am gleichen Tag um 3.47 Uhr verbreitet worden war. Diese wiederum bezog sich auf einen Artikel aus der *Daily Mail*! Die britische Presse, die doch die Operation Paget sonst konsequent medial begleitet hatte, übernahm diesen Knüller weder am 6. März noch in den Tagen danach. Bei der Lektüre der Meldung, die im Konjunktiv abgefasst war, wurde klar, dass die *Daily Mail* ihre Quelle nicht zitierte! In der Umgebung von Mohammed Al-Fayed wurde hinter dieser Pseudo-»Information« ein Manöver des MI 5 vermutet, ebenso bei den Einbrüchen in die Büros von John Stevens. Trotzdem hatte »man« auf *France Inter* berichtet, dass »die Engländer, welche vollkommene Klarheit« über die Umstände des Todes von Diana »zu erhalten wünschen«, auf einen Unfall »erkennen werden« – ohne Konjunktiv –, so wie es die französische Untersuchung schon getan hatte. Es wird natürlich wieder einmal daran erinnert, dass sich »von nun an« alle über die umstrittene Version der Unfallursache einig seien: überhöhte Geschwindigkeit und Trunkenheit am Steuer. Die *AFP* war immerhin etwas genauer gewesen, als sie darauf hinwies, dass John Stevens nichts entdeckt habe, was der Untersuchung der französischen Polizei »widerspräche«, was nicht ganz dasselbe ist. In Bezug auf die Beendigung der Ermittlungen hieß es dort, John Stevens solle im Moment nur einen »Zwischenbericht« abgeben. In diesem werde er schwarz auf weiß schreiben, dass er »keine Spur« von dem Fiat Uno gefunden habe, woraus zu schließen sei, dass dieses Auto »niemals vor Ort gewesen« sei. Eine Präzisierung, die die Freude der französischen Ermittler ein wenig gedämpft haben dürfte.

Der März 2006 war übrigens ein besonders schlecht gewählter Augenblick zur Eröffnung von Polemiken gegen die Operation Paget. England bereitete die Feierlichkeiten zum 80. Geburtstag der

Königin Elisabeth II. vor, die am 21. April 1926 geboren wurde. Eventuelle unangenehme Enthüllungen über ihre Exschwiegertochter, die erst kürzlich wieder in das Familienalbum aufgenommen worden war, hatten die Untertanen Ihrer Majestät auf später verschoben.

5
»Sag mal, Dodi, was hast du gemacht mit Lady Di?«

D*u da, Dodi, was hast du gemacht mit Lady Di?* Dieser alliterierende Refrain gehört zu einer Klage über den Unfall im Alma-Tunnel, den der Philosoph Jean Baudrillard zu seinem Privatvergnügen angesichts von so viel Leidenschaft und Mitleid geschrieben hat.

Aber stellte er damit nicht eine Frage, die sich als ausgesprochen sachdienlich erweisen könnte?

Dodi, was hast du gemacht mit Lady Di?

Über dem unglaublichen Medienrummel um Diana, ihr Leben, ihr Lebenswerk und ihren Tod ist meist ganz vergessen worden, dass sie nicht allein im Unglückswagen saß.

Auch der eigentliche Grund für den kurzen Aufenthalt von Dodi und Diana in der französischen Hauptstadt ist merkwürdigerweise vollkommen in Vergessenheit geraten. Die ursprüngliche Ursache der ganzen Affäre, nach der die angeblichen »Verschwörungsgläubigen« seit neun Jahren immer wieder fragen und damit gegen den Schwindel und die Feigheit derer ankämpfen, die nicht an eine Verschwörung glauben, wird von zahlreichen Beobachtern verschleiert oder ist ihnen, noch schlimmer, gar nicht bekannt.

Weder Diana noch Dodi hätten nach ihrer »Show« an der Côte d'Azur wieder über Paris fahren sollen. Dianas einziges Vorhaben bestand darin, die jungen Prinzen vor ihrem Schulanfang in Eton am 1. September gemeinsam mit Prinz Charles wiederzusehen. Das Zusammensein in familiärer Atmosphäre war momentan ihr

Hauptgedanke, und von den paar Stunden, die ihr mit ihnen nach ihrer Landung in London am 31. August verblieben, wollte sie keine Minute mehr abgeben. In den folgenden Tagen würde sie dann wieder ihren »PR-Plan« weiterverfolgen und den Paparazzi, ihren Freunden, die »große Neuigkeit« verkünden, die sie ihnen einige Wochen zuvor in Saint-Tropez verheißen hatte.

Doch Adnan Khashoggis Neffe, der weiter die Rolle eines vom Vater vorgeschlagenen, zumindest aber akzeptierten Verlobten spielte, kam in Wirklichkeit mit Prinzessin Diana nach Paris, um über ein Geschäft zu verhandeln.

Die einseitige Ausrichtung der Aufmerksamkeit auf Lady Di, die lediglich als Glamour-Ikone wahrgenommene, von den Paparazzi gejagte Prinzessin, und die verworrenen Kommentare in der Presse, in denen Dodi gelegentlich als »arabischer Prinz« bezeichnet wurde, haben ihren Teil dazu getan, dass die Unfallversion Akzeptanz fand. Als die Nachricht von dem Vorfall im Alma-Tunnel eintraf, mussten die französischen Behörden schnellstmöglich entscheiden, wie sie sich dazu stellen sollten, während vorsorglich die Anweisung gegeben wurde, der Presse gegenüber von einer Verfolgungsjagd mit tödlichem Ende zu sprechen. Allem Anschein nach hat es mehrere Stunden gedauert, bis man die Meinung der Geheimdienste und der Antiterroreinheit eingeholt und mit den britischen Behörden verhandelt hatte. Hier findet sich vielleicht der Ursprung der bizarren Berichte über die Lebensrettungsversuche, die an Diana zwischen 0.45 Uhr und vier Uhr unternommen worden sein sollen – so hätte sich Zeit gewinnen lassen, indem man die Todesmeldung bis in die frühen Morgenstunden verschob, während Dodis Tod kaum jemanden interessierte. 1997 hatte sich Frankreich noch nicht von den Attentaten erholt, die islamische Fundamentalisten 1995 in Paris verübt hatten. (Rachid Ramda, der unter Verdacht stand, sie finanziert zu haben, ist erst zehn Jahre später von Großbritannien an Frankreich ausgeliefert worden.) Die neue Regierung Lionel Jospin mit Jean-Pierre Chevènement als Innenminister befand sich in der Zeit des Alma-Unfalls angesichts der Vereinbarungen, die man mit den Sprechern der Islamisten getroffen hatte, und der wirtschaftlichen Problematiken, aus denen eine zunehmende terroristische Bedrohung erwuchs, in keiner sehr einfachen Situation. Unter Druck stehend und von den Initiativen der ihnen unterstellten Behörden überrollt (oder auch nicht), versuchten die Verantwortlichen in Frankreich mehr schlecht als recht ihr Gesicht zu wahren und notdürftig die Ungereimtheiten einer These zu überspielen, die wie ein wackeliges Gebäude war, bei dem im Lauf der Wochen an allen Ecken und Enden der Wind hereinpfiff.

Ungeachtet der ständigen zynischen und abwertenden Kommentare, die darauf abzielen, Frankreichs Image zu beschädigen, verfügt die französische Republik über ausgezeichnete Nachrichtendienste, die den Vergleich mit den Geheimdiensten anderer Länder nicht zu scheuen brauchen. Wenn Elitepolizisten wie die von der Kriminalbrigade auf die Alma-Affäre angesetzt wurden, so nicht nur wegen ihres Ansehens, sondern zugegebenermaßen auch wegen ihres Sinnes für die Staatsräson.

Für Diana war der Abstecher nach Paris, der in den letzten Tagen der Kreuzfahrt auf der *Jonikal* beschlossen wurde (die Yacht war von Mohammed Al-Fayed extra für diesen Traumurlaub angeschafft worden), mehr eine Pflicht: Dodi hatte sie um diesen Gefallen gebeten. Paul Burrell, der Butler der Prinzessin, berichtet in *Die Zeit mit ihr* über die letzten Telefongespräche mit seiner Chefin: »Sie fühlen sich also auf diesem Schiff als Gefangene und er kontrolliert Ihre kleinsten Handlungen und Gesten?« Dianas Antwort: »Sie haben es mal wieder genau getroffen. Ich habe jetzt wirklich das Bedürfnis, heimzukommen und mich wieder einmal zu finden, wo ich stehe.« Burrell illustrierte mit diesem Dialog das komplizenhafte Einverständnis, das zwischen ihm und Diana herrschte. Auch ein wenig Eifersucht auf diese ebenso unerwartete wie von den Medien hinausposaunte Liaison lässt sich erah-

nen. So muss er natürlich gleich auf den unvorhergesehenen Charakter dieses kurzen Zwischenstopps in Paris hinweisen: »Am 29. August erzählte sie mir von einem Abstecher nach Paris, der in der letzten Minute eingeschoben worden war [...] Ursprünglich hatte sie vorgesehen, nach der Mittelmeer-Kreuzfahrt direkt nach London zurückzukehren, um am Samstag, den 30. August, also am Vorabend der Rückkehr der Jungen, zu Hause zu sein. Doch Dodi wurde ›aus beruflichen Gründen‹ in Paris erwartet. Sie folgte ihm nur widerstrebend.« Klarer hätte er sich nicht ausdrücken können. Diana hatte das Gespräch von einer Brücke der *Jonikal* aus geführt, während die Yacht in Monaco, der letzten Station ihrer Mittelmeer-Reise, vor Anker lag.
Die französischen Behörden mögen es noch so oft abgestritten haben – sie waren am 30. August 1997 über die Ankunft der *Gulfstream IV* des Harrods-Inhabers am Flughafen Le Bourget mit Diana an Bord im Bilde. Fotos der nicht sehr zahlreichen Paparazzi belegen, dass ein Polizeiwagen und Motorradfahrer der Nationalen Polizei anwesend waren, als Diana aus dem Flugzeug stieg. Doch die Aufmerksamkeit der Geheimdienste galt auch dem Sohn des Ritz-Inhabers, denn das Pariser Grandhotel war der von den Emissären des Vorderen und Mittleren Orients meistfrequentierte Anlaufpunkt.
Von der Landung in Le Bourget an sieht man Diana auf keinem Foto mehr lächeln. Gereiztheit war an die Stelle der Glamourfassade getreten. Aber hatte man uns denn nicht eingetrichtert, dass sie hier den Höhepunkt des Glücks erleben sollte, dass Paris die Krönung des Geschehens darstellen sollte, inklusive die Überreichung des Rings mit dem grotesken Namen *Sag ja zu mir*? Diese tatsächlich erfolgte Übergabe des Repossi-Rings ist ohne weiteres Nachdenken als der Grund des Aufenthalts in Paris akzeptiert worden, dabei war er nichts als ein Vorwand, der den Medien auf dem Silbertablett serviert wurde. Paul Burrell – schon wieder er, schätzungsweise kann er noch mit mehr störenden Erinnerungen auf-

warten – hatte die Prinzessin bereits mit Ratschlägen versorgt, wie sie sich verhalten sollte, wenn ihr Dodi einen Ring schenkte: »Wie soll ich reagieren, wenn er mir einen Ring schenkt? Auf eine Ehe habe ich nicht mehr Lust als auf ein paar blühende Pickel!« Und was antwortete der treue Butler? »Sie werden ihn mit Grazie entgegennehmen und an den Ringfinger Ihrer rechten Hand stecken!«

Emad Fayed benötigte die Anwesenheit Dianas im Rahmen einer Geschäftsverhandlung, über die nichts bekannt geworden ist und die in keinem Kommentar erwähnt wird. Die Besprechung »mit Geschäftsleuten« sollte am früheren Abend im Restaurant »Chez Benoît« stattfinden. Mit Diana an seiner Seite hatte Dodi vielleicht gehofft, seine Verhandlungspartner positiv auf den vorgeschlagenen Deal einzustimmen, indem er die Romanze, von der alle Medien berichtet hatten, als Trumpfkarte ausspielte. Doch ihre Gegenwart hatte ihm vielleicht auch als Versicherung gegen linke Touren dienen sollen, wie sie bei solchen Verhandlungen immer möglich waren, bei denen man in ihm eines Tages vielleicht nur den verlängerten Arm seines Vaters oder Onkels sehen würde. Die ständige Anwesenheit der Fotografen um die Prinzessin vermittelte einer jeden ihrer Bewegungen öffentlichen Charakter, und Dodi sah darin zu Unrecht einen absoluten Schutz gegen eventuell auftretende Probleme. Wie man heute weiß, hatte Diana ihrem Presseservice exakte Anweisungen gegeben, wie er die Agenturen und sämtliche Medien vom Beginn ihrer Kreuzfahrt an über ihre kleinsten Bewegungen unterrichten sollte. Sie hatte nachdrücklich darauf bestanden, dass diese Anweisung befolgt wurde, und man tat es. Bis zu der fatalen Änderung in letzter Minute.

Ab dem Tag, als sie einwilligte, die Einladung Mohammed Al-Fayeds nach Saint-Tropez anzunehmen, hatte sie dafür optiert, sich unter den wohlwollenden Schutz des Fayed-Clans zu begeben und zur gleichen Zeit mit ihm eine Art Zweckbündnis einzugehen, dessen Konsequenzen sie allerdings nicht unbedingt im Griff hatte. Man kann jedoch nicht sagen, dass sie von dem abrupten

Bruch des Verlöbnisses zwischen Dodi und dem Mannequin Kelly Fisher[73] (am 9. August sollte Hochzeit sein) nichts gewusst oder Mohammed Al-Fayeds Absichten nicht erfasst hätte, als dieser Dodi bat, ihr Kavalier zu werden. Wer könnte heute noch die Unterscheidung treffen, wie weit Dianas unbezweifelbarer Wunsch ging, das Establishment und die Königsfamilie zu provozieren, und was echte Absicht war, sich mit Dodi zu verloben? Es stimmt, dass sie seit Mario Brennas »Kuss«-Foto, das am 10. August im *Sunday Mirror* erschien[74], niemals die Schlagzeilen der Weltpresse dementiert hat. Doch ist ebenso wahr, dass der von der Regenbogenpresse veranstaltete Wirbel sie letzten Endes zu nichts verpflichtete. Ohne Frage konnte er den jeweiligen Interessen der beiden Seiten – Diana und die Familie Al-Fayed – sogar nutzen. Eine Art zweckdienliches Arrangement also, bei dem eine Hand die andere wusch, ohne dass dies unbedingt auf eine Hochzeit oder auf den Tod hätte hinauslaufen müssen.

Ein explosiver Cocktail

Nach meiner Begegnung mit dem Rechtsanwalt Alain Toucas im Oktober 2005 war ich insofern schlauer geworden, als ich nun wusste, dass Dianas Londoner Anwälte immer nachdrücklich verneint haben, dass die Prinzessin sie jemals mit der rechtlichen Ausgestaltung einer ehelichen Verbindung mit Dodi Al-Fayed beauftragt hätte; sie betrachteten also die Hypothese einer Heirat de facto als absolut unwahrscheinlich. Sich mit der Princess of Wales, einer Persönlichkeit aus der »anderen Welt« zu verloben und, mehr noch, zu verheiraten war nichts, was sich übers Knie brechen ließ, wie es die verfrühten Ankündigungen glauben machen wollten. Alain Toucas, ein namhafter Pariser Rechtsanwalt – insbesondere hatte er die Verteidigung Pierre Falcones übernommen –, war von Diana speziell für die als sehr einträglich geltenden Verfahren mandatiert, die Diana unter Umständen wegen Missbrauchs ihrer Abbildungen gegen französische Regenbogenmagazine betreiben wollte. Für Prinzessin Caroline von Monaco war er bereits mit brillantem Erfolg in dieser Weise tätig gewesen. Ich hatte Toucas 2002 während der Gespräche kennengelernt, die ich im Vorfeld zu den Dreharbeiten von »Lady Died« führte. Er vertrat bei dem französischen Verfahren die Interessen von Dianas Mutter Frances Shand Kydd, die dann 2004 verstarb. Sie hatte ihm allerdings ausdrücklich verboten, vor einer Kamera auf meine Fragen zu antworten. Er zeigte sich lediglich der Sympathie halber bereit, insoweit ein paar winzige Abstriche an dieser Verpflichtung zu machen, als er mir auf der Türschwelle seiner Kanzlei anvertraute, in seinen Augen sei der Fall zu den Akten gelegt und man werde niemals wissen, was tatsächlich in diesem Straßentunnel geschehen sei. Ein Satz, mit dem er mir allem Anschein nach hintenrum mitteilte, welchen Wert er den Schlussfolgerungen der französischen Ermittler beimaß. Erst als ich ihn kürzlich wiedersah, ging mir auf, dass er in der Tat gegen viele Verfahrenshandlungen des Untersuchungsrichters Stephan angegangen war, der es mit Geschick zu vermeiden gewusst hatte, auch nur die geringste Beanstandung an seiner Verfahrensführung hinnehmen zu müssen. (Dies konnte allerdings nicht verhindern, dass der französische Staat vom Appellationsgerichtshof Paris am 28. April 2004 wegen Rechtsverweigerung und schwerer Pflichtversäumnis verurteilt wurde.) Die Wahrheit sah so aus, dass man aus dem Buckingham-Palast Dianas Mutter klar und deutlich zu verstehen gegeben hatte, »man« wolle nicht, dass sie Wirbel machte. Darum hatte sie ihre Rechtsberater angewiesen, strengstes Schweigen zu bewahren. Sie selbst blieb stumm, dann ist sie gestorben.

Mohammed Al-Fayed hatte alle Vorkehrungen getroffen, um Diana einer Königin würdig zu empfangen. Dank der *Jonikal* konnte er nun mit den Luxusyachten Adnan Khashoggis oder Tiny Rowlands konkurrieren, die ebenfalls in Mittelmeerhäfen ankerten. Um seine Rangordnung in der »anderen Welt« zu behaupten, hatte die Größe der Yachten offenbar einen wichtigen Stellenwert, und nun besaß Al-Fayed die allergrößte und konnte eine Prinzessin an Bord vorweisen, genauer gesagt »die« Prinzessin des ausgehenden 20. Jahrhunderts. Man kann sich leicht vorstellen, in welchem Maße die neuesten Schlagzeilen der internationalen Presse von Tiny Rowland als Provokation aufgefasst werden konnten und welch eine unglaubliche Arroganz er hinter ihnen erkannt haben mochte. Seit ihrem neuesten Zerwürfnis im Jahr 1996 hatte Rowland die Anwälte des Harrods-Inhabers gewarnt: »Nie werde ich das Kriegsbeil mit Al-Fayed begraben, so lange ich lebe!« In der Tat war Mohammed Al-Fayed hier ein ganz besonders gelungener »Coup« geglückt, der die widersprüchlichsten Kommentare hervorrief. In der französischen Tageszeitung *Le Monde* vom 17./18. August 1997 ging zum Beispiel die Schlagzeile über die Breite der ganzen Seite: »Wenn St. James Palace mit den Al-Fayeds ›flirtet‹«. Dieser Artikel aus der Feder Marc Roches behandelte zwei Wochen vor den Geschehnissen im Alma-Tunnel die Facetten und Hintergründe der im Lauf der Jahre zwischen den Windsors und den Eignern des Luxustempels Harrods geknüpften Verbindungen. Liest man ihn Jahre später aus heutiger Sicht, so erkennt man, dass zumindest ein Journalist die Interessenlage bei der im Gange befindlichen Partie scharfsinnig erfasst hat. Hier ging es nicht um die oberflächlichen Aspekte, die später die Wahrnehmung der ganzen Angelegenheit vernebeln sollten, sondern ganz klar um das Business der Familie Fayed und den Gewinn, den die königliche Familie aus der Verbindung ziehen konnte. Harold Brooks-Baker, der Chefredakteur des britischen Adelslexikons *Burke's Peerage*, wurde zitiert: »Die Mitglieder der königlichen Familie haben entgegen dem Bild, das die Öffentlichkeit von ihnen hat, dem großbürgerlichen Geschäftsmilieu immer näher gestanden als dem Adel.« Nicht der schlechteste Ausgangspunkt, um über die Allianzen nachzudenken, die man im Establishment mit reichen Ausländern schloss, aber auch über die um Anerkennung und Nichtanerkennung geführten Gefechte der konservativeren Kreise, die bereit waren, sich zu schlagen, um nur ja nicht das Königreich aus dem Griff zu verlieren. Ein Königreich, das weiterhin Profit aus den Reichtümern einer Welt zu ziehen versuchte, in der sich inzwischen neue Formen der Unterwerfung breitgemacht hatten und in der man mit verschiedenen Strömungen des religiösen Fundamentalismus, die von den Mächtigeren hemmungslos manipuliert wurden, zurechtkommen musste. Marc Roche schrieb: »In der Tat illustriert nichts die Öffnung der Windsors zu den außereuropäischen Kontinenten besser als die tief sitzende Anhänglichkeit der Königin an das Commonwealth, ihre große überseeische Familie, oder die Verteidigung der islamischen Tugenden durch Prinz Charles, ganz abgesehen von den anerkannt engen Beziehungen zur jüdischen Gemeinde über die Königinmutter und zur orthodoxen Kirche über Prinz Philips ehemalige Religionszugehörigkeit.« Ein explosiver Cocktail, wenn man wusste, dass Letzterer, der offen zu seinen früheren Sympathien für das Naziregime stand, mit dem Club 1001[75] und den alteingesessenen europäischen Königsfamilien ein Machtnetz aufgebaut hatte, in dem eindeutig kein Platz für die Familie Fayed vorgesehen war. So entstand mit dem »Flirt« vom Sommer 1997, in dem manche bereits ein neues Kapitel des risikoreichen Aufstiegs der Fayeds zu erkennen glaubten, augenblicklich eine ganze Riege von Nachtragenden, die sich lauernd im Hintergrund postierten.

Als Mohammed Al-Fayed Diana und die jungen Prinzen einlud, Ferien bei ihm in Saint-Tropez zu machen, rückte auch eine ganze Schar Feinde an, die seinem Sicherheitsdienst das Leben sauer machten. Einerseits gab es die netten Paparazzi, die über das »Ereignis« in der Presse so zuverlässig berichteten, wie sich der Fayed-Clan das nur wünschen konnte. Andererseits waren da aber auch weit weniger wohlwollende Leute, die die Party in auffälliger Weise störten, indem sie das luxuriöse Anwesen in Saint-Tropez indiskret mit dem Hubschrauber überflogen. Die Fotos in der Presse zeigen lächelnde Gesichter, die Urlauber in dieser besonderen Welt machen Highlife, und die einzige Frage, die sich die Society-Journalisten stellen, lautet: Wird sich Diana mit Mohammed zusammentun – oder nicht? Zu ihrer Entlastung muss man sagen, dass Dodi Anfang Juli überhaupt noch nicht im Spiel war. In den Redaktionen der Magazine wurde über das Thema fantasiert und fabuliert, während Mohammed Al-Fayed im Hawaiihemd weiterhin mit voller Intensität seine Geschäfte managte. Auf den Fotos von diesem wunderbaren Sommer sieht man auch Trevor Rees-Jones, Dodis Leibwächter. Er hatte ein völlig ungezwungenes Verhältnis zur Prinzessin, der er gelegentlich begegnete, wenn er zwischen dem Fayed-Besitz und einer im Golf von Saint-Tropez ankernden Yacht hin- und herpendelte, an deren Bord sich Kelly Fisher und Dodi aufhielten.

Ein durch den Unfall entstellter, eindeutig weniger lächelnder Trevor Rees-Jones, der vor allem unendlich an seinem Leben hing, das ihm wie durch ein Wunder erhalten geblieben war, nutzte später den Umstand, dass ihm ein Teil seines Gedächtnisses verloren gegangen war, als er seine Erinnerungen in *The Bodyguard's Story*[76] beschrieb. Eine Geschichte zu erzählen, ohne über das zu sprechen, was man gesehen hat, ist eine anspruchsvolle Übung, die den Leser dazu einlädt, zwischen den Zeilen zu lesen. Vom ersten Kapitel dieses Buches an, das er gemeinsam mit Moira Johnston verfasst hat, klingen die ersten Indizien an. Der Leibwächter war sich über den wahren Ursprung des Dramas völlig im Klaren, hütete sich aber, auch nur den kleinsten Fauxpas zu begehen, mit dem er sich hätte verraten können: dass nämlich doch noch Gedächtnisspuren vorhanden waren, die durch den Unfall vorgeblich alle gelöscht worden waren. Moira Johnston kam rasch zur Sache und brachte gleich zu Beginn die zentrale Figur ins Spiel, von Trevor als »der Boss« bezeichnet. Während sie das Klima der Bedrohung schilderte, das über dieser »sehr exponierten und gleichzeitig sehr kontroversen Persönlichkeit« hing, zählte sie das Sicherheitspersonal auf, von dem Mohammed Al-Fayed umgeben war: »Acht Männer, dazu ein uniformierter Sicherheitsbeamter und zwei gepanzerte Mercedes, die sich immer gemeinsam bewegten, wenn es nach draußen ging.« Dann bemerkte sie in hinterhältigem Ton: »Al-Fayed hatte vielleicht Feinde, doch die über Dodi schwebenden Risiken wurden als so gering eingeschätzt, dass Trevor mit ihm allein in den Straßen von London herumfuhr – es hätte schlimmstenfalls passieren können, dass versucht wurde, ihn zu entführen, obwohl ein Autounfall in einer solchen Großstadt ein viel zu großes Risiko darstellte.« In wenigen Zeilen war das Wesentliche gesagt: Mohammed Al-Fayed hatte sich immer körperlich zu schützen gewusst, damit kein Auftragsmörder an ihn herankäme. Für keinen gegen ihn gerichteten »Auftrag« hat je einer das Blutgeld kassieren können. Doch Trevor hatte sehr wohl verstanden, dass es bei dieser erstklassigen Abschirmung eine schwache Stelle gegeben hatte und dass Mohammed am Ende doch noch von heimtückischen Gegnern erwischt worden war. Von Profis, die mit der Wahl der Methode gleichzeitig eine deutliche Unterschrift unter die geleistete Arbeit setzten, eine Unterschrift, deren Herkunft der Harrods-Inhaber erkannte. Wie auch bei politischen Attentaten war das Ziel eines solchen »Auftrags« nicht immer die Exekution des Gegners. Er konnte auch dessen Einschüchterung dienen und die Stärke und Entschlossenheit der Auftraggeber demonstrieren, die in einem solchen Fall allen Grund hatten, den Adressaten über ihre Identität nicht im Geringsten in Zweifel zu lassen.

Mohammed Al-Fayed sah sich vor die in höchstem Maße diffizile Aufgabe gestellt, wie er sich dazu stellen und dann reagieren sollte, denn ein »Auftrag« ließ sich nicht ohne Weiteres rächen, zumal wenn einem die Behörden vor Ort Knüppel zwischen die Beine warfen. Man konnte es die Täter nicht büßen lassen, solange ihre Identität nicht eindeutig festgestellt war oder wenn man Interessen zu wahren hatte oder ein Risiko darin sah, dass man einen schweren Fehler in der Einschätzung der Lage begangen hatte, mit irreparablen Folgen. Niemals hätte sich Mohammed Al-Fayed vorgestellt, dass Dodi, der Neffe Khashoggis, als Opfer ausgewählt werden würde, noch dazu mit Diana an seiner Seite! Wenn er ein Verfahren ums andere gegen die Fotografen einleitete, ging es ihm vermutlich nicht darum, sie als die Unfallverursacher zu beschuldigen, sondern sie dazu zu bringen, zuzugeben, was sie gesehen hatten. Er wollte wissen, was die französischen Behörden während des Polizeigewahrsams aus ihnen herausgelockt hatten und was niemals durchgesickert war. Wenn man sich das unnatürlich furchtsame und ausweichende Verhalten des Fotografen Serge Benhamou (einer der damals verhafteten Fotografen) noch Jahre nach dem Unfall vergegenwärtigte, schien es mit der angeblich eingekehrten Ruhe nicht weit her zu sein. Die als erste am Unfallort Angekommenen wirkten, als würden sie zeit ihres Lebens das Verhalten von Gehetzten haben, deren Heil in ihrem Schweigen liegt. Im Einvernehmen mit den französischen Ermittlern hat keiner von ihnen speziell eine Aussage über die Anwesenheit von Leuten auf der Place Vendôme gemacht, die weder Fotografen waren (sie kannten sich untereinander alle) noch Touristen. Auch über die Anwesenheit von James Andanson in Paris am 30. August 1997 hat kein einziger Fotograf ein Wort verloren. Für jemanden, der wusste, dass Andanson noch andere »Auftraggeber« hatte, war das eine Bestätigung, dass die Paparazzi in dieser Hinsicht nachdrücklich aufgefordert worden waren, zu schweigen. Von den französischen Behörden geschützt, obwohl es in seinen diversen Alibis ziemlich durcheinanderging, war der Geheimdienstagent und Fotograf dafür von Mohammed Al-Fayeds Detektiven identifiziert und seines Doppelspiels überführt worden. Als sie darauf kamen, dass der »König der Paparazzi« ausgerechnet einen weißen Fiat Uno besaß, nutzten sie die Gelegenheit sofort, um ihn in das Zentrum der Ermittlungen zu bugsieren. Vergeblich.

Darüber, ob es Beziehungen zwischen den Al-Fayeds und Andanson gegeben hat, ist nichts Spezielles bekannt, ich habe aber auf manchen Internetseiten ein ohne Namensnennung des Fotografen abgebildetes Foto von Dodi entdeckt, das mich vermuten lässt, dass er und Andanson einander gekannt haben. Wenn dies stimmt, so hätte es der berühmte Paparazzo wieder einmal geschafft, unter dem Vorwand, Porträtfotografien zu machen, zum privaten Kreis »sensibler« Persönlichkeiten Zugang zu finden. Dieses Foto zeigt Dodi, den Blick direkt in die Kamera gerichtet und das Kinn auf den gefalteten Händen ruhend – eine Pose, die in allen Punkten mit derjenigen übereinstimmt, die Andanson Frédéric Dard für sein berühmtestes Porträt einnehmen ließ. Legt man die Fotos übereinander, so gibt es überhaupt keinen Zweifel mehr, es sei denn, man nimmt an, dass Andanson plagiiert worden ist!

August 1997. Im Kielwasser der *Jonikal*, die vor der italienischen Küste von Portofino bis Portonovere kreuzte, hatte Andanson das Kommando über ein Schiff übernommen, das er regelrecht beschlagnahmt hatte, um seinem Überwachungsauftrag nachzukommen. Guy Anser, der Kapitän, erinnerte sich noch an das hysterische Verhalten des Fotografen, der in ein Megafon brüllte, dass er »Diana und Dodi verfolge«. Dieses Verhalten war höchstgradig anormal und die Verfolgungsjagd grenzte ans Absurde, denn Andanson hatte mit der komplizenhaften Unterstützung des Paares bereits Hunderte von Fotos aufnehmen können. Guy Anser war Zeuge, wie zuvorkommend sich Dodi und Diana auf der Brücke der *Jonikal* zeigten und sich küssten. Doch Andanson war wie entfesselt und wollte nicht von ihnen ablassen. Es kann sein, dass der nette Paparazzo für die Fayeds in diesem Moment in die Kategorie der verdächtigen Individuen hinüberwechselte. Guy Anser erinnert sich, wie Dodi vor der Insel Elba, begleitet von seinen beiden Bodyguards, im Motorboot der *Jonikal* auf Andansons Schiff zusteuerte und ihm drohte, dass er ihn bei der italienischen Poli-

zei anzeigen werde. Andanson soll ihm überheblich geantwortet haben: »Wenn Sie das machen, rufe ich alle an und morgen haben Sie 50 Schiffe am Hals.«
Dies ist derselbe Andanson, der der offiziellen Version zufolge darauf verzichtet hat, Dodi und Diana zu folgen, als der Harrods-Jet nach Paris abhob. Doch wie könnte man sich vorstellen, dass der Fotograf fernab der Hauptstadt blieb, die, wieder der offiziellen Version gemäß, vor Spannung knisterte, einer Spannung, die den Auftakt für das Drama bildete? In Wirklichkeit wusste Andanson, dass in Paris etwas geschehen würde, er war sogar über den Ort und die Stunde im Bilde. Seine Kontakte zum Geheimdienstmilieu, zu Killern und Agenten – die einige Beobachter zur Stunde seines Todes auf dem Larzac-Plateau identifiziert zu haben glauben – mochten es ihm erlaubt haben, an diese Informationen heranzukommen.

Douce France

Damit der »Auftrag« ausgeführt werden konnte, war ein guter Grund nötig, um Dodi nach Paris zu locken. An Geschäften seines Vaters oder solchen aus dem Khashoggi-Dunstkreis, die von den Geheimdiensten observiert wurden, mangelte es nicht.
Dass die Wahl auf Frankreich fiel, hatte mit Sicherheit mit dem Stellenwert zu tun, den das Land im internationalen Waffen- und Erdölhandel einnahm. Dodi Al-Fayed zu Verhandlungen in ein solches Land kommen zu lassen, entsprach der Logik. Die Fayed- und die Khashoggi-Familie waren nicht die einzigen, die hier Interessen hatten. In Paris verhandelte man mit so unterschiedlichen Geschäftsleuten wie Arkadij Gajdamak (jüngst glückloser Kandidat für die Übernahme von *France-Soir)* oder Nadhmi

Auchi (Brite und Großaktionär bei der Bank Paribas und der Ölgesellschaft Elf). Zu diesem Business gehörten auch die unumgänglichen Franzosen mit Verbindungen zur Politik wie Etienne Léandri (gestorben 1995), ein Mitbegründer der gaullistischen SAC[77]. Mitarbeiter oder Partner Léandris tauchen heute wieder in zahlreichen Affären auf, die ins Gerede gekommen sind. Um nur einige zu nennen: Pierre-Philippe Pasqua, Jean-Charles Marchiani und Pierre Falcone. Letzterer gehörte früher der SOFREMI an[78], einer auf Waffenverkäufe spezialisierten Firma.
Frankreich dürfte auch deswegen ausgesucht worden sein, weil vom Ritz aus oder in den Räumen des Ritz Verhandlungen und Geschäfte gemanagt wurden und dort ein bedeutender Teil all dessen zur Verfügung stand, was man für die Durchführung benötigte: ein abrufbereiter Chauffeur und ein einsatzbereites Fahrzeug aus dem Fuhrpark von Étoile Limousine. Es war zudem der ideale Rahmen, um Mohammed Al-Fayed da zu treffen, wo es schmerzte, und sicherzustellen, dass er die Handschrift der Auftraggeber unzweideutig an der Methode wiedererkannte. Man zielte gegen eines der Symbole seines Erfolgs in Europa und ruinierte den Ruf seines Luxushotels, dessen Vizesicherheitschef als Alkoholiker hingestellt wurde und dessen bestochene Barkeeper, Fahrzeugbetreuer und andere Portiers bereitwillig gegen ihren Chef aussagten. Die Organisatoren des Unfalls konnten sich auch auf die örtlichen Netze und deren ängstliche oder korrupte Ansprechpartner stützen, an die man herantreten konnte, wenn die Folgen eines »Auftrags« eine gewisse Nachsichtigkeit bei den Ermittlungen und Gerichtsverfahren erforderlich machten. Hatte mir nicht Mohammed Al-Fayed bei einem unserer Gespräche dazu schon eine versteckte Andeutung gemacht, dass ich einmal bei den französischen Freimaurernetzen nachspüren könnte? »Ich kann es einfach nicht glauben, dass eine große Demokratie und ein großes Volk immer noch diese unglaubliche Mentalität aus den Zeiten des französischen Kaiserreichs haben! Zur Zeit Napoleons hat es Geheimbünde gegeben

und es gibt sie immer noch. […] Warum haben die französischen Geheimdienste den britischen Unterstützung geleistet?« Die »jenseits der sozialen Normen Agierenden« aus den französischen Freimaurerlogen sind seit langem Meister des Zynismus, des Umgangs mit Schwarzgeldern und der Vorteilsnahme. Wie Alain Bauer, der ehemalige Großmeister des Großen Orient, in *Le Crépuscule des Frères*[79] (Der Niedergang der Brüder) ausführt, hat die Krise des Freimaurertums, die seiner Ansicht nach dessen baldiges Ende ankündigt, unweigerlich die Funktionsfähigkeit des Staats in ihr Gegenteil verkehrt: »Die Politik ist ihrerseits in Turbulenzen geraten. Insbesondere in Frankreich sind die Abgeordneten wieder zu skrupellosen, zwischen Korruption, Amtsmissbrauch und Skandalen hin- und hergeworfenen Arrivisten geworden.« In Bezug auf seine düsteren Feststellungen zitierte Alain Bauer Camille Savoire, den Großkommandeur des »Grand Collège des Rites«. Dieser hatte bereits 1926 daran erinnert, dass die Geschichte des Freimaurertums Legenden hat entstehen lassen, die von ihren Urhebern genutzt wurden, um ihren alten Ursprung nachzuweisen und ihre Macht zu etablieren: »Sie führten ihre Herkunft auf Gesellschaften von Eingeweihten, deren Existenz häufig nicht belegt war, oder auf Ritterorden des Mittelalters zurück, ohne sich um die Verbindungslinien zwischen den einen und den anderen besondere Gedanken zu machen. So werden wir uns nicht mit der Untersuchung dieser Legenden aufhalten, deren Hauptziel es häufig war, über diese Geheimniskrämerei falsche Adelsbriefe zu produzieren, welche in den Dienst von Machenschaften gestellt wurden, bei denen Privatinteresse, Eigensucht und Profitgier nicht ausgeschlossen waren.« Die Motive eines Teils dieser im Verborgenen agierenden Kreise der europäischen Gesellschaft, die mit der »anderen Welt« in Verbindung stehen, unterscheiden sich in Frankreich nicht allzu stark von denen in England, wo das Establishment ebenfalls versucht, seine Macht zu erhalten und sich dabei auf Theorien stützt, die ebenso aus dem Bereich der Legenden gegriffen sind.

Die Funktionsweise der französischen Justiz mochte diejenigen Bürger des Landes, die nie mit ihr zu tun gehabt hatten, vor den Kopf stoßen, seit sie einen so chaotischen Umgang mit der Diana-Affäre an den Tag gelegt hatte. Doch hier war natürlich die Frage zu klären, wessen Interessen durch das Ergebnis der von Untersuchungsrichter Stephan betriebenen Ermittlungen geschont wurden. Dieser Aspekt ist immer noch genauso undurchsichtig wie zuvor. Mit Sicherheit hängt er mit der Persönlichkeit des »Auftraggebers« der »Exekution« zusammen, mit den verschiedenen Druckmaßnahmen, die ergriffen worden sind, und mit den Machenschaften verschiedener Geheimdienste, die dadurch geschützt werden, dass ihnen in Frankreich absolute Straffreiheit gewährt ist. Gegen Henri Paul hätten sicher ganz andere Dinge als Alkoholmissbrauch vorgebracht werden können, wenn es das Ziel der französischen Untersuchung gewesen wäre, Täter zu ermitteln, die einen vorsätzlichen Mord begangen hatten. Doch wie auch bei anderen Affären schienen die Ermittlungen zu den Vorfällen im Alma-Tunnel ausschließlich auf die Erhebung belastender Beweise gegen einen bereits im Voraus bezeichneten Schuldigen ausgerichtet gewesen zu sein, mit einer These, die man um jeden Preis hatte durchsetzen wollen.

Absprachen

Der britische Geheimdienst hatte diverse Daten registriert, aus denen hervorging, dass eine Operation gegen Dodi Al-Fayed im Gange war. Dazu hatten einerseits die in Paris tätigen Agenten des Intelligence Service beigetragen, vor allem aber waren von der NSA Telefongespräche abgehört und über die CIA nach England übermittelt worden. Ein Plan, bei dem Dodi Al-Fayed erwischt werden sollte – und zwar mittels eines Unfalls des Wagens, der die Prinzessin transportierte –, könnte den Hardlinern im Establishment in diesem Sommer 1997, der ihnen durch Dianas Provokationen gründlich vermiest worden war, perfekt gelegen gekommen sein, waren sie doch ohnehin seit langem bestrebt, den deplatzierten Aktivitäten dieses Goldvögelchens, das zur Paria des Königreichs mutiert war, ein Ende zu setzen. Es handelte sich in den Augen des MI 6 um eine »eher softe« Aktion. Der MI 6 sollte daran nicht teilnehmen, sondern sich darauf beschränken, den Ablauf der Operation zu beobachten, die von Spezialisten durchgeführt werden würde, welche von Al-Fayeds Feinden gedungen waren. Als die Berater der königlichen Familie von dem Unfall und bald darauf von Dianas Tod erfuhren, fiel ein Beschluss: Ganz gleich, wer die Auftraggeber waren, die Krone hatte die Störerin los und die Version vom gewöhnlichen Verkehrsunfall passte perfekt. Der Intelligence Service wurde also beauftragt, mit den politischen Verantwortlichen vor Ort, die man mitten in der Nacht aus dem Schlaf gerissen hatte, über die Modalitäten, wie das Ereignis gehandhabt und dargestellt werden sollte, zu verhandeln.

In der von den Urhebern der »Unfalltheorie« ausgearbeiteten offiziellen Version stand eine wilde Verfolgungsjagd im Mittelpunkt, die von einer Meute Paparazzi ausgelöst worden sei. Damit ließen sich die überhöhte Geschwindigkeit und der Kontrollverlust über den Wagen erklären. Dass hiermit die Romanze des Sommers beendet war, musste bereits an sich ein ausreichender Grund sein, um die Auflagen in die Höhe schnellen zu lassen, die Angelegenheit unter die »Vermischten Nachrichten« zu verweisen und damit entsprechend die Neugier von Journalisten der sogenannten »seriösen Presse« zu dämpfen. Doch mit den fix fabrizierten Absprachen, die alle anderen Hypothesen im Keim ersticken sollten, gingen ein paar Dinge schief. Um die Unfalltheorie glaubwürdig zu machen, musste die von den Fotoagenturen rasch abgestrittene Verfolgungsjagd hastig mit Hilfe der ebenfalls umstrittenen Version vom alkoholisierten Zustand des Fahrers abgestützt werden. Nachdem man den Schuldvorwurf gegen die Fotografen lahm zurückgenommen hatte und später damit gescheitert war, ein Kollisionsfahrzeug (den Fiat Uno) zu postulieren, griffen die französischen Ermittler schließlich auf eine fragwürdige Blutprobe zurück.

»Die Indianer umzingeln den Treck« – dieses Szenario, das man den Medien hatte verkaufen wollen, wäre am Anfang beinahe fehlgeschlagen, so deutlich hatte die Belagerung der »Turteltäubchen« durch die Fotografen seit ihrer Rückkehr von der Côte d'Azur nachgelassen. Es war eine Komponente des Plans gewesen, der Dianas Anwesenheit eigentlich vollen Erfolg hätte garantieren müssen, ohne dass Eingriffe notwendig gewesen wären. Übrigens hätte die Operation, so wie sie sich abgespielt hat, ohne Diana gar keinen Sinn gehabt: Wäre Dodi Al-Fayed allein gewesen, warum hätten sich die Paparazzi hysterisch auf ihn stürzen sollen? Um eine Spannung zu belegen, die in Wirklichkeit nicht existierte, provozierte offenkundig ein »freier Mitarbeiter« des Ritz am Nachmittag in der Rue Arsène-Houssaye eine vorgebliche heftige Auseinandersetzung. Schließlich wurde gegen 22 Uhr bei allen Fotoagenturen angerufen, um möglichst viele der in Paris verfügbaren Fotografen zusammenzutrommeln. So entschloss sich unter anderen Jacques Langevin endlich dazu, am Hinterausgang des Ritz in der Rue Cambon Stellung zu beziehen, wo auch einige Kollegen warteten.

Kein Journalist hat sich vorgewagt und die zahlreichen Ungereimtheiten aufgezeigt, die sich aus den verschiedenen Anpassungen der offiziellen Version ergaben. Das Risiko, sich in Misskredit zu bringen, wenn man verdächtigt wurde, der berühmten (oder berüchtigten) »Verschwörungstheorie« anzuhängen, war zu real. Was die unangenehmen Konsequenzen betraf, falls sich Jahre später der offizielle Standpunkt ändern und dann der »Unfalltheorie« zuwiderlaufen würde, so kämen mit Sicherheit nicht die Geheimdienste in Erklärungsnotstand, sondern die politisch Verantwortlichen vor Ort, die Ermittlungsbehörden, die Richter, die Staatsanwälte und die Journalisten! Die chaotische Funktionsweise der französischen Justiz, die 2005 im Skandal um den Pädophilie-Prozess in der Stadt Outreau ans Tageslicht gekommen ist – zahlreiche Unschuldige saßen mehrere Jahre im Gefängnis – vermittelt eine Ahnung davon, was uns in einem solchen Fall erwarten könnte. Jean-Yves Monfort (der Präsident des Versailler Gerichts, an das der »Blutproben-Fall« verwiesen wurde) ist von Dominique Simonnot in der *Libération* vom 15. März 2006 zu diesem Justizskandal befragt worden. Er bezichtigte die Presse, ein beispielloses Doppelspiel betrieben zu haben: »Ich habe mir noch einmal angesehen, was die Journalisten am Anfang geschrieben haben. Sie sind losgestürmt, ohne nach rechts und nach links zu blicken. Alle! Mit fürchterlichen Schlagzeilen, mit Fakten, die sie vollkommen distanzlos und quasi hautnah in der Gegenwartsform schilderten, ohne dass irgendeine Gegenstimme vernehmbar gewesen wäre! Jetzt gehen dieselben plötzlich auf den Untersuchungsrichter Burgaud oder den Staatsanwalt los ... Das kann einem zu denken geben!« Neun Jahre nach dem Alma-Crash ist es in der Diana-Affäre noch nicht so weit. Es bleibt abzuwarten, ob mögliche, aber wenig wahrscheinliche Enthüllungen im Rahmen des von Coroner Burgess geleiteten Verfahrens Feindseligkeiten auslösen werden oder nicht.

Die Todeslimousine

31. August 1997, 0.20 Uhr, Rue Cambon. Der »Ersatz«-Mercedes, der von einem »Ersatz«-Fahrer gesteuert wird und in dem nur noch ein Leibwächter sitzt statt derer zwei, verlässt das Ritz und nimmt eine Richtung, die alle überrascht. Er bewegt sich mit

gemäßigter Geschwindigkeit, gefolgt von den paar Fotografen, die vorhaben, ihn bis zu Dodis Wohnung in der Rue Arsène-Houssaye zu eskortieren, bevor sie selbst Feierabend machen. Doch am Fuß des Obelisken auf der Place de la Concorde biegt Henri Paul in Richtung Seine ab und nimmt den Cours la Reine. Etwas weiter vorne ist die »Flamme der Freiheit« zu sehen, die sich über der Wölbung des Alma-Tunnels erhebt. Ab diesem Moment gehen die Schilderungen auseinander. Gesichert scheint zu sein, dass der Mercedes S 280 von jetzt an mit höherem Tempo gefahren ist. Die Beschleunigung hätte Henri Paul, der im Dienst und ein bewährter Fahrer war, sicher kein Problem bereitet, wenn er *selbst* es gewesen wäre, der aufs Gaspedal stieg. Die eklatanten Widersprüche in den Zeugenaussagen, den Polizeiberichten und den Gutachten machen es einem nicht leichter, eine klare Vorstellung davon zu gewinnen, mit welcher Geschwindigkeit die Limousine gefahren ist. Zudem hat der Zentralcomputer im Sicherheitsleitsystem der Pariser Polizeipräfektur, an den die Videokameras angeschaltet waren, welche die unfall- und stauträchtige Achse Place de la Concorde – Place de l'Alma rund um die Uhr überwachten, Besonderheiten weder signalisiert noch aufgezeichnet. Und doch verlor Henri Paul eben hier, bei der Anfahrt auf den Alma-Tunnel, die Kontrolle über den Mercedes. Dieser begann vehement zu beschleunigen und überholte, bevor er in den Tunnel einfuhr, den Motorradfahrer Éric Pétel, der von der Lichthupe des Mercedes gewarnt nach rechts ausscherte. Henri Paul war absolut Herr über seine Reaktionen, doch das Fahrzeug gehorchte ihm nicht mehr. Er muss wohl zu bremsen versucht haben, aber der Wagen zeigte keine Reaktion, und durch die Kurve und das leichte Gefälle nach innen am Eingang des Tunnels schleuderte der Mercedes gegen den 13. Stützpfeiler.

Keine Erklärung gibt befriedigenden Aufschluss über die kriminelle Methode, die hier zum Einsatz gekommen ist, mit Ausnahme einer Technik, die beim Film, bei der Armee und neuerdings sogar bei der Polizei genutzt wird: die Übernahme der Kontrolle über ein Fahrzeug von außen. Eines Tages werden wir einsehen müssen, dass hochentwickelte Technologien in unserer »gewöhnlichen Welt« einen bedeutenden Platz erobert haben. Würde man einmal gründlicher nachdenken als die Sekunde, die ein Passant bei einer Spontanumfrage für eine Nachrichtensendung hat, dann käme einem vielleicht der Gedanke, dass in unserer Gesellschaft die Dinge nicht immer exakt so funktionieren, wie wir es zu wissen glauben. Ebenso könnte hier der umfangreiche Einsatz der Elektronik in Serienfahrzeugen einem jeden Denkanstöße geben. 2004 ging der Fall des Renault Velsatis durch die Medien, der mit Tempo 200 längere Zeit auf der französischen Autobahn A 71 dahinbrauste, ohne dass der Fahrer etwas machen konnte, als zu versuchen, den vor ihm fahrenden Autos auszuweichen. Man hatte in dem Fall eine Funktionsstörung des elektronischen Geschwindigkeitsreglers vermutet. Ein Gendarm, der mit dem Fahrer am Telefon während des ganzen Zwischenfalls in Telefonkontakt gewesen war, erzählte in *Le Monde* vom 8. Oktober 2004: »Jedes Mal, wenn wir gesprochen haben, hat er auf uns wie jemand gewirkt, der die Wahrheit sagt und der stärker und stärker verängstigt ist.« Dieses Phänomen ist kein Einzelfall, weitere Vorfälle dieser Art sind seither bekannt geworden. Man kann die Verlegenheit von Renault nachvollziehen, und vergleichbar war nach dem Unfall im Alma-Tunnel die Reaktion bei Mercedes. Doch der Mercedes 280, der für die damalige Zeit extrem mit Elektronik vollgepackt war, hatte vielleicht kein zufälliges Problem mit der Technik. Denkbar wäre nämlich auch, dass die Funktionsstörung bewusst herbeigeführt worden ist. Die Karosserie von Dianas Wagen, der nach dem Einsatz der Blechschere buchstäblich nur noch Schrott war, ist lang und breit von Gutachtern untersucht worden. Dabei wurde keine Anomalie in den elektronischen Schaltkreisen festgestellt. Genau so war es auch bei dem Velsatis von der A 71, der Zwischenfall hatte weder materiell noch im Bordcomputer Spuren hinterlassen, wie aus einem Gutachten hervorgeht, das ein von Renault beauftragter Spezialist im Technologiezentrum des Autobauers erstellt hat. Ein Sprecher der Firma erläuterte am 8. 10. 2004 gegenüber *Le Monde*: »Im elektronischen Speicher ist kein Zwischenfall verzeichnet und an den Bremsen erkennt man keine Spuren einer starken Bremsung.« Gleich lautende Aussagen wie bei dem im Alma-Tunnel verunglückten Mercedes! Der Renault-Gutachter präzisierte außerdem: »Wir verneinen nicht, dass es in der Fahrzeugelektronik zu einem Programmfehler kommen kann. Doch wir bestreiten, dass man eine Stunde mit Tempo 200 fahren kann, ohne dass es einem gelingt, den Wagen anzuhalten.«

Für Henri Paul ging es nicht um eine Stunde, sondern vielleicht um zehn Sekunden, sodass ihm unendlich weniger Zeit blieb, den dahinrasenden Wagen zu stoppen. Die Bemerkung erübrigt sich, dass sein angeblich alkoholisierter Zustand unter diesen Umständen beträchtlich an Bedeutung verlor. Ob der Fahrer betrunken oder nüchtern war, änderte praktisch nichts, wenn der Wagen von außen ferngesteuert wurde. Bei der Entscheidung, den gepanzerten Mercedes mit Chauffeur Philippe Dourneau durch ein anderes Fahrzeug zu ersetzen, das Henri Paul anvertraut worden war, handelte es sich, wie inzwischen klar geworden sein dürfte, nicht darum, Diana und Dodi vor den Paparazzi zu schützen. Man ließ das Paar in einen Wagen aus dem Fuhrpark von Étoile Limousine steigen, dessen Bordcomputer nach einem merkwürdigen Diebstahl, der sich einige Monate zuvor in Paris ereignet hatte, ausgetauscht worden war. Der Mercedes hatte nach dem Vorfall eine Zeit lang vor Blicken geschützt in einer Werkstatt in Saint-Ouen gestanden, bis er zwei Monate vor dem Alma-Unfall wieder im Bestand von Niels Siegel, dem Geschäftsführer der Firma Étoile Limousine, auftauchte. Zwei Monate vor der Ausführung des »Auftrags«, wenn man bei der hier aufgestellten Hypothese bleibt. Damit aus der Operation kein Risiko für andere elektronisch gere-

gelte Fahrzeuge erwuchs, hatte man das elektronische Gehirn des Kamikaze-Wagens ausgetauscht und die spezifischen Codes des Geschwindigkeitsreglers festgehalten. Der Sender wird entweder direkt im Alma-Tunnel montiert gewesen sein oder sich im Kofferraum eines Wagens oder auf einem Motorrad vor dem Mercedes befunden haben. Unserer neuen Hypothese nach wusste James Andanson über diese Strategie Bescheid, was ihm ermöglicht hat, die teuersten Bilder seiner Karriere zu machen. Aber sie sollten sich als tödlich erweisen. Sein Ziel war wahrscheinlich nicht deren Veröffentlichung, sondern er wollte ein gutes Geschäft damit machen. Der auf seinem Motorrad im Tunnel wartende Andanson war vielleicht der Grund für das seltsame Verhalten des sich ständig umdrehenden Fiat-Uno-Fahrers, den das Paar Georges und Sabine beschrieben hat[80]. Die beängstigende Hypothese, dass der Mercedes ferngesteuert wurde, ohne dass dies im Nachhinein feststellbar gewesen wäre, lässt Sir John Stevens ziemlich wenig Chancen, mit seinen Gutachtern etwas Neues an dem Fahrzeugwrack zu entdecken, das er im Sommer 2005 kostenaufwändig und nach schwierigen Verhandlungen mit den französischen Behörden nach England hat kommen lassen.
Christian Curtil, der Rechtsanwalt des Leibwächters Trevor Rees-Jones, hat keine guten Erinnerungen an die wiederholten Anträge, die er wegen dieses Wagens an den französischen Untersuchungsrichter gestellt hat. Den angeforderten Bericht zum »Innenleben« des Wagens hat er nie bekommen. Im August 1998 war das Verhältnis zwischen den unterschiedlichen Verfahrensbeteiligten reichlich gespannt. Ein Jahr nach dem Crash hatte Curtil nach langem Beharren bei Untersuchungsrichter Stephan immerhin erreicht, dass Niels Siegel, der Geschäftsführer von Étoile Limousine, erneut verhört wurde. Dies geschah am 25. August, doch die Vernehmung wurde diesmal von der zweiten Richterin Marie-Christine Devidal durchgeführt. Trevor Rees-Jones vermerkt dazu in seinem Buch: »Es war eine symbolische Botschaft,

dass unser Antrag als zweitrangig eingestuft wurde. Wenn der Staatsanwalt einmal Verdächtige benannt hat, dann zieht der Untersuchungsrichter das selten in Zweifel.«
Trevor Rees-Jones' Anwalt musste feststellen, dass Niels Siegel die Schuld an dem Fahrertausch und an der Wahl dieses Wagens auf die Toten abwälzte: Dodi und Henri Paul. Der Chef von Étoile Limousine berief sich darauf, an jenem Abend nicht im Ritz gewesen zu sein, was ihm in seinen eigenen Augen eine blütenweiße Weste verlieh. Er wurde nicht weiter behelligt.
In dieser sehr spannungsreichen Zeit erhielt Christian Curtil zahlreiche Drohanrufe und Drohbriefe. Trevor Rees-Jones, der ebenfalls massiv belästigt wurde (was niemanden überraschen wird), erinnert sich an einen Vorfall eine Woche vor dem 31. August 1998: »Curtil hatte gerade den Innenhof seines Hauses überquert und ging auf den Lift zu, als ein großer, ziemlich dicker Mann, der einen weißen Turban trug, aus dem Schatten trat und ihm einen heftigen Schlag mitten ins Gesicht versetzte [...] Der Angreifer sprach kein Wort und versuchte nicht, Curtil die Aktentasche zu entreißen.« Der Mann meldete sich einige Zeit darauf telefonisch: »Das nächste Mal bist du dran.« Eine Begebenheit wie aus einem Krimi, Curtil nahm sie nicht auf die leichte Schulter. Er meldete sie beim Innenministerium, dann erstattete er Anzeige. Doch das Verfahren wurde eingestellt.

Gestörte Abläufe

Auch heute noch ist es schwer nachvollziehbar, wie die »Paparazzi-Version« auch nur einen Moment lang glaubwürdig erscheinen konnte oder wie sie dann von der Presse, die die Fotografen von vorneherein wegen einer imaginären Schuld mit Vorwürfen überhäuft hatte, mühelos wieder fallen gelassen wurde. Wie gelang es, die Fakten so zu verdrehen, dass aus den Reportern, die objektiv Dianas Verbündete waren, unerbittliche Feinde wurden, derer man sich um jeden Preis entledigen musste, selbst wenn man dafür unvorsichtige Risiken einging und elementare Sicherheitsregeln außer Acht ließ, die im Ritz normalerweise sogar für den kleinsten Star aus dem Showbusiness galten? Wie hat jemand glauben können, dass die angespannte Atmosphäre, die innerhalb und außerhalb des Grandhotels spürbar war, einzig und allein auf die Anwesenheit der Bilderjäger zurückzuführen war? Denn die Spannung im Ritz war real. Die beiden Bodyguards, Trevor Rees-Jones und Kes Wingfield, hatten erfasst, dass eine ernste Gefahr drohte. Ohne eingeweiht zu sein, hatten die beiden Ex-SAS-Kämpfer deutlich gewittert, dass irgendetwas Anormales im Gange war. Später haben sie erklärt, dass sie sich gegen diese absolut ungewöhnliche Fahrt gesträubt haben, zu der der Sohn des Chefs in einem Ersatzfahrzeug und ohne Begleitwagen, der ihn zur Sicherheit eskortierte, aufbrechen sollte!

An jenem Samstag, den 30. August 1997, lief für Dodi ab 22 Uhr nichts mehr wie vorgesehen. Seit der Absage des Abendessens im Restaurant »Chez Benoît« hatten sich Störungen in den Ablauf seines Geschäftsreise-Programms eingeschlichen. Nachher sind diese unvorhergesehenen Komplikationen wieder einmal naiv mit der Anwesenheit von ein paar Fotografen erklärt worden. Doch wenn das besagte Abendessen im »Chez Benoît« von den mysteriösen Geschäftsleuten, die daran teilnehmen sollten, abgesagt wurde, so wohl einfach deswegen, weil es gar nicht stattfinden sollte. Es war – unserer Hypothese gemäß – schon so im Plan vorgesehen. So aus der Luft gegriffen es in den Augen jener, die sich in holprigen Erklärungen über einen gewöhnlichen Autounfall verlieren und die Möglichkeit einer geplanten Tat bestreiten, auch wirken mag: Es hat sich hier tatsächlich schlicht und einfach darum gehandelt, Dodi nach Paris zu locken, um ihn durch den

Alma-Tunnel zu schicken. Ich habe oft gehört, wie die Hypothese eines Verbrechens mit der Begründung zurückgewiesen wurde, die List mit dem Tunnel wäre zu kompliziert gewesen und es hätte weitaus einfachere Mittel gegeben, ihn zu töten. Gerade als ob die Anhänger der Unfalltheorie große Experten in der Ausführung von Killeraufträgen wären … Damals war es vor allem darauf angekommen, die Aufmerksamkeit der Öffentlichkeit nicht auf die Realitäten der »anderen Welt« zu lenken, deren Lebensart wenig mit der Hochglanzversion zu tun hatte, welche die Regenbogenpresse davon vermittelte. Nicht ausgeschlossen ist dagegen, dass Dianas Tod ein zweites »Team« auf den Plan gebracht hat, das sich der Operation ohne Wissen der ursprünglichen Organisatoren hinzugesellte – »Trittbrettfahrer« in gewisser Hinsicht.
Dodi hatte Diana, deren Widerwillen immer deutlicher wurde, zu dem Aufenthalt in Paris mitgeschleppt, damit sie an seinem Geschäftstreffen teilnahm. Als dieses abgesagt wurde, hieß es sich zu gedulden, bis neue Weisungen eintrafen und man mit den besagten Geschäftsleuten verhandeln konnte. Also Rückkehr ins Ritz und Warten in der Kaisersuite! Später wurde das im luxuriösen Restaurant der Nobelherberge begonnene Abendessen auf Dianas Wunsch in der Kaisersuite fortgesetzt, wo sie davor geschützt waren, von der feinen Klientel angestarrt zu werden. Sie zeigte sich ab da äußerst schlecht gelaunt angesichts dieser angeblichen »Geschäftsleute«, die so wenig Aufhebens von ihrer Stellung und ihrer Bekanntheit machten. Die Hektik, von der Dodi mehr und mehr erfasst wurde, trug nicht dazu bei, sie zu beruhigen, je länger sich das Warten hinzog.
Mir scheint meine folgende Hypothese nach wie vor plausibel: Zwischen 22 Uhr und Mitternacht kamen die »Geschäftsleute« ins Ritz. Es gab eine Besprechung, bei der man sich auf einen ruhigeren Ort verständigte, an dem sich besser diskutieren ließ. Die Wahl fiel auf das Passy-Kennedy-Gebäude im 16. Arrondissement von Paris.

Es ist bekannt, dass Dodi am Abend von seinem Handy aus zahlreiche Gespräche geführt hat, vor allem mit seinem Vater. Gewisse Beobachter geben an, er habe auch mit seinem Onkel Adnan Khashoggi und seinem Cousin Hassan Yassin telefoniert, der sich allerdings in dieser Nacht selbst im Ritz aufhielt. Zu dem saudischen Geschäftsmann Hassan Yassin sei erwähnt, dass er als Presseberater an der Botschaft von Saudi-Arabien in Washington tätig war, vor allem aber arbeitete er eng mit Khashoggi zusammen.
Ich sollte am 1. Februar 2002 Gelegenheit haben, mit Mohammed Al-Fayed über diese äußerst angespannten Stunden, die dem Drama vorangingen, zu sprechen. Er ließ es bei einer vagen Beschreibung des Kommens und Gehens im Ritz bewenden und blieb vor allem bei der These, dass sich auf der Place Vendôme zahlreiche Paparazzi versammelt hätten, wobei er mich jedoch wissen ließ, unter ihnen seien bestimmte nicht identifizierte Individuen gewesen, die keine Fotografen waren. Dieses Gespräch, bei dem seine Worte zweifellos aufrichtig klangen, könnte bestätigen, dass er nicht über den nächtlichen Termin seines Sohns auf dem Laufenden gewesen ist. Dies würde darauf hindeuten, dass die Angelegenheit, die Dodi an diesem Abend zu besprechen hatte, eher mit Adnan Khashoggis Einflusssphäre zusammenhing. Übrigens hat mir Mohammed Al-Fayed nicht widersprochen, als er meinen Dokumentarfilm *Lady Died* vorab ansah, in dem ich das erste Mal explizit den Termin im Passy-Kennedy-Gebäude ansprach. Seine Berater ließen mich sogar wissen, er sei zufrieden mit dieser Arbeit, und sie versicherten mir, dass meine Untersuchung der Wahrheit etwas näher zu kommen scheine als andere. Wie dem auch sei, bei unserer Begegnung im Jahr 2002 in seinem Büro bei Harrods hat mir Mohammed Al-Fayed jedenfalls bestätigt, dass er an jenem Abend mehrmals mit Dodi telefoniert hat. Doch schien ihm, anders als man meinen könnte, die Kontrolle über das Geschehen entglitten zu sein. Er sagte, er habe Dodi gegen Mitternacht gebeten, das Ritz nicht zu verlassen: »›Du brauchst nicht

zu deiner Wohnung zu fahren. Bleib da!‹ Aber er hat nicht auf mich gehört.«[81]

Aus Al-Fayeds Sicht trägt nun Henri Paul eine große Schuld. Er soll Dodi überredet haben, trotzdem wieder rauszugehen, wobei er sich selbst an das Steuer eines anderen Wagens setzte. Dodi war offenbar zwar fest entschlossen, zu seinem Termin zu fahren, doch die Idee mit dem Fahrzeugwechsel, um unerwünschten Paparazzi zu entwischen, könnte in der Tat von Henri Paul gestammt haben. Mohammed Al-Fayed sagte mir, Henri Paul sei in Dodis Suite heraufgekommen, um ihn entgegen den Empfehlungen des Vaters zur Abfahrt zu überreden. Al-Fayed vertraute mir an[82], er sei überzeugt, dass der Vizesicherheitschef des Ritz am Nachmittag von Agenten des französischen und des britischen Geheimdiensts für diesen Auftrag instruiert worden sei. Das Bargeld, das man bei seiner Leiche gefunden hatte, sei ein Beweis dafür.

Mohammed Al-Fayed durchlebte in London eine Nacht in grauenhafter Angst. Die ganzen Sicherheitsvorkehrungen und die Personalhierarchie waren über den Haufen geworfen worden, und er war überzeugt, dass in seinem Pariser Hotel etwas Unnormales vor sich ging. Gegen Mitternacht ist ihm wahrscheinlich klar geworden, dass sich die Situation unabänderlich seinem Einfluss entzog. Ohne physisch in der Lage zu sein, von England aus einzugreifen, erfuhr er eine halbe Stunde später von dem tödlichen Aufprall.

Der Termin im Passy-Kennedy-Gebäude

Der Zweck dieses Geschäftstreffens ist auch heute noch ein Rätsel, vielleicht war es lediglich ein Vorwand gewesen. Ich glaube dennoch, dass es mit Öl- und Waffengeschäften in Zusammenhang stand. Die Konversion von Petrodollars in Waffen war, wie schon beschrieben, der lukrativste, aber auch gefährlichste Geschäftsbereich, in dem sich die Angehörigen des Khashoggi- und des Fayed-Clans betätigten. Dianas Anwesenheit hätte auch ohne ihr Wissen im Rahmen von Verhandlungen sinnvoll sein können, bei denen es um die Ausnutzung eines »humanitären« Engagements gegangen sein könnte. Übrigens haben sowohl die Vertreter der Unfalltheorie als auch Mohammed Al-Fayed, obwohl er doch alle mit seinen Reden von einem Komplott auf die Fährte setzte, das Geheimnis um diese geschäftliche Besprechung aufrechterhalten. Meine obige Vermutung wurde bestätigt, als es mir gelang, einen der »Geschäftsmänner« zu identifizieren, mit denen Dodi verhandeln wollte. Es war ein ziemlich schwieriges Unterfangen gewesen, den Weg bis zu ihm zurückzuverfolgen, seit eines Tages einer seiner Bekannten eingewilligt hatte, mit mir über die Sache zu sprechen.

Diese Geschichte begann für mich bei Jean Durieux, dem ehemaligen Informationschef von *Paris Match*. Ich hatte ihn zu Hause aufgesucht, wie üblich allein und mit meiner Minikamera bewaffnet. Der Empfang war gleich sehr herzlich, als ich unseren gemeinsamen Freund Frédéric Dard erwähnte. Die langen Jahre seiner Tätigkeit bei *Paris Match* hatten Jean Durieux bereits viel früher als mich mit Dard zusammengebracht. Zu diesem Zeitpunkt meiner Recherchearbeit zur Diana-Affäre interessierte ich mich gerade für solche Informationen, die als nebensächlich angesehen worden waren und die keiner verwertet hatte. Durch den Fall des Motorradfahrers Éric Pétel stutzig geworden, war ich auf meinem einzelgängerischen Weg an diesem Punkt angelangt. Durieux gab zu, dass er Pétels Aussagen nicht besonders ernst genommen habe – was er bereute. Im Laufe unseres Gesprächs streute er mehr nebenbei eine Erinnerung an eine Unterhaltung ein, die einer seiner Mitarbeiter einige Zeit nach dem Unfall zufällig bei einer Abendgesellschaft in Paris mitbekommen hatte. Nicht selten überraschte man damals alle möglichen Leute dabei, wie sie die Gerüchte über Lady Di's Tod kommentierten oder behaupteten, darüber unerhörte Geheimnisse zu kennen. Diese Atmosphäre hielt ziemlich lange nach dem Unfall an, bis es sogar den routiniertesten Detektiven auf Pariser Pflaster zum Hals heraushing. Der Elan der polizeilichen Ermittlungen schwand dahin, das Leben nahm wieder seinen Lauf. Doch immerhin besaß Jean Durieux, auch wenn er seinerzeit dieses kleine Detail nicht verwertet hatte, nun die Telefonnummer eines jungen Mannes, der behauptete, über ein Treffen informiert zu sein, an dem Dodi am Abend des Unfalls teilnehmen sollte. Der berühmte Geschäftstermin!

Mit Ausnahme von Jean Durieux war nie einer der Spur nachgegangen. Als wir uns trafen, war sie schon in Vergessenheit geraten. Übrigens stellte niemand mehr die allgemein akzeptierte Version in Frage, der zufolge Dodi und Diana aus dem Ritz »geflüchtet« waren, um den Paparazzi zu entgehen und die Nacht in Dodis Wohnung an der Rue Arsène-Houssaye zu verbringen. Da ich jeder potenziellen Fährte nachspüren wollte, ließ ich mir von Durieux die wertvolle Nummer geben, die auf einer widerspenstigen Computerdiskette gespeichert war, die sich zunächst nicht öffnen lassen wollte. Nach dieser letzten Hürde nahm ich am 27. März 2002 problemlos mit dem jungen Mann Kontakt auf. Fünf Jahre nach dem Geschehen hatte er wie durch ein Wunder immer noch dieselbe Handynummer … Er bestätigte mir auf die alltäglichste Weise der Welt, dass er tatsächlich bei einer Abendgesellschaft von dieser Sache gesprochen habe, in die einer seiner Freunde verwickelt gewesen war. Die Natürlichkeit, mit der er sprach, stand in ungewöhnlichem Gegensatz zu der Geheimnistuerei und den dunklen Andeutungen, die ich von sonstigen Schilderungen her kannte. Ich hatte hier mit einem ziemlich jungen und gut erzogenen Menschen zu tun, der eine aufrichtige Bewunderung für jenen Freund gehegt zu haben schien, den ich von jetzt an »André« nennen werde. Leider war es mit der Freundschaft zwischen den beiden bald nach dem Alma-Unfall vorbei gewesen. Mein Gesprächspartner behauptete, er habe keinerlei Möglichkeit, sich mit ihm in Verbindung zu setzen, und vor allem auch nicht die geringste Lust, ihn wiederzusehen, nachdem er allein die Folgen der Pleite einer kleinen Firma hatte ausbaden müssen, die sie gemeinsam geleitet hatten. André, eine charismatische Persönlichkeit, hatte seine Talente damals für immer fragwürdigere Geschäfte genutzt. In der Nacht vom 30. auf den 31. August erhielt mein Informant von André einen aufgeregten Anruf, bei dem er ihm mitteilte, Dodi Al-Fayed sei soeben im Alma-Tunnel gestorben, auf der Fahrt zu demselben Termin, zu dem auch er gerade unterwegs gewesen sei. Damals um ein Uhr morgens hatte mein Gesprächspartner, wie er erläuterte, noch nichts von dem Unfall gewusst. Der Art nach zu urteilen, wie er mir Andrés Anruf schilderte, schien er nicht erstaunt gewesen zu sein, dass dieser »geschäftlich« mit Dodi Al-Fayed zu tun hatte.

Trotz meines Nachdrucks weigerte er sich, mir Andrés wirklichen Namen zu nennen, willigte aber nach einer guten halben Stunde zögernd ein, mir einige Fragen zu beantworten. Denn ich wollte unbedingt mehr erfahren: Er allein konnte mir grundlegend neue Aufschlüsse über die letzten Momente im Leben Dodi Al-Fayeds geben.

»Mein Kompagnon war mit drei anderen Personen zusammen, sie wollten zu dem Termin ... Meiner Erinnerung nach war es so, dass sie im Auto hinter ihnen hergefahren sind ... aber ich frage mich, ob mein Bekannter nicht im Foyer des Ritz gewesen ist ... ob es nicht so war, dass er dort Dodi Al-Fayed begegnet ist und der ihnen gesagt hat: ›Ich fahre zum Kennedy-Gebäude, kommen Sie dorthin!‹« Das Kennedy-Gebäude! Abgesehen von dem makabren Zufall, dass dieser Ort den Namen des in Dallas ermordeten Präsidenten trug, ließe sich damit der Weg, den Dodis Mercedes genommen hatte, erklären. Mit der Unfallthese hatten die Kommentatoren damals vor dem Rätsel gestanden, warum Henri Paul über den Alma-Tunnel fahren wollte, um vom Ritz auf die Champs-Élysées zu gelangen. Ihnen war dazu auch nichts eingefallen, außer Schätzungen, die ebenso beliebig wie die anderen

waren, auf denen die »richterliche Überzeugung« und die Entscheidungen des Staatsanwalts beruhten.
Die offizielle Bezeichnung dieses Gebäudes lautet Passy-Kennedy. Wieder ein Zufall. Halten wir fest, dass der in den 80er Jahren errichtete Bau unter anderem den Sitz einer Consulting-Gesellschaft beherbergt, die große Firmen der Verteidigungsindustrie wie Thalès, Matra oder GIAT Industries zu ihren Kunden zählt. Das neben dem Haus des Rundfunks gelegene Gebäude erstreckt sich längs der Seine an der Avenue du Président Kennedy; dies ist die Verlängerung der Avenue de New York, die am Alma-Platz beginnt. Die Fahrtstrecke wurde dadurch absolut logisch, und man fragte sich umso mehr, welche Gründe die französischen Ermittler bewogen haben mochten, diesen Aspekt zu ignorieren.
Mein Gesprächspartner behauptete, nichts über die Geschäftsleute zu wissen, die André begleiteten, was ich ihm nicht abnahm. Ich stellte ihm dennoch die Frage, was der Zweck des mitternächtlichen Geschäftstermins gewesen sein mochte – »zu einer bei den Saudis üblichen Stunde«, wie Khashoggis Biograf Ronald Kessler die geschäftlichen Gepflogenheiten der Kreise, in denen sich der berühmte Geschäftsmann bewegte, charakterisierte.
»Das Warum und Weshalb? Was der Gegenstand der Verhandlungen war und all das ...? Der Mann war Geschäftsmann – und bei ihm ging es nicht um Peanuts!«
Ich versuchte ihn noch etwas mehr auszuforschen und fragte, ob es sich um »große Geschäfte« gehandelt habe. Er antwortete wie aus der Pistole geschossen: »Ja! Aber worum es sich exakt gehandelt hat, weiß ich nicht ... Mir ist bewusst, dass diese Aussage wichtig ist ...« Ich wusste, dass Jean Durieux, der dieser Spur nicht weiter nachgegangen war, die Überlegung angestellt hatte, dass es Immobiliengeschäfte gewesen sein könnten. So stellte ich die Frage meinem Informanten, doch er erwiderte kategorisch: »Nein, nein! Er [André] hat mir als Einziges gesagt: ›Ich kann dir versichern, dass es nicht um Drogengeschäfte geht.‹«

Ich äußerte offen meinen Verdacht: »Waren es Waffengeschäfte?« – »Ich weiß nicht … Ich kann nicht leugnen, dass ich auch schon an so etwas gedacht habe …«
Er wusste über diesen Freund offenbar Dinge, die ihn immer noch schreckten. Er gab mir dann zu verstehen, dass unser Gespräch jetzt zu Ende gehen müsse.
Diese Aussagen waren von so großer Bedeutung, dass ich die Unterhaltung unbedingt später fortsetzen wollte. Leider bin ich bei meinen Untersuchungen manchmal etwas unvorsichtig gewesen, vor allem was den Gebrauch des Telefons anging. Wenn ich so tat, als ob systematisch die Sicherheit bestünde, dass die geführten Gespräche vertraulich blieben, verhielt ich mich wahrscheinlich wie die Anhänger der Unfallthese, die meinten, dass keinerlei Gefahr bestünde und dass man sich hüten müsse, in Verfolgungswahn zu verfallen. Nachdem keine neue Nachricht von meinem Informanten kam, beschloss ich zwei Wochen darauf, ihn anzurufen, in der Hoffnung, ihm mit meiner Beharrlichkeit, die er vielleicht für ungebührlich hielt, nicht auf die Nerven zu fallen. Ich hoffte vor allem, ihn mit etwas Glück überreden zu können, dass er mir half, André wiederzufinden. Was ich nun allerdings erfuhr, stellte mein Vorhaben ernstlich in Frage und zeigte mir außerdem, dass mein Telefon wahrscheinlich abgehört wurde. Mein Informant sagte mir nämlich Folgendes:
»Am Tag Ihres Anrufs bin ich morgens so gegen halb zwei auf dem Heimweg gewesen und dabei auf eine sehr merkwürdige Art angegriffen worden. Ich merkte, dass mich jemand verfolgte und lief etwas im Zickzack, um zu überprüfen, ob die Verfolgung mir galt und es war so! Ich hatte einen Umschlag mit Videokassetten unter dem Arm. Es war kein Dokument, das, sagen wir … kompromittierend gewesen wäre! Ich wurde gegen die Toreinfahrt gedrängt. Ich habe die Person, die mir nicht besonders Angst gemacht hat, zurückgestoßen. Vielleicht 40 Jahre alt, ein Dutzendgesicht. Nur dass mir die Person, als sie mit meinem Umschlag in der Hand

wegging, sagte: ›Es ist bekannt, wer du bist und wo du wohnst.‹ Was ist denn das für eine Geschichte? Ich führe ein absolut banales Leben. So etwas ist mir noch nie passiert. Es ist an dem Tag geschehen, als Sie angerufen haben und ich habe mir gesagt: Dieser Herr schickt mir seine Häscher auf den Hals!«

Ich war natürlich sehr in Verlegenheit, als ich von dem Überfall hörte. Hatte ich die Aufmerksamkeit von Leuten geweckt, denen er mit seiner Aussage hätte in die Quere kommen können? Wenn dieser Zwischenfall jemanden aufgescheucht hatte, so bestätigte das indessen die Wichtigkeit einer Spur, von der ich nun keinesfalls mehr ablassen würde. Die Art, wie man meinem Gesprächspartner auf den Leib gerückt war, erinnerte an Einschüchterungsmanöver, wie sie Handlanger einsetzten, die im Auftrag handelten. Sie mussten, nachdem der Auftrag ausgeführt war, dem Auftraggeber einen Beweis dafür bringen – das Päckchen mit den Videokassetten hätte so etwas sein können. Es blieb, dass mein Informant mich verdächtigt hatte: Vielleicht meinte er ja, ich sei gar nicht der Regisseur von Dokumentarfilmen, als der ich mich vorgestellt hatte? Als er unvorsichtigerweise die Fragen eines Unbekannten am Telefon beantwortet hatte, war er in der Tat ein Risiko eingegangen.

Da meine berufliche Umgebung wenig Interesse daran erkennen ließ, dass ich meine Recherchen fortsetzte, musste ich im Mai 2002 die Nachforschungen einstellen und ging an den Schnitt meines Dokumentarfilms. *Lady Died* wurde am 31. August 2002 im Sender *France 5* ausgestrahlt und beging damit auf seine Art taggenau fünf Jahre nach dem Geschehen Dianas Todestag.

Da ich nun einige Zeit ziemlich wenig mit der »Affäre« zu tun hatte, verzichtete ich darauf, meinen Informanten wieder zu kontaktieren. So haben wir beide die »Störenfriede« wahrscheinlich überzeugt, dass ihr Einschüchterungsmanöver gewirkt hatte. Zwei Jahre später wurde ich mit Sicherheit nicht mehr überwacht und beschloss, wieder Kontakt mit ihm aufzunehmen. Wir trafen uns schlicht und einfach in einem Restaurant in einem Vorort von Paris. Unser Dialog entspann sich mit unerwarteter Leichtigkeit, was mich an unser erstes Telefonat erinnerte. Er wusste, dass meine Bitte nichts von ihrer Relevanz verloren hatte, und ich merkte, dass er bereit war, einen Teil seines Geheimnisses loszuwerden. Nachdem er mir in tausend Umschweifen zu verstehen gegeben hatte, dass dies eine Phase seines Lebens sei, unter die er einen Schlussstrich gezogen habe und über die er mir nichts Genaueres sagen würde, enthüllte er mir Andrés wahren Namen. Ziemlich ungläubig, dass er sich plötzlich doch dazu hatte aufraffen können, mir so viel Vertrauen zu schenken, notierte ich mir den Namen in mein Notizbuch, da ich befürchtete, mir die Schreibweise nicht richtig zu merken, und begann meine Recherchen. Es war kein sehr häufiger Name, was mir die Suche, bei der ich mich zunächst auf Frankreich beschränken wollte, zu erleichtern versprach. Doch in Kombination mit dem Vornamen André gaben weder Telefon- noch Stadtadressbücher etwas her. Dagegen stieß ich auf die Telefonnummer der Schwester von André C., die in Paris als Anwältin arbeitete. Ich schwankte zwischen einem unangekündigten Besuch, einem Brief und einem Telefonanruf. Ich entschied mich für den Überraschungsbesuch.

Ich betrat einen repräsentativen Bau in einem Nobelviertel von Paris. Je weiter ich mich in das Innere des Gebäudes hineinbewegte und die Geräusche der Stadt hinter mir ließ, desto mehr hatte ich dabei die Empfindung, mich in die Höhle des Löwen zu begeben. Eine üble Vorahnung, die sich bestätigen sollte. Eine Sekretärin kündigte mich der Rechtsanwältin an, die zufällig anwesend war. Diese empfing mich mit fragendem Blick in einem Flur. Ich hatte mich als ein Dokumentarfilmregisseur vorgestellt, der sich mit ihr über eine persönliche Angelegenheit unterhalten wollte. Wir hatten nur ein paar Sätze gewechselt, bevor ich gleich zum Thema kam und ihr die einzige Frage stellte, die für mich von Wichtigkeit war: »Haben Sie einen Bruder namens André?« Ihre Miene, die bereits zuvor nicht besonders liebenswürdig gewesen war, verdüsterte sich mit einem Schlag, sie war starr vor Staunen. Wie eine klassische Tragödin streckte sie den Arm aus, wies mit dem Finger auf den Ausgang und herrschte mich an: »Hinaus!« Ich hatte mich zwar bereits auf irgendwelche Unannehmlichkeiten gefasst gemacht, aber das verblüffte mich nun doch. Sie begann nun deutliche Anzeichen von Kribbeligkeit zu zeigen und wiederholte ihren Befehl: »Hinaus! Wie können Sie es wagen!« Ich ging.

Also: Sie sprechen vor der Schwester den Vornamen eines der Männer aus, die mit Dodi Al-Fayed am Abend seines Todes verabredet waren und Sie werden in hohem Bogen hinausgeworfen, worüber Sie, gelinde gesagt, verdattert sind. André war offensichtlich keine harmlose Figur. Das Bild, das mir sein ehemaliger Freund und seine Schwester spiegelten, musste ganz einfach meine Neugier wecken. Vorläufig habe ich, bevor es mir eines Tages gelingen wird, an ihn heranzutreten und etwas mehr über seine Beziehungen zu Dodi Al-Fayed zu erfahren, ein paar Informationen über ihn gesammelt, die es erlauben, die Züge seines Porträts feiner zu zeichnen. André, heute etwas über 40 Jahre alt, ist mehrfach wegen betrügerischen Bankrotts, Veruntreuung und Betrugs verurteilt worden. Doch das Interessanteste ist, dass man seine Spur in Luxemburg wiederfindet. Zur Zeit des Alma-Unfalls gehörte er dem Verwaltungsrat einer Ölgesellschaft an, die undurchsichtige Geschäfte betrieb. Es handelte sich um eine Briefkastenfirma, deren Adresse in einem Gebäude im Zentrum von Luxemburg (Stadt) lag.

Wenn man wirklich die Gründe zu analysieren versucht, aus denen Dodi nachts um halb eins in Begleitung Dianas ein Büro im Passy-Kennedy-Gebäude aufsuchen wollte, um sich dort mit Figuren vom Schlag Andrés zu treffen, so wird die romantische Version vom gemeinsamen Abend eines verliebten Paares noch fadenscheiniger. Diese Version ist wie eine dicke Schicht von Theaterschminke, die mit der Zeit überall rissig wird. Die These vom verliebten Abend zu zweit ist genauso wie die von der Verfolgung durch die Paparazzi nie in Frage gestellt worden, und das hat in einer Affäre, die wegen der zweideutigen Rolle der unterschiedlichen Geheimdienste ohnehin bereits sehr undurchsichtig war, die Verwirrung perfekt gemacht. Hätte die Polizei etwas über den Geschäftstermin im Passy-Kennedy-Gebäude verlauten lassen, so wäre unweigerlich Aufmerksamkeit auf die »Geschäftsleute« und das Business, das sie repräsentierten, gelenkt worden. Die eine wie die andere Seite hatte also ein Interesse daran, über dieses Geschäftstreffen zu schweigen – das traf sich in der Mitte. Sämtliche Beteiligten der Affäre gehörten in einem engen oder weiteren Sinn der »anderen Welt« an. Dass nach dem Geschehnis so manche Rechnung offen blieb, die einer bereinigt sehen wollte, rechtfertigte noch nicht, deswegen die etablierte Ordnung in Frage zu stellen. Mohammed Al-Fayed war sich dessen bewusst, und so hat er noch nie eine Klage eingereicht, bei der die dunkle, verborgene Seite der Affäre aufgedeckt worden wäre, denn er hätte riskiert, seine Geschäfte auf gefährliche Weise der Neugier und den Angriffen einer rachsüchtigen britischen Presse auszusetzen. Von französischer Seite wiederum vermied man es mit der Überbetonung der romantischen und schicksalhaften Aspekte und der Fluchtgeschichte, dass sich jemand zu genau dafür interessierte, was im Passy-Kennedy-Gebäude und in den Hinterzimmern des Ritz geschehen ist.

Objektiv gesehen ist es wenig wahrscheinlich, dass die Operation Paget und vor allem der Coroner Michael Burgess am Ende ihrer Recherchen Licht in diesen dunklen Teil der Affäre bringen, der von Anfang an so wirksam übersehen und verschleiert worden ist. Die britischen Strafermittlungen könnten vielmehr dazu führen, dass die besagten »Türen«, die die französischen Ermittler nicht korrekt verschlossen hatten, nun noch hermetischer verriegelt werden. Dass manche Leute meinten, einen Lichtstrahl wahrgenommen zu haben, würde einmal mehr als eine Wahnvorstellung von »Verschwörungsgläubigen« dargestellt werden.

Die Operation Paget, die eingeleitet wurde, um den Druck der

öffentlichen Meinung zu mindern und zu beweisen, dass bei diesem Verfahren Beamte mit gutem Glauben tätig waren, wird den britischen Steuerzahler teuer zu stehen kommen, sie wird aber zeigen, dass alle finanziellen Mittel aufgewendet worden sind, um die These, dass es ein Autounfall gewesen ist, zu untermauern. Immerhin haben sich die britischen Polizisten gewissenhaft die Mühe gemacht, alle Irrtümer, Fehler und Lügen aufzuzeigen und überall, wo nötig, die Untersuchungen noch einmal selbst vorzunehmen. Wird nun dank diesem »professionellen« Vorgehen alles ins Lot kommen? Es sollte noch erwähnt werden, dass Sir John Stevens' Bericht eines Tages einem Gericht vorgelegt werden wird. Im März 2006 hat Sir Michael Burgess erklärt, er habe, falls er für das Hauptverfahren ein Geschworenengericht einberufen müsste, keinen anderen Ausweg, als die Jury mit Personen aus der Umgebung der Königin zu besetzen. Postwendend wurde ihm gedroht, in dem Fall werde man die Ablehnung seiner Entscheidung, zwölf dem Hof angehörende Personen in die Jury zu berufen, beantragen. Mohammed Al-Fayed erklärte seinerseits, er werde den Fall nötigenfalls vor die Chamber of Lords und den Europäischen Gerichtshof für Menschenrechte bringen. Auch sein Anwalt Michael Mansfield drohte Michael Burgess mit einer möglichen Klage beim High Court, mit der er sicherzustellen plane, dass ganz im Gegenteil nur ganz gewöhnliche Untertanen Ihrer Majestät als Geschworene berufen würden. Er unterstrich, dass die Anwesenheit von Höflingen in einer Jury, die über den »illegalen« Charakter von Dianas Tod zu entscheiden hätte, den Prozess zur Farce geraten ließe. Der *Sunday Times* vom 12. März 2006 zufolge könnte dieser Rechtsstreit den Abschluss der Untersuchung bis ins Jahr 2009 hinein verzögern!
Die Zeit ist noch nicht reif für eine solche Zeitungsmeldung: »Prinzessin Diana starb an den Folgen ihrer Verletzungen, die sie während einer Strafoperation erlitt, deren Ziel Emad Fayed war, der bei dem Unfall ebenfalls ums Leben gekommene Sohn des Besitzers von Harrods in London.«

6
Das Gesetz des Dschungels

Diana wusste, dass der Einfluss, den sie auf ihren Sohn William hatte, den Windsors unerträglich war. Sie war sich klar darüber, wie sehr sie sich mit ihren provozierenden Standpunkten und ihrer für die königliche Familie präzedenzlosen offenen Redeweise in Gefahr brachte. Was sie dagegen unterschätzt haben mag, war die Gefahr, die ihr aus ihrem von allen Medien beachteten Umgang mit Dodi Al-Fayed erwuchs – ihm, der das Zielobjekt eines Killerauftrags war, von dem nur die Geheimdienste Wind bekommen hatten.

»Ein Top-Weib, das verrückt geworden ist!«, ließ ein Mitglied des House of Commons fallen, ein Herr von gräflichem Stand. »Eine schlecht beratene und total unrealistische Naive!«, äußerte mitleidig ein anderer Parlamentarier. Es sind Sätze, wie sie in England kurze Zeit vor Lady Di's Tod gesagt worden sind; die Journalistin Annick Cojean gibt sie in ihrem Artikel wieder, der unter dem Titel »Die Prinzessin mit dem großen Herzen« am 27. August 1997 in *Le Monde* erschienen ist. Es war Dianas letztes Interview. Im Wesentlichen ging es hier um ihre humanitären Aktionen und ihr Engagement für ein Totalverbot der Antipersonenminen. Diana tat in diesem Zusammenhang ihre Bewunderung für die New-Labour-Regierung in einem Satz kund, der einen Sturm auslöste: »Seine Haltung zu diesem Thema ist immer klar gewesen. Er wird eine ausgezeichnete Arbeit leisten. Sein Vorgänger [John Major] war einfach zum Verzweifeln.« Nach der Veröffentlichung des Artikels ging in der Presse des Königreichs ein Sturm der Entrüs-

tung los, und Annick Cojean konnte Ende August 1997 keinen Schritt mehr machen, ohne verfolgt zu werden. Eine Boulevardzeitung richtete sogar eine Hotline ein, um Stimmen aus der Öffentlichkeit über Dianas freimütige Äußerungen zu sammeln! Annick Cojean vertraute mir am 8. März 2002 bei einem Telefongespräch an: »Es war unglaublich, so etwas war nie meine Absicht gewesen. Ich hatte mir geschworen, Diana am Montag, den 1. September 1997 anzurufen, wenn sie in England zurück war, um zu wissen, wie sie das alles durchstand. Es war absolut irrsinnig!«
Als die Journalistin in der Nacht vom 30. auf den 31. August in Washington nach einem Abendessen bei Pierre Salinger in ihr Hotel zurückkehrte, fand sie zahlreiche Nachrichten vor, wie die ganze Zeit, seit ihr Artikel erschienen war. Eine davon war von *CNN*. Man bat sie, mitten in der Nacht so schnell wie möglich ins Studio des Senders zu kommen, um über den »Unfall« zu sprechen. »Welcher Unfall? Ich stürzte zum Fernseher und las auf dem *CNN*-Newsticker: ›Diana, 36 Jahre alt, diese Nacht in Paris gestorben.‹ Es war die Rede davon, dass Diana von Journalisten verfolgt worden war, und da durchschoss mich plötzlich ein total verrückter Gedanke, noch mit den Zeitungen in der Hand, in denen es um das Interview ging, das in den Vortagen in den meisten Zeitungen auf der Titelseite gestanden hatte. Ich fragte mich: ›Ob es deswegen ist?‹ Ich versuchte mehrere Stunden lang, eine Verbindung zu bekommen. Es war niederschmetternd. Alle Sender aus den USA und der ganzen Welt (es rief alle zwei Minuten einer bei mir im Hotel an) wollten mich im Studio haben, und ich wollte nicht zulassen, dass irgendwelcher Unsinn über mein Interview geredet wird. Diana hatte nichts weiter gesagt, als dass die Konservativen zum Verzweifeln gewesen waren, aber das betraf nur die Frage der Landminen!«
Annick Cojean erinnert sich noch, wie Diana gesagt hatte: »Jede winzige Sache, die ich mache, der allerkleinste Schritt – und schon stürzen sie sich auf mich wie Raubtiere auf ihre Beute!«

Diana ist zweifellos dem Gesetz des Dschungels zum Opfer gefallen. Bis zu diesem Sommer 1997 war es ihr gelungen, vielen Fangschlingen zu entrinnen. Doch dann haben Raubtiere ihr den Tod gebracht, die es – dem hier vertretenen Standpunkt nach – auf eine andere Beute abgesehen hatten, nämlich auf Dodi. Diese bestens organisierte Meute hat ihr Ziel erreicht, und eine zweite Bande, die ihre Annäherungsmanöver seit langem beobachtete, zog ganz nebenbei ihren Nutzen daraus. Als Diana sich in diesen Fangschlingen verwickelte, hatte sie keine Chance, daraus wieder zu entkommen.
Wie bei Fotosafaris hat ein Fotoreporter und Raubtierjäger die Szene festgehalten und sensationelle Aufnahmen mitgenommen. Ein naturgeschichtliches Ereignis, alles in allem – eine ganz einfache Geschichte. Abgespielt hat sie sich in der zivilisierten Welt der westlichen Demokratien, wo man, wenn man einer der verletzlichen Arten angehört, Fressbeute für die Löwen, Schakale und Raubvögel ist …

»Wenn mir jemals etwas passiert, glauben Sie, dass man an mich wie an eine zweite Jackie Kennedy denken würde?«, hat Diana einmal den Königlichen Hutmacher Philippe Sommerville gefragt.

Anmerkungen

1 P.-A. Taguieff: *La Foire aux Illuminés* (Jahrmarkt der Illuminaten). Mille et Une Nuits, 2005, S. 43

2 Hans-Jürgen Krysmanski (Soziologe, Universität Münster). Gespräch mit Elisabeth Stirnemann (Arte), April 2004

3 *Zensor USA: Wie die amerikanische Presse zum Schweigen gebracht wird.* Zürich, Pendo 2004.

4 Zwei konservative Abgeordnete waren in den Verdacht gekommen, vom Inhaber des Nobelkaufhauses Harrods Bestechungsgelder angenommen zu haben, die sie als Gegenleistung dafür erhielten, dass sie im Parlament zu seinen Gunsten intervenieren sollten.

5 Interview: Annick Cojean, 28. August 1997

6 Gespräch in Lignières am 28. November 2001

7 Erschienen bei Times Book, 1999 (*Diana. Auf der Suche nach sich selbst.* München, Heyne 1999)

8 *Le Monde* vom 13. August 1997

9 Bernard de Fallois, 1997

10 Telefongespräch vom 14. Februar 2002

11 Gespräch am 13. Februar 2002

12 Ebenda.

13 München, Droemer Knaur 1998

14 *Libération* vom 3. September 1997

15 Seine Erzählung und die hier berichteten Einzelheiten stammen aus einem Interview, das er dem *Nouvel Observateur* am 11. September 1997 gegeben hat.

16 Gespräch am 22. März 2002. Auszug aus dem Film *Lady Died.*

17 Auszug aus dem Film *Lady Died*

18 Gespräch vom 5. Februar 2002

19 *Paris Match* vom 25. September 1997

20 Telefongespräch vom 7. Dezember 2001

21 In Djibouti war am 19. Oktober 1995 die Leiche des Richters Bernard Borrel aufgefunden worden. (Vgl. v.a. die Reportage *Richter Borrel: Enthüllungen über einen unmöglichen Selbstmord,* recherchiert von B. Nicolas und J.-C. Fontan für den Sender *Canal +*) Im März 2000 reisten Pro-

fessor D. Lecomte und die Untersuchungsrichter zu einem Lokaltermin nach Djibouti, um eine Rekonstruktion des Verbrechens vorzunehmen, die Erkenntnisse für einen neuen Gutachterbericht in der Affäre Borrel liefern sollte.

22 Professor Lecomte hat meine Bitte um ein Gespräch bezüglich der Diana-Affäre mit Brief vom 11. April 2002 abgewiesen. Als Begründung für ihre Weigerung gab sie an, sich an ihre berufliche Schweigepflicht gebunden zu fühlen.

23 *AFP*-Meldung vom 1. September 2007, 13.24 h

24 Urteil des Pariser Appellationsgerichtshofs vom 17. Februar 2006

25 *Le Monde* vom 8. Juni 2001

26 No. 513, Woche vom 8. bis 14. September 1997

27 *AFP*, 23. Juni 1998

28 Ausgabe vom 9. Februar 1998

29 Ausgabe vom 31. August 2002

30 Am 21. September 1997

31 Am 12. Januar 1998

32 Am 10. Mai 2000

33 Die französische Justiz beschuldigt Jacques Monsieur, 1997 im Bürgerkrieg gegen die Truppen von Saason N'Guesso Waffen an das Regime Lissouba geliefert zu haben. Diese Lieferung wurde aus dem kongolesischen Souveränitätsfonds beglichen, der von der Fiba verwaltet wird, einer Bank, die sich mehrheitlich im Besitz von Elf befindet. (Vgl. David Servenays Berichterstattung über den Elf-Prozess für den Sender *RFI*.)

34 Am 15. Januar 2004

35 Am 11. September 1997

36 Alle im folgenden aufgeführten Details stammen aus der Ermittlungsakte, und zwar aus dem Teil, der in dem laufenden Verfahren über die »Blutproben« als »anfängliche Untersuchung« bezeichnet wird.

37 *Quai des ombres* (Ufer der Schatten), Fayard, 2003. Es sei hier daran erinnert, dass Prof. D. Lecomte jegliche Information über ihre forensischen Gutachten verweigert hat, wobei sie sich berechtigtermaßen auf ihre berufliche Schweigepflicht berief.

38 AFP, 20. Oktober 2003

39 Jedenfalls findet sich die Antwort auf diese richterliche Anordnung weder in der Ermittlungsakte, noch wurde sie Mohammed Al-Fayeds Anwälten zugeleitet, die dies erst vor kurzem noch einmal beantragt haben.

40 Gespräch vom 27. März 2002

41 Vgl. Paul Burrell: *A Royal Duty. (Im Dienste meiner Königin*, München,

Droemer Knaur 1997*)*. Lady Sarah McCorquodale, die Schwester Dianas, fungiert als deren Testamentsvollstreckerin.

42 a.a.O., S. 365 (des englischen Originals)

43 Denis Robert, Ernst Backes: *Révélation$*. Les Arènes, *2002*

44 AMI Books, 2003

45 *Sunday Times,* Oktober 2000

46 Am 19. Januar 2004

47 Prinzessin Diana behauptete in einer Reihe von Aufzeichnungen, die im November 2004 von der *NBC* ausgestrahlt wurden, dass ein Liebhaber, der einer ihrer Angestellten gewesen war, ermordet worden sei. Barry Mannakee war 1987 bei einem Motorradunfall gestorben. Den Aussagen der Prinzessin nach hatte ihn jemand absichtlich angefahren. Diese Äußerungen waren von ihrem Aussprachetrainer Peter Settelen aufgezeichnet worden. Settelen soll einen Teil der zwanzig Kassetten für 750 000 Dollar an die *NBC* verkauft haben.

48 Die Einbalsamierung fand statt, obwohl sie nicht zur üblichen Vorgehensweise bei der Überführung einer Leiche ins Ausland zählt. Der Hinweis auf die Intervention des britischen Botschafters stammt aus einer offiziellen Quelle, die in enger Verbindung zur Kriminalbrigade steht.

49 München, Lichtenberg 1999

50 Ich beziehe mich hier auf Gordon Thomas. Das Thema hat jedoch auch umfangreiche Beachtung in der Presse gefunden und wird in Tom Bowers Al-Fayed-Biografie ebenso erwähnt wie in der Web-Enzyklopädie Wikipedia.

51 Um ein Alibi zu bekommen, hatte Aitken seine 16-jährige Tochter Victoria dazu angestiftet, unter Eid zu lügen.

52 Am 21. Februar 2006

53 Diese Begebenheit ist ausführlich in dem Schriftsatz beschrieben, den Mohammed Al-Fayeds Anwälte während des von Al-Fayed gegen die USA, den CIA und die NSA angestrengten Prozesses eingereicht haben.

54 *Gladio, les meneurs du jeu* (Gladio, die Fädenzieher) von Allan Francovitch, Observer Film Company, 1992 (Copyright: BBC)

55 Siehe in *Stay-behind: les réseaux d'ingérence américaine* (Stay-Behind: Die Netze amerikanischer Einflussnahme) (Réseau Voltaire, 20. August 2001)

General Heinrich war zunächst Leiter der Abteilung Aktion und der Operativen Verwaltung der DGSE und danach Direktor des militärischen Nachrichtendienstes (1992–1995). 1998 weigerte er sich, seinen fünften Stern anzunehmen und trat aus der Armee aus. Heute leitet er den Aufsichtsrat der Sicherheitsgesellschaft Géos (Vorbeugung und Risikomanagement in Kontinentaleuropa).

56 Auszug aus einer von Galkin vorgenommenen Richtigstellung nach einem Interview, das Lewinter den Autoren Peter Hounam und Derek McAdam (*Who killed Diana?*) gegeben hatte.

57 Er scheint 2003 gestorben zu sein, nachdem er in Tschetschenien verhaftet wurde.

58 Quelle: Mohammed Al-Fayeds am 31. August 2000 beim United District Court (Distrikt Columbia) eingereichte Klage.

59 Von M. Al-Fayed am 31. August 2000 vor dem United States District Court (District of Columbia) eingereichte Klage.

60 Vgl. dazu den Artikel von Peter Allen im *Daily Express* vom 13. Juni 2005

61 *Fayed, the Unauthorized Biography*, Macmillan, 2001

62 a.a.O., Les Arènes, 2001

63 Quellen: »La véritable histoire de Bush et la Compagnie Barrick Gold« (Die wahre Geschichte von Bush und der Barrick Gold Company) von Anton Chaitkin, in: *Resumen Ejecutivo*, Zweimonatsschrift des EIR New Service Inc., Washington, D.C., Vol. XIV, Nr. 4, März 1997 und »Opposition au projet de Pascua-Lama au Chili« (Widerstand gegen das Pascua-Lama-Projekt in Chile), von Jorge Lavandero, Héctor Vega und Julián Alcayaga, *Anaquel Austral*, Febr. 2006

64 Vgl. besonders Ernest Backes, *Révélation$* und die Gespräche, die ich mit ihm führen konnte, a.a.O.

65 *L'Homme le plus riche du monde* (Der reichste Mann der Welt) von Ronald Kessler, S. 189

66 A.a.O., S. 173

67 Vgl. bes. Tom Bower: *The Unauthorized Biography*. MacMillan 2001 und *The Daily Telegraph*, 20. Juni 1998

68 Vgl. *The Unauthorized Biography*, a.a.O.

69 Vgl. a.a.O., S. 25

70 Kristina Borjesson: *Zensor USA*, a.a.O.

71 Es handelt sich um die gleiche Art von Untersuchungskommission wie die, mit der Coroner Burton in der Diana-Affäre beauftragt wurde.

72 Vgl. *Spies, Lies and Whistle blowers: MI 5 and the David Shayler Affair* von Annie Machon, Book Guild Ltd., 2005

73 Kelly Fisher verstand die Welt nicht mehr und hielt im Juli 1997 eine Pressekonferenz in Los-Angeles ab, um das die ganze Welt wissen zu lassen. Sie wurde auf ihren Wunsch von Richter Stephan empfangen.

74 Es handelt sich um das von dem Paparazzo Mario Brenna aufgenommene Foto, das im *Sunday Mirror* veröffentlicht wurde und auf dem Dodi und Diana zu sehen sind, wie sie sich umarmen. Damit wurde ihre Beziehung publik.

75 Vgl. S. 239f.

[76] *Der Leibwächter.* München, Heyne, 2000

[77] Der Expräsident der SAC (Service d'action civique), Pierre Debizet, hatte Mittel und Wege gefunden, sich für die Interessen des gabunesischen Staatschefs Omar Bongo zu verwenden. Gabun steht im Mittelpunkt von Öl- und Waffenschiebereien.

[78] SOFREMI – Französische Gesellschaft für den Export von Material, Systemen und Dienstleistungen beim Innenministerium; gegründet von Pierre Joxe. Aufgabe der Firma ist die Förderung des Exports von Material und Systemen für den Einsatz bei den internationalen Polizeibehörden. Hauptaktionär ist mit 35% Kapitalanteil der französische Staat, den Rest teilen sich insbesondere Thomson, Alcatel und Aérospatiale.

[79] Editions de la Table ronde, 2005

[80] Diese Zeugen haben einen weißen Fiat Uno gesehen, der einige Minuten vor dem Unfall in Schlangenlinien aus dem Alma-Tunnel gefahren kam.

[81] Gespräch vom 1. Februar 2002

[82] Id.